编委会成员名单

黄名述	程开源	陈训敬	杨树明	赖达清	喻 伟
孙孝福	范忠信	陈会林	张培田	朱建华	王广辉
曹海晶	李祖军	曾文革	汪世虎	雷 振	孙淑云
刘 红	黄 笛	牛余凤	陶 虹	段 凯	晁秀棠
赵立新	张 功	石先钰	刘 杰	李艳华	曹艳春
冯瑞琳	李振华	张新奎	王志敏	张 耕	秦瑞亭
刘立霞	沈 萍	李雨峰	范 军	罗 洁	李 文
谭振亭	侯 纯	韦宝平	姚 欢	周庭芳	邢 亮
刘新凯	陈 虎	万志前	陈 苇		

全国高等院校法学专业基础教材

物权法

主　编 孙淑云　万志前
副主编 张　明　霍艳梅　贺宝梅　谭振亭
撰稿人（以撰写章节先后为序）
　　　　　孙淑云　万志前　张　明　霍艳梅
　　　　　崔彦杰　吴海玲　贺宝梅　李文专
　　　　　仝建华　谭振亭　董玉鹏　龚成思
　　　　　唐筱蔚　傅家强　周素英　向　玲
　　　　　程　亮　李芙蓉　郭大瑞　张孜仪

中国政法大学出版社

出 版 说 明

法学是集理论性与实践性于一体的社会科学。然而，现行的法学本科教材普遍存在"重理论、轻实践"的现象，这既不适应应用型法学人才的培养，也与司法考试、研究生考试和公务员考试严重脱节，其实用性大打折扣。

有鉴于此，由全国独立学院法学教育协作机制秘书处和中国政法大学出版社发起，成立了"全国高等院校法学专业基础教材"编委会，旨在编写适应法学专业应用型人才培养要求的"厚基础、重实务"的系列教材。中南财经政法大学、西南政法大学、华中师范大学、湖北大学、中南民族大学、江汉大学、重庆大学、湖北经济学院、武汉科技大学中南分校、西南大学育才学院、南开大学滨海学院、海南大学三亚学院、福州大学阳光学院、浙江大学宁波理工学院、中国石油大学胜利学院、南京师范大学泰州学院、黄河科技学院、中南财经政法大学武汉学院、中南民族大学工商学院、华中科技大学武昌分校、华中师范大学汉口分校、华中科技大学文华学院、武汉科技大学城市学院、河北工程大学文学院、燕山大学里仁学院、贵州民族学院人文科技学院、东莞理工学院城市学院、江汉大学文理学院、湖北大学知行学院、湖北经济学院商贸学院、福建江夏学院、河南师范大学新联学院等全国30多所高等院校百名法学专业教师共同参与了这套教材的编写工作。

本套教材在内容设计上充分考虑与司法考试和公务员考试的接轨，注重基础理论阐述和实务能力培养的有机结合，力求展现以下特点：

第一，基础性。本套教材的编写内容定位于对基本理论、基本概念、基本知识的阐释和对基本法律实务技能的培养。

第二，简洁性。本套教材以各学科成熟的理论体系为主，不涉及太深的法律问题；以通俗和主流观点为主，除核心观点、理论有简要论证外，避免过多论述有争议的观点或作者个人观点。

第三，实用性。本套教材充分突出实用性，主要服务于法学专业学生参加司法考试和考公务员的目标，教材内容及结构与最新司法考试大纲保持一致，大量引入司法考试、公务员考试真题和案例。

第四，新颖性。本套教材力求突出形式设计上的新颖性。根据各教材的不同特点，有的在每章开头有简短的案例导入，使相关知识点、重点及难点一目了然；有的在正文中穿插案例或合理设置图表，以方便学生阅读，符合学生应试要求；有的在每章结尾处设置思考题和案例分析题，以利于学生参考使用。

本套法学教材涵盖了法学专业教育指导委员会确定的 16 门法学主干课程和 14 门实务性较强的非主干课程，共 30 种。本套教材由于编写作者较多，涉及内容广泛，教材的编写统稿难度较大，更囿于水平有限，挂一漏万在所难免，恳请各位专家、同行及广大读者批评指正，帮助我们在后续的工作中加以完善。

《全国高等院校法学专业基础教材》编委会
2009 年 6 月

物权法是规范财产关系的民事基本法律，它调整因物的归属和利用而产生的民事关系，是我国民法的重要组成部分。

为了适应物权法教学的需要，我们编写了《物权法》一书。本书在内容与体系上均以《中华人民共和国物权法》为依据，系统阐述了物权法的基本理论和基本制度。在编写的过程中，力求概念准确、条理清晰、简明扼要、深入浅出、通俗易懂。为突出本教材的实用性，都由案例导入，结尾都设置了案例思考，尽可能地注重理论联系实际。

全书共分为十七章，涵盖了物权法的一般理论、所有权、用益物权、担保物权、占有制度等主要内容。

本书由孙淑云、万志前任主编，张明、霍艳梅、贺宝梅、谭振亭任副主编。参加各章编写的作者及分工如下：

孙淑云　第一章
万志前　第二章
张　明　第三章
霍艳梅、崔彦杰　第四章
吴海玲　第五章
贺宝梅　第六章
李文专　第七章
仝建华　第八章
谭振亭　第九章
董玉鹏　第十章
龚成思　第十一章
唐筱蔚　第十二章
傅家强　第十三章
周素英　第十四章
向　玲　第十五章

程　亮、李芙蓉　第十六章
郭大瑞、张孜仪　第十七章
本书由孙淑云、万志前统稿。
硕士研究生沈攀峰、陈静、潘虹、田雨、于辉等参加了初稿的讨论和编写工作。
本书在编写过程中，由于能力、资料所限，难免存在不当和错误之处，欢迎读者批评指正。

编　者
2009 年 5 月 28 日

目 录

第 一 章　物权概述 ·· 1

- 第一节　物权的概念和特征 / 1
- 第二节　物权的种类和体系 / 5
- 第三节　物权的效力 / 11
- 第四节　物权的民法保护 / 14

第 二 章　物权法概述 ·· 19

- 第一节　物权法的基本内涵 / 19
- 第二节　物权法的基本原则 / 23
- 第三节　物权法的历史沿革及发展趋势 / 29

第 三 章　物权变动 ·· 33

- 第一节　物权变动的一般原理 / 33
- 第二节　不动产物权登记 / 41
- 第三节　动产交付 / 49
- 第四节　非依法律行为发生的物权变动 / 51

第 四 章　所有权 ·· 57

- 第一节　所有权概述 / 57
- 第二节　所有权的类型 / 61
- 第三节　所有权的取得、行使与消灭 / 71

第五章 业主的建筑物区分所有权 ·············· 80

- 第一节 业主的建筑物区分所有权概述／80
- 第二节 业主专有权／83
- 第三节 业主共有权／85
- 第四节 建筑物区分所有的管理制度／88

第六章 相邻关系 ·············· 92

- 第一节 相邻关系概述／92
- 第二节 相邻关系的种类／95
- 第三节 处理相邻关系的原则／99

第七章 共有 ·············· 102

- 第一节 共有概述／102
- 第二节 按份共有／103
- 第三节 共同共有／111

第八章 用益物权 ·············· 116

- 第一节 用益物权概述／116
- 第二节 用益物权的性质和特征／118
- 第三节 用益物权的种类和体系／121

第九章 土地承包经营权 ·············· 128

- 第一节 土地承包经营权概述／128
- 第二节 土地承包经营权的取得／131
- 第三节 土地承包经营权的效力／133
- 第四节 土地承包经营权的流转与消灭／138

第十章 建设用地使用权 ………………………………………………… 144

- ◎ 第一节 建设用地使用权概述／144
- ◎ 第二节 建设用地使用权的变动／146
- ◎ 第三节 建设用地使用权的效力／151

第十一章 宅基地使用权 ………………………………………………… 156

- ◎ 第一节 宅基地使用权概述／156
- ◎ 第二节 宅基地使用权的变动／158
- ◎ 第三节 宅基地使用权的效力／161

第十二章 地役权 ………………………………………………………… 164

- ◎ 第一节 地役权概述／164
- ◎ 第二节 地役权的取得／169
- ◎ 第三节 地役权的效力／172
- ◎ 第四节 地役权的消灭／175

第十三章 担保物权 ……………………………………………………… 178

- ◎ 第一节 担保物权概述／178
- ◎ 第二节 担保物权的分类／184
- ◎ 第三节 担保物权的一般规则／186

第十四章 抵押权 ………………………………………………………… 193

- ◎ 第一节 一般抵押权／193
- ◎ 第二节 抵押权的取得和登记／196
- ◎ 第三节 抵押权的效力／198
- ◎ 第四节 特殊抵押／204
- ◎ 第五节 抵押权的实现／208

第十五章　质权 ·· 212

- 第一节　质权概述 / 212
- 第二节　动产质权 / 215
- 第三节　权利质权 / 222

第十六章　留置权 ·· 228

- 第一节　留置权概述 / 228
- 第二节　留置权的取得 / 236
- 第三节　留置权的效力 / 239
- 第四节　留置权的实现 / 246
- 第五节　留置权的消灭 / 248

第十七章　占有 ·· 251

- 第一节　占有概述 / 251
- 第二节　占有的构成与分类 / 256
- 第三节　占有的取得与消灭 / 261
- 第四节　占有的效力与保护 / 263
- 第五节　准占有 / 269

附　录 ·· 271

- 中华人民共和国物权法 / 271
- 最高人民法院关于审理建筑物区分所有权纠纷案件具体应用法律若干问题的解释 / 295
- 最高人民法院关于审理物业服务纠纷案件具体应用法律若干问题的解释 / 298

参考文献 ··· 301

第一章

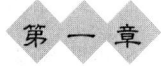
物权概述

◆ 引例：

甲将自己的房屋卖给乙，并和乙签订了房屋买卖合同，约定次日一起去办理过户登记。不料第二天乙生病住院，一住就是数月。在此期间，丙也看上了甲的房屋，问甲是否可将房屋卖给自己，并愿意出更高的价格。甲想自己虽然已将房屋卖给了乙，但他毕竟没有支付价金，且将房屋卖给丙，还能获得更高的价款，于是就将房屋卖给了丙。不久丙付完房款，并办理了过户登记。后来，乙病愈出院，要求甲交付房屋并办理登记。

问题：房屋的所有权归属于谁？

☞ 要点：

1. 物权的概念和特征
2. 物权的分类
3. 物权的效力
4. 物权的保护

第一节 物权的概念和特征

一、物权的概念

《中华人民共和国物权法》（以下简称《物权法》）第 2 条第 3 款规定："本法所称物权，是指权利人依法对特定的物享有直接支配和排他的权利，包括所有权、用益物权和担保物权。"这是通过概括加列举的方式界定物权的概念。理论上，关于物权的概念大体上有对物关系说、对人关系说以及权利归属说等，而我国《物权法》采取的是一种折衷的规定。要准确界定物权概念，需从以下几方面来理解：

（一）物权是一种对物的直接支配权

物权是一种支配权，是权利人对物的直接支配。所谓"直接支配"，一方面是指物权的权利人可以依据自己的意志直接依法占有、使用物，或采取其他支配方式对物进行支配，任何人非经权利人的同意，不得侵害或加以干涉；另一方面是指无须他人的意思和行为的介入，物权人就能够依据自己的意志依法直接占有、使用其物，或采取其他的支配方式进行支配。物权的实现与债权或者其他权利的实现有着根本不同的法律条件，物权关系中没有相对人，物权的实现当然无从依靠相对人的意思，如所有权人需要利用其物时，只需要自己做出决定即可。而债权关系中必须有一个特别的相对人，而且债权实现必须借助于这个特别的相对人的意思，如在买卖合同关系中，买受人要取得标的物，就必须借助于出卖人交付标的物的行为。由此，物权具有绝对权、对世权、直接支配权的特征。

（二）物权是一种排他性的权利

排他性是从人与人之间关系的角度揭示了物权的另一本质属性，物权法关于排他性的概括吸收了对人关系说的合理内涵。物权的排他性包含两层含义：①一物之上不得同时设立两个以上内容不相容的物权，具体来说，包括一物之上不得有两个所有权或者不得有相互冲突的用益物权或担保物权，这就是通常所谓的一物一权原则；②物权具有排除他人侵害、干涉和妨碍的效力，这一效力主要表现为物权请求权，如权利人可以请求侵害人或妨碍人停止侵害、消除危险、排除妨害等。

（三）物权是民事主体依法享有的一种财产权利

物权是民事主体依法享有的权利，即任何物权的取得都必须要有法律依据。非法取得的物权不受法律保护。任何物权的设定、移转都必须依法进行。物权是财产权的一种，财产权和非财产权的主要区别表现在前者以体现了一定财产或经济价值的物为客体，后者则非以体现一定财产或经济价值的物为客体，而只是以人格利益或身份利益为客体。财产权通常是可以转让、抛弃和继承的，因此具有非专属性，而非财产权大多是与主体的人身不可分离的，因此具有专属性。

（四）物权的种类包括所有权、用益物权和担保物权

我国《物权法》将物权的种类划分为所有权、用益物权和担保物权。所有权是指民事主体在法律规定的范围内对其所有之不动产或动产所依法享有的占有、使用、收益、处分并排他性的全面支配的物权。用益物权是指依法对他人所有之动产或不动产享有的占有、使用和收益的权利，它是从所有权中分离出来的一项物权形式。现行《物权法》中的用益物权包括土地承包经营权、建设用地使用权、宅基地使用权、地役权。传统民法上还有永佃权、典权等。担保物权是指担保物权人在债务人不履行到期债务或者发生当事人约定的实现担保物权的情形时，依法享有的就担保财产优先受偿的权利，它包括抵押权、质权和留置权。

二、物权的特征

物权和债权构成了市场经济社会中最基本的财产权利，两者的联系十分密切，但物权作为一项独立的民事权利和债权相比具有自身的特点，具体表现在：

（一）物权是对世权

物权的权利主体是特定的，而义务主体是不特定的。物权是指特定的主体所享有的排除一切不特定人的侵害的财产权利，物权又被称为绝对权或对世权。债权与物权不同，债权人的请求权只对特定的债务人发生效力，正是从这个意义上说，债权又被称为对人权。

（二）物权是支配权

物权的权利人享有对物直接支配，并排除他人干涉的权利；债权的内容与物权相反，债权人一般不是直接支配一定的物，而是请求债务人依照债的规定为一定行为或不为一定行为，债权是一种请求权。物权权利人仅仅依据自己的意思就可实现其权利，而请求权则需借助于相对人的意思才可以实现。支配权和请求权的区分是物权制度与债权制度建立的基础。同时，从民事责任的规则看，支配权与请求权的区分也是确立民事责任的基础，即与支配权相关联的是侵权制度，与请求权相关联的是违约制度。

（三）物权具有公示性

物权是一种对世权，具有排他性，直接关系到第三人的利益，因此，物权必须对外公开，使第三人知道，由此决定了绝大多数物权在设定时必须公示（法定优先权等除外）。动产所有权以动产的占有为权利表征，动产质权、留置权亦以占有为权利表征，而不动产物权则以登记为权利表征，地上权、地役权、抵押权等也要以登记为公示方法。一般来说，公示常常伴随着物权的存在。而债权只是在特定的当事人之间存在的，它不必具有公示性，设立债权亦不需要公示。因此当事人之间订立合同设立某项物权时，如未公示，可能仅产生债权而不产生物权。

（四）物权的标的主要是物

物权的标的是物而不是行为。物权关系是民事主体之间对物质资料的占有关系，所以，物权的标的是物而不是行为。物权的标的在范围上是十分广泛的，它们在法律上有一个共同的特点，即必须是特定物。此外，作为物权客体的物必须是独立物，所以不可能是行为。否则，物权便很难确定，法律也难以对国家所有权、集体组织所有权等的客体作出规定。债权的标的因债权的种类不同而各不相同。一般来说，债权直接指向的是行为，而间接涉及物。在债权关系存续期间，债权人一般不直接占有债务人的财产，只有在债务人交付财产以后，债权人才能直接支配物，但交付往往导致债权的消灭和物权的产生。

（五）物权具有长期性或无期限性

在期限上，债权一般都是有期限的。法律上不存在无限期的债权，即使在一些合同之债中没有规定合同的存续期限，债权人享有的债权与债务人所应承担的债务，也应受到时效的限制。但对于物权尤其是所有权来说，法律上并无期限限制。

（六）物权具有追及效力和优先效力

物权的追及效力是指物权的标的物不管辗转流入什么人的手中，物权人都可以依法向物的不法占有人索取，请求其返还原物，但要受到善意取得和时效取得制度的限制。债权原则上不具有追及的效力，债权的标的物在没有移转所有权之前，债务人非法转让并由第三人占有时，债权人不得请求物的占有人返还财产，只能请求债务人履行债务和承担违约责任。

物权的优先效力包括两个方面：①当物权与债权并存时，物权优先于债权。例如，享有担保物权的人较之普通债权人具有优先受偿的权利。当然，我国法律和司法实践也赋予某些债的关系具有优先效力，例如，已出租的私有房屋在出租人出卖时，承租人享有优先于他人购买该房屋的权利。但这种优先效力不是基于物权产生的。例如，甲、乙、丙三人将其共有的房屋出租给丁，以后三人协商同意将房屋出卖，在出卖给何人时发生了争议。甲、乙要将房屋出卖给戊，丙根据其物权主张优先购买权，丁则根据其债权主张优先购买权。这时，根据物权优先于债权的原则，裁定房屋应出卖给丙。②在某些情况下，当事人可以在同一物之上设立多个物权，例如为担保同一债权而设立两个或两个以上的担保物权。同一物之上有数个物权并存时，先设立的物权优先于后设立的物权，这就是物权相互间的优先效力。而普通的债权与债权之间不具有优先效力，在同一物上可以设立多个债权，各个债权都具有平等的效力，债权人在依法受偿时都是平等的。

（七）物权的设立采法定主义，而合同债权的设立采合同自由原则

物权的设立采法定主义，即物权的种类和基本内容由法律规定，不允许当事人自由创设物权的种类或随意确定物权的内容。然而债权特别是合同债权，主要由当事人自由确定。当事人只要不违反法律的禁止性规定和公共道德，则可以根据其意思设定债权，同时又可以依法自己决定合同之债的内容和具体形式。

（八）二者在保护方法上有区别

为保障物权人对其物的支配权，法律赋予物权人请求他人返还原物、排除妨碍、恢复原状的权利。在民法上通称为物上请求权。物上请求权虽然不是物权的权能，却是保障物权人对物的支配权所必需的、不能与物权相分离的权利，因此，物上请求权成为物权所特有的保护方法。债权是债权人请求债务人为一定行为或不为一定行为的权利，而并非对物的支配权，因此，在债权受到侵害时，要使债权人的损失得到补救和恢复，一般只宜采取损害赔偿的方式。

第二节 物权的种类和体系

一、物权的种类

（一）物权的具体形式

按照物权法定主义，物权的种类应依法律规定，这些法律包括民法典及其他特别法，但主要由民法典规定。然而，各国民法典关于具体物权的种类的规定并不完全相同。

基于规范财产的归属和利用关系的需要，并根据我国《民法通则》、《城市房地产管理法》、《土地管理法》、《农村土地承包法》、《担保法》和《物权法》等现行法律、法规的规定，我国物权制度应包括以下种类：①所有权。所有权是所有人依法对自己的财产享有占有、使用、收益和处分的权利。财产的归属关系是对生产资料所有制的集中反映。因此，所有权是物权的核心，其他物权都是以所有权为前提而设立的。所有权包括国家所有权、集体所有权、私人所有权。②用益物权。用益物权是对他人财产享有使用、收益的权利，包括土地承包经营权、建设用地使用权和地役权等。用益物权是对财产使用价值的利用，随着社会经济的发展，财产的利用方式呈多样化的趋势，用益物权在物权法中的地位逐渐突出。③担保物权。担保物权是为担保债权的实现而于他人之物上设立的物权，包括抵押权、质权（动产质权和权利质权）、留置权等。担保物权是对财产价值的利用，以财产的价值担保一定债权的实现，是社会信用的体现。市场经济是信用经济，担保物权制度是我国社会主义市场经济体制的建立和完善不可缺少的法律机制之一。④占有。占有是对物的控制、管领。各国民法都在所有权以及其他物权之外，把占有作为独立的一种物权制度加以规定，以满足维护特定财产秩序的要求。占有在确认财产的归属和利用方面具有独特的作用。物权取得中的善意取得、先占取得、取得时效，动产物权变动中的交付（即移转占有）、公示制度，都是基于财产的占有。占有制度对于财产归属关系的确定和财产纠纷的处理，具有不可替代的积极意义。[1]

（二）物权的分类

1. 所有权与他物权。根据物权的权利主体是否为财产的所有人，可将物权分为所有权和他物权。

所有权，又称自物权，是权利人依法对自有物享有的占有、使用、收益和处

---

[1] 柳经纬：《民法》，厦门大学出版社2008年版，第183~184页。

分的权利。它是物权中最完整、最充分的权利。他物权是指所有权以外的物权，它是在所有权权能与所有权人发生分离的基础上产生的，由他物权人对物享有的一定程度的直接支配权。两者的区别是：

（1）权利主体不同。所有权的权利主体是所有人，而他物权的权利主体是非所有人，即除所有人以外的其他民事主体。

（2）权利的内容不同。所有权是"完全物权"，所有权人在合法范围内能够对标的物进行全面、自主的支配，按照自己的意志对标的物进行占有、使用、收益和处分，并排除他人干涉。而他物权人，一般只能对标的物享有占有、使用和收益的权利；无法律之依据和所有人之授权，不能行使处分权。非所有人行使他物权，既受到法律的限制，也受到所有人意志的限制，因此，他物权又被称为"限制物权"。

（3）权利存在的期限不同。通常把所有权称为"无期物权"，所有权不因一定时间的经过而消灭，除非作为所有权客体的物在事实上消灭。他物权被称为"有期物权"。如果他物权是通过合同的方式取得的，那么只能在合同的有效期内存在，在合同终止后，这种财产权随之消灭。所以，某些与所有权有关的财产权在期限上相对于所有权而言是短暂的，这些物权又被称为"有期物权"。

2. 用益物权和担保物权。根据他物权设立目的的不同，可以将他物权分为用益物权和担保物权。

用益物权是指以物的使用、收益为目的的物权，包括土地承包经营权、建设用地使用权、宅基地使用权、地役权等。担保物权是指以担保债权为目的，即以确保债务的履行为目的的物权，包括抵押权、质权、留置权等。用益物权与担保物权的区别在于：

（1）设立目的不同。用益物权是以对标的物的使用、收益为目的的权利。用益物权人支配的是标的物的使用价值，权利人设立该权利的目的是为了获取使用价值，因而用益物权又被称为"使用价值权"。而担保物权则侧重于对标的物的交换价值的支配，它不以对物的实体的利用为目的，而是通过支配物的交换价值从而确保所担保的债权优先实现。担保物权人所支配的是担保物的交换价值，学理上常将担保物权称为"交换价值权"，就是因为担保物权是以获取担保物的交换价值为目的，而用益物权是以取得标的物的使用价值为目的。

（2）存续期间不同。用益物权往往有明确的存续期间，此种存续期间或为约定，或为法定，只有在物权关系解除以后，用益物权才归于消灭。用益物权人取得用益物权之后，即可对标的物进行使用、收益。而担保物权人在取得权利后不能立即实现权利，只有在所担保的债权已届清偿期且债务人不履行债务或发生约定的实现担保物权的情形时，担保物权人才能行使变价受偿权。担保物权以债权的存在为前提，在债权实现之时，该担保物权则归于消灭。

（3）性质不同。用益物权为独立物权（地役权除外）。用益物权一旦设立，用益物权人便独立地享有对标的物的使用、收益权，亦即该权利是独立存在的，依当事人之间设立用益物权的行为或法律的直接规定而发生。而担保物权因其具有附随性，即担保物权因债权的产生而产生，以债权的存在为前提，因此，担保物权是从权利。

（4）客体变化对权利人的利益的影响不同。用益物权的客体的价值形态如果发生变化，就会对用益物权人的使用、收益产生直接影响。而担保物权的客体的价值形态发生变化，并不影响担保物权的存在。这决定了担保物权具有物上代位性，即当担保物权的标的物价值形态转化时，担保物权就以"变形物"为客体。

（5）对标的物的要求与控制不同。用益物权的标的物一般为不动产，而担保物权的标的物既可以是不动产，也可以是动产，还可以是权利。用益物权行使须以占有标的物为前提，而担保物权的行使既可占有担保物（占有型担保物权），也可不占有担保物（非占有型担保物权）。

3. 动产物权和不动产物权。这是按物权的客体为动产或不动产而作的分类。

动产物权是指标的物为动产的物权；不动产物权是指标的物为不动产的物权。在传统民法中，动产物权一般包括动产所有权、质权和留置权；不动产物权包括不动产所有权、地上权、永佃权、地役权、典权等。两者的区别在于：

（1）公示的方法与变动的规则不同。根据物权公示原则，动产物权发生变动的根据是动产的占有、交付，不动产物权变动的根据是登记。因为不动产登记是非常复杂的制度，有国家专门设立的官方性的档案，且登记员也是国家的专职人员，这样不动产登记就具有了官方公信力的支持。因此，不动产法律制度和动产法律制度有重大不同：前者依国家行为来实现物权变动，后者按占有、交付，即按照当事人自己的行为来实现物权变动，两者性质不同。

（2）物权种类以及内容的设置有很大的不同。动产物权有所有权和质权，不动产物权除了所有权之外，在传统民法中还有地上权、用益权、地役权、人役权、永佃权、抵押权等。传统民法所说的用益权都是不动产物权。

（3）在债权法、诉讼法上、权利保护方法上有很大不同。如在诉讼法上，不动产物权实行的是不动产所在地主义，动产物权则实行属人主义。权利保护方法亦不同，如停止妨害等，基本上都是不动产物权的保护方法，动产物权的保护方法则较为简单。

4. 独立物权和附属物权。根据物权是否从属于其他权利而存在，可将物权分为独立物权和附属物权。

独立物权是指可以独立进入交易机制的物权，像所有权、地上权等。附属物权是指在法律上没有独立性，不能独立进入交易机制的物权，如担保物权就属于被担保的债权的附属物权。独立物权和附属物权区分的界限是该权利能否独立进入交易机制。在司法实践中，经常遇到是否可以为抵押权、质押权等权利设定独立的负担的问题，比如我国一些部门确定了土地和房屋抵押权登记的"年检"制度，要求抵押权每年重新登记一次，这种做法就是没有道理的。因为附属物权的性质必须由其主权利的性质决定，而不能由所谓的"年检"决定。因此我国《物权法》第 13 条第 2 项规定，登记机构不得以年检等名义进行重复登记。

两者的区别主要有：独立物权能够独立存在，而附属物权的存在则须以它所从属的权利的存在为前提。

5. 意定物权和法定物权。根据物权产生的根据不同，可将物权分为意定物权和法定物权。

所谓法定物权，即基于法律规定直接产生的物权，如我国《合同法》第 286 条规定，建筑工程承包人在发包人到期不支付价款时，享有将建筑物折价、拍卖并以其价款优先受偿的权利，这就是法定抵押权。所谓意定物权，即按照当事人的意思表示设定的物权，如当事人约定设立的土地使用权、抵押权等。法定物权与意定物权的区别在于：①前者直接根据法律规定产生，后者则建立在当事人意思表示的基础之上；②前者在产生时无须进行公示，如法定抵押权就不用登记，而意定物权的设立必须公示；③前者的效力优先，如在同一标的物上同时存在法定物权和意定物权时，那么法定物权能排斥意定物权而优先得到实现。

6. 典型物权与准物权。根据物权所依据的法律不同，物权可分为典型物权与准物权。

典型物权，即由民法基本法（即民法典）明确承认的物权种类。按照大陆法系的传统，物权的基本种类一般均由民法典明确规定，如传统民法中规定的所有权、地上权、永佃权、用益权、地役权、人役权、抵押权、质权、留置权等。典型物权的取得与消灭遵守民法典所规定的物权变动的一般方式。

准物权，即由民法特别法或者行政法规定的物权类型，如森林法规定的森林采伐权、矿产法规定的探矿权和采矿权、水法规定的用水权、渔业法规定的渔业权以及环境资源法等规定的自然资源使用权或者获得权等。准物权的基本特征是：[1]

（1）它们一般涉及某种特殊的自然资源，是对这种自然资源予以控制和利用的权利。权利主体对这种自然资源的控制与利用，以及从这种控制与利用中获

---

[1] 孙宪忠：《中国物权法总论》，法律出版社 2003 年版，第 68~69 页。

得经济利益的特征，与一般物权并无差异。对这些权利的保护，一般情况下按照物权法的规定。

（2）自然资源在当代社会日益重要，现代国家都对其进行控制。由于自然资源的这一特性，现代民法中有关准物权的取得，并不依据民法上的权利取得方式，而是依"申请加批准"的方式，即权利取得人必须向政府的自然资源管理机关提出获得权利的申请，政府管理机关批准之后，权利人才能取得这种权利。因为政府管理机关的批准是这种权利取得的根据，所以这些权利的取得与变动不能按照民法典或者物权法所规定的物权变动的一般方式，而只能按照行政法或者民法特别法规定的方式。而且权利人不能自主地转让和处分这些权利。

（3）虽然准物权一般都具有物权的特性，但其具体内容必须按照批准机关的文件决定。比如一项采矿权，权利人的权利到底是什么，期限到底有多长，要依据矿产资源管理机关的批准文件决定。

正因为这些权利既有物权的一般特征，又有附属于行政权力的特征，因此，法律上将其称为"准物权"。对准物权，在司法实践中应该注意的是，其不得按照物权法所规定的一般物权变动的规则取得和转移；对于权利内容的确定，应以相关法律作为依据。但是对于当事人提起的依照物权保护的一般规则保护其权利的请求，一般应该准许。

7. 登记物权和非登记物权。根据物权的取得是否须登记为标准，物权可分为登记物权与非登记物权。

登记物权是指物权的设立、变更或终止须经登记机关登记才能产生相应效力的物权，如不动产物权即为登记物权；非登记物权是指物权的设立、变更或终止无须登记即可产生相应法律效力的物权，如动产物权通常为非登记物权。

8. 有期限物权与无期限物权。根据物权的存续有无期限，可将物权分为有期限物权与无期限物权。

有期限物权是指有一定存续期间的物权。用益物权与担保物权均为有期限物权。无期限物权是指没有一定存续期间而永续存在的物权。所有权为无期限物权。

二、物权体系

从大陆法系物权法规定来看，物权体系大致由所有权、用益物权、担保物权以及占有构成。所谓所有权，是指权利人彻底支配物并排斥他人干涉的权利的总称；所谓用益物权，是指对他人之物进行占有、使用和收益的物权；所谓担保物权，是指以确保债务清偿为目的，在债务人或第三人的特定物或财产权利上所设立的一种限制物权；所谓占有，是指对物进行控制的事实状态，由于占有不是权利，因此被称为"类物权"。目前我国物权法中设置的物权体系由所有权、用益物权、担保物权以及占有构成。除此之外，还有由民法特别法或者行政法规定的准物权类型。

（一）所有权

在任何一个国家的法律制度中，所有权都是核心性的权利类型。因此，关于所有权的规定理所当然地应在物权法中居于核心地位。我国的物权法也不例外，我国《物权法》以6章的篇幅规定了所有权的内容，分别为所有权的"一般规定"（第四章）；"国家所有权和集体所有权"、"私人所有权"（第五章）；业主的建筑物区分所有权（第六章）；"相邻关系"（第七章）；"共有"（第八章）；"所有权取得的特别规定"（第九章）。

（二）用益物权

因为历史与民族文化发展的差异，用益物权在世界各国的物权体系中都是最复杂的权利系统。各国民法关于用益物权种类的设定均有不同，学者们对用益物权的设立也有不同的看法。在传统民法中，用益物权虽然是一种非常重要的物权类型，但是这种权利基本上是设定在不动产上的限制物权，比如地上权、地役权、用益权、人役权等，都是对不动产的权利。我国《物权法》以5章的篇幅规定了用益物权，分别为用益物权"一般规定"，这其中包含了一些准物权（第十章）；"土地承包经营权"（第十一章）；"建设用地使用权"（第十二章）；"宅基地使用权"（第十三章）；"地役权"（第十四章）。

（三）担保物权

在担保物权系统中，《担保法》对我国担保物权的种类已经有较多的规定，而且这些物权在实践中已经发挥了比较积极的作用，故就法律已经承认的担保物权种类而言，法学界基本上无异议。我国《物权法》以4章的篇幅规定了担保物权，分别为担保物权的"一般规定"（第十五章）；"抵押权"（第十六章）；"质权"（第十七章）；"留置权"（第十八章）。

（四）占有

在当代大陆法系中，占有是指民事主体控制特定物的事实状态。占有本身并不是一种物权，占有并不表示主体对物拥有权利，然而为物的真正权利人的利益，即为了达到使物能够最终回到权利人手中的目的，法律必须对物的占有进行保护。这种保护本质是法律推定占有为正确的权利所进行的保护，而不是以占有人为真正权利人所进行的保护。法律对占有进行保护的手段是保护物权的手段，所以虽然占有不是物权，但是大陆法系各国物权法中均规定了占有制度，我国《物权法》第十九章专门规定了占有制度。

第三节　物权的效力

一、物权效力概述

物权的效力是指法律赋予的使物权的支配效力得以完满实现的各种具体的保障力。物权的效力具体有哪些内容，主要有以下几种学说：①四效力说。该说认为物权的效力包括排他效力、优先效力、追及效力及物权请求权效力。[1] ②三效力说。有的认为物权的效力包括排他效力、优先效力和物权请求权效力。[2] 有的认为物权的效力包括排他效力、优先效力和追及效力。[3] 有的认为物权的效力包括物的支配力、对债权的优先力和妨害排除力（物权请求权）。③二效力说。该说认为物权的效力有优先效力和物权请求权效力，其中优先效力因物权的排他性而生，物权请求权效力则是直接产生于物权的绝对性。[4] 本书认为四效力说较为合理。

二、排他效力

排他效力指同一物上不得成立两个所有权或成立两个内容相互矛盾的他物权。

物权的排他效力主要体现在：①同一标的物上不得存在两个所有权，即一物不得二主；②同一标的物上不得有其他同样以占有为内容的限制物权。当然，物权的排他效力并不否认在同一物之上并存数个内容并不矛盾的物权，例如所有权人可以在一物之上设立数个担保物权。

物权的排他效力有强弱之分。所有权最强，同一物上绝对不容许有多个所有权存在，以占有标的物为内容的限制物权次之，至于以非占有标的物为内容的限制物权如抵押权，其排他效力最弱。

三、优先效力

优先效力是指同一标的物上有数个利益相互矛盾、冲突的权利并存时，具有较强效力的权利排斥具有较弱效力的权利优先实现。

（一）物权对物权的效力

根据大陆法系的民法理论，一物之上不得设立两个或两个以上的所有权，这

---

[1]　王利明：《物权法论》，中国政法大学出版社2003年版，第22～27页；梁慧星主编：《中国物权法研究》（上），法律出版社1998年版，第77页；尹田：《物权法理论评析与思考》，中国人民大学出版社2004年版，第143～148页。

[2]　谢在全：《民法物权论》（上），中国政法大学出版社1999年版，第31～40页。

[3]　姚瑞光：《民法物权论》，台湾海宇文化事业出版公司1995年版，第4～9页。

[4]　钱明星：《物权法原理》，北京大学出版社1994年版，第33页。

是所有权排他性原则适用的结果。然而在某些情况下，当事人可以在同一物上设立性质并不矛盾的多个物权。在多个物权并存的情况下，就应当按照法律、法规的规定确定物权相互间的效力。

所谓物权对物权的效力，是指当同一物上存在数个物权时，一个特定的物权对其他物权的效力。这种情况在实践中比较多见，如在一栋房屋上设定了数个抵押权，在这些物权之间，到底谁能排斥谁，哪个物权能优先实现，对此，要掌握三个标准：

(1) 性质标准，即根据权利的性质来判断谁优先。其标准是：同一物上的限制性物权优先于其赖以设定的基础性权利。如在土地所有权上设立了用益物权时，用益物权优先于所有权。通常情况下，所有权与在同一物上设定的其他限制物权相比，实现顺序要靠后，之所以如此，是因为限制物权的设立目的就是对所有权进行限制，是要在所有权人保留部分利益的情况下，取得所有权的其他部分的利益。

(2) 时间标准，即根据权利取得的时间来判断谁优先。成立在先的物权优先于成立在后的物权实现。时间标准适用于非为所有权的物权之间，在所有权和其他物权之间要适用性质标准。

(3) 登记标准，即在两个物权同时存在的情况下，登记的物权优先于未登记的物权实现。如在同一辆汽车上设有两个抵押权，甲的抵押权已登记，乙的抵押权未登记，在此种情况下，无论乙的抵押权的设立是否在甲之先，甲的抵押权优先于乙的抵押权。

(二) 物权对债权的效力

在同一标的物上物权与债权并存时，物权优先于债权，这主要表现为：

(1) 在同一标的物上，既有物权，又有债权时，则物权有优先于债权的效力。例如，享有担保物权的债权人与普通债权人相比享有在担保物折价后优先受偿的权利。

(2) 在债权人依破产程序或强制执行程序行使其债权时，作为债务人财产的物上存在他人的物权时，该物权优先于一般债权人的债权。

(3) 优先购买权，是指财产所有人出卖其财产时，就该财产与财产所有人存在物权关系的人在同等条件下享有优先购买权。

但是，在法律有明确规定的情况下，债权也可以具有优先于物权的效力。这些特殊的情况主要有：

(1) 根据"为债权的债权"优先的原则，新设定的债权具有优先于原来的债权以及为这些债权进行担保的物权的效力。所谓为债权的债权，即为了某些债权的实现而不得不新设立债权，这些新设立的债权具有优先于原来的债权的效力。即使原来的债权有物权担保，此时此债权也具有优先于这些有担保的债权的效力。比如，在债务人破产时，为实现债权人权利的，必须依法由清算人对债务人的财产进行清算。清算人的费用，即为"为债权的债权"，也就是为了原来的债权人权利实现的目的而新设定的债权。这类债权优先于有担保的债权得到清偿。

（2）根据"买卖不破租赁"原则，依据租赁合同所产生的债权，具有对抗物权变动的效力。所谓买卖不破租赁，指的是在标的物出租之后，所有权人虽然可以将标的物出卖，但该买卖行为不能成为解除租赁关系的理由，承租人仍然可以对新的所有权人主张承租的权利。这一规则为世界各国的法律普遍采纳，原因在于一般情况下，土地、房层的承租人在经济上处于弱势地位，他们租用别人的土地或者房屋是为生存所必需。所以，买卖不破租赁原则隐含着重要的政治意义。需要指出的是，在世界大多数国家和地区，买卖不破租赁原则只适用于不动产的租赁。例如，甲把房屋出租给乙，之后，他又因贷款将房产抵押给银行。这样，针对同一房屋，甲享有所有权，银行享有抵押权，乙享有租赁权，其中所有权和抵押权是物权，租赁权是债权。假设借款期间于2003年1月1日到期，甲在此时没有能力还款，而乙租赁期间于2004年1月1日才届满，在这种情形下，根据物权效力规则，我们应先考虑物权对物权的效力，根据限制性物权优先于所有权的性质标准，银行的抵押权能排斥甲的所有权，甲到期不履行还款义务，银行就能优先实现抵押权，将房屋予以拍卖或者变卖给丁，从所得款项里优先受偿。此时，甲的所有权和银行的抵押权均消灭，丁成为房屋所有权人，丁的所有权和乙的租赁关系就要适用物权对债权的效力规则，由于租赁权的特殊法律地位，乙的租赁权能够排斥丁的所有权，乙仍然可以租赁该房屋直到2004年1月1日为止。

（3）纳入预告登记的债权，在任何情况下均优先于物权。为保障一些特殊不动产交易中以取得不动产物权为目的的债权，德国等国家设计了一种特殊的法律制度，即预告登记制度。许可债权人将其权利纳入不动产登记簿，并赋予这种债权具有排斥后来一切不动产物权变动的效力。预告登记的本质非为不动产物权登记，而是请求权的登记，此种登记的目的在于特别保护一些取得物权的请求权。我国《物权法》第20条规定了预告登记制度，即当事人签订房屋买卖或者其他不动产物权的协议，为保障将来实现物权，按照约定可以向登记机构申请预告登记。预告登记后，未经预告登记的权利人同意，处分该不动产的，不发生物权效力。

（4）民法特别法赋予优先效力的债权可以优先于物权，如劳动法、破产法明确规定在企业破产的情况下，工人获得劳动工资的债权享有优先权，这一债权的优先效力超过物权；又如，《海商法》第22条规定了船长以及船员的工资优先权等。

四、追及效力

所谓追及效力，是指物权的标的物不管辗转流通到什么人手中，所有人都可以依法向物的占有人索取，请求其返还原物。任何人都负有不得妨碍权利人行使权利的义务，无论何人非法取得所有人的财产，都有义务返还，否则，就侵犯了权利人的权利。不论是所有权还是担保物权的标的物，不论辗转到何人之手，都不影响这些权利的存在。

应当指出的是，物权的追及效力并非绝对。如标的物在他人占有期间发生善意取得或时效取得，追及效力即被中断，标的物的占有人遂取得其物权。

五、物上请求权

物权权利人在其权利的实现上遇有某种妨害时，物权人有权对造成妨害的人请求排除此妨害，此称为物上请求权，包括返还原物请求权、排除妨碍请求权、消除危险请求权和恢复原状请求权。

物上请求权的行使，不必非得依诉讼的方式进行，也可以依意思表示的方式为之，即物权人在其物权受到妨害后，可以直接请求侵害人为一定的行为或不为一定的行为。

第四节 物权的民法保护

一、物权的民法保护的途径

物权由法律规定，并受法律保护。在我国，保护各种类型的物权，是宪法、行政法、刑法、民法等各个法律部门共同的任务。不同法律部门对物权保护的方法不同，民法主要是通过民事诉讼和民法规定的其他方法对物权进行保护的。民法对物权的保护，可以依据权利人是否通过诉讼程序而分为物权的自我保护和诉讼保护。

（一）自我保护

物权的自我保护，是指物权人在其物权受到侵害以后，直接请求侵害人为一定行为或不为一定行为的保护方法。例如，请求侵害人停止侵害、排除妨害、恢复原状等。物权人采取这种方法，必须享有法律规定的请求权（包括物上请求权和损害赔偿请求权）。同时，权利人必须以合理的、法律许可的方式行使这些权利，不得滥用权利而加害他人。

（二）诉讼保护

物权的诉讼保护，是指物权人在其物权受到侵害后，依法提起诉讼，请求人民法院确认其物权的存在，责令侵害人承担民事责任的保护方法。当事人在对物权的归属发生争议后，往往需要由人民法院来确认某种物权是否存在或归属于谁，因此物权人必须采取诉讼保护方式。物权人在采取自我保护方法不能保护其权利时，也需要依法提起诉讼，请求人民法院责令不法侵害人停止侵害、排除妨害、恢复原状、返还原物和赔偿损失。当然，物权人也可以不采取自我保护的方法，而直接向人民法院提起诉讼。当然，除诉讼之外，权利人还可以通过和解、调解、仲裁等途径寻求保护。

二、物权的民法保护方式

（一）确认物权请求权

我国《物权法》第33条规定："因物权的归属、内容发生争议的，利害关系人可以请求确认权利。"当物权归属或内容不明或是否存在发生争议时，当事人可以向有关机关提出请求，以确认物权。物权的确认有以下特点：

（1）物权的确认是物权保护的前提。通常物权请求权的行使都以物权人享有物权为基础，即只有在物权人享有权利的情况下，才能行使物权请求权。因此在物权归属发生争议的情况下，当事人不能直接行使物权请求权，而必须首先请求对物权的归属予以确认。

（2）物权的确认包括两方面的内容：①对物权归属的确认，即确认物权的权利人，既包括所有权人，也包括用益物权人和担保物权人；②对物权内容的确认，即确认物权的权能。

（3）确认物权的归属方式必须是向有关行政机关、人民法院或仲裁机关提出，不能实行自力救济，即物权确认只能采取公力救济。若向法院提出确认请求，则当事人必须提起确认之诉。

（二）返还原物请求权

返还原物请求权，是指物权人要求无权占有人返还其占有的物的请求权。我国《物权法》第34条规定："无权占有不动产或者动产的，权利人可以请求返还原物。"返还原物请求权的行使要件包括：

1. 请求权人是失去占有的所有人或他物权人。此处需说明的是：①不移转占有的他物权人（如抵押权人）不享有此项权利；②所有人或他物权人的占有不以直接占有为必要，失去间接占有时也可行使返还原物请求权；③在共有的情况下，每个共有人都有权请求不法占有人返还共有物，但必须以全体共有人的名义进行。

2. 返还原物的义务人或者相对人或为直接占有人，或为间接占有人，但必须是占有人。这一要件意味着权利人只能向占有其物的人请求返还，对侵夺其物而此时已不占有者不能提出返还请求。

3. 须有原物存在。若原物已经灭失，返还原物在客观上已不可能，则物权人不能行使原物返还请求权。但是，即使原物存在，返还请求权的行使也不是不受任何限制的。例如，在原物添附于他人之物上，而原物的取回耗费过大等情况下，就不宜采用这一保护方法。

4. 对动产善意占有人不得行使返还请求权。作为物权标的物的动产由无权处分的占有人让与第三人时，如果第三人取得该动产的占有时是善意的，各国立法都通过善意取得制度对第三人的占有加以一定程度的保护，不允许物权人追回其物。此时，原物的所有人或他物权人不能向善意第三人请求返还原物，只能要求不法让与人赔偿损失。

有关孳息和费用的返还，应区分善意占有人和恶意占有人而有所不同。善意占有人在无权占有他人之物时，对于该物所生的孳息不负返还义务，而恶意占有人则仍需返还。善意占有人在占有标的物期间，因保管、保存、改良标的物所支出的必要费用，应有权向物权人请求返还，但恶意占有人所支出的费用则不得请求返还。

(三) 排除妨碍请求权和消除危险请求权

我国《物权法》第35条规定："妨害物权或者可能妨害物权的，权利人可以请求排除妨害或者消除危险。"当他人的行为非法妨碍物权人行使物权时，物权人可以请求妨碍人排除妨碍，也可请求法院责令妨碍人排除妨碍。物权有被侵害的危险时，可以请求造成危险的人消除危险。

1. 排除妨碍请求权。《物权法》规定，妨碍物权或可能妨碍物权的，权利人可以请求排除妨碍或消除危险。排除妨碍请求权，是指当所有权的圆满状态受到除占有之外的方式妨碍时，所有人有权请求妨碍人除去妨碍的权利。

行使排除妨碍请求权，需满足以下条件：①妨碍的存在。妨碍是指除非法占有之外的一切影响所有人行使权利的客观因素，可以包括积极的妨碍（如在他人通行的道路上堆放杂物）和消极的妨碍（如不拆除在他人土地上的临时建筑），也可以包括事实上的妨碍（如向他人土地排放污水）和法律上的妨碍（如将他人的房屋登记为自己所有，就有可能使所有人因登记公信主义丧失对房屋的所有权），还可包括人为的妨碍（如在他人围墙上挖洞）和非人为的妨碍（如大树被风吹倒在他人庭院中，妨碍了邻人对庭院的权利）。这种妨碍应是持续进行的，如果妨碍稍纵即逝或已经消失，所有人就无法行使排除妨碍请求权，但这种妨碍如果造成损失，可请求赔害赔偿。②妨碍必须是非法的。如前所述，所有权的行使受到一定的限制，这在相邻关系中表现得尤为明显。因而，对于他人因合法行使权利给所有人造成的妨碍，如相邻关系中的通风、采光、排水及承租人对房屋的正当使用，所有人负有容忍的义务，不得行使排除妨碍请求权。

2. 消除危险请求权。消除危险也是物权保护的一项基本方式，各国民事立法例也很多。我国《民法通则》第143条第1款民事责任的承担方式就包括消除危险。

请求消除危险，又称请求防止侵害。侵害虽未发生，但物权面临遭受侵害的危险，存在被侵害的可能时，对于这种可能发生的侵害，物权人有权请求相对人为或不为一定行为，防止侵害、消除既存的危险，以避免侵害的发生。

（四）恢复原状请求权

我国《物权法》第36条规定："造成不动产或者动产毁损的，权利人可以请求修理、重作、更换或者恢复原状。"恢复原状，是指物权人在其物被他人非法侵害致损时，请求加害人通过一定的方式，如修理、重作、更换，使财产恢复至原有状态。

恢复原状请求权和损害赔偿请求权同为债权请求权。当物权人的物遭受损害时，当事人可以要求加害人通过修补等方式恢复原状，也可以要求加害人赔偿其损害，甚至在特殊情况下，两个方式可以一并使用，以弥补物权人所遭受的损失。在采用恢复原状的方式对物权进行救济时，一般应由加害人对物进行修补，并且承担恢复原状的费用，但受害人或者法院可以监督恢复原状的过程。

（五）损害赔偿请求权

我国《物权法》第37条规定："侵害物权，造成权利人损害的，权利人可以请求损害赔偿，也可以请求承担其他民事责任。"可见，物权法上的损害赔偿，指的是物权人在遭受损害时，向侵权人提出的以货币方式赔偿其损害的请求权。损害赔偿请求权基于侵权而产生，性质上属于债权请求权，因而受消灭时效的规制。损害赔偿请求权在物权保护中的应用，使得在物权无法恢复至完满状态时，可以以金钱作为补偿手段，确保物权人的整体利益得到公平的补偿。所以，物权法中的损害赔偿请求权是对物权请求权的重要补充。

三、物权请求权的适用

《物权法》第38条规定，物权保护方式，可以单独适用，也可以根据权利被侵害的情形合并适用。侵害物权，除承担民事责任外，违反行政管理规定的，应依法承担行政责任；构成犯罪的，应依法追究刑事责任。

侵害物权的行为不仅违反了物权法等民事法律的规定，而且可能违反行政法或构成犯罪，引起行政责任或刑事责任，即导致责任聚合。行为人承担了行政责任或刑事责任之后，不免除其应当承担的民事责任。反过来说，即使行为人承担了民事责任，也不能免除其行政责任或刑事责任。

> **引例解析：**

甲、乙买卖房屋的合同是有效的，彼此享有基于合同而产生的债权请求权，根据合同，乙享有请求甲交付房屋、办理登记从而移转房屋所有权的权利，甲享有请求乙支付价款的权利。但因为房屋买卖尚未办理登记，所有权并未发生转移，该房屋仍然归甲所有，既然甲仍对房屋享有所有权，自然仍享有对房屋的处分权，因而其与丙订立的关于房屋买卖的合同自然也是有效的。在甲协助丙办理了过户登记的情况下，房屋所有权已转归丙所有。此时，甲、乙之间的合同仍然有效，但甲已将房屋卖给丙，这将使得其无法履行与乙之间的合同，因而甲应向乙承担违约责任。

> **案例思考：**

被告房地产开发公司在与原告印刷厂相邻 30 余米处建造了一座大厦。在基础工程建设期间，因施工大量抽排地下水，使原告印刷厂地面下沉，厂房墙体处开裂。原告要求被告停止抽排地下水，被告拒绝。原告后来发现墙体开裂更严重，并导致印刷机的基础移位，机器转筒纸胶印机出现异常，印刷质量下降。经有关单位鉴定，原告厂房和厂内印刷机受损的直接原因是被告基础工程施工大量抽排地下水造成的。原告因此遭受的直接损失达 14 万余元。原告请求被告赔偿，一直未能得到解决，随后向法院提起诉讼，要求停止侵害，赔偿损失。

问题：
(1) 被告应依何种法律规定承担法律责任？
(2) 试分析本案原告所享有的请求权的种类。

第二章 物权法概述

◆ **引例**

甲和乙是邻居,甲得知乙要将其所有的房屋出售,于是,找到乙进行协商,并达成协议,将来乙的房子出售时,甲在同样的价格下享有优先购买的权利;同时甲应交付两万元人民币作为定金。协议达成后,甲即付了两万元的定金。过了数月,乙却告知甲,自己已将房屋卖给了同事丙,并且已办理了房屋过户手续。甲将乙告上法庭。甲诉称:我们二人有协议在先,明确约定我享有优先购买的权利。所以我可以在相同的报价下,优先于其他人获得购买该房屋的机会。而乙却无视双方的约定,将房子卖给丙,有违约定。并且,乙和丙之间的买卖合同因为侵害了我的优先购买权而应当归于无效。乙辩称:房屋是我个人所有的,我有充分的处分自由。虽然我的确和甲有约在先,但是我情愿承担违约责任,退还甲的定金。

问题:乙是否有权要求丙退房?

☞ **要点**

1. 物权法的概念、性质和特点
2. 物权法的基本原则

第一节 物权法的基本内涵

一、物权法的概念

物权法是大陆法系特有的概念,在大陆法系的民法体系中,物权法是其中一部重要的法律。一般认为,大陆法系中的物权法概念有广义和狭义之分。

狭义的物权法又称为形式意义上的物权法,是指民法典中关于物权的规定,或者专门的物权法。目前,我国尚未颁布民法典,但《民法通则》对物权法的一些基本规则作了规定。当然,这些规定极为简略,还不能包含物权法的所有内容。我国《物权法》则从形式上对物权加以规定,可以称为狭义上的物权法。

广义的物权法又称为实质意义上的物权法,其着眼于物权法的调整对象,凡是以调整人对物的支配关系为内容的法律规范,都是物权法的范畴。在我国,广义的物权法除《民法通则》关于"财产所有权及与财产所有权有关的财产权"

的规定和《物权法》的规定以外，还包括宪法中关于所有制、土地及其他自然资源权属的规定等内容。此外，《担保法》、《土地管理法》、《城市房地产管理法》、《草原法》、《森林法》、《矿产资源法》、《水法》、《渔业法》、《文物保护法》等法律法规中有关物权的规定，最高人民法院关于处理物权纠纷所作的大量司法解释等都属于广义的物权法。

我国《物权法》第2条规定："因物的归属和利用而产生的民事关系，适用本法。"依此规定，可将物权法的定义界定为关于物的归属和利用的法律。所谓"归属"，指某项财产归属于谁，实际上就是讲所有权。所谓"利用"，指利用他人的财产的权利，包括用益物权和担保物权。用益物权，是"利用"他人财产的"使用价值"，即对他人的财产进行占有、使用、收益的权利。如土地承包经营权是农户利用集体土地进行种植、养殖、畜牧的权利；宅基地使用权是农户利用集体土地建房的权利；建设用地使用权是权利人利用国有土地建造厂房、写字楼、商品房的权利。土地承包经营权、宅基地使用权和建设用地使用权都属于用益物权。担保物权是"利用"他人财产的"交换价值"，如借款人把自己的不动产、动产或者有价证券抵押、质押给银行，担保银行的贷款债权，借款人不能归还贷款本息时，银行将拍卖该抵押、质押财产，从拍卖所得的价款获得清偿。抵押权、质权、留置权均属担保物权。

二、物权法的性质和特点

如前所述，物权法是调整物的归属关系及主体因对物的占有、利用而发生的财产关系的法律规范。在市场经济条件下，物权法与合同法是调整交易关系的最基本的法律规范。但合同法只能调整交易关系，对于交易前提的界定和结果的保护，难以发挥作用，这就需要通过物权法来确认物的归属的规则，确定市场交易关系得以进行的基础和前提，维护社会所有制关系。下面我们通过对物权法的性质与特点的介绍进一步认识物权法：

（一）物权法的性质

1. 物权法是私法。尽管对区分私法与公法的标准有各种不同的观点，但一般来说，私法规范的是民事法律关系，尊重民事主体依法对自己的民事权利和利益所做出的处分。公法则更注重规范国家对社会经济生活各方面的干预、管理和介入。民法调整平等主体之间的财产关系和人身关系，是私法。物权法作为民法的一部分，其性质也应为私法。尽管现代物权法愈发重视从公法上对物权的行使、移转等方面加以干预，但这并不能影响物权法的私法属性。

2. 物权法为财产法。自罗马法以来，私法就有所谓的财产法与身份法的划分。规范经济生活，维护财产秩序的法律，为财产法；规范伦理生活，以保护身份秩序的法律，为身份法。物权法是以规范物的归属与利用关系为内容的，其性质当属财产法。财产法又分为财产归属法与财产流转法。物权法规范人对物的支配关系，故其为财产归属法。

3. 物权法是民事普通法。所谓民事普通法，是指适用于全国领域，规定一般事项，并且无适用时间限制的民事法律。民事特别法是指适用于特定的区域、规定特别的事项，或在适用时间上有限制的民事法律。普通法和特别法只有在同一法律部门内部、并且法律规定的事项为同类的情况下才能作出区分。物权法是普通法而非特别法，即物权法所规定的是具有相当普遍性或一定程度的稳定性的事项，之所以如此，是因为物权法所规范的财产关系大多是社会中较为重要的财产关系。

（二）物权法的特点

在大陆法系国家，物权法和债权法是民法中的两个最重要的组成部分，它们分别构成了民法典中的物权编和债权编。物权法和债权法虽都属于财产法，两者之间具有密切的联系（物权是债权的前提与归属），但物权法仍具有不同于债权法的以下四个特征：

1. 调整财产关系的静态性。财产关系可分为静态的财产关系与动态的财产关系。物权法调整的是人对物的支配关系，即静态的财产关系。所以说，物权法具有调整财产关系的静态性的特点。

2. 规范内容的本土性。物权法具有固有法的特点。所谓固有法，是指保留了较多的国家、民族和历史传统的法律。物权法具有本土、本民族的特征，因此具有固有法的特点。物权法的固有法特点，并不意味着其规则是固定不变的，相反，物权法也应该适应社会经济条件的变化而不断地发展变化。当然，强调物权法的本土性并非排斥他国的先进经验，而主要是指物权法除了反映市场经济的共性以外，还要注重从本国社会经济生活条件出发，反映本国的历史传统和民族习惯，所有制关系的现状以及国家对财产关系管理方面的政策等。

3. 法律规范效力的强行性。强行法是对不能由当事人通过协议加以改变的法律规范的统称。物权法的强行法特点集中地表现在物权类型、物权的公示方法、物权的效力等方面，即这些内容必须要由法律作出规定，当事人不能通过其协议改变。物权法的强行性同时还表现在不动产物权的行使越来越多地受到国家的干预。当然，物权法作为私法，也要贯彻私法自治原则，如物权人可以在法律规定的范围内依自身的意志设立、变更以及转移物权；每个物权人可以依法自由行使其权利，他人不得干涉物权人权利的正当行使；物权人有权在法律规定的范围内抛弃、处分其权利等。但总体上来说，物权法主要是强行法，其贯彻的是物权法定的原则。物权法的强行性是物权法与合同法的区别之一。尤其值得注意的是，物权法的强行性绝不意味着要将物权法变为管理性的法律。

4. 维护利益的公共性。物权法所调整的财产关系并非纯粹私人性的关系，而常常涉及第三人及社会公共利益，具有公共性。物权法一方面要维护物权人对其财产的正当支配的利益；另一方面也要对物权进行适当的限制，防止物权的滥用，来维护他人利益和社会公共利益，以谋求个人利益与社会利益的协调发展。

三、物权法的编制体例和体系

（一）物权法的编制体例

物权法的编制体例主要包括两部分内容：物权编在民法典体系中的位置和物权编的内部结构。

1. 物权编在民法典体系中的位置。主要有两种编制体例：一是将物权法置于债权法之前的立法例，该体例以《法国民法典》与《日本民法典》为代表，其理由是债（合同）不过是取得财产的方法；物权的效力强于债权的效力。物权为对世权，具有优先权、物上请求权、追及力、别除权，债权为对人权，不具有物权的上述效力，以效力强弱论，物权应先于债权。[1] 二是将物权法置于债权法之后，该体例以《德国民法典》为代表，其理由是物权只是债行为的结果。[2] 对此问题，我国绝大多数学者认为物权法应置于债法之前，其理由主要有：

（1）从历史上看，先有物权关系，后有债权关系，物权关系较债权关系发生更早。

（2）从实际经济现象上看，物权既是交易的出发点，同时也是交易的对象和归宿，没有物权，也就无所谓债权。

（3）所有权是民法的核心，在体例上应当把物权法置于债权法之前。

2. 物权编的内部结构。主要有两种立法例：一是设总则与分则两大部分，以《日本民法典》和我国台湾地区"民法"为代表；二是不设总则，依所有权与限制物权的顺序加以规定，以《德国民法典》、《瑞士民法典》为代表。

我国学者大多主张采用第一种立法例，其理由主要有：物权法需由其总则部分对其一般问题做出规定。民法总则或者所有权的规定都无法替代物权法总则的内容和作用。民法总则的内容是针对各种民事权利共性问题的规定，很难适用于物权的具体情况；所有权的一些规则则只能专门适用于所有权而不能适用于他物权。

（二）物权法的体系

物权法的体系是指物权法依据一定的逻辑结构所构成的规范体系。物权法的

---

[1] 马俊驹、余延满：《民法原论》，法律出版社 2005 年版，第 270 页。
[2] 王作堂等编著：《民法教程》，北京大学出版社 1983 年版，第 13 页。

体系随着社会经济生活的发展而不断变化。进入近代自由资本主义时期以后，随着市场经济制度的发展，作为物权的客体的物，大多也就具有了商品的性质。作为物权客体的物的价值，被区分为交换价值和使用价值。物权人把对物的使用价值交给他人享有和支配，产生了用益物权制度，把物的交换价值交给他人享有和支配，产生了担保物权制度，此外还存在着对物加以控制、支配和管领的事实状态，称为占有。这样，近代物权法的体系也就形成了，即所有权、用益物权、担保物权和占有。我国物权法的体系结构亦循此而定，即所有权、用益物权、担保物权和作为"类物权"的占有制度。

第二节 物权法的基本原则

物权法是调整财产关系的基本法，其体系庞大、制度精微。如果物权法没有基本原则，就不能建立起科学的物权体系。所谓物权法的基本原则，是指对物权法的规则具有指导意义的一般原则。物权法的基本原则是物权法的灵魂，它贯穿物权法的始终，物权法的规则，很多都是物权法基本原则的体现。

关于物权法的基本原则，主要有以下几种学说：①六原则说，该说认为物权法的原则包括物权法定原则、一物一权原则、物权优先效力原则、物权无因性原则、公示公信原则、物权确定原则；②五原则说，该说认为物权法的原则包括物权法定原则、物权绝对原则、物权公示原则、物权特定原则和物权抽象原则；③四原则说，该说认为物权法的原则包括一物一权主义、物权法定主义、公示公信原则和物权行为独立原则；④三原则说，该说认为物权法的原则包括物权法定原则、一物一权原则和公示公信原则。本书采三原则说。

一、物权法定原则

（一）物权法定原则的概念和内容

1. 物权法定原则的概念。物权法定原则即物权的种类和内容由法律规定，不允许当事人依其意思设定与法律规定不同的物权。所谓的法律，不仅包括民法典中的物权编，还包括在民法典其他各编中有关物权的规定以及其他民法特别法中的规定。物权法定原则与合同自由原则形成鲜明的对照，后一原则是合同法的基本原则，它表明法律对当事人意志的尊重，即当事人自己可以任意设定合同的种类和内容。我国《物权法》第 5 条规定："物权的种类和内容，由法律规定。"此即物权法定原则在我国物权立法上的反映。

虽然物权法定原则为大陆法系各国物权法所承认，但由于各地有不同的法律传统、政治制度、经济制度和文化背景，从而导致各国法律认可的物权种类和内容有很大的不同，并各有自身独特的物权类型，如德国民法中有土地债务、实物负担，日本民法中有先取特权，我国民法中有土地使用权、土地承包经营权等。甚至一些为各国民法所共同承认的物权（如抵押权），其具体类型、内容和实现方式也不一致。而且，即使是在一国之内，物权类型和内容也会因为时代变迁而有所不同。

2. 物权法定原则的内容。根据大陆法系各国的学理研究和立法，物权法定主义的内容不仅包括物权类型和内容的法定，还包括物权的效力和公示方法的法定。具体内容分述如下：

(1) 物权的类型法定。所谓物权不得由当事人随意创设，是指当事人在其协议中不得明确约定其通过合同设定的权利为物权，也不得设定与法定的物权相抵触的物权。但物权体系并不是封闭的，立法可以设定新的物权类型，只是在立法确认前，当事人不得自行创设新的物权类型。

(2) 物权的内容法定，不能由当事人通过协议随意设定。当事人不得创设与法定类型的物权内容相异的物权类型（例如，不得创设不移转占有的"质权"），但当事人仍有一定程度的意思自治（例如，地上权的期限、地租等）。

(3) 物权的效力法定，不能由当事人通过协议加以随意设定。如关于留置权的效力，法律有明确的规定，当事人就不得通过协议对留置权的效力加以设定。

(4) 物权的公示方法法定，不得由当事人随意确定。我国《物权法》及相关法律明确规定，动产一般必须交付后才能移转所有权，不动产一般必须在登记后才能移转所有权。交付和登记便是法定的公示方法，当事人一般不得协商不通过公示而移转所有权。

(二) 物权法定原则的立法理由

关于物权的创设，历史上曾经出现过放任主义（自由主义）与法定主义之分。物权法定主义源于罗马法，当时虽然没有形式意义上的物权，但是有实质意义上的物权。罗马法之所以采物权法定主义，目的在于将其与债权区别开来，同时罗马法上的物权被理解为对物的直接支配，使其在绝对性、排他性上比债权有更强的效力。虽然后来日耳曼法曾经出现过放任主义（自由主义），但是更多的立法例采用物权法定主义，其理由大致有以下几点：

1. 整理旧物权类型的需要。封建时代的物权制度与身份制度相结合，所有权人利用其身份上的特权，任意对他人设定物权，使物权变成支配人的工具，这是资本主义所要求的自由的所有权制度所不能容忍的，所以有必要对旧物权加以整理，使物权脱离身份的支配，成为自由的财产权。

2. 物权法定原则反映了物权本身的内在要求。首先，物权是对标的物进行直接支配的权利，任何人不得侵害或干涉，所有权更是贵在其对于标的物拥有完满与永久性支配的权利，倘若当事人对物权的种类和内容任意约定，则物权无法确定，从而失去物权本来的意义。其次，物权具有排他性，通常会涉及第三人的利益，这要求物权的存在及变动应力求透明，以有利于交易安全和充分发挥物的作用。法律只有对物权的种类、内容、效力、公示方法等作出明确的规定，社会公众才能知晓该权利，并对权利人的权利予以尊重。

3. 物权的社会地位决定了物权法定原则对于一国基本制度的重要性。与其他法律制度相比，物权法律制度最直接地反映了社会的基本经济制度，它是直接为特定社会关系的所有制服务的，这决定了物权是社会的基本财产权，对社会经济关系影响重大，故而不允许当事人随意创设物权。只有法律明确规定物权类型和内容，才能从法律上确认和巩固社会经济关系并维护正常的社会秩序。

（三）违反物权法定原则的后果

物权法定原则属于物权法中的强制性规范，当事人必须遵守。依据物权法的基本原理和各国物权立法的经验，违背此原则，一般而言，会产生如下四种法律后果。

1. 违反物权法定原则，当事人创设的不是物权，不发生物权的效力。如我国《担保法》第 37 条规定学校的教育设施不得抵押，但未规定违反该规定的法律效果。如果有人以学校的教育设施设定抵押，则会因违反了法律的禁止性规定而无效。

2. 部分违反物权法定的原则，但该部分不影响其他部分效力的，其他部分依然有效。根据我国《民法通则》第 60 条的规定，"民事行为部分无效，不影响其他部分的效力的，其他部分仍然有效"。如果当事人设定将抵押物移转于抵押权人占有的抵押权，抵押物的转移占有与《担保法》第 33 条不转移对抵押物的占有的规定相悖，但这只导致该转移占有的行为无效，抵押权的设定本身还是有效的。

3. 法律有特别规定时，从其规定。如该行为符合其他法律行为的生效要件，则可以发生相应的效力，比如，当事人之间设定或者移转土地使用权的，如果土地使用权的设立或者移转的物权行为未有效成立，则应许可当事人以其意思成立债权法上的租赁关系，这一处理不但对当事人无害，而且也不违法理。

物权法定主义的发展，对整个物权法制度的发展起了积极作用。但随着社会经济的进一步发展，物权法定主义的内涵也需要随之变化，而不能一成不变。物权法定主义的理论基础，就在于确保物权的支配性，适应社会经济的发展，以及便于物权的公示，保障交易自由、安全与便捷。物权法定主义未来的发展，也不能脱离这些理论基础。因此，新类型的物权或具有新内容的物权，是否为物权法定主义所允许，应以其理论基础作为判断的标准。如果符合这些标准，则认可其与物权法定主义并不违背，通过物权法定缓和的运用，对之加以接受。当然，当实践中有新类型的物权出现时，最佳的办法是尽快立法，将其法定化。

二、一物一权原则

（一）一物一权原则的概念与内容

1. 一物一权原则的概念。一物一权原则是指在同一物上只能成立一个所有权，一物之上不得设立两个以上内容相冲突的物权。一物一权原则的目的在于明确物的最终归属，确立物的所有人对物进行全面支配的地位，在此基础上建立以所有权为中心、以用益物权和担保物权为两翼的系统化的物权体系。

2. 一物一权原则的内容。具体内容分述如下：

（1）一物之上只能成立一个所有权，即一物一主。一项财产不能既属于某人所有，又同时属于他人所有。即使是共有，也是数人对共有财产享有一个所有权，而不是由数人对共有财产分别享有所有权。一物之上只能设定一个所有权，从根本上说，是出于明确权利边界、定分止争的基本要求。

（2）一个物权的客体仅为一个物。根据一物一权原则，一个物权的客体仅为一个物，而且该物应该是独立的、特定的。原则上讲，各个物的集合一般不能成为一个物权的客体。但是，在特别的情况下，按照交易习惯认为集合物是一个独立物的时候，可以设定一个所有权。例如一批货物、一个图书馆、一群羊等，视为一个物，可以成立一个所有权。

（3）一个物的某一部分不能成立独立的所有权。物只能在整体上成立一个所有权，而一物的某一部分如尚未与该物完全分离，则不能成为单独所有权的客体。这就是说按照一物一权原则，物只能在整体上成立一个所有权。

（4）一物之上不能存在两个相冲突的物权。根据一物一权原则，同一物之上不得成立两个所有权或两个在内容上相互矛盾的物权。一物之上虽然只能存在一个所有权，但并不排斥同一物之上可以并存数个性质、内容互不冲突的物权。一物之上并存两个物权情形有以下几种：① 所有权与其他物权可以同时并存；② 在同一物之上设定数个担保物权；③ 用益物权与担保物权同时并存。

（二）一物一权原则的起源与立法理由

1. 一物一权原则的起源。通说认为，一物一权原则起源于罗马法。在罗马法中有这样的规定："所有权遍及全部，不得属于二人。"依据罗马法，不仅一物仅得设定一个所有权，而且一物必须设定一个所有权，亦即一个所有权不得设定于数个独立物之上。而且，一个物的某一部分不能成立单个的所有权。

2. 一物一权原则的立法理由。一物一权原则的立法理由主要有：

（1）明确权利范围。一物一权原则有利于划分各个权利人的权利范围，确定各个权利的效力，有利于对物权的保护。

（2）避免物权关系复杂化。一物一权原则避免一物之上存在多个内容相抵触的物权，明确物权关系，避免各个物权人的支配力发生冲突，有利于物权内容的实现和物权人利益需要的满足。

（3）避免公示的困难。一物一权原则从技术上保证物权客体特定、独立，便于公示，使法律关系明确，有利于交易安全。

三、公示公信原则

（一）公示原则

1. 公示原则的概念。公示原则即以公开方式使公众知晓物权变动的事实，以避免第三人遭受损害并保护交易安全的原则。公示方法对物权变动的要求表现在，动产要通过交付来公示，而不动产则须通过登记才起到公示效力。我国《物权法》第6条规定："不动产物权的设立、变更、转让和消灭，应当依照法律规定登记。动产物权的设立和转让，应当依照法律规定交付。"

2. 物权公示的效力。物权公示的效力是指在物权法上所产生的公信力和确认依公示方法所取得的物权具有对抗第三人的效力。物权的公示是法律为使物权关系明晰化而采取的强制措施，其目的在于保护当事人的交易安全，而物权公示保护交易安全的主要途径就是为公众提供了解物权的归属以及物上所存在的其他支配权的机会。故可从三方面来理解物权公示的效力：①物权转让的效力，即未经登记的不动产物权变动，以及未经交付的动产物权变动不发生物权之得失变更的法律效力；②权利正确性推定的效力，即推定以不动产登记簿所记载的当事人的权利内容为正确的不动产权利，以动产的占有为正确的权利人占有；③保护善意第三人的效力，即通过法定方式取得的物权不受原权利人的追夺，即使登记错误，从登记名义人处取得物权的善意第三人仍受保护；即使占有人非为权利人，从占有人处取得物权的善意第三人仍受保护。上述三个不同的角度充分说明了物权公示的效力。

3. 公示原则确立的理由及功能。物权的变动之所以要公示也是由物权的性质本身所决定的。首先，物权是对世权，物权的义务人是不特定任何人，因而物权的变动不仅仅涉及权利人个人的利益，对于不特定的义务人都会发生权利义务的变动后果。因而只有以公示的方式将物权变动的事实告知不特定的义务主体，才能使其知道对何人负有物权法上不作为的义务，也才有利于保护权利人。其次，物权是独占权与排他权，一个特定物上不能存在两个或两个以上不相容的物权。物权变动采取公示原则，有利于明确物的归属，尽可能地克服或避免标的物上的物权存在某种瑕疵，从而保护交易的安全。

故，物权公示原则的确立，不仅可以保护变动物权的当事人，还可保护交易过程中的善意第三人。

4. 公示原则的适用。在物权变动过程中，动产一般采取交付的公示方法，不动产一般采取登记的公示方法。依法律行为发生的物权变动,应遵守公示原则;非依法律行为发生的物权变动,并不要求进行公示,但因此发生的物权变动(如为不动产物权而未进行不动产登记,为动产物权而未交付占有)的权利取得人不得处分其物。

关于物权变动公示的效力,各国民法的规定不尽相同。如德国、瑞典民法采取生效要件主义,法国、日本民法采取对抗要件主义。

(二) 公信原则

1. 公信原则的概念。公信原则是指依公示之方法所表现的物权即使不存在或内容有异,但对于信赖此项公示方法所表现的物权而为交易的人,法律仍承认其具有与真实物权存在而交易的相同的法律效果。例如甲将乙的房屋登记在自己的名下,并将该房屋转让给丙,丙因信赖甲所提供的产权证书等文件,而与甲订立了房屋买卖合同,尽管甲不是真正的权利人,但法律上仍承认该项交易所导致的所有权移转之效果,以保护善意交易第三人的利益并维护交易安全。假如在此情况下确认该项交易无效,则登记不具有公信力,任何人与他人进行交易时,很难相信通过登记所表现出来的权利,这就不利于正常交易的进行。由此可见,公信原则实际上是赋予公示的内容具有公信力。公示如不能产生公信力,其作用必然大为减弱。可见公示与公信是密切联系在一起的。

2. 公信原则的本质及功能。公信原则的本质是在原物权人和善意第三人之间寻求某种平衡,兼顾财产的静态安全和动态安全。

公信原则的功能在于,即使公示的内容与物权的实际状态不同,只要交易活动是信赖法定公示方式提供的信息而进行的,那么法律就按公示的内容保护善意第三人。

3. 公信原则的适用。公信原则的适用在保护第三人的同时,会给真正的权利人带来损害,因此对交易安全保护程度的不同,对于公信原则的适用情况不尽相同:法国、日本民法采对抗要件主义,因而规定它只适用动产交易,这样做是为了强调不动产交易静态安全的保护;德国、瑞士民法采成立要件主义,则规定它同样适用于不动产交易,这样做强调保护交易的动态安全。但日本的判例和学说中,常运用禁反言原理和登记的推定力,以补救登记无公信力的不足,有时则认为存在类推适用《日本民法典》第94条第2款(虚伪表示无效,但不得对抗善意第三人)的情形。

4. 公示原则与公信原则的关系。公示原则与公信原则虽共同作用于当事人之间物权变动的过程,从而保护连续发生的交易活动的安全。但是,二者作用的方式不同。公示原则的作用主要在于使人"知",而公信原则的作用则在于使人"信"。当物权变动满足了公示的要求时,就可以阻止第三人再以交易人的名义进入该物权变动的过程。如果当事人并未依法公示，则第三人可与原权利人进行新的物权交易；而公信原则的作用是在公示内容有瑕疵的情况下，赋予公示以公信力，保护第三者。

第三节 物权法的历史沿革及发展趋势

一、物权法的历史沿革

物权制度产生于罗马法。罗马法把物权分为自物权和他物权，并规定了占有制度，对物权的保护也作了较完备的规定。罗马法的物权制度对后世立法产生了巨大影响。法国资产阶级革命胜利后，由拿破仑主持制定的《法国民法典》几乎照搬了罗马法的物权概念、种类和体系，并明确规定了"所有权神圣"的原则，为资本主义私有制提供了法律上的保障。在罗马法物权制度和日耳曼法基础上制定的《德国民法典》，不仅较周全地规定了物权种类，而且在法典中专设"物权编"，系统、集中地规定了物权制度，这是立法史上的一个里程碑。《瑞士民法典》、《日本民法典》、旧中国的民法典（现我国台湾地区适用）都沿袭了这一立法体例——专设物权编。1922年的《苏俄民法典》也曾专设物权编，但1964年的《苏俄民法典》又将物权编取消了。

在我国古代，实际生活中大量的民事关系是依靠"礼"来调整的，所以中国古代没有现代意义的物权法。这主要是因为，从经济基础来看，商品经济关系不发达，自给自足的自然经济占主导地位。从上层建筑来看，受宗法制度以及儒家思想影响，立法重刑轻民、民刑不分、诸法合体。

在我国封建社会末期，为了顺应时代潮流，清政府于1911年完成的《大清民律草案》第三编的物权制度中，就所有权、地上权、永佃权、地役权、担保物权（抵押权、土地债务、不动产质权、动产质权）及占有作了规定，内容多仿自德国、瑞士、日本民法典。但因清王朝的覆灭，该法未能正式颁布和实行。

在我国民国时期，南京国民政府成立后，于1921年至1931年分期公布了民法典，其第三编为物权编，分为通则、所有权、地上权、永佃权、地役权、抵押权、质权、典权、留置权、占有等10章。该法典已于1949年被废除。

新中国成立初期，由于实行高度集权的计划经济，加之长期受苏联民事立法思想的影响，所有权以外的其他物权一直为我国立法和理论所否认，物权法基本上处于虚无状态。1986年颁布的《民法通则》第五章第一节以"财产所有权与财产所有权有关的财产权"为名，对财产所有权、国有土地使用权、土地承包经营权、全民所有制企业经营权、采矿权、相邻权、共有等作了概括性规定，在第二节"债权"中规定了抵押权和留置权这两种担保物权，从而初步建立了我国的物权体系。此后，一些民事特别法如《土地管理法》、《森林法》、《渔业法》、《草原法》、《国有土地使用权出让和转让暂行条例》、《担保法》、《房地产管理法》等也规定了一些具体的物权形态，但基本上未能突破上述体系。

《物权法》于 2007 年 3 月 16 日颁布，2007 年 10 月 1 日正式施行。该法分为总则、所有权、用益物权、担保物权、占有五编。

二、物权法的发展趋势

自 20 世纪以来，随着社会生活的变化，物权法也呈现出以下的发展趋势：物权的社会化、物权价值化趋势、物权关系扩张化趋势及物权法的国际化趋势等。

（一）物权社会化趋势

私权神圣是民法的传统理念之一，其重点就是人格权神圣和所有权神圣。其中所有权神圣渊源于罗马法，法国 1789 年的《人权宣言》第 17 条将其表述为"所有权为神圣不可侵犯之权利"。1804 年的《法国民法典》第 544 条又规定："所有权是对于物有绝对无限制地使用、收益及处分的权利，但法令所禁止的使用不在此限。"这一规定虽流露出所有权应受法令限制的意思，但仍以绝对无限制为原则。在 18 世纪及 19 世纪初，所有权绝对原则盛极一时，其结果是在促进资本主义经济发展的同时，亦造成许多社会弊端，人们对这一原则的正当性开始发生怀疑。到了二战后，这种怀疑达到顶点，社会性立法在民法领域空前活跃，这一趋势被描述为从"个人本位"到"团体本位"的转变，公共利益原则、诚实信用原则和禁止权利滥用原则得以确立。尊重公共利益，禁止权利滥用，增进社会福祉被强调为所有权行使的指导原则。这种趋势被学者称为所有权社会化。与所有权的绝对性受到法律限制相一致，他物权的规定也侧重于公共利益，整个物权也表现出社会化的趋势。

（二）物权价值化趋势

物权尤其是所有权的内容，原本只是为了实现对标的物的现实支配，由所有权人对其占有、使用、收益和处分。因此，物权本属对物进行现实支配的实体利用权。但随着经济的发展与物权制度的完善，为了充分发挥物的财产价值，所有人不必亲自占有、利用其标的物，而可以将所有权的权能予以分化，将物的使用价值分离出去，由他人支配从而形成用益物权。这样由他人对物进行利用，而自己收取租金，使物的价值得以最大化发挥。除此之外，所有人还可以将物的交换价值分离出去，由他人支配从而形成担保物权，借以获取融资，满足经济发展对资金的需要。于是，物权由本来注重对标的物进行现实支配的实体利用权，演变为注重于收取代价或获取融资的价值权。

（三）物权关系扩张化趋势

物权关系的扩张化主要表现在法律关系构成的扩大化和物权形态新型化两个方面。就法律关系构成的扩大化而言，首先，是物权的主体扩大化，即由自然人扩及法人、非法人组织，尤其是法人成为现代社会中地位最突出的物权主体；其次，是物权客体的多样化，表现为由有体物扩及无体物和权利，由独立物扩及非独立物（区分所有权），由特定物扩及不特定物（财团抵押）；最后，是物权的内容复杂化，即因所有权的各项权能与所有权分化组合的方式不同，以及所有权的使用价值权、交换价值权与所有权分化组合的方式不同，形成了新型用益物权、新型担保物权形态。就物权形态新型化而言，首先，在所有权方面主要有空间所有权、建筑物区分所有权和新型相邻权等新型物权出现；其次，在他物权方面，随着物权价值化趋势的发展，物权由原来注重对标的物的现实支配的实体权，演变为注重于收取代价或获取融资的价值权，促使一些新型的用益物权和担保物权出现；最后，物权形态的新型化还表现为一些传统物权形态因不合时宜而衰落，甚至消亡。

（四）物权法的国际化趋势

因为物权法的制定与一个国家的经济体制、历史文化传统有密切关联，故物权法在本质上具有固有法的色彩。但随着各国经济、文化交流的发展，特别是冷战结束后出现的世界经济一体化和区域经济集团化的趋势，物权的内容也日趋统一。为了满足市场经济发展对资金的需求，担保物权制度得以发展，即将物的交换价值从所有权中分化出来，作为一种独立的物权归属担保物权人支配，这也就是所谓的物权价值化。而国际贸易的发达，又促进了国内市场与国际市场的沟通，出现了物权国际化的趋势。如今不仅大陆法系各国的物权制度趋同，而且两大法系物权制度的差异，也在逐渐缩小。如英美法系的动产担保、让与担保、浮动担保、信托等制度，已逐渐被大陆法系各国物权法所接受并采用。

引例解析：

物权法定主义是《物权法》的基本原则之一，这一原则的基本内涵是物权只能由法律来规定，而不允许当事人自由创设。我国《物权法》并未规定优先购买权为法定的物权。因此，本案中甲与乙之间关于房屋的优先购买权的约定并不具有物权的效力，从法律上来讲，甲与乙的合同与一般的合同没有区别，乙因此获得的权利只是债权。这一债权与丙对甲享有的债权处于平等的地位，因此，乙就不能以这样的约定来对抗房屋实际的买主丙与卖房者甲之间的买卖合同。当然，优先购买权的约定虽然因为违反了物权法定原则而不具有物权的效力，但这并不意味着这一约定没有任何法律效力。如前所述，乙享有合同债权，可以根据合同的约定，向甲主张违约责任，根据我国《担保法》第89条的规定，收受定金的一方不履行约定的义务的，应当双倍返还定金。

总而言之，乙只是享有对甲的债权，不能主张丙与甲的合同无效，乙无权要求房屋的实际买主丙退房，只能通过债权的途径进行权利救济，乙可以得到定金的双倍返还。

案例思考：

甲因参与非法集资，自己被骗的同时，也欠了亲戚朋友一屁股债，共计100多万。在亲戚朋友向其讨债时，甲扬言说，谁对我好一点，我就对谁多履行一点债务；谁若对我不客气，我也对他不容气，分文不给。于是大家反而不敢招惹甲。一次，他又向原债权人乙借钱，并约定，如果乙再借一些钱给他，他就将自己的那栋房屋优先偿还给乙，并答应就此写下字据。乙于是又一次将钱借给了甲。不久，法院查封了甲的所有财产，包括其房屋。在诉讼过程中，乙根据其与甲的约定主张对房屋优先受偿。

问题：乙的主张能否得到法院的支持？

第三章 物权变动

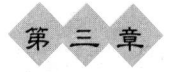

◆ **引例：**

甲在自己承包的荒山上盖了一栋小楼，共四间房，甲去世之前立下遗嘱将四间房由自己的儿子乙和女儿丙分别继承两间。甲去世后，丙协助哥哥乙为父亲料理完后事，兄妹两人商量等过一段时间再办理房屋产权的变更登记。后乙背着丙将整栋小楼的四间房全部登记在自己名下。而后，乙将整栋小楼四间房以100万元的价格卖给丁，并办理了过户登记手续。丁与戊做生意，二人协商以该小楼作为抵押物订立了抵押合同，但由于抵押登记费过高而没有办理抵押登记，只是到公证处办理了公证。丙发现乙将房子卖给丁后，要求丁返还属于自己的两间房，这时，由于丁没有向戊履行债务，戊也要求行使抵押权，由此发生争议。

问题：本案应如何解决？

☞ **要点：**

1. 物权变动的模式
2. 不动产物权登记制度
3. 动产物权的变动

第一节 物权变动的一般原理

一、物权变动的含义

物权变动是物权的产生、转让、变更和消灭的总称。物权的变动可以从不同的角度加以理解，从权利主体角度观察是物权的取得、变更和丧失；从物权自身角度观察是物权的运动状态；从物权法律关系角度观察是指人与人之间对于物之支配和归属关系的变化。

（一）物权的产生

物权的产生是指权利人取得物权，即特定的权利人与特定的物相结合。从权利人角度来看，物权的产生即物权的取得，可分为原始取得和继受取得。

1. 物权的原始取得。物权的原始取得，是指非依他人既存的权利或者非依权利人的意思或意志而取得物权。物权的原始取得包括两种情况：一是某物原不存在任何人的所有权，取得人最先取得该物的所有权。例如，在引例中，甲在自己承包的荒山上盖的小楼可以取得所有权，此即为原始取得。另外，依先占而取得无主物的所有权也属此类。二是某物上原存在特定的所有权，但取得人不是依据原权利人的意思或意志，而是依据法律规定或者国家公权力而强制取得，如添附、时效取得、国家征收财产、没收财产等。

由于原始取得是非以他人既存的权利或者非依权利人的意思或意志而取得物权，因此，以原始取得方式取得的物权只能是所有权，而不能是其他物权。又由于原始取得多基于事实行为、法律的直接规定或公法上的行为，所以，原始取得一经成立，取得物之上原有的各种负担通通消灭，原物权人即不得就标的物再行主张其权利。如国家对于集体所有的土地进行征收，那么，原集体土地上的土地承包经营权也一同消灭。

2. 物权的继受取得。物权的继受取得又称物权的传来取得，是指基于他人既存的权利及权利人的意思或意志而取得物权。与原始取得不同的是，继受取得是通过法律行为来完成的。根据"权利人不得将大于其所有的权利让与他人"的法理，存在于取得物上的一切旧有负担继续存在，而转由取得人承继。

根据继受取得方法的不同，可以将继受取得分为移转的继受取得与创设的继受取得。移转的继受取得简称移转取得，是指将他人的物权原状未经更改而受让取得。例如，通过买卖或赠与而取得某物的所有权。其特点在于：取得人取得的物权与原权利人的物权在性质和内容方面是一样的。在引例中，丁从乙处通过买卖而取得小楼的所有权就属于移转的继受取得。创设的继受取得简称创设取得，是指在自己所有的物上为他人设定用益物权或担保物权。创设取得的特点在于：原物权人是在某物上为他人再设定另一物权。原物权人既可以是所有人，如甲以自己的房屋为乙设定抵押权；也可以是用益物权人，如丙在自己的承包地上为丁设定一个地役权。可见，创设是他物权的取得方式。

（二）物权的转让

物权的转让是指物权人将自己的物权让与他人的行为，其实质是物权在民事主体之间的流转，即物权从某一权利人转移至另一权利人。从让与人的角度来看，意味着其物权的丧失，是物权消灭的原因；而从受让人的角度来看，意味着物权的继受取得或传来取得。在引例中，乙将小楼卖给丁的行为就属于物权的转让。

（三）物权的变更

物权的变更有广义和狭义之分，广义的物权的变更包括物权的主体、客体和内容等的变更；狭义物权的变更，是指物权客体与内容的变更，而不包括物权主体的变更。我们通常从狭义来理解物权的变更。

物权客体的变更，是指作为物权客体的标的物在量上的增减变化。例如，土地所有权因海水的上涨而减少，因河流的干涸而增加；抵押权因抵押物的部分毁损而减少。物权内容的变更是指物权发生内容上的扩张或缩减、期限上延长或缩短等变化，以及权利性质的变更。物权内容的变更是物权质的变更，如土地承包经营权存续期间的延长或缩短，将动产抵押权变更为动产质权。

（四）物权的消灭

物权的消灭分为绝对消灭与相对消灭。绝对消灭主要指作为物权客体的标的物的灭失。相对消灭是指物权相对于原权利人消灭了，但又转移到新的权利人处。例如，因赠与而发生的所有权转移，从赠与人角度说，为其物权的消灭；而从受赠人的角度说，则为物权的取得。因此，物权的相对消灭与物权的传来取得，实际上是同一问题的两个方面，只是观察角度不同而已。在引例中，乙将小楼卖给丁后，自己就丧失了对该小楼的所有权，从乙的角度观察是物权的相对消灭，而从丁的角度观察是物权的取得。

二、物权变动的基本类型与基本原则

（一）物权变动的基本类型

根据物权变动的发生原因可以分为两种基本类型：

1. 基于法律行为发生的物权变动。主要包括：①基于单方法律行为的物权变动，例如物权的抛弃和立遗嘱处分物权；②基于双方法律行为的物权变动，典型的是物权的继受取得，如通过买卖、互易、赠与合同等取得所有权，通过订立合同取得建设用地使用权、土地承包经营权或者设立抵押权、质权、地役权等。

2. 非基于法律行为发生的物权变动。主要包括：①因法律规定发生的物权变动。②因公权力而产生的物权变动。如依据法院的生效判决，因政府的公用征收或者没收行为而发生的物权变动。③因仲裁机构的生效裁决发生的物权变动。④因继承发生的物权变动。⑤因事实行为发生的物权变动，如自我劳动、先占、添附等。⑥因自然事件发生的物权变动，如因河流的干涸而形成新的土地，因地震等自然灾害而使房屋毁灭等。

（二）物权变动的基本原则

1. 物权公示原则。物权公示是指以一定公开的、容易使人了解的方式来展示物权存在和变动的情况。物权公示原则是指物权的各种变动必须采取法律规定的方式向社会公开，以使社会公众了解并获得法律保护的原则。

物权变动之所以要公示是由物权本身的性质决定的。由于物权是绝对权、对世权，具有排他性和优先效力，如果物权变动不采用一定的方式向社会公开，那么，对于第三人来讲就无法从外观获知物权变动的事实，就有可能造成不知情的第三人在进行交易后，其权利不能得到有效地保障。实行公示原则，就可以使第三人从外观获知物权的存在，使物权关系公开化，从而增强了交易行为的透明度。实行物权公示原则，交易主体通过普遍信赖的交易信息平台可以了解到交易相对方的信息，使交易在公平有序中进行，可以有效地预防交易中的欺诈行为，减少纠纷的发生。最主要的是有利于保护交易安全，维护交易市场的秩序。

现代各国物权公示的方法因物权客体的不同而有差异，一般来说，对于动产采用占有和交付的方法公示，即占有体现的是物权的静态状况，交付体现的是物权的动态运动；对于不动产采用登记方法公示。

基于法律行为发生的物权变动，物权公示会产生怎样的法律效果，即物权公示的效力问题，大陆法系各国主要有三种不同的立法例：①公示对抗主义，即物权的公示不是物权变动的生效要件，即使物权不公示，也可基于当事人的意思表示发生物权变动，公示只起到对抗第三人的效力；换言之，物权变动仅需有当事人的意思表示即可，但未经公示，不得对抗善意第三人。法国和日本采行此种公示对抗主义。公示对抗主义意味着物权的公示不具有形成力，而只具有对抗力。②公示生效主义又称为公示要件主义，即仅有当事人变动物权的意思表示，尚不足以发生物权变动的法律效果，物权的变动必须进行公示，公示是物权变动的生效要件。德国、奥地利、瑞士等国家采行此种公示生效主义，公示生效主义意味着物权的公示具有形成力，即决定物权变动的效力。③折衷主义，即兼采公示生效主义与公示对抗主义的立法例，该主义是对部分物权变动采用公示生效主义，而对部分物权变动则采用公示对抗主义。多数的做法是以公示生效主义为原则，以公示对抗主义为例外。

我国《物权法》第9条第1款规定："不动产物权的设立、变更、转让和消灭，经依法登记，发生效力；未经登记，不发生效力，但法律另有规定的除外。"第127、129条规定的土地承包经营权、第155条规定的宅基地使用权、第158条规定的地役权等采取的是登记对抗主义。第23条规定："动产物权的设立和转让，自交付时发生效力，但法律另有规定的除外。"由此可以看出，我国采行的是折衷主义的立法例，即以公示生效主义为原则，以公示对抗主义为例外。这一立场在《担保法》、《海商法》和《民用航空法》等法律中均有所体现。这是根据我国的社会现实以及传统习惯而作出的比较切实可行、务实的立法选择。

必须强调的是，在采公示生效主义的领域中，未经登记或交付等公示，只是不能发生物权变动的法律效果，但不能理解为不产生任何法律效果，因合法订立的债权合同而产生的效力必须予以承认。但是《担保法》第41条规定："当事人以本法第42条规定的财产抵押的，应当办理抵押物登记，抵押合同自登记之日起生效。"依此规定，如果没有办理登记，不仅抵押权不生效力，甚至作为债权的抵押合同也不生效力，这就意味着如果当事人订立了抵押合同，但未办理登记，如果抵押人拒绝登记的话，债权人不能依据抵押合同行使登记请求权，也不能因此而要求其承担违约责任，原因在于抵押合同根本就没有生效。此种立法在实践中危害极大。针对《担保法》所存在的问题，《物权法》做了纠正，《物权法》第 15 条规定："当事人之间订立有关设立、变更、转让和消灭不动产物权的合同，除法律另有规定或者合同另有约定外，自合同成立时生效；未办理物权登记的，不影响合同效力。"这就是理论上所谓的物权行为与债权行为相区分的原则，在此处应理解为：因未经公示而致物权变动不生效力，但不能因此而影响债权合同的效力，如果债权合同符合法律行为的生效要件，那么该合同有效。

2. 物权公示的公信原则。公信原则是指依法定公示方法所展示之物权，具有使社会一般人信赖其正确的效力，即使公示出来的物权不存在或内容与真实物权有异，但对于信赖此项公示方法而为交易的善意第三人，法律给与保护，能够产生与真实物权存在之相同的法律效果。根据此项原则，凡是依据法定的公示方法而公示了的物权的变动，对于善意第三人，法律就给与确定的保护，即赋予公示了的物权以公信力。

物权公示的公信力表现在以下两个方面：①权利正确性推定的效力，即凡是依据法定方法公示出来的物权，法律就推定其为正确，可以使社会公众相信其为真实、正确的物权的效力。因此，在不动产登记簿上记载了某人享有某项物权时，就推定该人享有该项权利，在登记簿上注销某项物权时，应推定该项权利消灭；动产的占有人对其占有物实施某项行为时，就推定其有权利实施该行为。即使公示出来的权利现状与真实的物权不一致，对善意第三人而言，法律仍旧推定该公示的权利是正确的。法律之所以推定登记的权利人与动产的实际占有人的权利的正确性，是因为他们具有一种使人产生合理信赖的权利"表象"，如果这种权利表象不能为社会公众所信赖，就非常容易造成社会交易秩序的混乱，妨碍交易的进行，交易的安全就难以得到保障。②善意保护效力，即当第三人信赖物权的公示，不知其存在瑕疵，并通过交易行为从经过公示的物权人处取得物权，法律给与保护，使其免受任何人追夺。换言之，在公示的物权人与真实的物权人不一致的情况下，对于信赖公示而与公示的物权人进行的交易行为，法律承认其产生与真实的物权人进行交易的相同效果。

我国《物权法》第 16 条规定："不动产登记簿是物权归属和内容的根据。"第 106 条规定："无处分权人将不动产或者动产转让给受让人的，所有权人有权追回；除法律另有规定外，符合下列情形的，受让人取得该不动产或者动产的所有权：①受让人受让该不动产或者动产时是善意的；②以合理的价格转让；③转让的不动产或者动产依照法律规定应当登记的已经登记，不需要登记的已经交付给受让人。受让人依照前款规定取得不动产或者动产的所有权的，原所有权人有权向无处分权人请求赔偿损失。"学者们认为,这两条的规定就是登记公信力的具体体现,同时,也是我国立法将善意取得制度的适用范围扩及到不动产的具体体现。

在引例中,乙一经将整栋小楼四间房的全部所有权登记在自己名下,该登记就产生了公信力,即法律推定该栋小楼的所有权归属于乙,对于不知乙和丙之间共有关系,即不知乙的物权是有瑕疵的善意第三人丁来说,他有理由相信登记簿记载的真实性,在与乙进行了交易并且办理了过户登记后,依据登记的公信力,丁和乙的交易行为应当受到法律的保护,即丁可取得整栋小楼的所有权。丙要求丁返还本属于自己的两间房的请求不能得到法律的支持,她只能针对自己哥哥乙的侵权行为要求其承担赔偿责任。

公示原则与公信原则都是为保护交易安全所创设的,但二者的目的和功能并不完全一样。公示原则的目的在于使人"知",即让第三人通过公示方法了解不动产物权的权利状况,并决定是否与登记权利人为物权交易;公信原则的目的在于使人"信",即由于公示的权威性,即使经公示了的权利存在瑕疵,但第三人信赖公示的内容而与其交易,仍然应当受到法律的保护。公示原则只提供给第三人消极的信赖,即只要没有公示就没有物权变动的信赖;公信原则却进一步保护第三人的积极信赖,即只要有公示就有物权变动的信赖。虽然公信原则是以牺牲真正物权人的权利为代价的,但法律对其适用也具有条件和范围的限制,意在实现真正物权人与善意第三人之间利益的相对平衡,从而兼顾财产的静态安全与动态安全。公示原则和公信原则的确立是现代物权法突出的特点,它的意义在于:在现代市场经济条件下,法律在注重鼓励交易的同时,更加注重保护交易安全。

三、物权变动的模式

(一) 基于法律行为的物权变动模式

从民法的发展历史看,由于各国立法的历史和传统的不同,在民法上规定物权变动的模式也不一样。在世界各国的立法中,关于物权变动的模式大致有以下几种:

1. 债权意思主义。债权意思主义是指物权变动仅以债法上当事人的意思表示而发生法律效力,不认为有直接引起物权变动的其他合同存在。《法国民法典》是其典型代表。该法第1583条规定,当事人就交易达成一致时,即使标的物和价金尚未交付,合同即告成立,标的物的所有权依法在当事人间发生变动。我们可以看到,当事人的意思表示在此有变动物权的绝对效力,但是绝对贯彻意思主义,将使第三人无法知悉物权变动的情况,对第三人不利,也有害于交易安全。所以法国又于1855年制定了《不动产登记法》,规定物权的变动不登记不得对抗第三人。这种登记仅仅是对抗要件,于当事人间的效力没有任何影响。我们以买卖合同为例，甲欲将自己的一部手机卖与乙，双方订立了买卖合同，甲并依约定将手机交付给了乙，此时所有权就转移到了乙。这里的交付不需要含有让与所有权的意思表示，即无须物权合意。事后，如果该买卖行为被确认为无效或者被撤销，那么，手机的所有权并没有发生转移，仍归出卖人甲所有，甲可以依据自己的所有权要求乙返还，此时的请求权是物权请求权。债权合同乃是物权变动的惟一动因。在该案例中，债权合同（买卖合同）有效，且进行了公示（交付），则物权发生变动；如果债权合同无效，即使进行了公示，物权也不发生变动。

2. 登记对抗主义。登记对抗主义是指物权的变动不登记不得对抗第三人。该主义以《日本民法典》为代表。《日本民法典》在立法时采纳了《法国民法典》的做法，但是更进一步地把不动产的登记扩大到了动产。《日本民法典》第176条规定，股权变动以当事人的意思表示一致而生效；第178条规定，不动产不登记，动产不交付，不得对抗第三人。这种立法以登记作为对抗主义的要件，但是我们可以看到，其本质还是债权主义。

我们可以看到登记对抗主义的本质还是意思主义，登记在此仅仅起对抗第三人的作用，物权的变动还是依债权的意思而发生效果。

3. 公示要件主义。公示要件主义是指物权发生变动时，除了当事人间的意思表示外，还需要进行法定公示，方能发生物权变动的法律效力。该主义以《奥地利民法典》为代表。《奥地利民法典》第380、424、425条规定，除债权契约外，还须交付或登记等形式要件才发生物权变动的效力。这种模式中，债权契约和公示共同发生效力，这就是公示要件主义。其基本要点是：①债权的意思表示即为物权变动的意思表示，与意思主义无异；②仅有债权意思表示还不够，还需履行登记或者交付的法定方式，登记或者交付是物权变动的成立或者生效要件。

4. 物权形式主义。物权形式主义是指物权依独立存在的物权合同和公示发生变动。该主义以《德国民法典》为代表。《德国民法典》认为债权合同仅发生债权效力，而物权的变动依物权合同发生效力，不动产不登记、动产不交付不发生物权变动。我们以动产买卖合同为例，买卖合同的成立或生效并不发生动产所有权的移转，还需履行交付，在交付的过程中要含有让与所有权的意思，这样动产所有权才能发生转移。这种立法模式对债权行为和物权行为进行了区分，以物权行为作为物权变动的依据。物权变动仅依物权行为发生效力，债权行为是物权行为的原因行为，原因行为是否有效并不影响物权行为的成立与否，这就有了物权行为的无因性和独立性的理论，在此不赘述。

（二）我国物权法的立法选择

在我国物权法的立法过程中，关于物权变动的立法模式的选择问题在法学界引起了热烈的讨论。由于意思主义立法模式存在着固有的缺陷，即物权的变动不能使第三人从外部了解，公示仅仅是物权变动的对抗要件，而非生效要件，如果物权人不进行公示则物权的对世效力很难实现，义务主体的消极不作为义务很难履行，更主要的是交易安全很难得到保障。因此，很少有学者主张我国的物权变动的立法应选择意思主义模式。争论的焦点主要集中在是采物权形式主义还是采公示要件主义立法模式。两种立法模式的根本区别在于是否采纳物权行为无因性理论。物权行为无因性理论虽然具有保护交易安全的优点，但其缺点也是比较明显的，如理论比较晦涩，人为拟制性较强，严重脱离人们的正常生活实际，且严重损害出卖人的利益，有碍民法的公平原则的实现等。所以，学者大多反对我国物权法采纳物权行为理论，进而反对物权变动的立法模式采物权形式主义，而主张采公示要件主义。

《物权法》第6条规定："不动产物权的设立、变更、转让和消灭，应当依照法律规定登记。动产物权的设立和转让，应当依照法律规定交付。"第9条规定："不动产物权的设立、变更、转让和消灭，经依法登记，发生效力；未经登记，不发生效力，但法律另有规定的除外。"第15条规定："当事人之间订立有关设立、变更、转让和消灭不动产物权的合同，除法律另有规定或者合同另有约定外，自合同成立时生效；未办理物权登记的，不影响合同效力。"第23条规定："动产物权的设立和转让，自交付时发生效力，但法律另有规定的除外。"由此可见，我国《物权法》基于法律行为发生的物权变动采取的是"合意加公示"的形式主义立法模式，这里的合意是"债权合意"，而非"物权合意"，也就是说，我国采取的是公示要件主义模式。

在引例中，虽然丁与戊订立了抵押合同，但没有办理抵押登记，根据《物权法》187条的规定，以不动产设定抵押权，登记是其生效要件。即使双方办理了公证，但其不属于法定公示方法，不具有设定抵押权的效力，因此，戊并没有取得抵押权，故戊主张行使抵押权不能得到法律的支持。

第二节 不动产物权登记

一、不动产物权登记的内涵

不动产物权登记是指由国家专门的登记机关根据当事人的申请,将不动产物权的取得、变更、转让和消灭等物权变动的事项记载于登记簿的行为。

许多国家自古就有不动产登记制度,但那时的不动产登记主要是为了实现国家对不动产事务的管理以及课税的需要。近现代国家的不动产登记制度,虽然在一定程度上还保留了古代登记制度的旧有功能,但其主要功能已经转化成为实现不动产物权公示原则的载体。现代不动产登记制度所具有的主要价值或功能体现在:①界定不动产的归属,明晰不动产的产权关系。登记制度能够使得在法律上对不动产物权的抽象界定在实践中得到具体确定,使产权关系确定化和明晰化,为不动产交易奠定重要的基础。②降低权利人对不动产的保护成本,维护不动产的静态安全。权利人只要到登记机关办理权利登记手续,明确自己是权利主体,也明确权利客体的范围,一旦发生权利归属的纠纷,可以通过最权威的证据——登记簿来证明权利的真实状态,起到定分止争的作用。③登记是不动产物权变动的决定要素和时间点。在形式主义立法模式下,登记是基于法律行为而发生的物权变动的生效要件和时间点,未经登记,不动产物权就不发生变动。④保护交易安全,维护不动产的动态安全。这是现代不动产登记制度最主要的价值所在。通过赋予登记以公信力,来保护交易安全。

二、不动产登记的基本类型

由于各国历史、法律文化传统、政治体制等方面的差异而形成了不同的不动产登记制度。归纳起来主要有以下三种类型:

(一) 初始登记

所谓初始登记,指不动产的所有权人依法在规定的时间内对其权利进行的第一次登记,如房屋建成后明确房屋所有权的登记。在各种不动产实体权利登记中,初始登记是一个值得注意的问题。初始登记发生在不动产的所有权登记中,是所有权登记中的特别登记程序,有的也称之为总登记。[1] 因为是第一次登记,其权利对以后的不动产物权变动具有原始根据的意义,故法律对该登记一般均规定有特别的申请程序和申请条件。

需要注意的是,新建成的建筑物是因事实行为发生的物权变动,当事人在登

---

[1] 参见日本《不动产登记法》第100条等。

记之前即享有建筑物的所有权，故即使未经初始所有权登记的建筑物，建筑人也已经有了事实上的所有权，法律也应当对它进行保护。与建筑物的这种情况不同，新生土地（如河流冲积、海滩淤积土地）是自然而生的，没有人的劳动，本来也没有所有权，所以新生土地在世界各国都必须在初始登记之后才能确定享有所有权。

我国国有土地管理部门制定的土地登记规则规定，国有土地使用权也应纳入初始登记。这一规定是正确的，因为，我国现阶段的国有土地使用权，从其一般特点来看，在学理上把它解释为一种"相似所有权"是完全可以成立的。因此它在登记上也应该遵循所有权的登记规则。

（二）他项权利登记

在实体权利登记中，所有权登记之外的其他登记一般称之为他项权利登记。它们是不动产所有权确立之后对所有权的各种限制的登记。它主要是指创设他物权的登记，如在不动产上创设建设用地使用权、土地承包经营权、宅基地使用权、地役权、抵押权等。对他项权利登记的效力，我国《物权法》有的条文采登记生效主义，有的条文采登记对抗主义。

（三）变更登记和涂销登记

1. 变更登记主要包括两种：①不动产物权主体的变更登记，如房屋所有权因买卖而移转的登记；②在不涉及他人的情况下，权利主体对权利内容进行变更的登记，如国有土地使用权的权利人变更土地使用目的的登记。物权主体或内容的变更也涉及到相关权利人的利益，为了保护权利人的利益也要求以公示的方式表现于外部，以让人知晓。

2. 涂销登记，指消灭物权的登记，包括权利人抛弃其不动产物权的登记和不动产自然灭失（如土地和房屋因自然灾害而灭失）的登记等。涂销登记的原因是登记事项的全部不适法，只有如此，才可以进行涂销登记。[1] 只存在部分登记不适法的时候，进行变更登记即可，无须进行涂销登记。

（四）预告登记

预告登记是为了保全关于物权变动的请求权而将此权利所进行的登记。[2] 我国《物权法》第20条规定："当事人签订买卖房屋或者其他不动产物权的协议，为保障将来实现物权，按照约定可以向登记机构申请预告登记。预告登记后，未经预告登记的权利人同意，处分该不动产的，不发生物权效力。预告登记后，债权消灭或者自能够进行不动产登记之日起3个月内未申请登记的，预告登

---

[1] 杨立新：《物权法》，中国人民大学出版社2007年版，第57页。
[2] 孙宪忠：《中国物权法总论》，法律出版社2003年版，第231页。

记失效。"预告登记的本质特征是限制现时登记的权利人处分其权利，使被登记的请求权具有物权效力，从而排斥后来发生的与该项请求权内容相冲突的不动产物权的处分行为，以保证将来只发生请求权所期待的法律结果。

1. 预告登记的范围。在登记要件主义模式下，预告登记所保全的对象为请求权。至于该请求权的范围，设有该制度的国家和地区的法律均有明确的规定。如《德国民法典》第883条第1款规定："为保全目的在于转让或废止一项土地上的请求权，或土地上负担的物权请求权，或者变更这些物权的内容或其顺序的请求权，得在土地登记簿中为预告登记。被保全的请求权附条件或者附期限时，也准许为预告登记。"

我国《物权法》将预告登记的范围规定为"当事人签订买卖房屋或者其他不动产物权的协议"，这在很大程度上受现行商品房预售登记制度[1]的影响，如预告登记的对象是协议，而不是请求权，并且强调"房屋买卖协议"。这使得我国的预告登记制度有一定的缺陷，预告登记所保全的请求权有多种：根据合同产生的请求权，根据法律规定产生的请求权，根据法院的指令产生的请求权，根据政府的指令产生的请求权，以及遗产分割等方面的请求权。这些都是可以登记的范围，而不仅仅是"协议"才可预告登记。

2. 预告登记的申请主体。《物权法》第20条规定："当事人签订买卖房屋或者其他不动产物权的协议，为保障将来实现物权，按照约定可以向登记机构申请预告登记。"这意味着应当由当事人就预告登记申请事项达成一致意见，或由双方当事人共同申请，或由债权人持债务人的同意单独向登记机构申请预告登记。根据当事人的一致合意来启动申请程序，可有效避免预告登记制度的滥用，防止给债务人的不动产物权造成妨碍。

3. 预告登记的效力。预告登记的效力属于物权性质，即纳入登记的请求权具有排他效力。经预告登记保全的请求权不但可以对抗不动产的所有权人和其他物权人，还可以对抗任意第三人。其作用表现在可以排斥任何第三人取得指定不动产物权的行为。具体表现为：①保全效力，即排斥后来的与该请求权内容相冲突的其他物权变动的效力。在一项不动产物权变动的原因发生之后和物权变动之

---

[1] 我国民事立法上的商品房预售登记制度制是一种与预告登记制度十分接近的制度。所谓商品房预售，是指商品房在尚未建成时，将商品房预先出卖给买受人，并由买受人预先支付一定定金或价款的行为。为维护我国房地产市场秩序，我国有关法律、行政法规对商品房预售实行登记。《城市房地产管理法》第45条第2款规定："商品房预售人应当按照国家有关规定将预售合同报县级以上人民政府房产管理部门和土地管理部门登记备案。"建设部1994年发布、2004年修正的《城市商品房预售管理办法》第10条规定："商品房预售，开发企业应当与承购人签订商品房预售合同。开发企业应当自签约之日起30日内，向房地产管理部门和市、县人民政府土地管理部门办理商品房预售合同登记备案手续。"

前，虽然不动产现实物权人已经承担了未来发生物权变动的义务，但合同相对人享有的债权没有对抗第三人的效力，一旦不动产的物权人将物出卖给第三人，相对人将来获得物权的目的不一定会实现。而此种请求权被预告登记后，后来的违背预告登记的不动产物权变动无效，从而使得请求权将来产生不动产物权变动的目的就会得到保全。②顺位保证作用。预告登记在保全请求权的同时，还给该请求权将来实现所产生的不动产物权提供了有利的实现顺序，使得其请求权具有排斥后序登记权利的效力。比如，甲对乙享有请求设定抵押权的权利，该请求权被预告登记之后，乙将房屋移转给丙，丙仍然要负担物上设定的为了甲的预告登记，其道理仍在于登记的公示作用。③破产保护效力，即在相对人破产时，预告登记保障的请求权能够排斥他人的请求权而实现。这一效力，同样适用于相对人死亡的情形，此时，继承人不得以继承为由要求涂销预告登记。[1] 也有学者概括为约束效力、排他效力和保全效力，细言之：①约束物权之处分行为，促进债权之履行；②排除公示公信原则之适用，确保物权变动之实现；③保全登记申请未来物权之优先顺位。[2]

（五）更正登记和异议登记

请先看这样的问题：甲购买了乙的房屋，双方共同到登记机关申请所有权移转登记，由于登记机关工作人员的失误，本应由甲享有的所有权被错误登记在丙的名义下。此时，甲和丙的法律地位是：丙的所有权由登记形式表示出来，其为法律物权人；甲实际上应享有房屋所有权，其为事实物权人。此时，如何来消除错误登记给事实物权人带来的损害呢？这就是更正登记和异议登记的功能。为了平衡登记公信力可能给真实权利人造成的损害，在采登记公信力的德国和瑞士均建立了更正登记和异议登记制度。更正登记和异议登记给真实权利人更正错误登记或暂时破除登记公信力的机会，可大体维系真实权利人和善意第三人之间的利益平衡。我国《物权法》也规定了更正登记和异议登记制度。《物权法》第19条规定："权利人、利害关系人认为不动产登记簿记载的事项错误的，可以申请更正登记。不动产登记簿记载的权利人书面同意更正或者有证据证明登记确有错误的，登记机构应当予以更正。不动产登记簿记载的权利人不同意更正的，利害关系人可以申请异议登记。登记机构予以异议登记的，申请人在异议登记之日起15日内不起诉，异议登记失效。异议登记不当，造成权利人损害的，权利人可以向申请人请求损害赔偿。"

1. 更正登记。更正登记是终局消除登记错误并恢复真实登记状态的登记。

---

[1] 孙宪忠：《中国物权法原理》，法律出版社2004年版，第228页。

[2] 于海涌：《论不动产登记》，法律出版社2007年版，第276页。

其目的在于补救错误登记，使登记状态与真实的权利状态相一致。其与异议登记一样，都是为了保护真实权利人的利益，但异议登记主要是阻碍物权受让人对登记簿的准确性的信赖，阻止登记公信力的发生，并不能从根本上消除登记的错误状态，所以它只是暂时性的保障措施。而更正登记是彻底修正错误登记，彻底终止现时登记权利的正确性推定效力，彻底杜绝第三人依据不动产登记簿取得现时登记物权的可能性，确保真实权利和登记权利相一致。更正登记为以更正登记错误为内容的登记，如上例中的甲向登记机关申请涂销丙的所有权登记，以恢复自己所有权人的法律地位。

（1）更正登记的范围。只要不动产登记簿记载的事项有错误就可以申请。

（2）更正登记的申请主体。权利人、利害关系人均可申请。

（3）更正登记程序的启动。包括主动的更正登记和被动的更正登记。

2. 异议登记。异议登记是事实物权人及其他利害关系人对不动产登记簿的正确性的提出异议而向登记机构申请的登记。如前文所述，与更正登记不同，异议登记只是暂时中断登记簿的公信力。异议登记破坏了登记权利的正确性的推定效力，第三人也不能根据登记的善意保护效力，按照登记内容取得登记的不动产物权，故异议登记作为保护事实物权人和利害关系人的有效措施，在德国、瑞士等国民法中均有规定，我国《物权法》第 19 条也对此作了明确规定。[1]

（1）异议登记申请的条件。不动产登记簿记载的权利人不同意更正的，利害关系人可以申请异议登记。只有在登记权利人不同意更正的时候，利害关系人才能进行异议登记。其他情况下不允许进行异议登记，这主要是为了防止他人任意进行异议登记妨害现时登记的效力。

（2）异议登记的效力。异议登记的主要效力是阻断登记的公信力，这必然会对登记权利人的处分权产生影响。一般而言，异议登记阻断登记公信力的方式有两种：一是事后阻断，即异议登记不能剥夺或者限制登记物权人的处分权，该物权人仍然可以将成为异议登记对象的物权进行移转或者变更，登记机关也必须办理相应的变动登记。只有在异议登记具备生效要件时，该物权变动才丧失法律效力，物权受让人即使为善意也因此而丧失所取得的物权。这种方式使得登记物权代替了实际权利，从而保护了物权的流通，但是它只能存在于物权没有转让的情况，如果已经转让，那么第三人可以根据相关制度取得物权。比如，第三人丙从登记物权人乙处取得登记物权后，异议登记将导致丙不能确定取得该物权。但是，如果丙将该物权再行转让给丁，此行为构成无权处分，在符合登记公信力的

---

[1] 参见《中华人民共和国物权法》第 19 条。

情况下，丁能取得该物权，此时异议登记阻断登记公信力的效力就不能及于丁。否则，就将导致整个交易链条的崩溃，登记的公示机能也将消于无形，此种情形导致真实权利人甲丧失物权，也使异议登记失去其功能和制度价值。二是事前防止，即异议登记限制了登记物权人的处分权，其不能再处分作为异议登记对象的不动产物权，登记机关也不能办理相应的登记。通过禁止登记物权进入流通领域的做法来确保真实权利人的利益，这可以避免出现事后阻断方式的弊端，但不利于物权的流通，更为重要的是，异议登记并不能确切地证明登记存在错误，也不能证明申请人就是真实权利人，在这种不确定的情况下，贸然限制或者禁止登记物权人的处分权，以禁止登记物权的流转和排除登记公信力，可能会产生不利于登记物权人的后果。

三、登记机关与登记簿

（一）不动产登记机关

1. 登记机关的特征与立法模式。不动产登记是通过国家专门设立的登记机关的行为来完成的。不动产登记机关具有以下特征：①登记机关的法定性。包括登记管辖的法定性，登记职责的法定性，登记程序的法定性等。②登记机关最具权威性。无论登记机关设在司法机关还是行政机关，均属于国家机关，其登记行为属于国家行为。③登记机关既是管理机关又是服务机关。一般来说，登记机关与申请人的关系是管理与被管理的关系。登记机关通过对登记申请进行审查，而对当事人的不动产交易行为实施监督和管理。同时，登记机关又是一个服务机关，它接受当事人的申请，为其完成不动产交易的公示行为提供服务。

2. 我国的登记机关。我国的不动产登记机关属于行政机关。在《物权法》实施之前，我国没有统一的不动产登记机关，而是根据不动产的类别，分别由不同的机关办理登记，即实行的是"多头执政"。在《土地管理法》、《城市房地产管理法》和《担保法》等法律中都规定有登记机关，即土地由土地管理机关登记，房屋由房产管理机关登记，林木由林业主管机关登记，矿产由地矿管理机关登记。这种登记机关的分散设置和"多头执政"，在现实中危害极大。

为此，《物权法》改变了登记机关"多头执政"的状况，实行统一的登记制度。《物权法》第10条规定："不动产登记，由不动产所在地的登记机构办理。国家对不动产实行统一登记制度。统一登记的范围、登记机构和登记办法，由法律、行政法规规定。"第246条规定："法律、行政法规对不动产统一登记的范围、登记机构和登记办法作出规定前，地方性法规可以依照本法有关规定作出规定。"至于究竟统一到哪个机关，《物权法》并没有解决，有待于未来的《不动产登记法》来规定。

3. 我国登记机关的职责。《物权法》第12条规定了登记机关的法定职责：

①查验申请人提供的权属证明和其他必要材料；②就有关登记事项询问申请人；③如实、及时登记有关事项；④法律、行政法规规定的其他职责。申请登记的不动产的有关情况需要进一步证明的，登记机构可以要求申请人补充材料，必要时可以实地查看。

《物权法》第 13、22 条是对登记机关的禁止性规定，即登记机关不得有下列行为：①要求对不动产进行评估；②以年检等名义进行重复登记；③超出登记职责范围的其他行为；④不动产登记费按件收取，不得按照不动产的面积、体积或者价款的比例收取。

（二）不动产登记簿

不动产登记簿是由国家不动产登记机关制作的、作为不动产物权公示方法的证明文件，它记载着不动产物权的权利状态。

1. 登记簿的特点。不动产登记簿具有以下特点：①统一性。在一个区域内，将各种不动产物权的归属和变动都登记在同一个不动产登记簿上，准确反映物权变动状况，以实现登记的公示效果。②权威性。不动产登记簿是由国家专门机构通过特别程序制作并妥善保管的档案文献，具有国家行使公权力的属性，如发生权属纠纷，则具有最高的证据效力。③公开性。不动产登记簿记载的资料必须向社会公开，允许当事人及利害关系人查阅和复制，并且应为当事人查阅提供方便。这是物权公示原则的当然要求，是建立登记制度的根本目的所在。④持久性。这是由不动产本身的恒久性决定的，不动产登记簿必须由登记机关长期保留，只要不动产存在，登记簿就应当存在，以维持不动产权利的稳定性。

2. 登记簿的作用。不动产登记簿的作用，表现在以下几个方面：①它是实现物权公示原则的载体。物权公示原则在不动产领域的实现方法是登记，而登记结果表现出来的载体就是登记簿。②它是不动产物权状态最权威的证明文件，具有最高的证据效力。登记行为是一种国家行为，登记簿作为国家行为所产生出来的结果，具有最高的权威性。虽然不动产权属证书也具有证据效力，但其证明力不如登记簿，根据《物权法》第 17 条的规定，当权属证书记载的内容与登记簿记载的内容不一致时，除有证据证明不动产登记簿确有错误外，则以登记簿的记载为准。③它是不动产物权登记公信力的实现途径。

3. 登记簿的内容。不动产登记簿所记载的内容，一般包括两方面：一是不动产现状方面的记载，主要包括不动产的位置、面积等自然状况；二是不动产权利方面的记载，包括所有权和各种限制物权，如所有权的归属、抵押权、典权、地役权的设定等。

4. 登记簿的公示。《物权法》第 18 条规定："权利人、利害关系人可以申请查询、复制登记资料，登记机构应当提供。"此外，建设部颁布的《房屋权属登记信息查询暂行办法》和国土资源部颁布的《土地登记资料公开查询办法》对于查询主体、查询的客体范围等也做了具体的规定。

四、不动产登记的申请与审查

（一）申请人的申请

申请人提出登记申请，是不动产物权登记的起始环节和必经程序。登记申请的提出，直接引起登记法律关系的产生，其最终目的是为了使申请人的不动产物权通过法律程序而获得法律的认可。

《物权法》第11条规定："当事人申请登记，应当根据不同登记事项提供权属证明和不动产界址、面积等必要材料。"原国家土地管理总局颁布的《土地登记规则》第10条规定："土地登记申请者申请土地使用权、所有权和土地他项权利登记，必须向土地管理部门提交下列文件资料：①土地登记申请书；②单位、法定代表人证明，个人身份证明或者户籍证明；③土地权属来源证明；④地上附着物权属证明。委托代理人申请土地登记的，还应当提交授权委托书和代理人资格身份证明。"该规则第11条规定："申请土地登记，申请者须向土地管理部门领取土地登记申请书。土地登记申请书应当载明下列基本事项，并由申请者签名盖章：①申请者名称、地址；②土地座落、面积、用途、等级、价格；③土地所有权、使用权和土地他项权利权属来源证明；④其他事项。"

建设部颁布的《城市房屋权属登记管理办法》第16条至第19条根据房屋初始登记、移转登记、变更登记和他项权利设立登记等不同登记的类别规定了不同的申请条件。

（二）登记机关的审查和登记

登记机关的审查是不动产登记机关依法对申请人的申请进行核对查证，作出是否予以登记的结论。登记审查是登记程序中的核心环节，不仅体现着登记机关的职能和权威，而且决定着申请人的目的能否实现。

关于登记审查，各国主要有两种立法例，一是实质审查主义；二是形式审查主义。一般来说，作为形式审查，登记机关仅仅审查申请人所提交的申请材料是否齐备，申请材料是否具有表面瑕疵，而对申请材料所反映的内容的真实性和合法性并不审查；而实质审查则不仅要对申请材料进行形式审查，而且还要对其真实性和合法性进行审查。

我国《物权法》第12条规定的登记机关的职责里赋予了登记机关"查验申请人提供的权属证明和其他必要材料"、"就有关登记事项询问申请人"以及"登记机构可以要求申请人补充材料，必要时可以实地查看"等权力，这些都可以说明我国关于登记申请实行的是实质审查主义。

经登记机关审查无误后，登记机关即可予以登记。一经登记机关将各登记事项记入登记簿，即可产生登记的公示效果。

第三节 动产交付

一、动产交付的概念

交付又称移转占有，是指占有人将自己占有的标的物移转他人占有的行为。交付具有以下几个特点：①交付的意义在于公示，其目的在于将动产物权取得、移转、变更等情况向社会公开，使人们能够从动产占有的变动情况知道该动产的物权变动情况；②交付的表现形式是将动产的占有由一方转移到另一方；③交付的对象仅限于动产。不动产和"准不动产"不以交付作为物权变动的公示方法。

交付的结果是占有主体的转换，它可以使人们明确了解物权变动的起点与终点。占有与交付都是动产物权的公示方法，只不过二者分别从静态和动态两个方面向世人展示了动产物权关系。并非所有的动产物权变动都是通过交付进行公示的，它一般是当事人基于法律行为取得、移转动产物权的公示方法。非基于法律行为的物权变动并不以交付为其公示方法。譬如，因先占、添附、时效取得等原始取得方式取得动产所有权并非为通过交付实现公示的，而是通过占有来公示。此外，留置权也不是通过交付取得公示的，而是通过占有实现公示的。

二、交付的种类

交付一般分为现实交付和观念交付两类。

（一）现实交付

现实交付又称直接交付，是指占有人将物的直接占有移转给另一方的行为。现实交付一般仅适用于实物交付，自动产移转给受让人直接占有时完成。它和拟制交付不同，在拟制交付时，当事人并不现实地移转动产的占有，而是将该动产的物权凭证（如仓单、提单等）移转给另一方当事人占有。如果需要附随交付必要单证（如发票、产品合格证、质量保证书、保险单等）的，除法律另有规定或合同另有约定外，单证的交付与否不影响物权变动的生效。

现实交付可以通过委托交付的形式实现。委托交付是指占有人将动产交付给承运人或邮局的交付方式。在这种交付方式中，办理完毕托运、交邮等手续，即完成交付。

（二）观念交付

观念交付并不是直接交付，而是在一定条件下，由当事人通过某种简便的或观念上的方法转移标的物权利的交付方式。观念交付表现为以下三种形式：

1. 简易交付。简易交付，是指动产物权的受让人已经先行占有了动产，该动产的所有权自合同生效时转移于受让人，因而不必再另行交付。如受让人先因质押、借用、租赁等关系占有了出让人的动产，之后双方又订立买卖合同，在此种情况下，物权自买卖合同生效时发生变动。《物权法》第25条规定："动产物权设立和转让前，权利人已经依法占有该动产的，物权自法律行为生效时发生效力。"简易交付并不是没有交付，而是在物权变动的合意形成前已经先行交付，只不过那时的交付并非以此物权变动为目的。

2. 指示交付。指示交付又称返还请求权的让与，是指作为让与物的动产已由第三人占有，让与人只需将对该第三人的返还请求权让与给受让人并通知占有人即可，以代替物的现实交付。例如，甲将出租给乙的一台手提电脑卖给丙，甲只需将对乙的返还请求权转让给买受人丙，并将出卖电脑之事通知乙即可。《物权法》第26条规定："动产物权设立和转让前，第三人依法占有该动产的，负有交付义务的人可以通过转让请求第三人返还原物的权利代替交付。"

3. 占有改定。占有改定是指出让动产时，虽然作为让与物的动产的所有权已经转移给了受让人，但让与人仍继续占有该动产，而使受让人仅取得对该动产的间接占有，以代替实际交付的情形。例如，出卖人甲将其皮包转让给买受人乙，并约定所有权自合同成立时起移转到乙处，但甲想要继续占有并使用该皮包数日，此时，甲就从原来的所有人转变为借用人，而乙成为所有人。《物权法》第27条规定："动产物权转让时，双方又约定由出让人继续占有该动产的，物权自该约定生效时发生效力。"占有改定实际上是标的物的所有权转移，但现实占有不转移，只是占有人的占有名义发生了变更。

观念交付虽然能够简化交易程序，为交易双方提供便利，可以减少往返交付所带来的麻烦和成本的增加，符合交易效率原则。但观念交付中的占有改定与指示交付，毕竟没有真正地移转动产的占有，因此，其公示作用不明显，很难具有公信力。为维护交易的安全，法律有必要对观念交付的适用予以必要的限制。例如，不得以占有改定的方式设定质权和留置权；动产善意取得中不得以占有改定的方式完成交付；以指示交付的方式设定动产质权，在质权人没有取得现实占有时，该质权不成立。

三、特殊动产（准不动产）的交付与登记

所谓特殊动产主要是指机动车、船舶、航空器等，因其价值巨大，且流动性强，为便于管理，各国往往将其按照不动产的规定来加以对待，要求其物权变动也需办理登记，故又将这些动产称之为准不动产。《物权法》第24条规定："船舶、航空器和机动车等物权的设立、变更、转让和消灭，未经登记，不得对抗善意第三人。"

准不动产具有以下特征：①本属于动产。机动车、船舶、航空器等都是可以自由移动的，故它们本质上属于动产。②因其价值巨大、经济效用高，且流动性

强，为便于管理，往往将其物权变动方法按照不动产的变动来加以对待，需要办理登记。③准不动产的登记只是物权变动的对抗要件而非生效要件。

正确理解《物权法》第 24 条关于准不动产物权变动的公示方法与公示效力应从以下几方面把握：①船舶、航空器、机动车等准不动产的物权变动，自交付时发生效力，而不是意思主义物权变动模式之下的合同生效时。即准不动产物权变动的公示方法是交付，没有完成交付就没有完成物权的变动。②由于登记具有更高的公示效力，所以当准不动产交付后的事实状态——占有与登记不一致时，应以登记为准。③准不动产的物权变动，未经登记，不得对抗善意第三人。如果登记权利人在办理登记之前，就知道该财产已经转让，且已经交付并为受让人所占有，则该登记权利人就是恶意的，就不能依据登记对抗先前取得物权的人。

第四节 非依法律行为发生的物权变动

一、具体类型

（一）依法律的规定发生的物权变动

在我国建国之初，根据《共同纲领》和《土地改革法》国家直接没收地主、官僚、买办资本家的土地和其他财产所发生的物权变动即属此类。再如 1982 年《宪法》规定城市的土地归国家所有，此前城市部分居民在拥有私房所有权的同时也拥有宅基地的所有权，1982 年《宪法》生效后，就意味着本属于个人的宅基地所有权转化为使用权，物权发生了变动。

（二）依国家机关行使公权力而产生的物权变动

《物权法》第 28 条规定的法律文书和政府的征收决定等即属此类。依国家机关行使公权力而产生的物权变动主要有两种情形：

1. 法院的生效法律文书。包括法院的生效判决书、调解书、支付令和执行书等。

2. 政府行为。《物权法》第 42 条规定国家基于公共利益的需要，依照法定的权限和程序可以实施征收。除了征收之外，属于此类的还包括没收、征税、无主物的取得等。政府行为的特点在于无须物权人的合意，而具有单方性和强制性。当然，国家在进行征收时，应当给予被征收人合理的补偿，而没收、征税等则具有无偿性。

3. 依仲裁机构的生效裁决发生的物权变动。仲裁机构是独立的、非政府的、民间的解决民商事争议的机构，不属于国家机关，故其裁决行为不属于公权力的行使，但其依法所作的裁决书和调解书，也可发生物权的变动。

4. 因事实行为发生的物权变动。因事实行为发生的物权变动的主要情形如下：

（1）自我劳动。人们对物进行加工和生产劳动，因此而对产生的新物享有所有权。如在自己的宅基地上盖房，房屋盖好后，即取得了该房屋的所有权。同理，房屋的拆除会使权利人丧失该房屋的所有权。

（2）先占。先占是指基于所有的意思，先于他人占有无主动产而取得所有权的事实。构成先占须满足如下几个条件：①先占之物须为无主物。如猎取或捕捉国家非保护动物，采摘野果，拾荒者取得他人的抛弃物等。②先占之物须是动产。不动产一般不适用于先占。③须有先于他人占有标的物之事实。④占有人须以所有之意思占有，即须为自主占有。⑤先占之物不属于法律禁止之物。如对禁止流通物，某些专属于国家的土地和矿藏等不得先占。

虽然我国《物权法》没有规定先占制度，但现实生活中的先占现象大量存在，民法理论上和司法实践上都认可先占为物权取得的方法。

（3）添附。添附是指不同所有人之物合并或者物与劳动成果结合在一起形成不可分离的物。由于要恢复原状已不可能或经济上不合理，因而就会产生新物所有权的归属问题。添附包括附合、混合、加工三种具体形态。

附合是指不同所有人的物结合在一起，而形成难以分割的新物的情形。其特点是，各原所有人的物仍然能够区别出来。附合有两种情况：①动产与不动产的附合，附合后动产成为不动产的重要成分且丧失其独立性；②动产与动产的附合，附合后形成一个新物。

混合是指属于不同所有人的动产相互掺杂到一起而难以区别和分离，而形成新物的情形。

加工是指在他人的动产上进行劳作从而使其成为新的价值更高的动产的活动。如将他人的石料雕刻成印章。

5. 因时效取得发生的物权变动。时效取得又称取得时效，即无权占有人以所有的意思，公开、和平、持续地占有他人之物，经过法定期间就可以取得该物所有权的制度。

取得时效应当具备三个条件：①占有人以所有的意思占有，即自主占有。不以所有的意思进行的占有，不能成立取得时效。②占有人必须公然占有、和平占有、持续占有。③占有必须持续并且达到法定期间。

不动产的时效取得，分为"登记时效取得"和"占有时效取得"两种情况。前者是指已经登记为不动产的权利人，但尚未取得实际占有，经过法定的时效期间就可以取得该不动产的实际占有的时效取得；后者是指未经登记的实际占有不动产者，经过一定的时效期间可以主张自己取得该不动产所有权，并以自己为所有权人纳入登记的时效取得。

6. 因拾得遗失物，发现埋藏物或者隐藏物发生的物权变动。遗失物是所有人或合法占有人不慎遗失尚未为他人占有的动产。构成拾得遗失物需具备以下要件。①须是遗失物。即属于所有人或占有人不慎遗失的，非为物权人主观抛弃的物。②须有拾得人的拾得行为。由于该行为属于事实行为，故对于拾得人的行为能力不作要求，无行为能力和限制行为能力人均可。③遗失的不是无主物。如果是无主物，则发生的是先占问题而不属于拾得遗失物问题。

埋藏物或隐藏物是指埋藏或隐藏于他物之中，并且所有人不明的动产。埋藏物或隐藏物具有以下特点：①所有人不明；②埋藏日久，且将物埋藏于他人的不动产之下；③埋藏物或隐藏物是埋葬或隐藏于他物质中的，不具有显而易见性；④埋藏物或隐藏物一般是动产，因为只有动产才可能埋藏于他物之中，不动产是不能成为埋藏物或隐藏物的。[1]

7. 因自然事件发生的物权变动。因自然事件既可能产生新的物权，也可能导致物权的消灭。前者如因江河湖泊的干涸而形成新的土地；后者如海水上涨淹没土地而导致物权消灭。

除此而外，自然事件发生的物权变动，还可能因物权人的死亡而发生物权的变动。自然人死亡后，其民事权利能力丧失，原属他的财产权利消灭。同时，因继承人的继承也会发生新的物权变动。继承人除了可以继承被继承人的遗产所有权，还可以继承土地使用权、抵押权等他物权，并因而发生物权变动。

二、适用规则

（一）依法律规定发生的物权变动

依法律规定发生的物权变动的特点是：该法律一经生效，即发生物权变动，无须登记或交付等公示方法的完成。

（二）依国家机关行使公权力而产生的物权变动

1. 法院的生效法律文书。《物权法》第 28 条规定："因人民法院、仲裁委员会的法律文书或者人民政府的征收决定等，导致物权设立、变更、转让或者消灭的，自法律文书或者人民政府的征收决定等生效时发生效力。"关于法院的判决书、调解书、支付令等法律文书是否一经生效，即可发生物权变动的效果，学者们有不同看法，有的认为即可发生物权变动，有的持否定态度。我们认为：我国的民事判决分为给付判决、确认判决和变更判决。对于确认判决和变更判决如果理解为一经生效即可发生物权变动，似可理解；但对于给付判决，由于我国的许多案件需要经过执行程序，未经执行程序很难认定物权已经发生变动。对于仲裁

---

[1] 王利明：《物权法论》，中国政法大学出版社 2003 年版，第 229~230 页。

机构的裁决也应如此理解。

2. 政府行为。《物权法》第 28 条规定的因人民政府的征收决定等,导致物权设立、变更、转让或者消灭的,自人民政府的征收决定等生效时发生物权效力。问题的关键在于征收决定何时生效?有学者认为,政府的征收决定一经做出就发生法律效力。但我们认为:不应理解为征收决定一经做出即生效,而应该是待征收补偿协议达成后才生效,此时物权才发生变动。否则,物权人连起码的法律救济机会都丧失了,这对于物权人极不公平。

3. 因事实行为发生的物权变动。

(1) 自我劳动。《物权法》第 30 条规定:"因合法建造、拆除房屋等事实行为设立或者消灭物权的,自事实行为成就时发生效力。"如前引例,甲在自己承包的荒山上盖小楼,楼房盖好后,甲即取得了该小楼的所有权。同时,《物权法》第 31 条规定:"依照本法第 28 条至第 30 条规定享有不动产物权的,处分该物权时,依照法律规定需要办理登记的,未经登记,不发生物权效力。"也就是说,虽然甲合法建造小楼,并无须登记即取得小楼的所有权,但是,如果未经登记而转让该小楼或者为他人设定抵押权的,那么受让人不能取得所有权或者债权人不能取得抵押权。

(2) 先占。一般认为,占有人的先占事实一经发生,即可取得先占物的所有权。

(3) 添附。根据附合、混合、加工三种不同的形态而做出不同的处理。

在附合中,应当根据两种不同的附合来区别对待:①当发生动产与不动产的附合时,一般情况是不动产所有人取得附合物的所有权,同时,动产所有权因附合而消灭。不动产所有权人应给予动产所有人补偿。②当发生动产与动产的附合时,原则上应由原动产所有人共有附合物。但如果可以区分主物和从物,则附合物归主物所有人,或者如果一方的动产价值明显较大,则可以将附合物归价值较大一方所有,并给予另一方补偿,另一方同时丧失对原动产的所有权。

在混合中,对混合物的处理一般根据原物价值的大小来决定,混合后的新物一般归原物价值大的一方,原物价值小的一方可取得与原物价值相当的补偿。

在加工中,关于加工物的归属,学界一向存有争议,有所谓的材料主义,即加工物归原材料所有人所有。还有所谓的加工主义,即加工物的所有权应归属于加工人。还有所谓的折衷主义,又包括两种:一种是以材料主义为原则,而以加工主义为例外;另一种是以加工主义为原则,而以材料主义为例外。我国学界通说认为,确定加工物的归属,应以材料主义为原则,而以加工主义为例外。即加工物原则上应归属于材料的所有人,但如果经过加工后物的价值明显增加的,加工物的所有权归加工人所有,但加工人是恶意的除外。

4. 因时效取得发生的物权变动。当具备时效取得的构成要件时，占有人即可取得占有物的所有权。至于取得时效的期间，各国法律因物的种类的不同而有所区别。一般来说，动产所有权的取得时效较短，多为 5 年至 10 年；不动产所有权的取得时效期间较长，多为 20 年至 30 年。

我国《物权法》没有规定时效取得制度，实践中也不得以时效取得作为所有权的取得方式。

5. 因拾得遗失物、漂流物或者失散的饲养动物，发现埋藏物或者隐藏物发生的物权变动。在我国，遗失人不因物的遗失而丧失其所有权，拾得人也不因拾得行为而取得物的所有权。我国《物权法》在第 109～113 条对拾得遗失物做出了规定，拾得人产生下列权利和义务：①通知和返还义务。《物权法》第 109 条规定："拾得遗失物，应当返还权利人。拾得人应当及时通知权利人领取，或者送交公安等有关部门。"②妥善保管义务和损害赔偿责任。《物权法》第 111 条规定："拾得人在遗失物送交有关部门前，有关部门在遗失物被领取前，应当妥善保管遗失物。因故意或者重大过失致使遗失物毁损、灭失的，应当承担民事责任。"③必要费用请求权。《物权法》第 112 条规定："权利人领取遗失物时，应当向拾得人或者有关部门支付保管遗失物等支出的必要费用。"④有条件的报酬请求权。《物权法》第 112 条第 2 款规定："权利人悬赏寻找遗失物的，领取遗失物时应当按照承诺履行义务。"

《物权法》第 114 条规定："拾得漂流物、发现埋藏物或者隐藏物的，参照拾得遗失物的有关规定。文物保护法等法律另有规定的，依照其规定。"《民法通则》第 79 条规定："所有人不明的埋藏物、隐藏物，归国家所有。接收单位应当对上缴的单位或者个人，给予表扬或者物质奖励。拾得遗失物、漂流物或者失散的饲养动物，应当归还失主，因此而支出的费用由失主偿还。"

引例解析：

（1）甲通过自我劳动这种事实行为原始取得小楼的所有权。

（2）乙、丙依继承共同取得四间房的所有权，在没有分割之前属于共同共有。乙未经甲的同意擅自将共有物登记在自己名下，以及转让共有物给丁的行为是对丙的共有权的侵犯。

（3）丁根据登记的公信力，善意取得整栋小楼的所有权。丁的取得完全符合善意取得的条件：①丁不知乙对整栋小楼没有处分权，即他是善意的；②丁支付了合理的对价 100 万；③双方已经办理了过户登记。

（4）戊没有取得抵押权，因为没有办理登记。以房屋设定抵押权，登记是其生效要件。

（5）丙可以根据乙的侵权行为要求其赔偿损失，但要求丁返还的主张不能得到支持。

> **案例思考：**

甲因为要调往外地工作，欲将家里的财产变卖，甲的朋友乙知道后同甲商量，要求甲把彩电卖给他。双方约定的价格是 1500 元。6 月 1 日，将钱交给甲以后，将电视装上车欲将电视拉走。甲想起自己还有一个月才走，就问乙能否借用电视一个月，乙同意。7 月 1 日，乙将电视拉回家，到家后，当他接通电源，电视机不显示图像，乙认为甲的电视机在卖给他之前就坏了，就把电视机又给甲送回来，要求甲把钱退给他。甲请来修理电视机的技术人员检查，认为是乙搬运不当而造成显像管损坏。乙坚决不要电视机了，要求甲退钱。如果甲一定要将电视卖给他，那就退给他电视的修理费将近 500 元。

问题：

（1）甲交付电视机采用的是什么样的交付方式？
（2）电视机的所有权是否已经转移？如果是，何时转移？
（3）甲是否应当承担电视的修理费用或者收回电视？
（4）结合民法理论，结合本题谈谈动产的交付问题。

第四章　所有权

◆ 引例：

甲将自己的两头黄牛卖给某肉联厂，双方口头约定：由肉联厂将牛宰杀后，按净得的牛肉每斤10元的价格进行结算；除牛头、牛皮、牛下水归肉联厂外，再由甲向肉联厂支付50元宰杀费。在宰杀过程中，肉联厂工人在其中一头牛的下水中发现了牛黄70克。肉联厂将这些牛黄以每克300元卖给某药厂，共得21 000元。甲得知后，向肉联厂索要该21 000元，被拒绝。甲遂向法院起诉，要求确认对牛黄的所有权，并要求肉联厂返还卖牛黄所得的21 000元。

问题：

1. 所有权人对标的物享有哪些权能？
2. 原物所有权的效力能否及于天然孳息？
3. 如何对所有权进行保护？

☞ 要点：

1. 所有权的概念与特征
2. 所有权的权能
3. 所有权的类型
4. 所有权的取得、行使与消灭

第一节　所有权概述

一、所有权的概念与特征

（一）所有权的概念

所有权是大陆法系物权法律制度的核心概念。所有权被视为一般的支配权，为他物权的权源。对所有权概念的规定，现代各国的民法大致分为两种方式：一是列举式，即具体列举出所有权所包括的各项权能，《法国民法典》、《日本民法典》为其典型代表；二是概括式，即不具体列出所有权的各项权能，而是通过规定所有权抽象的作用而给所有权下定义的方式。其典型代表是《德国民法典》和《瑞士民法典》。我国《民法通则》第71条规定："财产所有权是指所有人依法对自己的财产享有占有、使用、收益和处分的权利。"《物权法》第39条规定："所有权人对自己的不动产或者动产，依法享有占有、使用、收益和处分的权利。"可见，我国立法中对所有权定义的方式为"列举式"。

(二) 所有权的特征

所有权是相对于他物权而言的，其有以下主要法律特征：

1. 所有权具有全面性。所有人对于标的物是全面的、概括的占有、使用、收益和处分。这就所有权与他物权，如地上权、地役权、典权、抵押权等仅于一定范围内进行支配不同。所以学理上将所有权称为完全物权；而将他物权称之为限定物权。并将所有权对标的物全面支配、不可分割之特性，谓之"完全性"或"完整性"。

2. 所有权具有整体性。所有权对标的物的支配虽然可以分为占有、使用、收益及处分等各种具体权能，但所有权并非此各种权能的简单相加，而系各该权能派生之单一体，为浑然整体之权利，学理称此为所有权之整体性（单一性、浑一性），故基于所有权而设定之他物权如地役权、典权，自非由所有权分离出的一种权能，而系将所有权单一内容之一部分，予以具体化，让与给他物权人享有而已。所有权及他物权，归属于一人时，他物权因混同而消灭。

3. 所有权具有弹力性。也就是说，所有权的任何一项权能都能够从所有权中分离出来而交给他人行使，但是他人一旦丧失了该权能，那么该权能将自动回归于所有人。所有人将其占有、使用、收益和处分的权能分离出来交给他人行使，即可以为他人设定他物权、也可以是为他人创设债权等。例如所有人在标的物上设定地上权、地役权、抵押权、质权等他物权，或者将所有物出租，为承租人设定债权性使用权。于是其全面支配所有物之权能将因受限制而大为减缩，甚至减缩殆尽，其本身似已仅虚有其名，实则不具任何权能，学理上称为所有权之虚有化或空虚所有权。惟所有权虽因用益或他物权之设定，其实质内容受有限制，然仍不失其完全性，一旦所设定之他物权限制消灭，则所有权当然立即恢复全面支配之圆满状态，此称为所有权之弹力性（伸缩性、回归力）。我国《物权法》第40条规定："所有权人有权在自己的不动产或者动产上设立用益物权和担保物权。用益物权人、担保物权人行使权利，不得损害所有权人的权益。"

4. 所有权具有永久性。所有权随标的物之存在而永远存续，不得预定其存续期间，此即所谓所有权之"永久性"（恒久性）。但此非指所有权永不消灭之意，而系谓所有权不得如地上权、典权等预定一存续期限，使于期限届满时，当然归于消灭。至于所有权因标的物灭失，他人之时效取得而消灭，固不待言。所有人若将所有权转让他人或抛弃所有权而丧失时，则为行使所有权之结果，而非所有权支配权能期间上之限制。

5. 所有权为于法令限制范围内支配标的物的物权。所有人得依其自由意思对于标的物为全面之支配，法律给予高度之保障与尊重，此即为所有权之绝对性，在自由竞争之资本主义社会有所谓的"所有权神圣不可侵犯"、"所有权绝对"等原则，但是随着社会的进步、经济的发展出现了所有权社会化，所有权虽然仍具有绝对性，但其行使应受到法律上一定程度上的限制。

二、所有权的权能

权能是指行使权利的各种可能性。我国《物权法》第39条从权能角度对所有权进行了界定，"所有权人对自己的不动产或者动产，依法享有的占有、使用、收益和处分的权利"。占有、使用、收益和处分虽然很难说统括了所有权的全部效力，但它们基本上反映了所有权的最基本的效力。在学理上，占有、使用、收益和处分通常被称为所有权的四项基本积极权能；排除他人干涉被称为所有权的消极权能。

（一）所有权的积极权能

1. 占有权能。占有权能指所有权人对标的物予以实际管领和控制的权利。在社会生活中，行使对物的占有权能是实现对物的使用、收益的基础，占有因而成为所有权的一项必不可少的权能。在一般情况下，占有权与所有权是重合的，占有权由所有人享有时，所有人才能直接对其物享有使用权和收益权，且只有当占有权回复到所有权人手中时，所有权才处于圆满状态。但是在某些情况下，占有权可以转移给非所有权人，主要方式有：①非所有权人直接取得对物的占有权；②非所有权人根据合同取得对物的占有权。

2. 使用权能。使用权能指依照物的自然性能或用途对其加以利用的权利。在大多数情况下，拥有所有权的目的就是为了对物加以利用。从本质上说，物的使用权能是由物的使用价值决定的，不是他人权利所派生出来的权利，使用权是一项独立的权能。[1]

占有财产，最终是为了对财产有效地利用和从中获得经济上的利益。这种利用财产的权利，就是使用权。现代民法中出现从"重所有"向"重使用"的转化，表明使用权的地位逐渐突出。在提到所有权的使用权能时，必须将它与作为他物权的使用权（例如中国国有土地使用权中的使用权能）区别开来，其区别主要表现在：使用权能仅仅是一项权能，它必须包括在一项权利内，不能独立地转让；而使用权却是一种独立的权利，可以独立转让。使用权不仅包括对于物的使用权能，而且还包括对物的占有权能和收益权能。

---

[1] 屈茂辉：《物权法原理精要与实务指南》，人民法院出版社2008年版，第193页。

3. 收益权能。收益权能指收取所有物的天然孳息和法定孳息的权能，是所有权的一项独立权能。天然孳息，指依据物的自然性能或者物的变化规律而取得的收益，例如果树的果实等。法定孳息，指依据一定的法律关系而取得的收益，例如收取出租房屋的租金等。

4. 处分权能。处分权能指依法对物进行处置，从而决定物的命运的权能。处分权能为所有权最核心的权能。这里所说的处分包括事实上的处分和法律上的处分。事实上的处分是指对物进行自然的改变、改造或者毁损等，如拆除房屋、摔碎茶杯等。处分权是由物具有交换价值决定的，法律上的处分意味着物的转让，是指标的物的所有权发生移转、限制或者消灭，从而使所有权发生变动的法律行为，如交付买卖的标的物、抵押权的设定等。可见，处分权决定了财产的归属，它是所有权区别于他物权的一个重要特征。

（二）所有权的消极权能

所有权的消极权能，是指所有人在法律规定的范围内，排除他人对其所有权的行使加以干涉的权能。排除他人干涉的权能，即排除他人意思的介入，在没有他人意思加以干涉时，这种权能并不体现出来，故称其为消极权能。

所有权是独立的支配权，所有权人只依据自己的意思行使权利，有他人意思参与时，则可构成干涉。对此干涉，所有权人可以依法排除。如可依侵权法律的相关规定，主张其损害赔偿请求权，还可主张其对物的物上请求权，包括原物返还请求权、排除妨害请求权和消除危险请求权等。

但是，各国法律对所有权人排除他人干涉的权能一般都施加了限制，因为无限制地排除他人干涉有时会不利于促进交易目的的实现和物尽其用。在我国，如果对所有权进行的干涉是合乎法律且正当的，那么，对此干涉，所有权人不得排除。

三、所有权的意义

概括地看，所有权具有如下重要意义。

1. 所有权是一切政治权利的基础。所有权不论对社会、国家、集体、个人都是非常重要的权利，可以说它是当代人类社会存在的基本前提条件，也是人类社会发展的基本前提条件。所以，所有权既是一项重要的财产权利，也是一项重要的人权。正因为此，所有权不但在物权法中占据核心地位，而且在整个民法中，甚至在宪法中均占据重要地位。

2. 所有权是自由的保障。德国宪法法院在一项判决中曾这样认为："所有权是一种与人身自由保障具有内在联系的基础性的基本权利。所有权承担的一个最基本的使命是，在财产权的领域里确保所有权人行使基本权利的自由空间，并使其对于自负责任的生存的形成成为可能。作为法律制度的所有权保障是实现基本权利的基石。所有权是其他每一个基本权利实现的前提条件；如果立法者在私有所有权的位置上安插了一个'与自有物权'不相符合的制度设计，那么整个基本权利的保障将失去其效用。"[1] 同时，《联合国人权公约》第17条也规定，所有权是一项基本人权。

3. 所有权是其他一切财产权制度的基础。定分止争是法律固有的功能，所有权的确认是社会秩序得以维持的基本条件，所有权制度通过赋予主体对财产（物）的排他性独占地位，划定了一个社会最基本的财产秩序。现代各国的财产权制度随着社会关系的复杂化日趋复杂，所有权之外的其他财产权利也越来越重要，但无论这些财产权如何发展，所有权制度的基础地位只能得到巩固而不会被削弱。

第二节 所有权的类型

一、国家所有权

（一）国家所有权的概念及特征

国家所有权就是国家作为权利人的所有权，也就是国家对法律规定属于国家所有的财产即全民所有的财产，依法享有的占有、使用、收益和处分的权利。

国家所有权也是一种所有权法律关系，具有所有权法律关系的一般特征，但与其他所有权形式相比，国家所有权具有自己的特征。这些特征体现在：

1. 国家所有权主体的特殊性。在所有权主体方面，国家所有权具有统一性和惟一性的特征，这是指只有代表全体人民的意志和利益的国家才享有国家所有权，中华人民共和国是国家所有权的统一的和惟一的主体。这是国家所有权的最基本的特征，国家以外的国家机关、企事业单位或公民不能成为国家所有权的主体。

国家是国家所有权的统一的、惟一的主体，这是由我国全民所有制的性质决定的。国家财产是社会主义全民所有的财产，其所有权的行使必须根据全国人民的意志和利益，而只有国家才能真正代表人民的意志和利益。同时，由全民所有的财产组成的全民所有制经济是国民经济的主导力量，它决定着整个国民经济的发展速度和方向，只有由国家统一行使所有权，国家才能对整个国民经济进行宏观调控，实现国家组织经济的职能。

2. 国家所有权客体的广泛性及其对某些特定客体的专有性。这是指任何财

---

[1]《德国宪法法院判决汇编》（第24卷），第367、389页。

产在特定情况下都可以成为国家所有权的客体，而不受任何限制。国家所有权的客体既包括土地、矿藏、水流、森林、草原、荒地、渔场等自然资源，也包括银行、铁路、航空、公路、港口、海洋运输、邮电通讯、广播电台、企业资产等；既包括军事设施、水库、电站等，也包括文化教育卫生科学事业、体育设施、文化古迹、风景游览区、自然保护区等。但是某些特定的财产类型依法只能由国家专有，其他任何主体都不能取得其所有权，如国防资产，城市的土地、矿藏和水流等。

应当指出的是，国家所有权客体的广泛性，是指任何财产都可以成为国家所有权的客体，而不是说任何财产都是国家所有权的客体。另外，这种客体的广泛性特征是与集体组织财产所有权和公民个人财产所有权相比较而言的，并不是说集体组织所有的财产、公民个人所有的财产，国家可以任意取得。

3. 国家所有权由特定国家机构行使。国家所有权的主体是国家，但是作为所有人的国家实际上是抽象的，他往往要通过中央人民政府和地方各级人民政府分别代表国家来履行职责，行使国家所有权。《物权法》第45条第2款规定："国有财产由国务院代表国家行使所有权，法律另有规定的，依照其规定。"

4. 国家所有权取得方式的特殊性。国家所有权的取得，既可以通过私法的方式，也可以通过公权力的方式实现，如依据《税收征收管理法》的规定，通过税收征收行为取得对税收的国家所有权；依据《行政处罚法》，通过行政处罚权的行使，取得对罚没财产的国家所有权。除此之外，国家还可以根据国家建设需要，依照法律规定的条件，对于不属于国家所有的财产，如土地等实行征收，以取得其所有权。

（二）国家所有权的客体

国家所有权的客体，又称"国家所有权的对象"，即属于国家所有的财产。在中国，由于全民所有制经济占据主导地位，因此，国家所有权的客体具有广泛性的特征。根据我国法律的相关规定，国家所有权的客体包括两种：①国家专有的财产。此类财产只能为国家所有而不能为其他任何人所拥有，因此国家专有财产是不能通过交换或者赠与等任何流通手段转移所有权的，这与非专有的国家财产的性质不同。②非专有的国家财产。非国家专有的财产是可以流转的，如国家用于投资的财产等。国家专有的财产范围很宽，各项国家专有的财产均有各个具体相关的单行法规规定，《物权法》仅作了原则性的规定。《物权法》第46～52条对国家所有权的客体范围进行了列举，具体而言主要包括但是不限于以下几种：

1. 国有土地。依据《物权法》第47条的规定，城市的土地属于国家所有；法律规定属于国家所有的农村和城市郊区的土地，属于国家所有。

对于城市的土地，根据《城市规划法》第 3 条第 1 款规定，城市是指国家按照行政建制设立的直辖市、市、镇。城市的土地属于国家所有，是指国家对城市的土地享有所有权，且城市的土地只能属于国家所有。

对于法律规定属于国家所有的农村和城市郊区的土地，根据《宪法》第 10 条的规定，农村和城市郊区的土地，除法律规定属于国家所有的以外，属于农村集体所有。这里所讲的法律，是指全国人大及其常委会通过的具有法律约束力的规范性文件，包括宪法和其他法律。

2. 矿藏、水流、海域。矿藏主要是指矿产资源，即存在于地壳内部或者地表的，由地质作用形成的，在特定的技术条件下能够被探明和开采利用的，呈固态、液态或气态的自然资源。《宪法》及《矿产资源法》亦规定，矿产资源属于国家所有。《物权法》第 46 条明确规定矿藏、水流和海域属于国家所有。矿藏、水流和海域属于国家所有，指国家享有对矿藏、水流和海域的占有、使用、收益和处分的权利。

3. 法律规定属于国家所有的野生动植物资源。根据我国《野生动物保护法》第 2 条的规定，受到该法保护的野生动物，是指珍贵、濒危的陆生、水生野生动物和有益或有重要经济、科学研究价值的野生动物。依据《野生植物保护条例》第 2 条第 2 款的规定，野生植物是指原生地天然生长的珍贵植物和原生地天然生长并且具有重要经济、科学研究、文化价值的濒危、稀有植物。《野生动物保护法》规定，野生动物资源属于国家所有。此规定有利于保护我国的野生动植物资源，有利于更加合理的利用野生动植物资源。《物权法》第 49 条规定，法律规定属于国家所有的野生动植物资源，属于国家所有。此规定意在宣示和表明国家在保护野生动植物方面所承担的责任和义务，以拯救珍贵、濒危野生动植物资源，保护动植物物种的多样性，以维持生态平衡。

4. 法律规定属于国家所有的文物。文物并非属于国家专有，根据《文物保护法实施条例》第 38 条的规定，文物收藏单位以外的公民、法人和其他组织，可以依法收藏文物，其依法收藏的文物的所有权受到法律保护。可见，文物是可以成为私人所有权的客体的。但是法律规定属于国家所有的文物则属于国家所有。

根据《文物保护法》第 5 条的规定，中华人民共和国境内地下、内水和领海中遗存的一切文物，属于国家所有。古文化遗址、古墓葬、石窟寺属于国家所有。国家指定保护的纪念建筑物、古建筑、石刻、壁画、近代现代代表性建筑等不可移动的文物，除国家另有规定的以外，属于国家所有。国有不可移动文物的所有权不因其所依附的土地所有权或者使用权的改变而改变。

下列可移动的文物，属于国家所有：① 中国境内出土的文物，国家另有规定的除外；②国有文物收藏单位以及其他国家机关、部队和国有企业、事业组织等收藏、保管的文物；③国家征集、购买的文物；④公民、法人和其他组织捐赠给国家的文物；⑤法律规定属于国家所有的其他文物。

属于国家所有的可移动的文物的所有权不因其保管、收藏单位的终止或者变更而改变。国有文物所有权受法律保护，不容侵犯。

5. 无线电频谱资源。《物权法》第50条规定，无线电频谱资源属于国家所有。无线电频谱资源是有限的自然资源，为更加充分、合理、有效地利用无线电频谱，保证各种无线电业务的正常运行，防止各种无线电业务、无线电台和系统之间的相互干扰，无线电频谱资源应属于国家所有。《无线电管理条例》第4条规定，无线电频谱资源属于国家所有，国家对无线电频谱实行统一规划、合理开发、科学管理、有偿使用的原则。可见，虽然无线电频谱属于国家所有，但是国家可以依法授权给单位和个人使用。

6. 国防资产。国防资产是一种特殊的财产，其目的是用于国防建设，故国防资产的所有权只能有国家来享有，因为国家担负保卫国家安全的义务，其他任何主体均不得成为国防资产的所有者。《物权法》第52条第1款原则性地规定了国防资产属于国家所有，有关国防资产的特殊规定可见《国防法》。《国防法》第12条规定，国务院领导和管理国防建设事业，管理国防经费和国防资产。《国防法》第13条规定，中央军事委员会领导全国武装力量，管理国防经费和国防资产。另外，1990年全国人大颁布的《军事设施保护法》对军产和国防设施作了明确的规定。

7. 依法属于国家所有的基础设施。《物权法》第52条第2款规定，铁路、公路、电力设施、电信设施和油气管道等基础设施，依照法律规定为国家所有的，属于国家所有。根据本条的规定，并不是所有的铁路、公路、电力设施和油气管道等基础设施都属于国家所有，仅是依照法律规定为国家所有的基础设施才属于国家所有。且此处的基础设施不仅仅是铁路、公路、电力设施和油气管道这几种，只要依法律规定属于国家所有的基础设施均可包括在内。

（三）国家所有权的行使

《物权法》第53～55条对国家所有权的行使进行了规定，旨在规范国家所有权的运作，促进国家财产效用的发挥。

1. 国家机关对其直接支配的国有财产的权利。《物权法》第53条规定，国家机关对其直接支配的不动产和动产，享有占有、使用、收益以及依照法律和国务院的有关规定处分的权利。国有财产依是否以营利为目的可以划分为经营性国有财产和非经营性国有财产。国家机关直接支配的财产，从性质上来讲属于非经营性的国有财产。非经营性的财产一般是指政府部门、事业单位或者国有机构所占有、使用、管理的，不以营利为目的或不能营利的那部分财产。这部分财产使用的结果大多是向社会提供纯公共产品或准公共产品。

《民法通则》第37条规定，"法人应当具备以下条件：①依法成立；②有必要的财产或者经费；③有自己的名称、组织机构和场所；④能够独立承担民事责任。"而《物权法》第53条的规定正是依据《民法通则》关于法人机关所应当具备的条件，从物权角度表达的一种方式。但是，国家机关对其直接支配的国有财产到底享有何种权利，一直是一个具有争议性的问题。《民法通则》确认了国家作为机关法人的地位，法人应当具有自己独立的地位，能独立地承担责任，因此有人认为国家机关对其直接支配的财产享有所有权。然而，不管在理论上还是实践中，均可证明国家机关作为一种特殊的法人类型，是与《民法通则》中法人的特征所不符的，如国家机关法人独立地承担无限责任即可证明。

将国家机关视为所有权的主体在实践中更是危害无穷，它不仅会造成国有资产的严重流失，而且会助长国家机关尤其是行政机关将权力性国有财产转化为经营性财产，以谋求部分利益最大化，使权力性国有财产减少，从而导致政府的公共管理职能最终因缺乏物质基础而难以实现。因此，我国《物权法》并没有明确规定国家机关的财产所有权，只是规定国家机关对其直接支配的国有财产享有占有、使用和受限制的处分权。可见，国家机关对其直接支配的国有财产的权利并不包括收益权。这是由国家机关的性质和其所支配的财产的性质决定的。

2. 国家举办的事业单位对其直接支配的国有财产的权利。《物权法》第54条规定，国家举办的事业单位对其直接支配的不动产和动产，享有占有、使用以及依照法律和国务院的有关规定收益、处分的权利。国家举办事业单位是指国家为了社会公益目的，由国家机关举办或者其他组织利用国有资产举办的，从事教育、科技、文化、卫生等活动的社会服务组织。事业单位不以营利为目的，一般不参与商品生产和经营活动，其对社会提供的服务也主要是无偿服务。不以营利为目的并非不收取任何费用，事业单位在提供服务时一般也收取必要的费用。

国家举办的事业单位的财产来自于国家的划拨以及事业单位收费所积累的财产，也包括其接受捐赠的财产等。《物权法》并未规定国家举办的事业单位对其直接支配的财产享有所有权，只是具体规定了事业单位的直接支配权的内容。这种支配权是受到法律及国务院有关规定的限制的，这也是对其支配国家财产的监督。

当然，国家举办的事业单位对其直接支配的国有财产的权利的性质应当根据事业单位的类别有所区分：有独立法人地位的事业单位应当对其设立时投入的财产享有财产所有权，例如，公立高等院校、医院等。对不具有法人资格的事业单位，对其直接支配的国有财产不享有所有权，而只是按照授权，代表国家对这部分财产行使所有权。

在现实生活中，有的国家举办的事业单位属于公权力机关，如中国证监会、电监会、银监会、保监会等，虽然这些单位不属于国家行政机关，而属于事业单位，但是从法律的角度看，他们属于国务院直属的部级事业单位，享有制定规章、政策甚至进行行政处罚的权力，这些权力完全属于公权力的范畴。对于这些事业单位应当归属于国家机关，应当遵循《物权法》第53条关于国家机关对其直接支配的动产和不动产行使权力的原则。

3. 国家对其出资的企业的出资人职责和权益。国家出资企业，是指国家出资的国有独资企业、国有独资公司，以及国有资本控股公司、国有资本参股公司。国务院和地方人民政府依照法律、行政法规的规定，分别代表国家对国家出资企业履行出资人职责，享有出资人权益。

国务院确定的，关系国民经济命脉和国家安全的大型国家出资企业，重要基础设施和重要自然资源等领域的国家出资企业，由国务院代表国家履行出资人职责。其他的国家出资企业，由地方人民政府代表国家履行出资人职责。

国家出资企业依法享有的经营自主权和其他合法权益受法律保护。十一届全国人大常委会第五次会议于2008年10月28日表决通过的《企业国有资产法》对此作出了详细的规定，国家出资企业对其动产、不动产和其他财产依照法律、行政法规以及企业章程享有占有、使用、收益和处分的权利。

二、集体所有权

（一）集体所有权的概念及特征

集体所有权是集体组织对其财产享有的占有、使用、收益和处分的权利。集体所有权是劳动群众集体所有制在法律上的表现，农村集体所有制是我国社会主义公有制的组成部分。集体组织所有权对集体所有制起着巩固和保护的作用，在我国财产所有权制度中居于重要地位。

集体所有权同国家所有权一样，都是建立在生产资料公有制基础之上的。但是，集体所有权在法律上具有自己的特点：

1. 集体所有权的主体是各个集体组织。各个集体组织的财产，都分别属于各该集体组织。这就是说，集体所有权只是属于各个具有法人资格的集体组织，如城镇集体企业、合作社等。集体所有权属于集体组织，只有集体组织才能作为该组织全体成员的代表对集体财产行使所有权，它的成员个人不是集体组织财产的所有人，无权处分集体组织的财产。

2. 集体所有权客体的广泛性。集体组织所有的财产，除了法律规定的国家专有的财产外，还可以是其他任何财产。例如，集体组织可以享有土地、森林、山岭、草原、荒地、滩涂等的所有权，但不包括地下的矿产资源，因为矿产资源属于国家所有。

3. 权利行使方式的民主性。集体组织所有权是由集体组织的成员或者集体组织的权力机构（如村民大会或村民委员会）选出来的执行机构负责执行的。集体组织的成员享有平等的决策权。集体组织成员根据章程规定，有权自主选举集体财产的管理机构和负责人，任何组织或者个人都不得干预。集体组织成员有权通过民主的方式参与集体财产的管理、决策和监督，有关集体组织的重大事项，由集体组织的成员共同决定。

（二）集体所有权的客体

除了法律规定专属于国家的矿藏、水流、海域、无线电频谱资源、城市的土地、国防资产外，其他一般的生产资料和生活资料均可成为集体所有权的客体。可见，集体所有权的客体范围是非常广泛的。根据《物权法》第58条的规定，集体所有的不动产和动产包括：①法律规定属于集体所有的土地和森林、山岭、草原、荒地、滩涂；②集体所有的建筑物、生产设施、农田水利设施；③集体所有的教育、科学、文化、卫生、体育等设施；④集体所有的其他不动产和动产。

（三）集体所有权的行使

由于集体是全体成员的"集合"，其所有权的行使机制就区别于单个自然人所有权的行使，也区别于团体所有权的行使。《物权法》第58条至第63条对集体所有权的行使方式作了规定，概言之，集体所有权的行使方式包括两种：成员集体直接行使农村集体所有权；集体经济组织、村民小组或村民委员会代表成员集体行使集体所有权。行使集体所有权时，应处理好集体组织所有权主体与占有权分离的问题，特别是乡村集体组织行使所有权时，即间接占有财产的所有人行使所有权时，应注意统筹安排，禁止非法转让土地等财产，另外还要注意在开办集体企业时贯彻自主经营、独立核算、自负盈亏的原则。

《物权法》规定了集体所有权行使的规则，主要包括以下几个方面内容：

1. 在行使农民集体所有权时，重大事项应由集体村民会议讨论决定。其中重大的事项包括：①土地承包方案以及将土地发包给本集体以外的单位或个人承包；②个别承包经营者之间承包地的调换；③土地补偿费用等费用的使用、分配办法；④集体出资的企业所有权的变动等事项。

2. 集体所有的土地、山岭、草原、荒地、滩涂等的权利行使。对于上述自然资源的集体所有权的行使规则是：①属于村民集体所有的，由村民集体经济组织或者村民委员会集体行使所有权；②分别属于村内两个以上村民集体组织所有的，由村内各经济组织或村民小组集体行使所有权；③属于乡镇农民集体所有的，由乡镇经济组织代表集体行使所有权。

3. 集体经济组织成员的撤销权。集体经济组织或者其他有权主体作出的决定侵害到集体成员的合法权益时，该集体经济组织成员可以请求人民法院依法予以撤销。

4. 集体经济组织成员的监督权。集体经济组织或者村民委员会应当依照法律、行政法规、章程、村民规约向本集体成员定期公布集体财产的状况，以接受成员的监督。

三、私人所有权

（一）私人所有权的概念和特征

所谓私人所有权，就是私人对其所有的财产依法占有、使用、收益和处分的权利。需要说明的是，这里私人的范围比较广，包括自然人、个体工商户、农村承包经营户等。《物权法》坚持以国家、集体和私人所有权三分法对所有权制度进行规定，对《宪法》中有关私人财产权的保护进一步具体化，《物权法》中规定的私人财产权具有以下特征：①私人所有权的主体主要是自然人。②所有权的客体是私人合法取得的不动产和动产。③私人所有权的行使由私人直接对其财产占有、使用、收益和处分。

（二）私人所有权的客体

私人所有权的客体是私人的合法财产，包括生产资料和生活资料。根据《民法通则》第75条的规定，公民的个人财产，包括合法收入、房屋、储蓄、生活用品、文物、图书资料、林木、牲畜和法律允许公民所有的生产资料以及其他合法财产。《物权法》列举了比较重要的几类私人所有权的客体：

（1）合法收入。合法收入是指人们从事各种劳动获得的货币收入或者有价证券。主要包括：①工资；②从事智力创造和提供劳务所取得的物质权利，如专利转让费等；③因拥有债权、股权而取得的利息、股息和红利；④出租建筑物、土地使用权、机器设备、车船等的所得；⑤转让有价证券、股权、建筑物、土地使用权、机器设备、车船等的所得；⑥得奖、中奖、中彩以及其他偶然所得；⑦从事个体经营的劳动收入、从事承包土地所获得的收益等。

（2）房屋。包括依法购买的城镇住宅，也包括在农村宅基地上依法建造的住宅，还包括商铺、厂房等建筑物。根据《土地管理法》和《城市房地产管理法》等的规定，房屋仅指土地上的建筑物的部分，不包括其占有范围内的土地。

（3）生活用品。指用于生活方面的物品，包括家用电器、私人汽车、家具和其他用品。

（4）生产工具和原材料。生产工具是指人们在进行生产活动时所使用的器具，包括机器设备、车辆、船舶等运输工具。原材料是指生产产品所需的物质材料，如矿石、木材、钢铁等物资。生产工具和原材料是重要的生产资料，是生产

(5) 除了上述财产外，私人财产还包括其他的不动产或者动产，如图书、个人收藏品、牲畜和家禽等。随着社会经济的发展，法律所允许的私人财产的范围将越来越大，凡非法律所禁止个人拥有的财产，都可以成为私人所有的财产。

我国《物权法》还保护私人的储蓄、投资及其收益与继承权，即私人合法的储蓄、投资及其收益受法律保护；国家依照法律规定保护私人的继承权及其他合法权益。其中，储蓄是指公民个人将其合法拥有的货币存入银行等金融机构，当存款到期或者客户随时兑付时，由金融机构保证支付利息和归还本金的一种信用行为。投资是指将现有的资金或者可用于消费的价值投入到未来可以获得更大价值的经济活动中。投资活动的主体和范畴非常广泛，主要包括购买股票、基金、债券、期货等以获得更高的资本收益，也包括将资金投入到企业中以扩大再生产获得资产收益等行为。不同于对国家所有权和集体所有权的保护，公民的私人合法财产不仅在公民生前受国家法律保护，在其死后亦受法律保护。我国《宪法》和《民法通则》以及《物权法》都规定了法律保护公民私有财产的继承权。继承权是指在自然人死亡后，根据其遗嘱或者法律规定而承受死者遗留财产（遗产）的权利。《继承法》不仅对公民继承权的取得和行使等作了具体的规定，而且还规定了公民享有依遗嘱处分其死后财产的权利，体现了法律对公民私人财产的特别保护。[1]

（三）私人所有权的行使

私人所有权的行使，即私人对其所有的财产所进行的占有、使用、收益和处分。例如公民将财产投资入股，取得股东地位，行使股东权。应当指出的是，公民行使私人所有权，必须在法律许可的范围内进行，并且受到诚实信用原则、权利不得滥用原则的约束，不得违反法律、不得扰乱经济秩序、不得损害社会公共利益，不得损害国家、集体和其他公民的合法权益。

（四）私人所有权的民法保护

对于私人所有权的民法保护，同样可适用民法、物权法关于物权、所有权保护的一般方法，我国《民法通则》第75条第2款规定："公民的合法财产受法律保护，禁止任何组织或者个人侵占、哄抢、破坏或者非法查封、扣押、冻结、没收。"当前，私人所有权的保护，要解决的主要问题是对私人财产与国家财产、集体财产的平等保护问题。过去在计划经济体制下，一味强调公有财产的优先性、神圣性，限制、歧视个人财产，严重挫伤了个人的积极性。市场经济体制的

---

[1] 柳经纬：《民法》，厦门大学出版社2008年版，第227~228页。

建立，为实现不同所有权的平等保护提供了制度基础，1999年宪法修正案规定，非公有制经济"是社会主义市场经济的重要组成部分"，这为私有财产的保护提供了宪法基础。2004年在修改《宪法》时，将《宪法》原来的"国家保护个体经济、私营经济的合法权利和利益。国家对个体经济、私营经济实行引导、监督和管理"修改为"国家保护个体经济、私营经济等非公有制经济的合法权利和利益。国家鼓励、支持和引导非公有制经济的发展，并对非公有制经济依法实行监督和管理"。现行《宪法》明确规定："公民的合法的私有财产不受侵犯。"此外，1997年的《合伙企业法》（2006年8月27日作了修改，自2007年6月1日起施行）、1999年的《个人独资企业法》等法律法规的颁布也为私人所有权的平等保护提供了法律依据。《物权法》第66条进一步明确指出："私人的合法财产受法律保护，禁止任何单位和个人侵占、哄抢、破坏。"《物权法》根据《宪法》原则扩大了私有财产的保护范围，进一步强化了对私有财产的保护，体现在：①第一次以基本法的形式，确立了平等保护的原则；②对私有财产的保护范围非常宽泛；③关于城市居民建筑物区分所有权和农村居民宅基地使用权以及土地承包经营权的规定，有力地维护了广大人民群众的切身利益；④完善了征收补偿制度，从而强化了对公民私人财产权的保护；⑤完善了私有财产的民法保护方法，规定了对物权保护的各种方法，包括物权请求权和债权请求权，它们都可以适用于物权遭受侵害的情形。所有这些规定，进一步完善了保护私有财产的法律制度，必将有利于激发人民群众创造财富和积累财富的积极性，促进社会和谐。[1]

四、法律对其他所有权的规定

（一）法人所有权

法人所有权是法人对其财产享有的所有权。我国《物权法》并没有明确承认法人所有权，但是《物权法》第67、68条规定，国家、集体和私人依法可以出资设立企业法人，出资人将不动产或者动产投到企业的，企业法人对这些不动产和动产依照法律、行政法规以及章程享有占有、使用、收益和处分的权利。而出资人只是按照约定或者出资比例享有资产收益、重大决策以及选择经营管理者等权利，并履行义务。这种规定的实质是确认了企业法人享有企业财产所有权，而出资者仅享有股权。从《物权法》第五章的标题来看，按照所有制将所有权分为国家所有权、集体所有权和私人所有权，没有将法人所有权列进来，这是因为法人所有权并不是按照所有制形式分类而得出的所有权形式，而是根据市场主体类型——自然人、法人、第三民事主体——而作出的分类，如果将它与国家所

---

[1] 柳经纬：《民法》，厦门大学出版社2008年版，第228~229页。

有权、集体所有权和私人所有权并立，必然找不到其合适的归宿。但随着市场经济的发展，承认法人所有权势在必行，因为法人是市场经济的独立主体之一，且是最为重要的主体。承认法人所有权，有助于形成产权明晰、权责明确、政企分开、管理科学的现代企业制度。

（二）社会团体所有权

社会团体所有权是社会团体依法对其财产享有的所有权，《物权法》第69条规定了社会团体依法所有的不动产和动产受法律保护。社会团体是指中国公民自愿组成的，为实现会员共同意愿，按照其章程开展活动的非营利性社会组织。社会团体对其财产享有占用、使用、收益和处分的权利。国家机关以外的组织可以作为单位会员加入社会团体（《社会团体登记管理条例》第2条）。社会团体包括宗教团体（《民法通则》第77条）。宗教团体、宗教活动场所合法占用的土地，合法所有或者使用的房屋、构筑物、设施以及其他合法财产、收益，受法律保护（《宗教事务条例》第30条）。宗教团体、宗教活动场所所有的房屋和使用的土地，应当向县级以上人民政府有关部门申请登记；产权变更的，应当及时办理变更手续（《宗教事务条例》第31条）；但该法第32条同时规定用于宗教活动的房屋、构筑物及其附属的宗教教职人员的生活用房不得转让、抵押或者作为实物投资。[1]

第三节 所有权的取得、行使与消灭

一、所有权的取得

所有权的取得，是指民事主体依据一定的法律事实而获取某物的所有权。根据《物权法》及《民法通则》的相关规定，所有权的合法取得方式可分为原始取得与继受取得两种。

（一）原始取得

原始取得，指根据法律规定，最初取得财产的所有权或不依赖于原所有人的意志而取得财产的所有权。原始取得的方式有：劳动生产、先占、孳息、添附、善意取得、拾得遗失物、发现埋藏物等。下面介绍其中几种主要的取得方式：

1. 善意取得。善意取得，是指动产或者不动产的无权处分人，将其占有的动产或者不动产转让给第三人，如果受让人取得该动产或不动产时出于善意，则受让人将依法取得对该动产或者不动产的所有权或他物权。可见，善意取得包括

---

[1] 申卫星：《物权法原理》，中国人民大学出版社2008年版，第220~221页。

了财产所有权的取得与他物权的设立两方面的内容。善意取得已成为民法中的一项重要制度，承认善意取得制度有助于保护动态交易安全及充分发挥物的经济效用，采用善意取得制度并不会损害国家和社会公共利益。《物权法》第106条明确规定了善意取得制度，且规定不动产和动产均适用于善意取得制度。《物权法》第106条规定，无处分权人将不动产或者动产转让给受让人的，所有权人有权追回；除法律另有规定外，符合下列情形的，受让人取得该不动产或者动产的所有权：①受让人受让该不动产或者动产时是善意的；②以合理的价格转让；③转让的不动产或者动产依照法律规定应当登记的已经登记，不需要登记的已经交付给受让人。

受让人依照前款规定取得不动产或者动产的所有权的，原所有权人有权向无处分权人请求赔偿损失。

2. 先占。先占指因事实行为而取得动产所有权，具体是指以所有人的意思，先于他人占有无主动产而取得所有权。关于无主物的先占取得，主要有三种立法例：①先占自由主义，即不分动产还是不动产，一律允许先占而取得所有权。此种立法例为罗马法所采。②先占权主义，即不动产唯有国家有权先占，至于动产，须待法律的许可，始能取得所有权。此种立法例为日耳曼法所采。③折衷主义，为现今多数国家所采。依此主义，无主物区分为动产和不动产两种，无主动产采先占自由主义，无主不动产采国家先占主义。[1] 虽然有学者呼吁我国应当构建先占制度，且王利明、梁慧星两位学者在起草物权法草案时也将先占制度加以规定，并主张采折衷主义立法例，但是已生效的《物权法》对先占制度并未作出明确规定。

当然，构成先占符合一定的条件：①先占的标的物须为无主物。抛弃物属于无主物，但发现的文物属于国家所有，不是无主物。遗失物、漂流物等亦不属于无主物。②标的物须非法律禁止占有的物。③须有依所有的意思占有标的物的行为。

3. 拾得遗失物。遗失物，是指他人不慎丧失占有的动产。拾得遗失物指发现他人遗失物而予以占有的法律事实。

根据《物权法》第109条的规定，拾得遗失物，应当返还权利人。作为拾得人首先应当在20日内通知权利人或交给有关部门处理。另外，根据《物权法》第112条的规定，拾得人在返还拾得物时，可以要求所有人支付必要费用，但不得要求所有人支付报酬。但遗失人发出悬赏广告，愿意支付一定报酬的，不得

---

[1] 马俊驹、余延满：《民法原论》，法律出版社2005年版，第344页。

反悔。

根据《物权法》第113条的规定，自有关部门发出招领公告之日起6个月内无人认领的，遗失物归国家所有。

根据《物权法》第112条的规定，拾得人拒不返还遗失物的，按侵权行为处理。拾得人不得要求支付必要费用。

拾得漂流物、发现埋藏物或者隐藏物的，同样适用关于遗失物的规则。

4. 添附。添附是指将不同所有人的财产合并在一起，形成一种不能分离的财产，并由此获得该项新财产的所有权。添附包括混合（无法识别原所有人各自的财产，适用于动产）、附合（可辨别原所有人的财产，动产、不动产均可适用）、加工（对他人财产进行改造，并增加了价值）三种形式。我国的法律目前还没有关于添附的规定。

（二）继受取得

继受取得，指当事人取得所有权是以他人对原物的所有权为基础，新所有人通过财产交易（买卖）或财产赠与的方式从原所有人处取得所有权。在实践中，财产交易是当事人继受取得所有权的主要方式。

继受取得所有权应当注意以下三个问题：

（1）应当注意原权利人是否有处分财产的权利，以及原权利的内容和范围，否则，容易出现侵犯他人所有权或所有权转移无效的情况。

（2）要注意动产与不动产所有权的取得时间有所不同。根据我国民法和其他相关法律的规定，动产按照合同或其他合法方式取得的，所有权从财产交付时起转移，法律另有规定或当事人另有约定的除外。交付指将财产或财产所有权的凭证转移给他人占有的行为。不动产（包括房屋、建筑物、固定设施、汽车等交通工具）所有权的取得、变更和消灭，非经登记程序，不产生法律效力。在我国，不动产登记是所有权转移的必备条件，是否实际交付，均不影响所有权转移的法律效力。

（3）第三人善意取得财产制度。在实践中，经常出现这种情况，即当事人通过正常市场交易行为购买了某些商品，但事后得知该商品来源不明，面临原所有人行使追及权而需要返还原物的尴尬。为保护交易安全，维护市场秩序，协调因无权处分行为导致的善意第三人和所有人之间的利益冲突，在一定条件下法律侧重保护不知情的善意第三人的利益，允许善意第三人取得所有权，并中止所有人的追及权。

所有权的继受取得可以因法律行为而取得，也可以因法律事件而取得。因法律行为而继受取得所有权，通常有以下几种方式：

（1）买卖。因买卖法律行为而继受取得财产所有权，这是日常生活中最常见的继受取得所有权的方式。

（2）赠与。因赠与法律行为而继受取得所有权。赠与必须由赠与人把赠与物交付给受赠人，受赠人接受赠与物后，赠与物的所有权才能转移给受赠人。

（3）互易。因互易法律行为而继受取得所有权。当事人双方自愿互相交换物。互易物的所有权人即互相更换，各自取得对方财产的所有权。

因法律事件而继受取得所有权，通常指因被继承人死亡的法律事件而取得所有权。被继承人死亡，继承人、受遗赠人依法取得遗产的所有权是继受取得所有权的重要方式。

无论以何种方式取得财产所有权，只要不违反国家的法律法规，都能依法取得对该财产占有、使用、收益和处分的权利，任何组织和个人都不能侵犯所有人的所有权。

二、所有权的行使

（一）所有权行使的一般原则

所有权的性质是支配权，但支配财产不是目的，而是手段。所有人只有通过行使所有权的各项权能，才能有效率地利用财产并使财产增值。对财产的占有、使用、收益、处分是所有权的四项基本权能，也是所有人行使所有权的具体方式。

所有人行使所有权，可能是为了自身消费，实现财产的使用价值，如购买房屋并自己居住，这就是行使对房屋的占有和使用权能；也可能是为了获取利润，实现财产的价值，如企业生产商品并出售，就是行使了对企业财产的收益与处分权能。无论哪种情况，当事人行使所有权既要体现所有人的意志和利益，也不能损害第三人的利益和社会公共利益。

（二）所有权的积极行使

由所有人行使所有权的全部四项权能，固然可以为所有人创造收益，但是，财产的占有状况与财产的经营能力不对称是普遍存在的现象，即拥有财产的人未必愿意亲自经营财产，或未必有能力使财产增值。所有权与经营权的分离，在法律上体现为财产所有人主动将四项权能与所有权进行分离并重新组合，由不同的人分别行使财产的占有、使用、收益和处分权能，最大限度地提高财产的使用效率，有效地解决财产占有和财产经营能力不对称问题。在我国经济改革实践中，企业的各种经营权、承包权、租赁权、土地和资源使用权等，都是从所有权中分离出来的某些权能，是更有效率地利用国有资产和企业财产的体现。因此，所谓资产经营，在法律上就是所有人主动将所有权的各种权能进行分离并重新组合，这并不会导致所有权的丧失，而是所有人积极行使所有权为自己创造利益的体现。

（三）所有权的内在限制

所有权是完全物权、无限制的物权，这是古罗马法以来的法学观念。在资产阶级革命初期，资产阶级为了革命的需要，把所有权的这一基本内容发挥到极点，也就是后来被人们所称的"所有权绝对"的立法精神。20 世纪以来，"所有权绝对"的立法思想受到越来越多的批判，并被许多国家的立法所修正，其中最著名的是 1919 年德国《魏玛宪法》的规定，该规定为，所有权承担义务，所有权的行使必须为社会公共利益服务。《魏玛宪法》的规定后被《德国基本法》第 14 条所采纳。《德国基本法》第 14 条第 2 款规定："所有权承担义务，它的行使应当同时为公共利益服务。"该条文中的"所有权承担义务"一句，已经成为当代民法学的名言。"所有权的社会义务"原则目前已经得到世界范围的承认和应用，而且已经作为所有权从绝对化走向相对化的一个标志。

所有权的内在限制体现为一种精神和境界的限制，这种精神和境界限制在现实生活中具体外化为下列几个方面：

1. 情势限制，又可称为不动产所有权的情势义务理论。它的基本含义为每一块不动产都和它的位置、状况、地理环境等因素，也就是与它的"情势"紧密地联系在一起。因此，不动产的所有人在行使权利时必须考虑到这些情势，必须遵守因"情势限制"而产生的社会性义务，并只能在其特定情势下从土地取得收益和进行处分。

2. 无害通过的忍受。所谓无害通过，指他人在对所有权人不造成任何妨害的情况下，通过所有权人的土地或土地地表的上下。在无害通过的情况下，法律规定所有权人必须忍受这种侵入，而不能加以任何排斥。

3. 较大的合法利益侵入的忍受。所谓较大的合法利益侵入，是指因为发展工业、其他社会福利事业，或者是因为某人的利益处于某种状态，需要法律上给予特别的保护。

4. 紧急状态侵入的忍受。如果是他人财产或公共财产面临紧急状态或遭遇重大危险，为了保护他人或社会公众的正当利益而发生的对个人所有权的限制或侵入、损害，个人也应忍受。如果对所有权人构成妨害，所有权人可以通过其他方式获得补偿。

（四）私法限制和公法限制

关于对所有权的限制，除了上述理解之外，人们通常以公法、私法二元思维来理解它。

1. 所有权的私法限制。私法上对所有权的限制，主要通过以下几种方式：

（1）权利不得滥用。权利不得滥用是现代民法的一项基本原则。这里所说的权利当然也包括物权，尤其是所有权。以损害他人为主要目的行使所有权，在实际生活中也不乏其例，如故意建筑高墙，阻挡他人的阳光或眺望。

（2）自卫行为。民法上关于正当防卫、紧急避险以及自助行为的规定，也属于对所有权的限制。

（3）他物权。在本人所有的物上设定他物权之后，所有权也受到他物权的限制。

2. 所有权的公法限制。对所有权在公法上限制，在现代社会表现得越来越突出，最为显著的为：行使所有权必须符合环境保护、自然资源保护、城市规划、基本农田规划以及生态平衡的要求，除此之外，根据社会公共利益、国防利益的需要，国家可以依法对土地或者其他财产进行征用、征收或者使用等。

公法上对所有权的限制应严格排除任何公共权力机关以发展公共利益为由而无端限制甚至剥夺所有权人权利的情况。应该承认，我国具有公权力过分强大的传统，所有权等民法上的权利经常受到无法律根据的公共机关的侵犯。因此，在立法上必须特别指出，对所有权的限制必须限定为：为公共利益所需，并依据法定程序，应给予充分的补偿。我国2004年的宪法修正案对此作出了规定。

3. 法律对所有权行使的限制。法律对所有权行使的限制主要表现为相邻权。相邻权是指在两个或两个以上相互毗邻的不动产所有人或使用人之间，一方行使其所有权或使用权时，有权要求另一方提供便利或使另一方受到限制的权利。相邻权是对所有权的限制，并使相邻人之间形成权利义务关系。

相邻权的本质，是对所有权行使的限制，即相邻各方在行使所有权时，既要实现自己的合法权利，也要尊重他人的合法权利，不得因自己行使权利而损害他人利益。法律规定相邻权的目的，是规范当事人行使所有权的行为，减少相邻所有权人之间的利益冲突。目前，我国比较常见的相邻关系有：相邻土地通行使用关系、相邻土地和相邻建筑物环保关系（如污染、采光、光照等）、相邻土地防险关系、相邻管线设置关系、相邻用水和排水关系等。相关法律对如何处理相邻关系中的利益冲突都有原则性规定。

三、所有权的消灭

所有权的消灭，是指因某种法律事实导致财产所有人丧失其所有权，或者权利主体的消灭而导致的所有权的转移。所有权的消灭，有两种法律后果：①所有权绝对消灭，即作为所有权客体的财产不复存在；②所有权的相对消灭，如在所有权主体消灭、所有权被依法转让等情况下，民事主体一方所有权消灭，但另一方取得所有权。

就某项财产的所有权人而言，其所有权消灭的原因有以下几种：

（1）所有权主体消灭。如公民自然死亡或被宣告死亡，法人被撤销或解散，无法再作为所有权人，原享有的所有权依法律程序被转移给他人从而归于消灭。

（2）财产本身毁坏或灭失，即客体灭失。如因自然灾害、生活消费、生产消耗等事实或行为引起的所有权客体的灭失。

（3）所有人转让或抛弃其财产，所有权丧失。如公民或法人通过买卖、赠与等合法方式将其财产出卖、赠与给他人，使得原所有权发生移转。所有权被抛弃，如丢弃某项财物等，会导致原所有人不再享有对被弃财产的所有权。

（4）国家行政、司法机关依法采取强制措施，拍卖、征用或没收财产，原所有人所有权丧失。

四、所有权的保护

当事人因所有权发生争议，涉及确认所有权和确认侵权两个方面。其中，明确所有权的归属是解决一切纠纷的前提。在确认合法财产所有人后，才知道谁是权利人，以便适用相关法律法规，采取保护所有权的不同方法。具体所有权的保护方法有以下几种：

（一）返还原物

财产所有人或合法占有人在其所有或合法占有的财产被他人非法占有时，有权请求不法占有人返还原物，或请求法院责令不法占有人返还原物。采取这一保护方法应注意的问题是：

（1）财产所有人与合法占有人都享有要求返还原物的权利。如财产在合法占有期间被第三人非法占有，所有人与合法占有人都有权要求该第三人返还原物，若合法占有期限未满，返还给合法占有人；否则，返还给所有人。

（2）所有人只能要求非法占有人返还原物，不得要求合法占有人返还。非法占有人返还原物时，如果该非法占有人是恶意占有，应返还原物及其孳息；如果是善意占有，只返还原物。

（3）原物被他人合法占有，但非法转让给第三人。如果第三人是善意取得原物，一般情况下所有人无权要求第三人返还原物，只能要求非法转让人赔偿损失；如果第三人是恶意取得原物，则负有向原所有人返还原物的义务。

（4）原物被他人非法占有，又非法转让给第三人。如果第三人基于恶意取得原物，有义务返还给所有人。如果是善意取得原物，一般认为，无偿取得时应返还给原所有人；有偿取得时，应区分具体情况，确定应优先保护所有人还是善意第三人，如第三人通过公开市场交易而取得财产，返还原物时，所有人应补偿该第三人价金。

（5）返还原物，以原物存在为前提；否则，只能赔偿损失。

（二）排除妨害

当所有人行使所有权受到他人非法妨碍时，如邻人占用共用通道而妨碍自己的通行权等，所有权人有权请求侵害人排除妨害，或请求法院责令侵权人排除妨害。财产所有人与合法占有人均享有排除妨害请求权。

在所有人未丧失对物的占有时,适用排除妨害的保护方法;在已经丧失对物的占有时,适用返还原物的保护方法。

(三) 停止侵害

当所有人的财产直接受到正在进行的不法侵害时,所有人与合法占有人有权请求侵害人停止侵害,或请求法院责令侵权人停止侵害。适用这一方法应注意的问题是:①侵害是对财产的直接侵害,否则适用排除妨害;②侵害行为正在实施过程中。如侵害行为尚未实际发生,可适用排除妨害;如侵害行为已经结束并造成财产损失,可适用损害赔偿。

(四) 恢复原状

当财产受到他人不法侵害而受到损失时,如果能够通过修复使损坏的财产恢复到原有状态,财产所有人与合法占有人均有权要求加害人恢复原状,或请求法院责令加害人恢复原状。但是,被损害的财产必须有修复的可能,而且在经济上合理可行。

(五) 赔偿损失

所有人的财产受到非法侵害后,有权要求不法侵害人赔偿其所遭受的损失,或请求法院责令侵权人赔偿其损失。

上述保护所有权的方法中,只有赔偿损失是债权保护的方法,其他都是物权保护的方法。所有权是物权,应优先适用物权保护方法,但物权保护方法不适用或适用后明显对社会公共利益不利时,可以采取债权保护的方法。两种保护方法的主要区别是:物权保护方法只适用于物权保护,目的是恢复物权人对物的支配权,因此,无论侵权行为是否造成实际损失,均可适用;债权保护方法既可用于债权保护,也可用于物权保护,目的是弥补债权人所遭受的财产损失,因此,只有在侵权行为造成债权人实际损失的情况下才能适用。

引例解析:

在本案中,焦点在于牛黄的属性及其归属,牛黄属于牛的天然孳息。在阐释所有权的权能时,收益权能主要是指获取孳息,包括天然孳息和法定孳息。在一般情形下,天然孳息应当由原物所有人享有。因而,确定了原物的所有权人,即确定了孳息的所有权人。甲和肉联厂明确约定牛下水归属肉联厂,虽然牛黄长于牛下水中,但应当看到牛黄并非牛下水的孳息,而是牛的天然孳息(牛下水本身亦是牛的一部分,在与牛分离后因约定而归属于肉联厂);同时牛黄也不是所谓的"隐藏物"。既然当事人未就牛黄的归属做出明确约定,则牛黄应当归属于牛的所有者甲。在明确牛黄的所有权后，就可适用所有权的民法保护规则。由于牛黄已经出卖，买受人药厂可依据善意取得制度取得牛黄的所有权，甲无法要求药厂返还牛黄，只能向肉联厂主张因原物不能返还的损害赔偿责任。因而，在牛黄已经卖出的情形下，肉联厂应当将所得价款返还给甲，否则即构成不当得利。

案例思考：

王某与林某为邻居。1962年王某全家迁往外地，因不知以后是否回来，遂将其四间房屋借给林某使用，并托林某妥为管理。林某自王某离去后，即使用该房屋。1980年林某因儿子结婚需要住房，即将王某的房子整修了一下，并在王某房屋占用的院内新盖了厢房三间，共花费1500元左右。1993年王某因年龄已大，欲回老家居住，故让林某腾还房屋。于是，林某将王某原有的四间房屋还给林某，自己仍住在三间厢房中。王某让林某归还厢房，林某称厢房是自己建的，应归其所有，如王某愿意可以卖给王某。而王某则认为，厢房虽然是林某盖的，但在自己院内，故应归自己，而且对房屋的修缮费用他已还给林某。双方争执不下，王某诉至法院，请求法院判令林某搬出厢房，将房屋归还给他。

问题：
（1）试分析本案涉及的主要的法律问题。
（2）试运用民法原理对该问题进行分析。

第五章

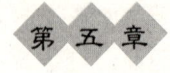

◆ 引例：

甲和乙为楼下楼上相邻业主。甲在楼上楼下窗户之间钉了个鸽笼，心想：这不影响楼上采光，也不妨碍楼上通风和上下水，进出道路更是没关系，肯定没侵犯楼上的相邻权。可是乙偏偏不答应，要求拆除。乙说：你的鸽笼超过两家的地（天花）板平面，伸到我上面来了，不是占了我的空间吗？甲反驳说：我们业主专有的部分就是四壁之内，天花板、地板之间。室外空间怎么成你的了？争执不下，乙提起诉讼。

问题：本案该如何处理？

☞ 要点：

1. 业主的建筑物区分所有权的概念和特征
2. 业主专有权与共有权
3. 区分建筑物的管理制度

第一节 业主的建筑物区分所有权概述

一、业主的建筑物区分所有权的概念

（一）建筑物区分所有权的概念

将某一栋高层建筑物划分为若干相对独立的单元，由各个不同的主体所有，这是现代社会普遍存在的法律现象。

对于建筑物区分所有权的界定，主要有以下几种学说：

1. 一元论，它又分为"专有权说"与"共有权说"两种：①专有权说，此说认为建筑物区分所有权是指区分所有人对建筑物的专有部分所享有的单独所有权；②共有权说，此说认为建筑物区分所有权是指区分所有人对建筑物整体之共有。

2. 二元论，又称为专有权与共有权结合论。此说认为，建筑物区分所有权是建筑物区分所有人对建筑物的专有部分所享有的专有权和共有部分所享有的共有权的结合。

3. 三元论，此说认为，建筑物区分所有权是指区分所有人对建筑物的专有部分所享有的专有权和共有部分所享有的共有权，以及基于建筑物的管理、维护和修缮等共同义务而产生的管理权（或成员权）的总称。

4. 四元论，此说认为，建筑物区分所有权包括四个方面的内容：建筑物区分所有人对专有部分的所有权、对共有部分的共有权（其中包括共同使用权与专有使用权）、区分所有人之间的相邻权以及区分所有人的管理权（或成员权）。[1]

比较以上几种学说，应该说三元论，即专有权、共有权与管理权（成员权）结合说比较科学。因为如果区分所有人仅享有专有权而不享有共有权与管理权（成员权），或只享有共有权而不享有专有权都无法使各个所有人对建筑物进行更好的管理、维护与修缮等共同义务。此外，区分所有人基于对建筑物的管理、修缮等共同事务而产生的管理权，具有人法（管理制度）的要素，并非专有权和共有权所能概括。[2]

因此，建筑物区分所有权，是指多个所有人共同拥有一幢区分所有的建筑物时，各个所有人对在构造上和使用上具有独立性的建筑物部分（专有部分）所享有的所有权和对供全体或部分所有人共同使用的建筑物部分（共有部分）所享有的共有权，以及基于建筑物的管理、维护和修缮等共同事务而产生的管理权（成员权）的总称。

我国的《物权法》第70条规定："业主对建筑物内的住宅、经营性用房等专有部分享有所有权，对专有部分以外的共有部分享有共有和共同管理的权利。"此即采用了三元论的观点。

（二）业主的概念

从字面上看，"业主"即"业"的所有者，我国的《物业管理条例》第6条也规定："业主是房屋的所有者。"《物权法》虽然对此没有明确的规定，但也是与《物业管理条例》的规定相一致的。业主的一切权利都是源于对建筑物的所有权，但是在现实生活中，业主往往不是对全部建筑物拥有所有权。我国目前用于居住和办公的建筑物都是进行纵向和横向划分的，形成了一层或者一个套间的产权，每个部分都可独立使用并能为不同的所有人专有。建筑物内部无论从物理结构上还是法律关系上都是彼此区分的。此外，建筑物除内部划分为各个专用部分外，各专用部分之间、整体建筑物之间还有共用部分，业主对专用部分的权利是彼此区分的。

综上所述，我们所谓的"业主"，事实上是从两个方面来表述的，一是在建

---

[1] 王利明：《物权法研究》，中国人民大学出版社2002年版，第382页。
[2] 马俊驹、余延满：《民法原论》，法律出版社2005年版，第352页。

筑物区划范围外，业主仅指建筑物的所有人；二是在建筑物区划范围之内，业主不仅指建筑物的所有人，还包括建筑物的居住权人、承租人及典权人等。[1]

二、业主的建筑物区分所有权的特征

与通常意义上的不动产物权相比，业主的建筑物区分所有权具有以下特征：

1. 集合性或称复合性。业主的建筑物区分所有权是由建筑物区分权人对建筑物专有部分的所有权、对共有部分的共有权以及管理权（或成员权）等三种权利组成的，它不同于普通物权的单一性，必须对各个权利之间的关系进行考察，才能对业主的建筑物区分所有权进行更好地规范。

2. 一体性。业主的建筑物区分所有是专有权、共有权及管理权的结合，三者是不可分离的，权利人不能对业主的建筑物区分所有权进行分割行使，在转让、抵押、继承时，应将三者一同处分，不得保留其中一者而处分其他。

3. 专有权的主导性。在业主的建筑物区分所有权的几个组成部分中，专有权居于主导地位，这主要体现在一下几个方面：①在没有特别约定的情形下，区分所有权人取得了专有部分的所有权，就取得了对共有部分的共有权及对建筑物的管理权，反之，若丧失了专有权则也会丧失其他的权利；②专有权标的物的大小及价值决定了区分所有人其他权利与义务的范围；③在业主的建筑物区分所有权的登记方面，只要登记专有权部分即可，其他权利无须独立登记。[2]

4. 权利主体身份的多重性。业主的建筑物区分所有权是由专有权、共有权及管理权组成的，并且三者又是相互独立的，业主的建筑物区分所有权人集专有权人、共有权人及管理权人的身份于一身，且这些身份是不可分离的。

5. 权利、义务及内容的复杂性。业主的建筑物区分所有权包含专有权、共有权及管理权的权利义务关系，且各个权利义务关系经常交织在一起，联系紧密。[3]

三、业主的建筑物区分所有权的法律性质

我国学界大多认为建筑物区分所有权系现代民法一项基本的不动产所有权形式。[4] 例如我国台湾地区学者戴东雄先生指出："区分所有权为一独立不动产所有权概念，但其较一般不动产受较多限制，因为区分所有权之对象系以一幢建筑物为前提。"王泽鉴先生对此虽未明确表明其见解，但在其所著之《民法物权》（通则）一书中把建筑物区分所有权置于第四章"所有权"名称下研究。显然，

---

[1] 眭鸿明、王媛："业主权概念及其法律化"，载《河北法学》2006年第8期。
[2] 温世扬：《物权法要义》，法律出版社2007年版，第98页。
[3] 马俊驹、余延满：《民法原论》，法律出版社2005年版，第353页。
[4] 陈华彬：《现代建筑物区分所有权制度研究》，法律出版社1997年版，第1页。

王先生在事实上也认为建筑物区分所有权为一种不动产所有权。本书采通说，即认为业主的建筑物区分所有权是不动产所有权的形式，但由于其本身的独特性，又与传统的不动产所有权形式有所区别，因而是一种特殊的不动产所有权。

第二节　业主专有权

一、专有权的概念与性质

专有权，又称"专有所有权"或"特别所有权"，是指建筑物区分所有人对专属于自己的、在构造和使用上具有独立性的建筑物部分（专有部分）所享有的所有权。《物权法》第71条规定："业主对其建筑物专有部分享有占有、使用、收益和处分的权利。业主行使权利不得危及建筑物的安全，不得损害其他业主的合法权益。"就其实质而言，专有权即业主对其专有部分的所有权。[1]

对于专有权的性质的认识主要有两种观点：①空间说。该说认为，专有权是指区分所有权人对专属自己的，在构造上和使用上具有独立性的封闭建筑空间所享有的所有权。②为非空间说。该说认为，专有权是指区分所有权人对专属自己的，在构造上和使用上具有独立性的建筑物部分（专有部分）所享有的所有权。该说主要反对把专有权客体视为由建筑材料所组成的空间。

本书认为，相对来说，非空间说的观点更为可取。不能将专有权理解为单纯的空间权，它应当包括专有空间和空间四周的建筑构件两部分。建筑物区分所有权固然包含对一定空间的排他支配权，但并非只是空间所有权。建筑区分所有权是由建筑材料（如墙壁）作间隙而形成的空间，而空间权的空间范围不仅仅局限于此，它不仅包括墙壁作间隙而形成的空间，也包括地上权以外的纵向延伸的空间。所以说，建筑物区分所有权与空间权有着本质的区别。因此我们认为建筑物区分所有权应为非空间权的一种。

二、专有权的客体——专有部分

专有权的客体即专有部分，是指在构造与使用上均有独立性，并能够成立独立所有权的客体部分。专有部分通常是在对建筑物划分为各个不同部分的基础上形成的，一栋建筑物必须分为数个独立的专有部分，才能够成立建筑物区分所有。

作为专有权客体，专有部分的独立性包括构造上的独立性与使用上的独立性两个方面：①构造上的独立性。这是指专有部分在建筑构造上与建筑物的其他部

---

[1] 温世扬、廖焕国：《物权法通论》，人民法院出版社2005年版，第282～283页。

分有隔离的设备，通常材料得为钢筋、水泥或三合板。②使用上的独立性。这是指各专有部分具有能够满足一般生活目的的独立机能。其主要的判断标准在于，该建筑物部分有无独立的出入门户和符合建筑物使用目的的设备。[1] ③通过登记予以公示并表现出法律上的独立性。换言之，通过登记被分割的各个部分才能在法律上成为所有权的客体，这在学说上也被称为"形式上的独立性"。[2]

对于专有部分的范围，学界争论不一，主要有"空间说"、"壁心说"、"最后粉刷表层说"及"壁心和最后粉刷表层说"。以上各种学说的焦点在于，墙壁是区分所有的专有部分还是共有部分，或是否可将墙壁分割成两半，而成为不同的专有部分。"壁心和最后粉刷表层说"较为科学。该说认为专有部分的范围应分为内部关系与外部关系。在内部关系上，区分所有权人之间，在有关建筑物的维持、管理关系上，专有部分仅包含至壁、柱、地板、天花板等表层粉刷之部分；而在外部关系上，即对第三人（如买卖、保险、税金等）关系上，专有部分则包含至壁、柱、地板、天花板等厚度的中心线。[3]

此外，专有部分还可能包括建筑物的某些附属物（绿地）或附属建筑物（车库、仓库等）。我国《物权法》第73条规定："建筑区划内的道路，属于业主共有，但属于城镇公共道路除外。建筑区划内的绿地，属于业主共有，但属于城镇公共绿地或者明示属于个人的除外。建筑区划内的其他公共场所、公用设施和物业服务用房，属于业主共有。"但是现实生活中的情况却不是如此简单，何为"明示"，转让给私人的绿地的收费标准以及绿地的所有人的权利义务等问题还有待明确。不过可以肯定的是，对于建筑区划内的绿地，除了城镇公共绿地外其余属于业主共有是很明确的，因为只有将该绿地归属于业主，才能很好的对该位于建筑区划内的绿地进行管理。但同样也需要对建筑区划内的绿地进行绿化面积、保持等方面的要求。

同时，《物权法》第74条对车位、车库等附属建筑也进行了规定，其中第2款规定："建筑区划内，规划用于停放汽车的车位、车库的归属，由当事人通过出售、附赠或出租等方式约定。"对于车库的归属，由业主与建筑企业通过合同的方式予以明确。言外之意是，如果没有明确，车库就可以由建筑企业出售给其他业主或其他人。这也即是将车库归属于建筑企业所有，只是在业主的要求下可以将该车库卖与业主。然而，这样的做法将不利于保护业主的利益，而且如果建筑商将小区内的车库专卖给非业主使用的话，将有可能造成小区管理上的混乱。

---

〔1〕 温世扬：《物权法要义》，法律出版社2007年版，第99页。
〔2〕 梅夏英、高圣平：《物权法教程》，中国人民大学出版社2007年版，第114页。
〔3〕 梅夏英、高圣平：《物权法教程》，中国人民大学出版社2007年版，第115页。

所以，我们认为在将车库转让时，应优先满足业主的需求，严格限制车库的对外转让。当然车库的问题很复杂，还有待于进一步探讨。[1]

总之，专有权的客体范围比较复杂，各国立法也存在较大差异，我国《物权法》并没有就此做出明确的规定。

三、专有权的内容

（一）专有权人的权利

专有权是以建筑物区分所有的专有部分为客体而成立的单独所有权，具体而言，专有权人享有以下权利：

（1）所有权。我国《物权法》第71条规定，业主对其建筑物专有部分享有占有、使用、收益和处分的权利。区分所有人可以在法律、法规的范围内依自己的自由意志任意处分之，且排除他人的干涉。

（2）相邻使用权。所谓相邻使用权，是指区分所有人为保存其专有部分或共用部分，可以请求使用其他区分所有人的专有部分或不属于自己所有的共用部分。[2]

（二）专有权人的义务

（1）不得违反全体区分所有权人的共同利益。我国《物权法》第71条规定，业主行使权利不得危及建筑物的安全，不得损害其他业主的合法权益。第77条规定，业主不得违反法律、法规以及管理规约，将住宅改变为经营性用房。业主将住宅改变为经营性用房的，除遵守法律、法规以及管理规约外，应当经有利害关系的业主同意。

（2）区分所有人使用其专有部分不得妨碍或损害其他区分所有人的利益。

（3）对专有部分应进行必要的维修与改良。

（4）不得损害或随意改变区分所有的建筑物的结构。

第三节　业主共有权

一、业主共有权的含义与特征

业主共有权，是指业主对建筑物共用部分享有占有、使用及收益的权利。实质上，共有权是指一定范围内的专有权人对建筑物及其其他的特定部分（共有部

---

〔1〕 这方面的文章可参阅王利明："论物权法中车库的归属及相关法律问题"，载《现代法学》2006年第5期；曲少臣："小区停车位、车库权属研究"，载《长春工程学院学报》2008年第1期；刘艾迎："试论住宅小区停车位产权归属"，山东大学2007年硕士学位论文。

〔2〕 陈华彬：《现代建筑物区分所有权制度研究》，法律出版社1997年版，第110页。

分）共同拥有的所有权。业主共有权与一般的共有相比具有如下特征：

1. 其客体并不是一项独立的标的物，而是建筑物及其附属物中除专有部分以外的所有共有部分。

2. 区分所有人的共有权附属于专有权而存在，不得单独设定、转移或消灭。共有权随专有权的出让而出让，其他区分所有人无优先购买权。

3. 建筑物的共用部分，为相关区分所有人所共有，不得请求分割。

对于业主共有权的性质，有以下几种意见：①按份共有说。该说认为业主共有权是按份共有权，各个区分所有人按照自己的份额享有权利与承担义务。各区分所有人享有权利与承担义务的份额以其拥有的住宅面积占建筑物总建筑面积的多少来确定。②共同共有说。该说认为区分共有人的共有权的标的物不得请求分割，因此属于共同共有。[1] ③折衷说。该说认为共有权的性质不能一概而论，而应根据具体的情况来定，主要有两种标准：一是以建筑物的分割方式；一是建筑物的具体使用情况。根据这样的标准来划分的话，将会得出共有权是共同共有与按份共有并存，因而称为"折衷说"。[2]

我们认为，业主的共有权应为按份共有，至少是一种特殊的按份共有。因为按份共有在建筑物区分所有的情况中是常态，而共同共有只在少数情况下才存在，将业主共有权界定为按份共有有利于明确区分所有人的权利和义务。《物权法》第80条规定："建筑物及其附属设施的费用分摊、收益分配等事项，有约定的，按照约定；没有约定或者约定不明确的，按照业主专有部分占建筑物总面积的比例确定。"由此可见，我国《物权法》业主共有权是作为按份共有来定性的。

二、业主共有权的客体——共有部分

业主共有权的客体，是指业主共有权及义务指向的对象，也就是共有部分。对于共有部分的立法，主要有排除法与列举法两种方式，而现代国家一般是用排除加列举两种方法结合的方式来规定共有权的客体问题的。

共有部分的范围一般包括：①建筑物的共有部位。如户外墙面、门厅、楼梯间等。②建筑物的共用部位及设施、设备。如水管道、水箱等。[3]

然而，随着现代公寓不断高级化，很多高级小区内设置了私人休闲的会所，而对于小区会所的权利归属问题，一直有着很大的争论。在国外，会所一般都是非营利性质的，不能对外经营，而仅仅为小区内的业主提供服务，一般在建筑物

---

[1] 杨立新：《共有权研究》，高等教育出版社2003年版，第388页。
[2] 王利明：《物权法研究》，中国人民大学出版社2002年版，第389页。
[3] 温世扬：《物权法要义》，法律出版社2007年版，第104页。

区分所有制度中会对会所的归属作出明确的规定。而目前我国的法律对于会所的归属并没有明确的规定，各地的做法不一，使得会所问题成为了现实生活中的一大难题。一般认为应将会所纳入到共用部分的范围，作为小区的共用配套设施，以更好的满足业主的需要。同时会所的建设费用一般都分摊到了业主所购买的房屋的房价中，如果规定会所归开发商所有将不利于保护业主的利益。但现实生活的情况是复杂的，我们也不能"一刀切"，而应灵活处理相关问题。

同时，共有部分还有可能包括人防工程，所谓人防工程是人民防空工程的简称，包括为保障战时人员与物资掩蔽、人民防空指挥、医疗救护等而单独修建的地下防护建筑，以及结合地面建筑修建的战时可用于防空的地下室。一般而言，人防工程属于国家管理，因为其关系到人民的切身安全，属于国家安全的范畴，属于国有资产。但国家却没有投过资，也没有经过国有化的征收与征用程序给予补偿。因此，人防工程属于国有是有问题的，而开发商在开发商品房过程中，已经将人防工程的建设费用纳入成本，也就是说，实际上人防工程最后是由业主来买单的，若归国家所有则明显不符合逻辑。但我国的《物权法》并没有对此做出明确的规定，还有待深入的分析。[1]

三、业主共有权的内容

（一）业主对共有部分的权利

共有人享有的权利主要有对共用部分的使用权、收益权、修缮改良权。

1. 对共有部分使用的权利。这是共有权人的一项基本权利，也是区分所有权利的重要内容。原则上，对共有部分的使用权并不具备排他性，允许在共有部分有其他人的专有使用权，主要是通过业主大会决议设定专用权。同时，建筑物区分所有的共用部分不是公共物品，而是全体共有权人的共有物品，因此只能由共有权人（业主）共同使用，任何第三人不得使用，否则，构成对全体共有权人的侵权。

2. 对共有部分收益的权利。收益权是指各共有权人可依管理规约或其持有的共有份额，获得共用部分收益的权利，如天然孳息与法定孳息。这些孳息除管理规约或业主大会有相反的规定或约定外，应由业主按其专有部分占建筑物总面积的比例收取。

3. 修缮改良权。修缮改良权，是指各共有权人基于居住或其他用途的需要，拥有对共用部分作必要的修缮改良的权利。我国《物权法》第79条规定："建筑物及其附属设施的维修资金，属于业主共有，经业主共同决定，可以用于电

---

[1] 王娜："商品房地下人防工程的权属之争"，载《法人》2005年第3期。

梯、水箱等共有部分的维修，维修资金的筹集、使用情况应当公布。"

（二）业主对共有部分的义务

共有人在享有权利的同时，也应对共有部分负有一定的义务。具体而言，共有人应承担的义务主要有：

1. 按共有部分本来的用途使用共有部分的义务。所谓本来用途，是指依据共有部分的构造、性质、功能和目的，以及依据管理规约的规定，正常地利用共有部分。这一义务旨在使共有部分的使用合理化。但对于某些非依共有部分本来用途的使用行为，也应当容许，前提是只要不损害建筑物的保管，以及不违反共有权人的共同利益即可。

2. 对共有物所生费用的负担义务。要使建筑物正常的发挥其作用，就必须对其进行管理，甚至进行必要的改良。这些活动所产生的费用由全体或部分共有权人共同分担。共有部分的正常费用一般包括：日常维修及更新土地或楼房的共同部分及公用设备的费用；管理费用（包括管理人以及管理服务人的酬金）；由共有权人共同负担的法律、法规规定的税等。《物权法》第80条规定："建筑物及其附属设施的费用分摊、收益分配等事项，有约定的，按照约定；没有约定或者约定不明确的，按照业主专有部分占建筑物总面积的比例确定。"

3. 对共有部分保管的义务。这项义务要求共有权人不能轻易地改造、破坏共有部分原有的功能，而应维护和保存其正常状态。

4. 不得单独处分其共有部分或请求分割共有部分的义务。由于共有部分附属于专有部分，所以，共有人不得单独处分其共有部分，否则将妨碍其他共有人的利益的实现，这是由建筑物区分所有权的特殊性所决定的。[1]

共有人违反上述义务时，应依法承担相应的法律后果，主要方式有停止侵害、排除妨碍、清偿债务、赔偿损失等。除清偿债务外，其他的责任形式与专有权人的责任形式相同。清偿债务主要针对的是拒不分担共同费用和负担的共有人，而请求该共有人清偿债务的责任形式。各国在立法中为了确保各共有权人履行其所被分配的债务，对此种责任形式都进行了明确规定。[2]

第四节 建筑物区分所有的管理制度

一、管理权的概念与特征

我国《物权法》第70条规定，业主有权对专有部分以外的共有部分享有管

---

〔1〕 梅夏英、高圣平：《物权法教程》，中国人民大学出版社2007年版，第124页。

〔2〕 梅夏英、高圣平：《物权法教程》，中国人民大学出版社2007年版，第123~124页。

理的权利。

所谓管理权,是指业主基于对专有部分的所有权,从而对业主的共同财产和共同事务进行管理的权利。建筑物在构造上的不可分割,使全体区分所有权人之间形成了一种共同体的关系。为了维持这种共同体关系的存续,尤其是管理共同事务及对共用部分的使用、收益的需要,区分所有人不得不产生的共同事务。这样,便产生了各区分所有权人作为团体组织成员所应享有的权利和承担的义务,此即区分所有人的成员权。

二、管理权的内容

我国《物权法》第76条主要规定了以下事项由业主共同决定、共同管理:

(一) 制定和修改业主大会议事规则

议事规则主要是规定议事方式、表决程序、业主投票确定办法、业主委员会的组成和委员任期等事项,对业主的权利影响较大。

(二) 制定和修改建筑物及其附属设施的管理规约

建筑物及其附属设施管理规约涉及业主在建筑物及其附属设施管理中的义务,故由业主共同决定。我国《物权法》第83条第1款规定,业主应当遵守法律、法规以及管理规约。业主有违反管理规约的行为,应当承担相应的责任。

(三) 选举业主委员会或者更换业主委员会成员

业主委员会是全体业主通过召开业主大会,经过民主程序选举产生的。它是业主大会的执行机构,向业主大会负责并接受业主大会的监督。代表业主管理和协助物业管理企业履行物业服务合同,监督业主公约的实施以及业主大会赋予的其他职责。

(四) 选聘与解聘物业服务企业或者其他管理人

根据我国《物权法》的规定,业主可以自行管理建筑物及其附属设施,也可以委托物业服务企业或者其他管理人管理。物业服务企业或者其他管理人根据业主的委托管理建筑物区划内的建筑物及其附属设施,并接受业主的监督。业主可以通过签订物业管理合同,履行相应的权利义务,从而达到管理好小区的目的。

(五) 筹集和使用建筑物及其附属设施的维修资金

建筑物及其附属设施的维修资金,属于业主共有。经业主共同决定,维修资金可用于共有部分的维修。

(六) 改建、重建建筑物及其附属设施

改建、重建是对建筑物的重大改造,可能改变小区建筑区的原有规划,涉及业主的利益。所以,根据我国《物权法》的规定,必须经专有部分占建筑物总面积2/3以上且占总人数2/3以上的业主的同意。

（七）有关共有和共同管理权利的其他重大事项

这是业主管理权规范的一个兜底条款，所有涉及业主共有和共同管理的事项，都可以由业主决议。

对于上述事项的表决程序，我国《物权法》规定，(五)、(六)两项应当经专有部分占建筑物总面积2/3以上且占总人数2/3以上的业主同意。其他事项的表决，应经专有部分占建筑物总面积过半数的业主且占总人数过半数的业主同意。[1]

三、业主自治组织

（一）业主大会的法律地位和权限

我国《物权法》第75条规定，业主可以设立业主大会，选举业主委员会。业主大会是业主行使管理权的方式。业主大会是全体业主组合组成的，管理其共有财产和共同事务的自治组织。业主大会是管理业主事务的最高权力机关，也是全体业主管理共同事务的最高意志决定机构，所有的重大事务都应通过业主大会来决定。

业主大会不具备法人条件，系非法人团体，不具有权利能力，并非民事主体，它所实施的法律行为系业主所为的行为，由业主承受法律效果。业主大会属于《民事诉讼法》第49条所规定的"其他组织"，具有诉讼能力，因此，《物权法》第83条第2款规定业主大会可以以自己的名义提起诉讼。[2]

业主大会的权限是指业主大会所享有的管理业主共同财产和共同事务的各项权利。业主大会的权限主要来自两方面：①由法律直接明确规定业主大会的职权。如我国《物权法》第76条第1款规定了业主所享有的管理权。而这些管理权，业主均可通过业主大会来行使，所以，《物权法》第76条也是法律对业主大会权限所作出的规定。②业主大会的权限可由管理规约作出规定。业主大会作为自治组织，有权对共同财产和共同事务的管理按照自己的意愿作出规定。

（二）业主委员会的法律地位与权限

业主委员会是受业主大会的委托，管理全体业主的共有财产和共同事务的日常管理机构，是业主大会的执行机构。业主委员会不能独立于业主大会而存在，必须向业主大会负责，并接受业主大会的监督。

我国《物权法》第75条规定，业主可以设立业主大会，选举业主委员会。地方人民政府有关部门应当对设立业主大会和选举业主委员会给予指导和协助。这表明：①是否设立业主委员会由业主自主决定；②地方有关政府及其部门要给

---

[1] 江平主编：《中华人民共和国物权法精解》，中国政法大学出版社2007年版，第107~108页。

[2] 江平主编：《中华人民共和国物权法精解》，中国政法大学出版社2007年版，第110页。

予指导和协助，而不能利用职权干预业主设立业主委员会，法律也未规定，设立业主委员会要获得行政机关的批准。

业主委员会的权限来自法律、行政法规、管理规约的规定和业主大会的授权。主要有以下几种职权：①召集业主大会，报告物业管理的实施情况；②代表业主和业主大会与选聘的物业管理机构签订物业服务合同；③及时了解业主的需求及物业使用人的意见，监督和协助物业管理机构履行其职责；④监督业主规约的实施；⑤业主大会赋予的其他职权。

四、委托管理

所谓委托管理，是指物业管理人根据物业服务合同，对业主委托的共同财产和共同事务进行管理的活动。作为委托管理的受托人——物业服务机构，是根据委托人的授权和指示来完成委托事务。业主对受托人的委托主要体现在物业服务合同中，即物业管理人应当按照物业服务合同的约定，提供相应的服务，未能履行物业服务合同的约定，导致业主人身、财产安全受到损害的，应当依法承担相应的法律责任。

在委托管理中，作为受托人的物业管理人，应该接受业主的监督，按照合同约定向业主公布物业管理的相关信息。业主可以自主选聘物业管理人，对于不能履行物业服务合同的物业管理人，作为委托人的业主可以解聘其。

引例解析：

《物权法》第70条规定："业主对建筑物内的住宅、经营性用房等专有部分享有所有权，对专有部分以外的共有部分享有共有和共同管理的权利。"由此可见，室外空间为共有部分，甲未经业主委员会或业主会议的同意私建鸽笼不合法，应予以拆除。本案不应判决为侵犯了相邻权，不然，就支持了楼上业主的错误主张。

案例思考：

甲与乙系同一单位职工，共同居住于单位家属楼的同一层，并相邻。两户住宅中间有一条共同使用的通道，并有一个临街的窗子。甲先入住，就将这条楼道装上隔断，自己装杂物用。乙入住时发现此事，曾向甲提出拆除隔断的意见，甲没有接受。住房制度改革以后，双方都交纳了购房款购买了住房的所有权，住房成为私房，乙又向甲提出拆除隔断、该处楼道应共同使用的要求，甲仍不同意。经过单位领导调解不成，乙遂向法院起诉。

试就本案涉及的法律问题进行分析。

第六章

相邻关系

◆ 引例:

刘女士家住在开发区,她的邻居在其房屋的阳台侧面安装了一个空调机的散热器。入夏以来邻居家一开空调,散热器就向刘女士家卧室的窗户方向吹来热风。害得刘女士大热天不敢开窗户。虽然刘女士一家人都很痛苦,但是不知道邻居家的行为是不是违法,刘女士有没有权利要求邻居家拆除散热器。谈谈你对本案的看法。

☞ 要点:

1. 相邻关系的概念和特征
2. 相邻关系的种类
3. 处理相邻关系的原则

第一节 相邻关系概述

一、相邻关系的概念

相邻关系起源于古代罗马法,大多以诉讼命名,例如:新作业告令、调整地界之诉、潜在损害保证金、防止暴力和欺瞒令状等,相邻关系理论的真正确立是在资本主义产生时期。[1] 相邻关系是指两个或两个以上相互毗邻的不动产所有人或使用人之间,一方行使所有权或使用权时,享有要求另一方提供便利或接受限制的权利。[2]

为了更好地掌握相邻关系的概念,我们有必要了解相邻关系与地役权的内在联系与区别。

相邻关系在规范目的与制度构成上与地役权制度有类似之处,涉及的内容,诸如排水、通行、通风、采光等权利的扩张、限制、容忍也有交叉。但毕竟相邻关系是基于法律的规定,显然不能满足当事人的需要,故地役权制度应运而生,

---

[1] [意]彼得罗·彭梵得:《罗马法教科书》,黄风译,中国政法大学出版社1992年版,第235页。
[2] 王利明主编:《物权法研究》,中国人民大学出版社2002年版,第364页。

该制度顺应并体现了私法自治的要求，拓展了当事人自由达成权利义务协议的空间。

从民法理论和制度的角度来讲，两者有着不同的法律特质，从而存在较大的差异，不能相提并论。相邻关系与地役权之差异在于：

1. 法律性质不同。相邻关系的规定旨在界定所有权的范围，是所有权制度的一部分，是所有权的一种派生，并不构成独立的物权；而地役权则是一种物权类型，一种典型的用益物权。

2. 产生的基础不同。相邻关系是所有权内容的延伸或限制，是由法律直接规定的，建立在每个不动产权利人都能够利用与各自邻近的不动产的自然需要性基础上；地役权基于不动产所有人、使用人之间的合同产生，作为财产权，亦可因继承、时效取得。

3. 在法律制度中的作用不同。相邻关系是法定的对土地间利用关系的一种最小限度的调节；而地役权则是在这种法律调节之外的一种更广泛的调节，主要依当事人间的意思表示而成立，对于相邻关系具有弥补其不足的作用。

4. 在有偿或无偿、存续期间上不同。在相邻关系中，当事人行使法律规定的权利时只要不给邻人造成损失，则通常是无偿的；而地役权的取得既可以是有偿的，也可以是无偿的。[1] 相邻权一般是无偿的、无固定期限的。而地役权是一种独立的用益物权，这种物权是定限物权，其存续期间由双方通过合同来加以确定。

5. 成立的构成要件不同。相邻关系的成立及对抗第三人，不需要登记便可当然成立；而地役权的成立，由物权的性质决定，以登记为必要。[2] 此外，相邻关系属于物权法上的制度，具体类型及其内容是由法律明确规定，体现了法律的强制性；对于地役权的内容，当事人却享有相当程度自治的空间，以便更好地调节不动产的利用。

在理论和实践中区分地役权和相邻关系是十分必要的，相邻权不能够替代地役权。严格区分地役权和相邻关系，将实现地役权和相邻关系最大限度地调整与保护对不动产的利用，相邻关系制度只有与地役权制度相互配合，才能实现对于不动产的充分利用。所以，地役权是对相邻关系的必要补充，具有适应现代社会经济需要的巨大发展空间，我国《物权法》规定了地役权制度，是适应时代发展需要而吸纳先进立法经验的一个重大进步。

---

[1] 彭万林主编：《民法学》，中国政法大学出版社1994年版，第206页。
[2] 梁慧星、陈华彬：《物权法》，法律出版社2003年版，第186页。

二、相邻关系的性质

关于相邻关系的性质,有两种不同的观点。第一种观点认为相邻权是独立的物权;第二种观点认为相邻权不是一种独立的物权,而是法律直接规定产生的所有权的内容,其实质是对所有权人权利的限制或延伸。[1] 我们赞同第二种观点。

相邻权实质上是相邻不动产所有人或使用人行使权利的延伸或限制,它是为调节在行使不动产所有权中的权益冲突而产生的一种权利。

根据法律的规定,不动产所有人和使用人行使权利,应给予相邻的不动产所有人和使用人以行使权利的必要的便利。这样,对于一方来说,因提供给对方必要的便利,就使自己的权利受到了限制;对于另一方来说,因为依法取得了必要的便利,则使自己的权利得到了延伸。

三、相邻关系的特征

相邻关系是一种物权,属于所有权中的内容,其实质上是相邻不动产所有人或使用人行使权利的延伸或限制。在法律上,相邻关系具有以下特点:

(1) 在主体上,相邻关系的主体必须是两个或两个以上的人。因为一人不可能构成相邻。相邻关系可以在公民之间,也可以在法人之间,或在公民与法人之间发生。

(2) 在内容上,相邻关系仅对不动产而言,动产的相邻不构成民法上的相邻关系。例如因为房屋相邻而产生了通风采光的相邻关系。

(3) 在客体上,相邻关系的客体主要是行使不动产权利所体现的利益。相邻各方在行使权利时,既要实现自己的合法利益,又要为邻人提供方便,尊重他人的合法权益。所以,相邻关系的客体是行使不动产的所有权或使用权时所体现的财产利益和其他利益。

(4) 在实质上,相邻一方有权要求他方提供必要的便利,他方应给予必要的方便。所谓必要的便利,是指非从相邻方得到便利,就不能正常行使其所有权或使用权。当事人在行使相邻权时,应尽量避免和减少给对方造成损失,不得滥用其权利。

四、处理相邻关系的依据

《物权法》第85条规定:"法律、法规对处理相邻关系有规定的,依照其规定;法律、法规没有规定的,可以按照当地习惯。"

本条是处理相邻关系依据的规定。理解本条首先要正确把握法律、法规之间的效力层次和性质。依据法理,处理相邻关系,首先应该依照《物权法》关于

---

[1] 余能斌、马俊驹主编:《现代民法学》,武汉大学出版社1995年版,第645页。

相邻关系的规定，我国其他法律、法规对处理相邻关系也有规定的，再依照这些法律、法规的规定。作为审案依据的"习惯"必须是当地多年实施且为当地多数人所遵从和认可的习惯，这种习惯已经具有"习惯法"的作用，在当地具有类似于法律一样的约束力。同时，这种习惯以不违背社会公共利益和善良风俗为限。因此，当邻里因为不动产的使用而发生纠纷时，如果没有相应的民事法律进行调整，在是否适用习惯作为审案的依据，以及适用何种习惯作为审案的依据的问题上，法官具有自由裁量权。

第二节 相邻关系的种类

相邻关系产生的原因很多，种类复杂。根据《物权法》的规定，主要的相邻关系有以下几种：

一、因用水、排水产生的相邻关系

相邻用水、排水是相邻关系的重要内容。其基本规则是《物权法》第86条的规定："不动产权利人应当为相邻权利人用水、排水提供必要的便利。""对自然流水的利用，应当在不动产的相邻权利人之间合理分配。对自然流水的排放，应当尊重自然流向。"《民通意见》第99条规定："相邻一方必须使用另一方的土地排水的，应当予以准许；但应在必要限度内使用并采取适当的保护措施排水，如仍造成损失的，由受益人合理补偿。"《民通意见》第102条规定："处理相邻房屋滴水纠纷时，对有过错的一方造成他方损害的，应当责令其排除妨碍、赔偿损失。"

（一）相邻用水

相邻用水是最重要的相邻关系之一。处理相邻用水关系的基本原则是，尊重水的自由流向，按照"由近至远，由高至低"的原则依次使用，任何一方不得人为地改变自然流水的流向及水路以影响相邻用水。

（二）相邻排水

相邻排水关系，是指相邻一方必须使用另一方的土地排水的，另一方应当予以准许；但应在必要的限度内使用并采取适当的保护措施排水，相邻一方未采取的，向他方土地排水毁损或者可能毁损他方财产的，他方要求致害人停止侵害、消除危险、恢复原状、赔偿损失的，应当予以支持。

二、邻地通行关系

邻地通行关系就是由通过他人所有或占有的土地的权利而形成的相邻关系。土地所有人或占有人的基本权利之一，就是禁止他人进入自己所有或占有的土地。非法侵入不动产，构成侵害财产的侵权行为。但是，在相邻土地之间，如果存在通行的必要，则必须保证相邻方的必要通行权。《物权法》第87条规定："不动产权利人对相邻权利人因通行等必须利用其土地的，应当提供必要的便利。"

邻地通行关系主要包含以下两个方面：

（一）邻地通行

土地与公共道路无适宜通路，致使土地不能正常使用时，土地所有人或使用人有权通过周围他人的土地，其周围土地的所有人或使用人则负有忍受通行的义务。此类通行权为法律对相邻通行关系最低限度的调节，为相邻权的一种。

按各国民法对邻地通行权的规定，通行人应选择对邻地无损害或损害最小的途径通行。如因通行造成邻地的损害，通行人应给予适当的补偿。

（二）历史通道

由于历史原因形成的必要通道，所有人、用益人或占有人不得随意妨碍他人的通行；需要更改的，必须与通行人事先协商一致。[1]

三、邻地施工关系

不动产权利人由于行使自己施工的权利而必须利用相邻方的土地、建筑物的时候，构成对相邻土地及建筑物的利用关系，即邻地施工权。《物权法》第88条规定："不动产权利人因建造、修缮建筑物以及铺设电线、电缆、水管、暖气和燃气管线等必须利用相邻土地、建筑物的，该土地、建筑物的权利人应当提供必要的便利。"《民通意见》第97条规定："相邻一方因施工临时占用他方使用的土地，占用的一方如未按照双方约定的范围、用途和期限使用的，应当责令其及时清理现场，排除妨碍，恢复原状，赔偿损失。"

相邻一方因修建施工、架设电线、埋设管道（水管、煤气管）等，需要临时占用或者长期使用他人土地的，他人应当允许。但是施工应选择对他人损失最小的方案，并按照双方约定的范围、用途和期限使用，施工完毕后应及时清理现场，恢复原状。因此而给他人造成损失的，施工一方应当给予适当补偿。[2]

四、相邻地界关系

（一）分界墙、分界碑等

相邻不动产权利人可以共同或单方修建土地边界墙、分界碑等界标。共同修建的，为双方共有，并由相邻双方共同维护；单方修建的，为修建方所有，并且在自己一侧的土地上进行，不得越界侵犯另一方的土地。

---

[1] 杨立新：《物权法》，中国人民大学出版社2007年版，第128页。
[2] 王利明：《民法》，中国人民大学出版社2002年版，第206页。

（二）越界建筑

相邻各方修建建筑物时，应与地界保持适当距离，不得紧贴边界，更不准越界侵占对方的土地。对于越界建筑，相邻另一方有权提出停止侵害、恢复原状、赔偿损失的请求；如果相邻人明知对方越界修建而不提出异议的，在建筑完工后则不能要求停止侵害、恢复原状，只能要求赔偿损失。相邻双方还可以采取协议的方式，就越界的建筑物由土地权利人予以购买，或者就越界的土地的使用权由建筑物所有人进行租赁，在一般情况下，对方不应当予以拒绝。

（三）越界竹木根枝

相邻一方在地界一侧栽培竹木时，应与地界保持适当距离，以预防竹木根枝越界侵占对方的土地。超越地界在他方土地上种植的竹木，应依法归他方所有，种植人无权取得该竹木的所有权。

（四）越界果实

相邻一方越界的树木枝丫结有果实，该果实归树木所有人所有。但是，越界枝丫结有果实自落于邻地的，则属于邻地所有人所有，但是如果邻地是公地，则不适用这一规则。应当注意的是：①邻地包括相邻的田园、水路，但不以直接毗邻为必要；②自落是指果实因风吹或者成熟而自然坠落。[1]

五、相邻通风、采光、日照关系

《物权法》第89条规定："建造建筑物，不得违反国家有关工程建设标准，妨碍相邻建筑物的通风、采光和日照。"

相邻各方修建房屋和其他建筑物，必须与邻居保持适当距离，不得妨碍邻居的通风和采光。如果相邻一方违反有关规定修建建筑物，影响他人通风采光的，受害人有权要求停止侵害、恢复原状或赔偿损失。

六、相邻有害物质侵害关系

《物权法》第90条规定："不动产权利人不得违反国家规定弃置固体废物，排放大气污染物、水污染物、噪声、光、电磁波辐射等有害物质。"这条规定不仅吸收了传统民法关于相邻关系的规定，而且反映了现代社会对环境保护的要求，落实这一规定，有利于发展生产、方便生活，也为解决相邻权利人之间的环境纠纷提供了法律依据。

七、相邻防险关系

（一）相邻防险关系的概念

相邻防险关系也被称为相邻防险权，邻地损害的防免是相邻关系领域不动产

---

[1] 杨立新：《物权法》，中国人民大学出版社2007年版，第131页。

权利人的一般性义务。这种义务在相邻防险关系中表现得更为典型、直接。不动产权利人有利用其土地的权利和自由，但其权利的行使不得危及相邻不动产的安全。《物权法》第 91 条规定："不动产权利人挖掘土地、建造建筑物、铺设管线以及安装设备等，不得危及相邻不动产的安全。"

相邻防险关系主要包括以下几个方面内容：

（1）在自己土地上开挖地基时，要注意避免使相邻土地的地基发生动摇或动摇之危险，避免致使相邻土地上的建筑物受到损害。

（2）在与相邻不动产的疆界线附近埋设水管时，要预防土沙崩溃、水或污水渗漏到相邻不动产。

（3）不动产权利人在自己的土地范围内种植的竹木根枝伸延，危及另一方建筑物的安全和正常使用时，应当消除危险，恢复原状。

（4）不动产权利人在相邻土地上的建筑物有倒塌的危险，从而危及自己土地及建筑物安全时，有权要求相关不动产权利人消除危险。

（二）相邻防险关系的种类

相邻防险关系分为以下几种：

1. 挖掘土地或建筑相邻防险关系。这是最典型的相邻防险关系，其主要内容是相邻的一方在自己所有或使用的土地上挖掘地下工作物，必须注意保护相邻方不动产的安全，不得因此使相邻方土地上的工作物受损。行使此种相邻防险权利，主要是禁止相邻方在疆界线附近从事危险行为，具体的要求是相邻一方在疆界线附近挖掘地下工作物，必须留出适当距离。

2. 建筑物及其他设施倒塌危险的防险关系。此种防险关系产生在于相邻一方建筑物或者其他设施的全部或一部分有倒塌堵塞危险，危及相邻另一方人身、财产安全时。

3. 放置或使用危险物品的防险关系。放置或使用易燃、易爆、剧毒物品，必须严格按有关法律法规办理，并应当与邻人的建筑物保持适当的距离，或采取必要的防范措施，使邻人免遭人身和财产损失。[1]

（三）相邻防险关系的责任

相邻防险关系的损害赔偿适用《民法通则》第 83 条和《物权法》第 92 条的规定。给相邻方造成妨碍的，可以要求其停止侵害，排除危险，也可以要求损害赔偿。

---

〔1〕 王利明主编：《民法新论》，中国政法大学出版社 1988 年版，第 129 页。

第三节　处理相邻关系的原则

良好的相邻关系是创造和谐社会的一个重要环节。邻里和睦往往对促进生产、方便生活起到重要作用。因此，也就迫切需要我们每个人充分尊重他人的相邻权，妥善处理好相邻关系。

正确处理相邻关系，必须弄清处理相邻关系的四项原则。

一、有利生产，方便生活

生产是人类创造社会财富的重要方式，也是社会发展的动力。我国正处在深化改革、加快发展的重要历史机遇时期，各地都在进行大规模的建设，生产过程中不可避免地会产生噪音、震动、粉尘污染、交通堵塞，影响通风、采光等，会损害一些人的利益。贯彻这一原则，要提倡顾全大局，以实际行动支持生产建设，不要因小失大。生产过程中应充分考虑相邻权利人的利益，采取必要措施，文明施工，避免粉尘、噪音、污染气体排放，竣工后应及时清理现场，尽量减少生产给相邻权人造成妨碍和损害，并对遭受损害的相邻权人及时给予赔偿。

人类社会生活存在着相互依赖的关系。相邻关系的最大特点就是与人民群众的生活密切相关，处理得当，能够改善人类生存环境，提高生活质量。因此，在处理相邻关系上，必须坚持以人为本，充分考虑相邻权人的生活方便，保护相邻权人的生存权，对于严重危害相邻权人身体健康和正常生活的行为，应采取措施坚决加以制止；合理限制或者延伸自己的权利，方便相邻权人的生活，尽量减少给相邻权人的生活带来不便，不得把自己的方便建立在相邻权人的不便之上。

二、团结互助，公平合理

团结互助不仅在我国《宪法》中有明确规定，也是社会主义道德观念的重要体现。相邻各方既是平等的民事主体，也是互助协作的关系。因而正确把握这一原则，必须坚持与邻为善，以邻为伴，互利共赢，为相邻权利人提供力所能及的帮助，反对损人利己，保持忍让和克制，遇事要通过友好协商解决，不要"先斩后奏"，更不要以强凌弱。贯彻这一原则，有利于各方的生产生活，也有利于社会的和谐稳定。

相邻各方都是平等的民事主体，谁也不能只行使权利，不履行义务。相邻一方行使权利时，应保持在合理的限度内，不得损害另一方的合法权益，作出行为前要力求避免给相邻权人造成妨害，已造成妨害的，行为人应当排除，并对由此而造成的损失给予赔偿。对于共同使用、受益的设施，受益各方应当共同维护，承担维修的义务，不履行义务的，应当承担相应的民事责任。对于历史上形成的客观状况，如通道、水流等，任何一方不得擅自改变其位置或者据为己有。

三、尊重历史和习惯

相邻关系是基于不动产的特殊性,并非一朝一夕就能形成的。因此,在处理相邻关系时,必须尊重历史和习惯。这是各国处理相邻关系所普遍遵循的原则。只有这样,才能稳定相邻关系,维护社会的生产和生活秩序,也有利于人们所接受。

四、合理损失赔偿原则

《物权法》第92条规定:"不动产权利人因用水、排水、通行、铺设管线等利用相邻不动产的,应当尽量避免对相邻的不动产权利人造成损害;造成损害的,应当给予赔偿。"因此,对于造成相邻方损害的,都应予以赔偿。

以上处理相邻关系的四项基本原则是一个有机的统一体,应相互兼顾,既要服从国家利益和社会公共利益,又要照顾局部利益和个人利益。这四项基本原则对于正确处理相邻关系具有至关重要的作用。

相邻关系涉及日常生活的方方面面,生活中诸多扰邻问题都是对邻居、对他人生活的一种妨碍和侵害。尊重他人的相邻权,不仅是法律问题,同时也是道德问题。每个人只有不妨碍他人,不干扰他人,才能营造良好的居住环境,才有共同的和谐生活。

引例解析:

刘女士和邻居之间由于通风产生的纠纷,属于我国法律规定的相邻关系的纠纷。法律上相邻关系的概念是不动产的相邻各方在行使所有权或者经营使用权时,因相互间应当给予方便或接受限制而发生的权利义务关系。实质上就是对所有权或占有、使用权的行使的合理延伸和必要的限制。这种合理的延伸和必要的限制,既不损害所有人或经营使用人的正当权益,同时也满足了对方的合理需要。但权利的延伸是有界限的,即不能损害所有人或经营使用人的正当权益,只有在这时,相邻关系的另一方主体才有容忍的义务。但如果利用人延伸其权利损害了相邻方不动产所有人或经营使用人的正当权益,则其行为就要受到法律的规制,就应排除妨碍,给相邻一方当事人造成损失的还应进行赔偿。具体到本实例中,刘女士的邻居有在自己家的阳台侧面安装散热器的权利,但是却不能将热风排到刘女士家而干扰到刘女士家人的正常生活。在行使自己权利的同时,不能侵害到相邻方刘女士家的正当权益。

具体的法律规定可以参照《物权法》第84条的规定,作为不动产相邻人的刘女士和邻居双方应当按照有利生产、方便生活、团结互助、公平合理的原则,正确处理相邻关系。在本实例中,刘女士的邻居因排热风给刘女士家人生活带来了不便，违反了《物权法》和《民法通则》规定的方便生活、团结互助、公平合理地处理相邻关系的原则，根据我国《民法通则》第83条的规定，造成妨碍的，受害人一方有权要求相邻一方停止侵害，排除妨碍；致使相邻方遭受损失的，受害人一方有权要求相邻一方就其侵害行为所致的损失进行赔偿。所以，刘女士可以依法要求邻居停止侵权行为，进而排除妨碍，也就是拆除散热器，或者改变其排风的方向。

案例思考：

甲与乙是同村相邻的邻居关系，甲居西，乙居东。2006年3月，该村几户村民协商在村内一街道上建造房屋，丙首先从街道最东头开始建造了5间瓦房，然后由甲在其西边建造房屋，其他村民按顺序向西建造。按本村建房的习惯，最东头一家拥有东山墙和西山墙，其他住户均是有西山墙无东山墙。由于建造烟囱等取暖做饭设备需要依附山墙，而甲的邻居已经要求在甲家的西山墙建烟囱。因此，在建房过程中，甲与丙商量在丙的西山墙内建造一烟囱由甲使用，丙表示同意，后由甲出资在山墙上建了烟囱等。烟囱建成后一直由甲使用。2006年6月，丙刚建成房屋就将该房屋以2万元的价格卖给了在外打工的乙，双方签订了买卖房屋的契约，但房屋并未过户，丙和乙均未使用该房。2007年，乙准备不再出去打工，遂修缮房屋，因为该地天气寒冷，村民每家每户都有建造烟囱的习惯，遂在西间房屋建造了一铺火炕，也要求使用该烟囱。故乙要求甲停止使用该烟囱，甲不仅予以拒绝，还砍坏了乙家长过双方院墙的枣树。乙无奈，又在东山墙建了新的烟囱使用。随后，乙以该烟囱归其所有为由诉到法院，要求甲停止使用该烟囱。审理中，甲辩称该烟囱应归其所有，其应该拥有使用的权利，并向法庭提供了多名邻居的证言，以及自己一直在使用烟囱的证据。乙则提供了房屋和东、西山墙为自己所有的房产证明，房产证明上的所有人仍标注为丙。试根据民法理论和相关法律分析：

问题：

（1）烟囱应归谁所有？由谁使用？

（2）若房屋已经办理了过户登记，甲能否要求使用西山墙的烟囱？其法律依据是什么？

（3）甲应承担什么样的责任？

第七章 共有

◆ 引例:

甲、乙二人各出资20万元,丙出资30万元共同购买了一套商业门面房。该商业门面房购买后,甲、乙二人由于从事其他经营,资金短缺,遂欲出售该门面房,收回资金进行其他投资经营。甲、乙二人找丙商量出售该门面房的事情,但丙坚决不同意,并提出愿意给甲、乙各16万元,今后该门面房归丙一人所有。之后,甲、乙背着丙和丁签订了合同,将该门面房以50万元的价格出售给了丁。丙得知情况后认为甲、乙侵犯了自己的所有权,遂起诉了甲、乙、丁,要求法院撤销甲、乙、丁签订的合同。

问题:
1. 甲、乙、丙三人之间是什么关系?
2. 丙的请求能否得到法院的支持?

☞ 要点:
1. 共有的概念和特征
2. 按份共有
3. 共同共有

第一节 共有概述

一、共有的概念

共有,是指两个或两个以上的权利主体共同享有一个财产的所有权的法律现象。共有的主体称为共有人;共有的客体称为共有物;各共有人之间共同权利与共同义务的关系称为共有关系。根据我国《物权法》第93条规定:"不动产或者动产可以由两个以上单位、个人共有。共有包括按份共有和共同共有。"

二、共有的特征

共有作为一种特殊的所有权形式,与单独所有权相比,具有以下法律特征:

(一) 权利主体的多元化

共有的主体为两个或两个以上的民事主体,即可以是自然人也可以是法人及其他组织。这种主体上的多元化，是共有区别于单独所有权的主要特征。另外，在共有关系中，多个主体之间的联系具有偶然性，即不以团体的结合关系为前提和必要。

（二）权利客体的一体化

共有虽然拥有多个权利主体，但是多个主体所共同拥有的财产确是特定的，既可以是单独所有物，也可以是合成物还可以是集合物；共有关系存续期间，各共有人不能分割共有物，且每个权利人的权利都及于整个共有物。

（三）权利内容体现全体共有人的意志

就权利内容而言，各共有人对同一共有物或按一定份额享有权利、负担义务，或依平等原则享有权利、负担义务。在多数情况下，共有财产权利的行使与义务的分担，须体现全体共有人的意志，并由全体共有人决定。

（四）共有不是一种独立的所有权类型

共有是所有权的联合，而非一种独立的所有权类型。所有权的联合含同种或不同种类的所有权的联合。不同种类所有权的联合，如国家与集体的共有，集体与个人的共有，国家、集体和个人三者的共有等。同种类所有权的联合，如个人与个人的共有，集体与集体的共有等。

三、共有的分类

根据各共有人对共有物享有权利的方式不同，可将共有分为按份共有和共同共有，我国《物权法》第93条，《民法通则》第78条等对此都有规定。其中，《物权法》第103条规定，共有人对共有的不动产或者动产没有约定为按份共有或者共同共有，或者约定不明确的，除共有人具有家庭关系等外，视为按份共有。因此，共有关系除当事人明确约定为共同共有及家庭共同共有等法定共同共有外，均属于按份共有。

对于按份共有与共同共有的具体内容，我们将会在下面的几节中详细阐述。

第二节 按份共有

一、按份共有概述

（一）按份共有的概念

按份共有又称为分别共有，指两个或两个以上的共有人按照确定的份额对共有财产分享权利和承担义务的一种共有关系。《物权法》第94条规定："按份共有人对共有的不动产或者动产按照其份额享有所有权。"

（二）按份共有的特征

按份共有具有如下特征：

1. 按份共有人对共有财产享有确定的份额。该份额称为各共有人的"应有部分"，一般由各共有人协议约定，这是按份共有区别于共同共有的基本特征。即在共有关系存续期间共有人对共有财产存在"应有部分"的，为按份共有，反之，为共同共有。所谓的应有部分，指共有人对共有物所有权所享有的权利比例，或共有人对共有物所有权在"份量"上应享有的部分。[1]

2. 按份共有人之间的联系不以存在共同关系为必要。按份共有人之间不需要存在特殊的团体性或身份关系。在通常情况下，按份共有人之间并无共有的基础关系，他们之间的联系是偶然的。

3. 按份共有人对应有部分享有相当于所有权的权利。在法律或协议未作限制的情况下，按份共有人随时可以要求分出、转让其应有份额，即解散共有关系。

4. 各个共有人对共有财产享有权利和承担义务是依据其不同的份额确定的。即各个共有人对共有物持有多大的份额，就要对其共有物享有多大权利和承担多大的义务。份额不同，各个共有人对共有财产的权利和义务就各不相同。

二、按份共有的应有份额

（一）按份共有的应有份额的概念

在按份共有关系中，各共有人的份额一般称为应有份额。应有份额是按份共有区别于共同共有的基本特征。换言之，共有人对共有财产区分为应有部分的，即为按份共有，否则就是共同共有。应有份额，是指共有人对共有财产所有权享有权利的比例，或者共有人对共有财产所有权于"份量"上应享有的部分，或者是各个共有人行使权利和承担义务的范围。

（二）按份共有的应有份额的确定

根据我国《物权法》第104条的规定，对共有财产享有的份额的确定，依据按份共有人对共有的不动产或动产享有的份额的约定。在没有约定或者约定不明确的情况下，按照共有人的出资额确定。若出资额也无法确定，则认定各按份共有人对共有财产享有均等的份额。

（三）应有份额的特点及效力：

1. 应有份额的特点。应有部分的特点表现在：

（1）应有部分是抽象的、非具体的范围。应有部分只是行使权利的范围，在共有中不能根据应有部分而对共有物进行实际的量的分割。例如甲、乙双方共有一套两间的房屋，各享有50%的产权。如果将房屋按面积各分一半为两人分别

---

[1] 谢在全：《分别共有内部关系之理论与实务》，台北三民书局1995年版，第6页。

享有，这就做出了一种量上的分割。若采用这种划分方式，则共有权不复存在。

（2）应有部分并不局限在共有物的某一个特定部分，而是抽象地存在于共有财产的任何一部分，也就是说共有人根据其应有份额可以对共有物的任何一部分行使权利。

（3）应有部分是就权利的分割，而不是就所有权权能的分割。所谓所有权权能的分割是指将所有权的各项权能如占有、使用、收益、管理等权能进行分割，分别为不同的人享有。

2. 应有份额的效力。按份共有人的份额并不是一个完整的所有权，应有部分只是确立了权利行使的范围。如果按份共有人的份额形成为单个的完整的所有权，将会使共有形成多重所有。尤其是应有部分要及于整个共有财产，而不仅仅限于共有物的某一部分，如果共有人分别享有所有权，则无法确定共有人对共有财产的权利。若认为各个共有人对其份额享有实在的所有权，必然导致各个共有人分别享有所有权，则共有物实际已被分割。

按份共有人享有的份额，虽然不是所有权，但是具有所有权的效力。按份共有人可以自由转让其应有部分，除法律或合同另有规定外，按份共有人转让其份额不需要征得其他共有人的同意。这就使应有部分具有了所有权的效力。

三、按份共有的内部关系

所谓按份共有的内部关系，即按份共有人相互间的法律关系，主要包括以下内容：

（一）共有应有份额的比例及其处分

前文已经谈到，各共有人所取得所有权之部分，即应有部分的比例，一般依据共有人的约定确定。在当事人没有约定或者约定不明确的情况下，各共有人的应有份额视为均等。另外，依据各国不动产登记法，如共有物为不动产时，不动产共有物的登记，应同时登记各共有人对共有物的应有部分。[1]

受19世纪以来个人财产的尊重与个人主义精神的影响，近现代各国民法，皆承认共有人有自由处分其应有份额的权利。应有份额的处分，通常包括应有部分的分出、让与、设定负担和抛弃等。

1. 应有份额的分出。关于按份共有人应有份额的分割，我国《物权法》第99条有规定。根据该条的规定，按份共有人应有份额的分割分为两种情况。

第一种情况是：共有人约定不得分割共有的不动产或者动产，以维持共有关系的，应当依照约定。即按份共有人不得违反约定要求分割共有财产。但是，针

---

[1] [日]松坂佐一：《民法提要（物权法）》，有斐阁1980年版，第168页。

对这种有不得分割的约定的例外规定是，共有人有重大理由需要分割的，可以请求分割。

第二种情况是：按份共有人没有对共有物的分割问题作出约定，或者约定不明确。在这种情况下，按份共有人可以随时请求分割。即按份共有人随时可以要求分出自己对共有财产的应有份额。需要注意的是，每个按份共有人请求分割的权利仅仅及于自己的应有份额，其他按份共有人是否请求分出自己的应有份额由其他按份共有人自行决定。

2. 应有份额的处分与优先购买权。按份共有人对应有份额的"处分"包括两个方面：①法律上的处分，如转让、赠与其应有份额等；②事实上的处分，如标的物的损毁、灭失等。对于这两种处分行为，应当区别对待。

（1）法律上的处分。依据现代各国民法，按份共有中的共有人无须经过其他共有人的同意而自行转让自己的应有份额。我国《物权法》对这个问题也作出了明确的规定。《物权法》第101条规定："按份共有人可以转让其享有的共有的不动产或者动产的份额。"该规定实际上肯定了按份共有人对应有份额具有自由转让的权利。

（2）事实上的处分。我国《物权法》第101条的规定肯定了按份共有人对应有份额法律上自由处分的权利。但是，从该规定也可以得出反向的结论，即按份共有人对应有份额具有的处分权限于法律上的处分（"转让"），而不包括事实上的处分。

（3）其他按份共有人的优先购买权。为了防止某一按份共有人转让其份额时，造成对其他共有人的损害，[1] 我国《民法通则》第78条和《物权法》第101条都规定了"其他共有人在同等条件下有优先购买的权利"。这里的转让是有偿转让，不包括按份共有人无偿赠与的情况。即在按份共有人有偿转让其应有份额时，其他共有人在同等条件下才享有优先购买权。若其他共有人提出的购买条件低于其他购买人，则其他共有人丧失优先购买权。

另外，根据"其他共有人在同等条件下有优先购买的权利"的规定，可以推定，出卖应有份额的共有人在出卖应有份额的时候，负有将出卖的意思和出卖的条件通知其他共有人的义务。因为，出卖人的此项义务是与其他共有人的优先购买权相对应的，是保证其他共有人优先购买权实现的前提条件。有学者认为，因共有人的该项优先购买权具有债权的效力，故出卖应有部分的共有人没有通知其他共有人，而使其他共有人不能行使优先购买权时，该共有人应负损害赔偿

---

[1] 王利明：《物权法研究》，中国人民大学出版社2002年版，第330页。

责任。[1]

3. 应有份额的抛弃。应有份额的抛弃，属于法律上的处分行为，如上文所述，共有人可以自由为之。值得思考的问题是，被按份共有人抛弃的应有份额是否归其他共有人取得？我国《物权法》没有作出明确的规定。学者们对此也存在肯定与否定两种不同的观点。肯定的观点认为，由于按份共有中的应有部分具有与所有权相同的性质——弹力性，某一应有部分消灭，此前该应有部分对他应有部分的限制当然解除，他应有部分随之扩张。因此，共有人所抛弃的应有部分不得认为属于无主物而适用先占规则，也不得归属国库，而须依比例由其他共有人享有。日本民法采此种观点，《日本民法典》第 255 条规定："共有人的一人，抛弃其应有部分时，或物继承人死亡时，其应有部分归属于其他共有人。"否定的观点认为，所有权的弹力性，是指所有权上有他物权时，他物权消灭，所有权回复到原来的圆满状态。而应有份额，是共有人对共有物所有权的比例。既不是他物权对应有部分的限制，也不是应有部分互相间的限制，因此，按份共有人抛弃其应有部分的，其他按份共有人的应有部分并不产生回复到原来的圆满状态的问题。[2] 我国现今民法理论采否定立场，认为按份共有人抛弃的应有份额，宜收归国家所有。

（二）共有物的占有、使用、收益

所有权的占有、使用、收益等权能，共有人同样享有。在多数情况下，共有人往往能够对整个财产行使占有、使用的权利。但是，在有些情况下，由于共有财产的性质，共有人却不能对共有财产进行共同的占有和使用。例如，数人共有一间房，但不能容纳全体共有人同时居住。关于共有物产生的收益，可以依据共有人对共有物所持的份额按照比例进行分配。

（三）共有物的管理与费用负担

对共有物的管理，现代各国民法均设有明文规定。《德国民法典》第 705 条规定："依共同标的物的性质通常所允许的管理及利用，得以多数之同意定之。多数之同意，按照应有部分之大小计算。"《日本民法典》第 252 条规定："共有物之管理按各共有人应有部分的价格以其过半数决定。但保存行为，各共有人均可实行。"我国台湾地区《民法》第 820 条规定："共有物除契约另有约定外，得由共有人共同管理。共有物之简易修缮及其他保存行为，得由各共有人单独为之。共有物之改良，非经共有人过半数，并其应有部分合计过半数者之同意，不得为之。"

---

[1] 谢在全：《分别共有内部关系理论与实务》，台北三民书局 1995 年版，第 11 页。
[2] 谢在全：《分别共有内部关系理论与实务》，台北三民书局 1995 年版，第 21 页。

所谓共有物的管理，指以防止共有物灭失、毁损或其权利丧失、限制等为目的，维持其现状的行为，包括事实行为与法律行为。一般包括对共有物的保存、改良、利用和处分。

1. 共有物的保存。共有物的保存，指为防止共有物的灭失、毁损或权利丧失、限制等，而维持其现状的行为，包括事实行为和法律行为。[1] 前者如修缮即将倒塌的共有房屋，后者如向债权人支付债款，避免被抵押的共有房屋被法院拍卖。由于共有物的保存，对全体共有人有利无害，故各国立法大多规定，在此种场合下共有人可不问其余共有人的意思而单独直接为之。《日本民法典》第252条规定："共有物之管理按各共有人应有部分的价格以其过半数决定。但保存行为，各共有人均可实行。"

另外，下列行为也属于共有物的保存行为：

（1）对共有物的简易修缮行为。如共有房屋漏雨，进行修补，属于保存行为。

（2）共有物为容易变质、腐败的物时，如夏季的新鲜鱼、肉等，共有人为了保存其价值，予以变卖。

（3）中断诉讼时效的行为。如共有财产受到他人损害，共有人为了中断即将到期的诉讼时效，单独向侵权人提出赔偿请求或提起诉讼。

2. 改良行为。共有物的改良行为，指不变更共有物的性质而增加其效用或价值的行为。如对共有房屋加铺地板。与保存行为相比较，改良行为不如保存行为那样具有紧迫性和必要性。因此，改良行为不像保存行为那样可以由共有人单独决定和处理。与共有物的处分比较，共有物的改良又不如共有物的处分那样关系重大，而需要全体共有人同意才可为之。通常共有物的改良均有益于全体共有人，因此，各国民法采取了一种介乎共有物的处分和保存之间的折衷的办法，即规定对共有物的改良行为获得共有人及其应有部分的多数人的同意，即可为之。

我国《物权法》第97条规定，对共有的不动产或者动产作重大修缮的，应当经占份额2/3以上的按份共有人或者全体共有人同意，但共有人之间另有约定的除外。可见，我国《物权法》将改良行为仅仅限定在重大修缮行为上。

3. 共有物的利用。共有物的利用，指以满足共有人的共同需要为目的，不变更共有物的性质，而决定其使用、收益方法的行为。例如，将共有的房屋出租给他人使用，即为共有物的利用。

虽然我国《物权法》未对共有物的保存和利用作出具体的规定，但由于这

---

[1] 梁慧星、陈华彬：《物权法》，法律出版社2003年版，第254页。

些行为都属于管理行为，因此，可以直接适用我国《物权法》第96条的规定，即共有人按照约定管理共有的不动产或者动产；没有约定或者约定不明确的，各共有人都有管理的权利和义务。

4. 共有物的管理费用及其他费用负担。共有物的费用既包括管理费用，如因保存、改良或利用所支付的费用，也包括其他费用，如缴纳共有物的保险费、税费，支付共有建筑物对他人造成的损害赔偿金等。《物权法》第98条规定："对共有物的管理费用以及其他负担，共同共有人共同负担，有约定的，按照约定，没有约定或者约定不明确的，按份共有人按照其份额负担，共同共有人共同负担。"由于在支付共有物费用负担上，各按份共有人支付共有物费用的负担是有份额的，所以清偿共有物的费用负担超过自己应负的份额的共有人，可以向其他共有人追偿。

四、按份共有的外部关系

按份共有的外部关系，指共有人与第三人之间的法律关系。包括：

（一）按份共有人基于应有部分权可以向第三人提起各种请求

按份共有人基于其应有部分权（持分权或份额权）而可以向第三人行使的请求权，学说上称为应有部分权（持分权）的对外扩张。[1]

由于应有部分权与所有权具有同一的性质，所以，各共有人就其应有部分权可以对第三人单独主张以下权利：

（1）第三人对自己享有的应有部分权主张权利时，按份共有人可以提起对应有部分权的确认之诉，请求确认自己对应有部分的权利。

（2）第三人对共有物为妨害时，按份共有人可以请求排除对共有物的全部妨害，称为对应有部分权的妨害排除请求权。

（3）共有物被他人非法侵夺时，共有人基于其应有部分权，可以为全体共有人的利益提起请求共有物返还之诉。

（4）各共有人基于自己的应有部分权，有权提起旨在中断消灭时效与取得时效完成的请求，称为基于应有部分权的时效中断请求权。[2]

（5）共有物有被妨害的危险时，各按份共有人可以提起妨害预防请求权。

（二）因共有物产生的债权债务的享有与承担

《物权法》第102条规定："因共有的不动产或者动产产生的债权债务，在对外关系上，共有人享有连带债权、承担连带债务，但法律另有规定或者第三人知道共有人不具有连带债权债务关系的除外；……"

因此，在对共同的债权人的对外关系上，按份共有人原则上应承担连带责

---

[1]　[日] 松坂佐一：《民法提要（物权法）》，有斐阁1980年版，第171页。

[2]　[日] 川岛武宜编：《注释民法》（7），有斐阁1968年版，第310~314页。

任，在法律另有规定或第三人知道共有人不具有连带债务的例外情况下，按份共有人对共同的债权人承担按份责任。各按份共有人须就全部债务对共同债权人负清偿责任的，是连带责任。按份共有人仅就自己的份额部分对共同债权人负清偿责任的，为按份责任。

五、按份共有关系的终止与共有物的分割

（一）按份共有关系的终止

按份共有关系的终止必须同时具备两个因素：①人的因素。在按份共有关系终止时，必然存在按份共有人退出按份共有关系的因素。②按份共有物分割的因素。因此，由于按份共有人的退出和按份共有物的分割导致按份共有关系终止的，分为两种情况：①共有关系彻底终止。例如由甲、乙二人构成的按份共有关系，由于甲和乙就共有的财产进行了分割，二人之间的按份共有关系彻底消灭了。②某一个按份共有人分割共有物后退出共有关系，但其他人之间的共有关系仍然继续存在。例如：甲、乙、丙三人按份共有一栋房屋，甲分割完其对共有财产的应有份额后，甲与乙、丙的共有关系终止。但乙和丙之间的按份共有关系继续存在，并未终止。

总结起来，按份共有关系的终止原因有如下几种：

（1）共有物的灭失。由于共有物不存在，共有权缺少了权利的客体，因此，按份共有关系自然终止。

（2）一个共有人取得共有物的单独所有权。即一个按份共有人通过购买等方式取得了其他共有人的应有份额，从而取得了共有物的全部份额，导致按份共有关系终止。

（3）共有人协商终止。

（二）共有物的分割

1. 共有人的分割请求权。所谓共有人的分割请求权，即共有人请求分割出自己对共有物享有的应有份额的权利。基于个人主义所有权的自由主义观念，法律莫不承认共有人享有"分割请求权"，进而各共有人之间订立的永久不得分割共有物的约定，被认定为无效。[1] 共有人订立在一定期间内不得分割共有物的合同，则并无不可。我国《物权法》第99条规定："共有人约定不得分割共有的不动产或者动产，以维持共有关系的，应当按照约定，但共有人有重大理由需要分割的，可以请求分割；没有约定或者约定不明确的，按份共有人可以随时请求分割。"可见，我国《物权法》肯定了按份共有人的分割请求权，具体分为两

---

[1] [日]原田庆吉：《日本民法典的史的素描》，创文社1954年版，第110页。

种情况：①在约定（在一定期间内）不得分割的情况下，按份共有人分割请求权暂时受到合同的限制，除非有重大理由；②在没有约定或者约定不明确的情况下，按份共有人可以随时行使分割请求权。

另外，在保证按份共有人行使分割请求权时，法律也对其他按份共有人的利益予以了平衡保护，即按份共有人在行使分割请求权时，不得对其他共有人造成损害，否则应当给予赔偿。根据我国《物权法》第99条"因分割对其他共有人造成损害的，应当给予赔偿"的规定，可见，不管按份共有人主观上是否存在过错，只要分割对其他共有人造成了损害，就应当进行赔偿。

2. 共有物的分割方法。关于共有物的分割方法，《物权法》第100条规定："共有人可以协商确定分割方式。达不成协议，共有的不动产或者动产可以分割并且不会因分割减损价值的，应当对实物予以分割；难以分割或者因分割会减损价值的，应当对折价或者拍卖、变卖取得的价款予以分割。共有人分割所得的不动产或者动产有瑕疵的，其他共有人应当分担损失。"可见，共有人可以协议分割共有物，达不成协议的，可申请法院或仲裁机构裁判分割。但如何具体对共有物分割，主要有以下三种方式：实物分割、变价分割和作价补偿。

（1）实物分割，即对共有物进行实体分割。实行这种分割方式的条件是分割后不会损害共有物的价值。实物分割后，各共有人取得自己的应有部分。

（2）变价分割，即拍卖、变卖共有物，所得价金由共有人按份额比例分配。这种方式一般在实物分割会严重损害共有物的价值或共有人都不愿意接受共有物的情况下采用。

（3）作价补偿，即由某个共有人取得共有物，并由该共有人向其他共有人补偿其应有部分的价值。实行这种分割后，共有物归一人所有。

3. 共有物分割的效力：

（1）各个共有人取得了其所得部分的所有权。

（2）共有人相互间负瑕疵担保责任，即各共有人对于其他人所分得的部分，负有与出卖人同等的担保责任。《物权法》第100条第2款规定，共有人分割所得的不动产或者动产有瑕疵的，其他共有人应当分担损失。

第三节 共同共有

一、共同共有的概念和特征

（一）共同共有的概念

共同共有，又称公同共有，指依一定原因成立共同关系之数人，基于共同关系，而共享共有物所有权的共有。《物权法》第95条规定："共同共有人对共的不动产或者动产共同享有所有权。"

（二）共同共有的特征

与按份共有相比，共同共有具有以下法律特征：

1. 共同共有是不分份额的共有。在共同共有关系存续期间，各共有人对共有财产均没有确定的份额。只有在共同共有关系终止，共有财产分割后，各共有人对共有财产的份额方能确定。财产不分份额，这是共同共有与按份共有的主要区别。

2. 共同共有之发生以数人之间存在共同关系为前提。所谓共同关系，指两个或两个以上之人因共同目的而结合，成为共同共有的基础法律关系。如婚姻关系、家庭关系、合伙关系等。

3. 各共有人对共有财产平等的享有权利和承担义务。这就是说，各共有人对整个共有财产，享有平等的占有、使用、收益和处分的权利，同时承担共同的义务。由于共同共有人的权利义务是平等的，因此，较之于按份共有而言，共同共有人之间具有更加密切的利害关系。

二、共同共有形成的原因

共同共有发生的基础在于共同关系的存在。而要形成共同关系则需要事实上与法律上两方面原因。所以，共同共有的形成也需要这两方面达成一致。

具体而言，形成共同共有关系主要有以下几个方面的原因：

（一）夫妻共有

夫妻关系的产生或者建立，是产生夫妻共有这种典型的共同共有形式的原因。

夫妻在婚姻关系存续期间，除非夫妻双方就家庭财产的所有作出了明确的约定，否则，夫妻在婚姻关系存续期间所得的财产哪怕为夫妻各自劳动所得，也同样视为共同共有。我国《婚姻法》第17条规定，夫妻在婚姻关系存续期间所得的下列财产，归夫妻共同所有：工资、奖金；生产、经营的收益；知识产权的收益；继承或赠与所得的财产（不包括遗嘱或赠与明确指定只属于夫或妻一方所有的财产）；其他应当归夫妻共同所有的财产。

（二）家庭共有

所谓家庭共有，指家庭成员在家庭共同生活关系存续期间，全部或部分家庭成员共同创造、共同劳动获得的共有财产而形成的共同共有关系。家庭共有财产不包括家庭成员各自所有的财产，它主要是家庭成员在共同生活期间的共同劳动收入、共同购置和积累起来的财产，即家庭成员共同的劳动收入和所得。其特征如下：

（1）家庭共有财产的主体是对家庭共有财产的形成作出过贡献的家庭成员。

在家庭中，并不是每一个家庭成员都享有对家庭共有财产的共有权。在家庭中，父母有工作有收入，而未成年子女没有经济收入，因而不能和父母一起作为家庭财产的共有人。

（2）家庭共有财产是以维持家庭成员共同的生活或生产为目的的财产。如果某个家庭成员以劳动收入购买个人所需而不是家庭需要的物品，则一般不将此物品视为家庭共有财产。

（3）家庭共有财产以家庭共同生活关系的存在为前提，家庭生活关系终止，如因父母离婚、成年子女分家等原因导致家庭共同生活关系终止，就可能导致家庭共有财产的分割，使原有家庭共有财产权归于消灭。

（4）遗产分割前的共有财产。在遗产继承人为数人，且继承开始后、遗产分割前，各继承人对遗产的共有为共同共有。但有学者认为，在遗嘱继承中，若遗嘱已经对继承人的范围及各继承人的财产或继承份额作了明确指定，则在遗产分割前的共有应为按份共有而非共同共有。[1]

三、共同共有的权利义务关系

（一）共同共有人之间的权利义务关系

1. 对共有物的处分和重大修缮。在共同共有关系存续期间，部分或单个共同共有人擅自处分共有物的，一般认定为无效。但是，依据共有人之间的协议或法律的规定，某一个共有人代表全体共有人处分共有财产时，则该共有人依协议或依法处分共有财产的行为有效。根据我国《物权法》第 97 条的规定，除共有人之间另有约定的以外，共同共有财产的处分应当经过全体共同共有人的同意。

共同共有财产的重大修缮也适用与共有物的处分的相同规则，除共有人之间另有约定的外，应当经过全体共同共有人的同意。

2. 共有物分割请求权。一般认为，在共同共有关系存续期间，各共同共有人不得请求分割共有物。共同共有关系因共同关系而发生，有共同的目的，因此在共有关系终止之前，各共有人不得请求分割共有物。我国《物权法》第 99 条规定，共同共有人在共有的基础丧失或有重大理由需要分割时方可以请求分割。可见，共有人的分割请求权行使的条件是"共有的基础丧失或有重大理由"。

3. 损害赔偿请求权。如上所述，某个共同共有人有重大的理由可以请求对共有物进行分割。但若对其他共同共有人造成了损害，则其他共同共有人可以向其行使损害赔偿请求权。

（二）共同共有人对外享有的权利和承担的义务

1. 因共有的动产或不动产产生的债权债务，除共同共有人另有约定外，共

---

[1] 刘保玉主编：《中国民法原理与实务》，山东大学出版社 1994 年版，第 288 页。

同共有人对外享有连带债权，承担连带债务。

2. 物上请求权。在共同共有关系中，当共有物被他人非法占有、受到非法侵害或有受到妨害的危险时，任何共有人均可单独行使物上请求权，以保全共有物的圆满状态。

3. 承担部分共有人擅自处分共有财产的法律后果。如上文所述，在共同共有关系存续期间，部分或单个共同共有人擅自处分共有物的，一般应认定为无效。但是，如果该行为符合《物权法》规定的善意取得制度的相应条件，则第三人取得共有财产的所有权，各共同共有人应承担这一法律后果。

四、共同共有的终止和共有物的分割

（一）共同共有的终止

共同共有关系的终止主要因共同关系的消灭，而共同关系的消灭不外乎产生共同关系的法律规定或合同约定共同关系终止。共同共有关系终止主要有以下几种情形：

（1）婚姻关系的破灭。婚姻关系的破灭主要有两个方面的理由，一是离婚；一是夫妻一方死亡，这既包括自然死亡也包括宣告死亡。这种共同关系消灭使得夫妻共同财产失去了共同的基础，从而使夫妻共同共有关系终止。

（2）家庭关系解体。这主要是指分家，即大家庭分成若干个小的家庭或独立的生活单位，家庭共同共有关系随即终止。

（3）继承人分割遗产。作为共同共有的遗产，在遗产分割后，各个继承人分得各自所得遗产份额，则这种共同共有关系也即终止。

（4）合伙的解散。合伙引起了各个合伙人对于合伙财产的共同共有，而当合伙散伙，使得合伙不复存在时，那么合伙的共同共有形态也即终止。

（5）共有财产的灭失。作为共同共有关系标的物的共有物，在灭失的情形下，使得各个共有人的所有权因无所依托而归于终止。

（6）各个共同共有人达成终止共有关系的协议而终止共同共有。

（7）因共有财产转让而终止。全体共有人在转让共有物之后，即丧失了对该共有物的共有权。

（二）共有物的分割

共同共有作为维系共同关系的物质基础，原则上应与共同关系共存亡，不得在共同共有关系存续期间请求分割，这也与按份共有不同（按份共有人在无相反约定的情况下，各个共有人一般随时可以提出对共有物的分割的请求）。共同共有只有在"共有的基础丧失或者有重大理由需要分割"（离婚、分家等）时，才可以请求分割。

对共有物的分割除了法律的规定外，还可根据当事人的意愿及具体的情况来

确定，一般而言有以下几个方面需要注意：①要注意保存和发挥物的效用；②要贯彻协商原则，采用灵活的方式分割共有物；③分割共有物不能损害社会和他人的合法利益。

对共有物进行分割主要采用实物分割、变价分割及作价分割的方法。

共有物经过分割后，各个共有人各自取得了其所得部分的所有权。共有物分割后如果因为分割前的原因，造成了某个共有人分得的部分有瑕疵的，原共有人对此应负瑕疵担保责任。

引例解析：

1. 甲、乙、丙三人之间是按份共有关系。
2. 我国《物权法》第97条规定，处分共有的不动产或者动产，应当经占份额2/3以上的按份共有人同意。由于甲、乙二人对购买的商业门面的份额不足2/3（三人之间就各自的份额没有约定，即根据其出资额确定各自所占的份额），因此，甲、乙出售门面房的处分行为违反了《物权法》第97条的规定。所以，丙起诉甲、乙、丁，要求法院撤销甲、乙、丁签订的合同，应当得到法院的支持。

案例思考：

甲、乙二人系夫妻，均在A市做生意，二人共同拥有住房1幢、店面3间。二人婚后感情不和，经常闹离婚，因生意不佳，二人于1999年6月将店面租给丙使用，约定租期3年，每年租金10万元。2000年8月，甲、乙二人因琐事产生争执，甲一气之下前往外地做生意去了。2002年1月，丙找到乙，希望能够续签合同。乙考虑到自己夫妻感情不和，迟早要离婚，遂表示可以，并建议丙也可买下此房，丙询问是否需要经过甲的同意，乙谎称甲早有出卖房屋的意思。2002年3月，二人签订了房屋买卖合同，丙当即支付房款，双方办理了房屋过户手续。2002年5月，甲回到A市，向丙讨还房屋，这时才得知乙已经将房屋卖给了丙。乙为了独吞房款，趁甲不在A市而不辞而别。

问题：

（1）乙的行为性质如何？并试分析买卖前后房屋所有权的归属关系。

（2）乙对甲是否应承担责任？

第八章

用益物权

◆ 引例：

甲在自己承包的山地里种树时，挖出了煤。消息引起轰动，不少村民涌到甲的承包山地乱挖一气。甲急忙阻止说："这是我承包的山，你们凭什么来挖？"村民回应说："村里把山包给你，又没把煤包给你。我们为什么挖不得？"

问题：

承包山地挖出的煤归谁所有，这个法律问题如何解决？

☞ 要点：

1. 用益物权的概念和特征
2. 用益物权的种类

第一节 用益物权概述

一、用益物权的概念

用益物权是指对他人所有的物在一定范围内占有、使用、收益的权利。所谓"占有"，是指对物的实际控制。用益物权作为以使用收益为目的的物权，以权利人对物的实际占有、实际控制为必要，否则就不可能实现对物的直接利用。所谓"使用"，是指依物的自然属性、法定用途或者约定的方式，对物进行实际上的利用。所谓"收益"，是指通过对物的利用而获取经济上的收入或者其他利益，即孳息，包括天然孳息以及法定孳息。

用益物权作为物权之一种，着眼于财产的使用价值。在现代民法上，各国物权法贯彻效益原则，已经逐步放弃了传统民法注重对物的实际支配、归属的做法，转而注重财产价值形态的支配和利用。可以说，现代物权法的核心在于用益物权。

二、用益物权与担保物权的区别

用益物权和担保物权，是现代民法学就他物权所做的最基本的学理分类。但基于不同的规范目的，用益物权和担保物权存在着很大差异。通说认为，用益物权与担保物权的差异主要体现在以下几个方面：

（一）权利的内容不同

用益物权是以占有和利用标的物为内容的权利，它主要就物的使用价值进行支配；而担保物权是以取得物的交换价值为内容的权利。

（二）对物的支配形式不同

用益物权设立的目的在于对物的使用和收益，从而享受物的使用价值，因此，权利人就必须实际占有标的物；而担保物权设立的目的是取得物的交换价值，此价值不会因为占有人的不同而有所区别。

（三）客体的范围不同

用益物权的客体主要是不动产和动产，[1] 不包括权利；而担保物权的客体范围很广，包括不动产、动产，也包括权利。[2]

（四）权利实现的时间不同

用益物权的用益性决定了其权利的享有和实现与权利的取得是同一个时间——即对标的物的占有和使用；而担保物权的实现是在担保的债权已届清偿期而未受清偿时，担保人才可以行使变价受偿权。

（五）物上代位性不同

担保物权的价值权性质决定了担保物权人有物上代位权，权利不会随物的形态变化而消灭；而用益物权，其标的物的灭失必将导致用益物权确定地归于消灭，实体物灭失，则权利消灭。

三、用益物权的制度价值

自古以来，人类对资源的占有和需求之间就有矛盾。一方面，社会成员对物质资料的所有存在差异，所有人在一定条件下不必或不能直接利用标的物；另一方面，非所有人在一定条件下又急需利用该物，同时又不想或不能取得该物的所有权。为了解决这种所有与利用之间的矛盾，提高资源的利用效率，弱化所有权的绝对性，就需要构建一种既兼顾所有人利益又兼顾利用人利益的法律制度，这就是用益物权制度。[3]

用益物权起源于罗马法。古罗马法认为，所有人在其所有的不动产上设定用益物权，将该财产的占有、使用和收益权让与他人行使，不仅不会使所有人丧失所有权，而正是所有人行使所有权的一种方式。在当代，各国物权法都强调效益原则，以促使物权法的法律价值进一步由物的"归属"转向物的"利用"，也正

---

[1] 我国《物权法》第117条规定，对他人动产可以形成用益物权。但是从具体规定看，并无动产用益物权的内容，对他人动产的利用都是通过债权方式来实现的。

[2] 参见江平主编：《物权法教程》，中国政法大学出版社2007年版，第178~179页

[3] 参见江平主编：《民法学》，中国政法大学出版社2007年版，第374页。

是由于这一点，用益物权成为物权法的核心制度。[1]

具体而言，用益物权的制度价值体现在以下几个方面：

（一）用益物权是所有权的一种实现方式

所有权是对物的全面支配的权利，它的权能包括占有、使用、收益和处分。通过设定用益物权，所有人将所有权中的占有、使用、收益等部分权能让与他人，不仅实现了所有权的价值，也实现了物尽其用。在我国土地公有制的体制下，土地的非所有人有偿使用土地表面看似乎导致了所有权和使用权的分离，但实际效用却是不再使所有权成为一个空架子，从而最大限度地实现了所有权。

（二）用益物权设立的目的是满足非所有人利用他人不动产的需要

土地等不动产资源具有永久性、安全性、供给有限性、资本价值性等特点，决定了不可能人人都拥有土地和房屋等不动产。用益物权制度以其特有的种类和效力，将不动产所有人与用益物权人间的权利、义务明确下来，固定不动产所有人与其权能相分离的使用权之间的关系，从而使得对不动产的所有和利用关系得到协调和发展。

（三）用益物权有利于实现物的最大价值的利用

用益物权具有可转让性和相容性。用益物权的可转让性使得用益物权可以自由、平等地在不同主体之间进行流转，使不动产的使用价值在市场中实现最优化的配置。相容性是指在同一物上可以设定内容不相冲突的多种用益物权，做到物尽其用，有利于实现物的价值的最大化。[2]

第二节 用益物权的性质和特征

一、用益物权的性质

用益物权是罗马法及受罗马法影响的大陆法系国家民法的特有概念。我国民法学界对用益物权含义的认识没有原则上的分歧，均将用益物权界定为以物的使用收益为目的而设立的权利。认识用益物权的性质，应当从以下三个方面入手：①应明确用益物权是物权，所以，用益物权应当具备物权的通有性，如法定性、优先性、排他性和追及性等；②应明确用益物权是他物权，所以，用益物权应当具备他物权的通有性，如受限制性、派生性、不完全性等；③应从用益物权与担保物权的区别上来认识用益物权的性质。综合上述三个方面，我们认为，用益物权除具有法定性、优先性、排他性、追及性和受限制性、派生性、不完全性等物

---

[1] 参见房绍坤、丁海湖、张洪伟："用益物权三论"，载《中国法学》1996年第2期。

[2] 参见杨立新：《物权法》，中国人民大学出版社2007年版，第170页。

权和他物权的共有属性外,还具有如下法律性质:

(一) 用益物权具有用益性

所谓用益性,是指用益物权是以物的使用和收益为目的而设立的物权。用益性是用益物权的基本属性,是用益物权与担保物权相区别的基本标志。按照马克思主义的观点,物具有价值和使用价值的双重属性。用益物权和担保物权是就这两种不同的价值而设立的权利:用益物权侧重于物的使用价值;担保物权侧重于物的价值或说交换价值。正因如此,用益物权又称为使用价值权,而担保物权又称为价值权。由于用益物权的目的在于对物的使用和收益,因而,它不可能具有担保物权的变价受偿性和物上代位性等属性,即用益物权不涉及以用益物的价值清偿债务的问题,也不涉及用益物灭失后以其他物代替的问题。用益物权的用益性因用益物权的种类不同而存在着范围和程度上的差别。例如,土地承包经营权和宅基地使用权都是以土地为用益物的权利,但两者的用益范围和程度却存在着明显的不同:土地承包经营权以在土地上耕作、种植、养殖为用益范围;而宅基地使用权则以在土地上建造自住房屋为用益范围。

(二) 用益物权具有独立性

所谓独立性,是指用益物权不以用益物权人对所有人享有其他财产权利为其存在的前提。用益物权的独立性表明,用益物权不具有担保物权所具有的从属性和不可分性的属性。也就是说,用益物权不以他权利的成立为成立前提,不随他权利的让与而让与,亦不随他权利的消灭而消灭。同时,用益物的变化,如部分灭失或价值减少等,用益物权都将随之发生变化。

(三) 用益物权具有占有性

所谓占有性,是指用益物权须以实体上支配用益物为成立条件。物权是一种支配权,用益物权和担保物权都是如此,但用益物权和担保物权的支配形态不尽相同。用益物权的内容在于使用收益的实体,即对物的使用价值的用益,因而它必然以物的实体上的有形支配,即实体占有为必要。用益物必须转移给用益物权人实际占有支配,否则,用益物权人的用益目的就无法实现。例如,若不转移土地,建设用地使用权人或土地承包经营权人就无法在土地上营造建筑物、种植树木或进行耕作。担保物权的内容在于取得物的交换价值,因而可不必对物进行实体上的有形支配。在担保物权中,质权和留置权以标的物实体上的有形支配为必要,但这种支配并不是用益性的。在质权和留置权中,都有权利人非经物之所有人的同意,不得使用质物或留置物的规定。否则,质权人和留置权人应负民事责任。[1]

二、用益物权的特征

用益物权的性质决定了用益物权具有以下特征：

（一）用益物权是一种他物权

用益物权是典型的他物权，是在他人之物上设定的以使用收益为内容的物权。这里包含有两层含义：①该权利是非所有人根据法律规定或当事人约定而取得的使用、收益权；②这里的"他人之物"不一定就是他人所有之物，应包括他人所有物和他人使用物。例如，我国的建设用地使用权人和土地承包经营权人，可以在自己使用的国家或集体的土地上为他人设置地役权。

（二）用益物权是以他人物的使用价值为支配内容的定限物权

如前所述，民法上的物具有使用价值和价值，用益物权是非所有人对他人物的使用价值的支配，担保物权是对他人物的交换价值的支配。作为非所有权人，用益物权人对他人之物只能在一定的范围和一定的期限内行使占有、使用和收益的权利。

（三）用益物权的客体是不动产和动产

传统民法认为，用益物权的标的物只能为不动产，其原因在于动产以占有为公示方法，这种方式很难形成稳定、复杂的用益物权关系，如果需要利用他人的动产，则完全可以通过借用、租赁甚至购买等债权方式来满足。[2]

我国《物权法》第117条规定："用益物权人对他人所有的不动产或者动产，依法享有占有、使用和收益的权利。"可见，不动产和动产都可以成为用益物权的客体。在动产公示技术没有障碍，动产价值日渐增加的情况下，以动产设定用益物权必将为实践所需。例如在融资租赁交易中，承租人对于租赁物所享有的权利，若构建为动产用益物权，则对各方当事人都有利。[3]

（四）用益物权为独立物权

独立物权是指不以主体享有的其他民事权利为前提，而能够独立存在的物权。用益物权虽然是以他人的所有权为前提而存在的他物权，但在法律上仍然具有独立性，用益物权一旦依当事人约定或法律直接规定而设立，用益物权人便能独立地享有对标的物的使用权和收益权，除了能有效地对抗第三人以外，也能对抗所有人。此外，用益物权是一种有期限的权利，不存在永久无期限的用益物

---

[1] http://baike.baidu.com/view/26907.htm.
[2] 参见杨立新：《物权法》，中国人民大学出版社2007年版，第172页。
[3] 参见王利明主编：《民法》，中国人民大学出版社2007年版，第302页。

权。在权利存续期限内,用益物权独立存在,不受其他权利的影响。[1]

(五) 用益物权的标的物被征收、征用的,有权获得补偿

用益物权人作为他物权人,是对别人的财产行使受限制的物权,但对用益物权存续期限内获取的收益,用益权人拥有所有权。用益物权的标的物被国家征收、征用,致使用益物权消灭,或者影响用益物权行使的,用益物权人有权得到补偿。

第三节 用益物权的种类和体系

一、用益物权的种类

(一) 外国法中的用益物权种类

用益物权制度经历了漫长的历史发展过程,其类型也随社会的发展而不断变化。罗马法的用益物权有役权(包括人役权和地役权)、永佃权和地上权三种主要类型。《法国民法典》并无"用益物权"的概念,但用益物权的内容规定在第二卷"财产以及所有权的各种变更"中,具体规定了四种用益物权,即用益权、使用权、居住权和地役权。《德国民法典》的用益物权包括地上权、土地负担和役权三种,其中役权是对一类权利的统称,包括地役权、限制的人役权、用益权、居住权,而其中的用益权又可分为物上用益权、权利用益权和财产用益权。《日本民法典》借鉴德国法和法国法的经验,确立了地上权、永佃权、地役权和入会权四种用益物权。《瑞士民法典》的用益物权包括役权和土地负担两大类,其中役权包括地役权、用益权、居住权、建筑权、对泉水的权利和其他役权。

可见,尽管各国在用益物权的设计上存在差异,但地上权、地役权、永佃权、用益权显然是各国物权法都普遍重视的用益物权的种类。[2]

(二) 我国传统民法中的用益物权种类

我国历史上独立的用益物权制度始于清朝末年的《大清民律草案》,其中借鉴日本立法规定了地上权、永佃权和地役权。南京国民政府时期制定的民法典中规定了地上权、永佃权、地役权和典权四种用益物权,其中,前三种是国外通行的用益物权,典权则是具有中国传统特色的用益物权类型。鉴于对传统的尊重,

---

[1] 参见杨立新:《物权法》,中国人民大学出版社2007年版,第172页。
[2] 依《法国民法典》第578条的规定,用益权是指对他人所有之物,如同自己所有,享受其使用和收益。其特征可概括如下:①用益权是用益物权的一种。用益权人享有对物的使用和收益的权利,不仅可以对抗第三人,一定程度上也对抗所有人;②用益权强调人身专属性;③用益权的客体可以是不动产、动产,也可以是权利;④用益权人充分的享有占有、使用和收益的权利,甚至可以享有部分处分权。

我们有必要对地上权、永佃权、典权做简单的了解。

1. 地上权。地上权是指以在他人土地上建造建筑物或其他工作物，或者种植竹木为目的而使用该土地的权利。[1] 地上权有以下特征：

（1）地上权是存在于他人土地上的物权。关于"地上"的含义，应注意两点：①并非仅限于土地的地表，在土地的上空和地下也可以设定地上权。例如在土地上空建设高架道路，在地下建造地下停车场等。②地上权人对土地的利用范围，依原定土地的范围为准，而不能以建筑物或其他工作物所占土地面积为限。例如，建筑物周边的庭院、庭院种植的花草树木等都属于地上权的范围。

（2）地上权以取得土地上的建筑物、其他工作物或竹木的所有权为目的。地上权是利用他人土地建造建筑物或种植林木，其目的是排除土地所有人依添附原则取得建筑物等所有权的可能，而由地上权人取得地上物的所有权。以种植林木为目的对他人土地的使用，并非在所有国家都视为地上权。德国的地上权制度等仅以建筑为目的，我国台湾地区在修订"民法"时，也将"林木"予以删除。传统上，如果是以耕作并定期收获为目的而在他人土地上种植或牧畜，被称为永佃权。区分永佃权与地上权中的种植竹木的权利，其标准不在于作物，而在于是否以定期收获为目的而栽培植物。[2]

（3）地上权为使用他人土地的物权。对他人土地在一定期限内的"使用"是地上权的本质，而使用的方式可以是转让、互换、出资、赠与或抵押等。因此，土地上是否有建筑物存在，不影响地上权的成立；地上物消灭后，地上权并不当然消失；地上权人将土地交与他人使用，也应允许。

2. 永佃权。永佃权是指以支付对价而永久在他人土地上进行耕作或放牧的权利。永佃权以权利人与土地所有人签订永佃契约而产生。因设定永佃权是所有权人与土地使用权永久分离的情形，所有人除收取固定佃租外，其他权能永久不能恢复，这造成所有权的空置。因此，我国在建国后就废除了永佃权制度，《物权法》也并未使用永佃权的概念。在我国台湾地区新近公布的"民法"物权编修正草案中，结合当今需要对永佃权制度进行了一些修改，并将其名称修改为"农用权"。[3] 永佃权具有以下特征：

（1）永久使用他人土地。首先，永佃权的标的物只能是土地，在其他财产上不存在永佃权；其次，永佃权是永久地使用他人土地的权利，如果当事人在设

---

〔1〕我国《物权法》将传统地上权分解为建设用地使用权、宅基地使用权和土地承包经营权。参见江平主编：《物权法教程》，中国政法大学出版社2007年版，第183页。

〔2〕参见江平主编：《物权法教程》，中国政法大学出版社2007年版，第187页。

〔3〕参见江平主编：《民法学》，中国政法大学出版社2007年版，第375页。

立永佃权时定有期限，则应视为租赁关系。

（2）永佃权以支付佃租为要件。也就是说，永佃权是一种有偿使用他人土地的权利。佃租的种类，数额，支付的方式、时间、地点等依永佃权设立时的合同而定。[1]

（3）永佃权以耕种或牧畜为目的。耕种是指在土地上为农业目的而实施的劳动及投资行为。牧畜是指以养殖为目的而对家禽、家畜的饲养行为。

3. 典权。典权是指支付典价，占有他人不动产而为使用、收益的权利。依据典权制度，典是一方当事人将自己的不动产交付对方占有、使用和收益，而从对方取得一定金钱，到一定期限向对方返还金钱，赎回不动产，或者不返还金钱而放弃该不动产所有权的法律行为。在典权关系中，占有他人不动产而享有使用收益权利的一方，称为典权人或承典人；以自己的不动产供典权人占有、使用、收益者为出典人；作为典权客体的不动产称为典物；承典人付给交出典人使用的金钱叫典价。

典权是我国特有的制度，典权的出现与我国的人文传统密切相关。由于我国传统重视祖宗遗留的财产，尤其是不动产，出卖祖宗遗留的不动产被称为败家，是大不孝，而在实际生活中确实存在急需资金的问题，为此就产生折衷办法，即"典"。[2] 在我国《物权法》的立法过程中，是否规定典权制度曾引起过很大的争论，但最终在第六次审议稿中确定不将典权作为我国的用益物权类型。[3]

与其他物权相比较，典权具有以下主要特征：

（1）典权是存在于他人不动产之上的物权。典权以他人的不动产为客体，故典权为不动产物权。

（2）典权是以典物的使用、收益为目的的物权。典权人在他人的不动产上设定典权，其目的在于对典物为使用收益，而不在于就典物价值变价受偿，故典权属于用益物权。

（3）典权是以典权人占有典物为成立要件的物权。典权是以对典物的使用、收益为目的的物权，故为了实现使用收益的目的，出典人必须将典物转移给典权人占有。

---

[1] 对于佃租的数额的规定，我国台湾地区有最高限额规定，即不得超过主要作物正产品全年收获总量的37.5%，超过该限额的部分无效。参见江平主编：《物权法教程》，中国政法大学出版社2007年版，第188页。

[2] 参见江平主编：《物权法教程》，中国政法大学出版社2007年版，第190页。

[3] 全国人大法律委员会向全国人大常委会做报告时指出这样做的理由是：典权的主要目的是为了融资。而依据《合同法》和《担保法》等法律的规定，房产可以通过抵押、出租、约定买回等多种渠道融资，再规定典权意义不大。

(4) 典权是以支付典价为对价的物权。支付典价是典权人取得典权的条件。典价的大小由当事人约定，但典价一般都低于典物的卖价。

(5) 典权是有期限的物权。无论当事人是否约定期限，典权都有期限的限制。约定典权期限，在回赎权期限内，出典人可以回赎典物。在约定典权期届满后经过一定期间，出典人仍不以原典价回赎的，典权人取得典物的所有权；当事人未约定典期的，经法定期限出典人仍不回赎的，典权人取得典物的所有权。

值得一提的是，典权从性质上来说属于用益物权，它和我国现实中存在的"典当"是不同类型的法律行为。我国老百姓常有"典当"行为，也有合法的典当经营者——典当行。商务部于2005年出台有《典当管理办法》，该办法在第3条规定："本办法所称典当，是指当户将其动产、财产权利作为当物质押或者将其房地产作为当物抵押给典当行，交付一定比例费用，取得当金，并在约定期限内支付当金利息、偿还当金、赎回当物的行为。"同时，该办法第25条规定，动产质押典当业务、财产权利质押典当业务、房地产（外省、自治区、直辖市的房地产或者未取得商品房预售许可证的在建工程除外）抵押典当业务等属于典当行的经营范围。可见，在我国的现实生活中，动产、财产权利、房地产等都可以典当，"典当"应理解为是出质和抵押的混合行为。

（三）我国《物权法》中的用益物权种类

我国《物权法》将用益物权分为土地承包经营权、建设用地使用权、宅基地使用权、地役权四种。同时，在用益物权的"一般规定"中也明确了海域使用权、探矿权、采矿权、取水权、养殖权和捕捞权的用益物权的性质。

对于海域使用权、探矿权、采矿权、取水权、养殖权和捕捞权等在法律上的地位，各国规定各不相同。在我国，这些权利是否属于用益物权，在学术界也存在着争议。否定说认为，这些权利所指向的对象不是土地而是土地上的自然资源，不是以物的占有和归属为目的，不是传统物权法上的物权。[1] 肯定说认为，自然资源使用权属于财产权利，是非债权性的财产权，具有物权性质。[2]《物权法》将这些权利规定在第三编"用益物权"第十章"一般规定"中，显然认为这些权利应该属于用益物权的性质。特许物权说认为，海域使用权、探矿权、采矿权、取水权、养殖权和捕捞权等应该属于特许物权，原因是这些权利的设定、流转、内容和效力等大多通过《海域使用管理法》、《矿产资源法》、《水法》、《渔业法》等特别法加以规定。所谓特许物权，是指经过行政特别许可而可开发、利用自然资源，获得收益的准物权。由于它是基于开发、利用土地之外的自

---

[1] 参见梁慧星：《中国物权法研究》（下），法律出版社2002年版，第631~633页。

[2] 参见屈茂辉：《用益物权论》，湖南人民出版社1999年版，第271页。

然资源而享有的权利,故也称为自然资源使用权。特许物权的性质应该属于具有用益物权性质的准物权。[1]

(四) 准物权

我国《物权法》第122、123条对除土地外的其他自然资源权利,如海域使用权、探矿权、采矿权、取水权、养殖权和捕捞权等做了宣示性的规定。因此,有必要对这些权利的内容作进一步解释。

准物权,是指自然人、法人或者其他组织依法享有的对特定空间内的自然资源进行开发和利用的权利,包括海域使用权、探矿权、采矿权、取水权、养殖权和捕捞权等。准物权有其自身的特点,具体表现为:

(1) 准物权的客体是除土地之外的自然资源。例如:矿藏、水、野生动物、平原、森林等,其是能逐渐从土地中分离出来的自然资源。

(2) 准物权的客体是可消耗物。对物的利用必将导致物质形态的变化,故准物权制度强调对客体的有节制地利用,保障可持续的发展。

(3) 准物权的取得必须经过行政许可,未经许可,任何人不能享有权利。由于矿藏、水、野生动物、平原、森林等自然资源具有不可替代的生态性,国家需对之进行严格管理,并以社会公共事务管理者的身份对权利取得予以许可。

(4) 准物权有公权力色彩。准物权虽然是民事权利,但其客体是自然资源,关乎国计民生,因而对其开发利用必须符合整个社会的公共利益,以保障自然资源的管理和可持续发展,这需要国家公权力的干预,故准物权立法有较强的行政立法色彩,其权利带有公权色彩。

(5) 准物权在排他效力、优先效力方面则各有不同。例如:取水权一般不具有排他性,而具有优先性;养殖权一般具有排他性而无优先性;矿业权具有排他性也有优先性,在追及效力方面也表现得很特殊。

(6) 准物权的行使方式不表现为对客体长期的占有和实际支配行为,而表现为对客体的检测、利用、摄取等行为。

二、用益物权的体系

在《物权法》公布之前,我国成文法上无"用益物权"一语。在解释上,土地使用权、农村土地承包经营权、宅基地使用权、典权、采矿权、水产养殖权、捕捞权、狩猎权、取水权等均属于用益物权形态。这些形态几乎都是针对改革开放实践中的具体问题而进行的规定,其内容繁杂、缺乏体系性,难以适应新时代经济、社会发展的需要。[2]

---

[1] 参见杨立新:《物权法》,中国人民大学出版社2007年版,第175~180页。
[2] 参见屈茂辉:《用益物权制度研究》,中国方正出版社2005年版,第35页。

我国《物权法》在其第三编对用益物权进行了系统化的整合，确立了土地承包经营权、建设用地使用权、宅基地使用权和地役权四种主要的用益物权，建构了如下用益物权体系：

（1）土地承包经营权，即土地承包经营权人依法对其承包经营的耕地、草地、林地等所享有的占有、使用和收益的权利，权利人有权在其承包的土地上从事种植业、畜牧业、林业等农业生产。

（2）建设用地使用权，即建设用地使用权人依法对国家所有的土地享有占有、使用和收益的权利，有权利用该土地建造建筑物、构筑物及其附属设施。

（3）宅基地使用权，即宅基地使用权人依法对集体所有的土地享有占有和使用的权利，有权依法利用该土地建造住宅及其附属设施。

（4）地役权，即地役权人有权按照合同的约定，利用他人的不动产，以提高自己的不动产的效益。

此外，我国《物权法》对于土地以外的其他自然资源的用益物权做了宣示性的规定，《物权法》第122条规定了海域使用权，第123条进一步规定了探矿权、采矿权、取水权、养殖权和捕捞权等，这些权利受《物权法》用益物权制度的保护。

引例解析：

根据《物权法》第46条"矿藏、水流、海域属于国家所有"的规定，煤既不是甲的，也不是村里的，而应归国家所有。开采煤矿要经过国家批准，且依该法第119条"国家实行自然资源有偿使用制度，但法律另有规定的除外"的规定，还须向国家缴纳资源税。但是山地确是甲承包的，所以，村民乱挖山地给甲造成的损失，是要赔偿的。

案例思考：

2006年，甲公司经某县水务局审批，依法取得了江边一片滩涂地的使用权且已使用多年，并按防汛要求筑堤、植树和种植了护苇。2008年，水务局以消除防汛隐患为由，作出《收回滩涂决定》，要求甲公司退出圈围的滩涂地。甲公司认为自己对大堤进行了加固和精心维护，未出现防汛隐患，即使有充分的理由收回滩涂使用权，也应该在收回的同时依当地《滩涂管理条例》给予合理补偿。而水务局称，县政府已决定，退出的滩涂地要实施还滩工程。滩涂养殖户退出后，将由建设单位县水利工程管理所施工，并对退圩还滩中涉及的单位和个人进行合理补偿。甲公司以水务局作出的《收回还滩决定》缺乏事实根据和法律依据，侵害了自己的合法权益为由，诉至法院要求维权。

问题：

(1) 本案当事人之间是基于什么权利产生的纠纷？

(2) 甲公司滩涂使用权的取得合法吗？

(3) 水务局是否有收回滩涂使用权的主体资格？

(4) 甲公司认为自己按防汛要求加固了堤围，其要求法院撤销《收回滩涂决定》的理由成立吗？

(5) 如果需要给甲公司补偿，应由施工单位还是水务局给予补偿？

(6) 如果在本案诉讼中，甲公司提出补偿标准不合理，法院应如何处理？

土地承包经营权

◆ 引例:

某县村委会对一块77平方米的土地享有所有权。1982年村委会将该土地分给村民梁某、肖某作为责任地。1984年梁某、肖某未经过村委会同意,擅自与该村村民谢某签订土地互换协议,将其所承包的土地与谢某的土地互换。而梁某、肖某又将从谢某那里换取的土地与同村其他村民互换。1986年,村委会发现谢某使用该土地,才知道梁某、肖某、谢某三人已经互换了土地,遂找三人协商,要求退回各自换得的土地,但遭到谢某的反对。

问题:该案应如何处理?

☞ 要点:

1. 土地承包经营权的概念和特征
2. 土地承包经营权的取得
3. 土地承包经营权的效力

第一节 土地承包经营权概述

土地承包经营权是我国农村土地法律制度中特有的概念,是我国农村集体经济组织实行土地承包责任制的产物,也是反映我国经济体制改革中农村承包经营关系的新型物权。《民法通则》第80条第2款规定了公民、集体依法对集体所有的或者国家所有由集体使用的土地的承包经营权,受法律保护。《农村土地承包法》第5条规定,农村集体经济组织成员有权依法承包由本集体经济组织发包的农村土地。任何组织和个人不得剥夺和非法限制农村集体经济组织成员承包土地的权利。近年来,国家立法机关和司法机关通过立法与司法解释对农村土地承包经营制度作了较为详细的规定,对农村土地承包经营权这一极为重要的权利的确认和保护日臻完善。

一、土地承包经营权的概念

土地承包经营权,也称为农地承包权,是指承包人(个人或单位)为从事种植业、林业、畜牧业、渔业生产或者其他农业生产经营目的而对其依法承包的集体所有或者国家所有由农民集体使用的土地所享有的占有、使用和收益的权利。《民法通则》在"民事权利"一章中，规定了"土地承包经营权"这样一种"与财产所有权有关的财产权"的权利种类，成为中国民法上一个新型的财产权利。《物权法》和《农村土地承包法》等法律沿用了这一概念。

依据法律的规定，依法实行土地承包经营制度的农村土地，包括农民集体所有和国家所有依法由农民集体使用的耕地、林地、草地以及其他依法用于农业的土地。其中，"用于农业的土地"主要是指耕地、林地和草地等数量最多、涉及面最广且与每个农民利益最密切的土地。此外，还有其他一些用于农业的土地，如荒山、荒丘、荒沟、荒滩等"四荒"用地。

"农业生产"中的"农业"，有广义和狭义两种含义，狭义的农业仅指种植业。而广义的农业，又称大农业，包括农业、林业、牧业、各类副业、渔业等。《物权法》采用的是广义农业的概念，权利人对土地享有的权利不限于从事种植粮棉等农业生产活动，还包括养殖、种植等。[1]

二、土地承包经营权的特征

土地承包经营权作为一项用益物权，具有如下特征：

（一）主体具有特殊性

土地承包经营权的权利主体主要是但不限于集体经济组织的成员。我国法律规定，农村土地承包经营制度包括两种承包方式：家庭承包和其他方式的承包。不同的承包方式，其主体不尽一致。家庭承包，是指以农村集体经济组织的每一个农户家庭全体成员为一个生产经营单位，作为承包人而与发包人建立承包关系，承包耕地、林地、草地等用于农业生产的土地。发包人将土地发包给农户经营时，实行"按户承包，按人分地"的方式确定承包土地的份额。其他方式的承包是指对不宜采取家庭承包方式承包的特殊土地所采取的招标、拍卖、公开协商等方式的承包。[2]《农村土地承包法》第15条规定："家庭承包的承包方是本集体经济组织的农户。"即家庭承包的土地的承包经营权主体是农户。根据《农村土地承包法》第47、48条的规定，通过招标、拍卖、公开协商等其他方式承包的，本集体经济组织以外的单位或个人可作为承包人，但应具备一定的条件，即应当事先经本集体经济组织成员的村民会议2/3以上成员或者2/3以上村民代表的同意，并报乡（镇）人民政府批准，并且本集体经济组织成员未在同等条

---

[1] 王利明：《物权法论》，中国政法大学出版社2007年版，第226页。
[2] 我国《农村土地承包法》第3条第2款规定："农村土地承包采取农村集体经济组织内部的家庭承包方式，不宜采取家庭承包方式的荒山、荒沟、荒丘、荒滩等农村土地，可以采取招标、拍卖、公开协商等方式承包。"

件下行使优先承包权等。

《物权法》并没有具体地规定土地承包经营权主体的构成，而是使用了土地承包经营权人的概念，这不仅高度概括了各类土地承包经营权的主体，即以家庭为单位的农户、单个的农民、法人和其他组织，也使得《物权法》的主体范畴更加具有包容性。[1] 归纳而言，土地承包经营权的主体包括农村集体经济组织内的农户、单个农民以及符合法律规定条件的集体经济组织以外的其他单位或个人。

（二）客体具有特殊性

《农村土地承包法》第2条规定，农村土地是指农民集体所有和国家所有依法由农民集体使用的耕地、林地、草地，以及其他依法用于农业的土地。土地承包经营权作为一种用益物权，其客体为农村土地，具有以下两个特征：

(1) 设立土地承包经营权的目的在于从事农业生产，土地承包经营权人不能为工业生产或其他商业目的而利用土地。

(2) 土地的所有权属于农民集体所有或国家所有由农民集体使用的土地或者森林、山岭、草原、荒地、滩涂、水面，在城市国有土地上不得成立土地承包经营权。

（三）具有一定期限

用益物权是有一定期限的权利，土地承包经营权也不例外。我国《物权法》和《农村土地承包法》规定了各种土地的承包期限，这种期限属于法定期限，不允许当事人通过合同随意延长。根据《物权法》和《农村土地承包法》的规定，耕地的承包期为30年，草地为30~50年，林地为30~70年，特殊林木的林地承包期，经国务院林业行政主管部门批准可延长。

此外，单位、个人承包经营国有土地，或者本集体经济组织以外的单位、个人承包经营集体所有的土地，从事种植业、林业、畜牧业、渔业生产，土地承包经营权的期限由承包合同约定。[2] 该期限虽然由当事人在承包经营合同中加以约定，但应当根据从事承包经营的具体情况，结合《物权法》第126条的规定，确定承包经营的期限。

《土地管理法》第40条规定："开发未确定使用权的国有荒山、荒地、荒滩

---

[1] 王利明：《物权法论》，中国政法大学出版社2007年版，第226页。

[2] 《土地管理法》第15条第1款规定："国有土地可以由单位或者个人承包经营，从事种植业、林业、畜牧业、渔业生产。农民集体所有的土地，可以由本集体经济组织以外的单位或者个人承包经营，从事种植业、林业、畜牧业、渔业生产。发包方和承包方应当订立承包合同，约定双方的权利和义务。土地承包经营的期限由承包合同约定。承包经营土地的单位和个人，有保护和按照承包合同约定的用途合理利用土地的义务。"

从事种植业、林业、畜牧业、渔业生产的，经县级以上人民政府依法批准，可以确定给开发单位或者个人长期使用。"由于此类经营生产周期较长，需要多年的投资，可以确定一个较长期限。这样有利于土地的开发利用。

三、土地承包经营权的性质

《物权法》将土地承包经营权规定为用益物权，明确了土地承包经营权的性质属于物权的范畴。该法第125条规定："土地承包经营权人依法对其承包经营的耕地、林地、草地等享有占有、使用和收益的权利，有权从事种植业、林业、畜牧业等农业生产。"

作为用益物权，土地承包经营权与所有权一样享有物上请求权。当土地承包经营权人对土地的占有、使用和收益的权利被侵害时，权利人有权要求停止侵害、排除妨碍、返还原物或者赔偿损失。较之债权请求权，物权请求权更有效地保护了土地承包经营权人的利益。

第二节 土地承包经营权的取得

土地承包经营权可以基于法律行为和法律行为以外的原因取得。

一、基于法律行为而取得

土地承包经营权的法律行为取得方式又可分为土地承包经营权人与土地所有权人或土地使用权人通过签订土地承包合同而取得土地承包经营权和通过土地承包经营权的流转，由第三人处取得土地承包经营权。《物权法》和《农村土地承包法》均规定，土地承包经营权自承包合同生效时设立。未签订承包合同或者承包合同无效的，不产生土地承包经营权设立的效果。不论采取家庭承包方式还是其他承包方式取得土地承包经营权，最终都必须通过发包人与承包人签订书面土地承包合同，以明确双方的权利义务关系。

（一）根据土地承包合同取得土地承包经营权

在土地承包合同中，承包国有土地或集体土地的集体经济组织成员，或集体经济组织成员以外的单位和个人称为承包人。根据《农村土地承包法》第12条规定，将土地发包给承包人的村集体经济组织、村民委员会或者村民小组称为发包人。

1. 土地承包合同的内容。根据《农村土地承包法》第21条的规定，土地承包合同一般包括以下条款：①发包人与承包人的基本情况。包括发包方、承包方的名称，发包方的负责人和承包方代表的姓名、住所。②承包地的基本情况。土地承包合同应当载明承包土地的名称、坐落、面积、质量等级。③承包期限和起止日期。《物权法》和《农村土地承包法》等法律规定了土地承包经营权的承包期限。当事人可以在法定期限内约定土地承包经营权的承包期。根据最高人民法院《关于审理涉及农村土地承包纠纷案件适用法律问题的解释》第7条的规定，土地承包经营合同约定的期限短于《农村土地承包法》规定的期限，承包方请求延长的，应予支持，以切实保护承包经营权人的合法权益。④承包地的用途。法律规定，承包方应维持承包土地的农业用途，不得用于非农建设。土地承包合同一般应当具体载明承包土地到底用于何种农业生产活动。⑤发包人和承包人的权利和义务。尽管《物权法》和《农村土地承包法》对发包人和承包人的权利义务有所规定，但双方当事人可以在不违反法律的强制性规定的前提下对相互之间的权利义务做出更具体的约定。⑥违约责任。签订承包合同是设立土地承包经营权的法定方式，但合同条款不能违反法律的强制性规定。自主经营权与续包权是土地承包经营权人的法定权利，当事人不得约定予以排除。根据《物权法》的规定，土地承包经营权人依法享有对承包地的占有、使用和收益权，承包期限届满后，承包人有权依照法律规定申请继续承包。承包人合法使用承包地的，发包人无权干涉。承包期限届满后，承包人依法申请续包的，作为发包人的村委会无正当理由不得拒绝，更无权决定是否由承包人继续承包。

2. 承包合同的生效和形式。我国土地承包经营权的设立采取意思主义模式，不以登记为要件，自土地承包合同生效时即可设立。土地承包经营合同的成立与生效，应适用《合同法》的有关规定。

由于土地承包经营合同对土地承包经营权人和发包方的利益影响巨大，而且承包期限较长，合同内容复杂，为了避免在合同履行中产生不必要的纠纷，以及在纠纷产生后处理有据，《农村土地承包法》第21条规定，土地承包合同应当采取书面形式。

(二) 根据流转合同取得土地承包经营权

《物权法》第128、133条以及《农村土地承包法》第32、49条规定，土地承包经营权人有权对其以家庭承包方式或以招标、拍卖、公开协商等方式取得的土地承包经营权，依法进行流转。据此，第三人可以通过与土地承包经营权人签订书面流转合同取得土地承包经营权。第三人通过流转取得承包人以家庭承包方式取得的土地承包经营权，以及以招标、拍卖、公开协商等方式取得的土地承包经营权，二者所应具备的条件不同。[1]

二、基于法律行为以外的原因而取得

基于非法律行为而取得土地承包经营权，学界认为有两种方式，一是继承；

---

[1] 本章第四节中将详细讨论土地承包经营权流转的方式与条件。

一是基于时效取得。

1. 土地承包经营权的继承,是指土地承包经营权人是自然人时,如果其死亡,其继承人可以根据《继承法》的规定,取得该自然人的土地承包经营权。《农村土地承包法》第31条规定:"承包人应得的承包收益,依照继承法的规定继承。"第50条规定:"土地承包经营权通过招标、投标、拍卖、公开协商等方式取得的,该承包人死亡,其应得的承包收益,依照继承法的规定继承;在承包期内,其继承人可以继续承包。"[1]

2. 土地承包经营权的时效取得,是指未经法律允许的土地承包经营权的设立。公开、持续、未发生争议地将他人所有的土地作为农地使用,经过法律规定的期间后,使用人即取得该农地的承包经营权。我国现行立法中尚未规定土地承包经营权的时效取得制度,但对于未经许可而为农业生产目的使用国有土地的,采取了非常宽容的态度,如《土地管理法》第40条规定:"开发未确定使用权的国有荒山、荒地、荒滩从事种植业、林业、畜牧业、渔业生产的,经县级以上人民政府依法批准,可以确定给开发单位或者个人长期使用。"根据此条规定,未经许可的农业开发,经批准后可以确权。

第三节 土地承包经营权的效力

土地承包经营权作为一种用益物权,产生以后会发生一定的效力,既有排除他人侵害的外部效力,又有在承包方与发包方之间产生的内部效力。一般而言,土地承包经营权的效力是指承包方与发包方之间的权利义务关系。下面我们对此进行阐述。

一、承包人的权利和义务

(一)承包人的权利

《物权法》第125条规定了承包人对其所承包的土地享有占有、使用和收益这几项最基本、最重要的权利。这些权利属法定权利,即使在承包经营合同中没有约定,承包人也依法享有,任何组织和个人不得剥夺和侵害。《农村土地承包法》第16条规定了承包人享有流转权、生产经营自主权、补偿权以及法律、行政法规规定的其他权利。根据《物权法》、《农村土地承包法》和《土地管理法》的相关规定,土地承包经营权人享有如下权利:

1. 占有、使用和收益权。

---

[1] 王利明:"农村土地承包经营权的若干问题探讨",载《中国人民大学学报》2001年第6期。

(1) 占有权。占有权是指土地承包经营权人对其承包的属于国家所有或集体所有的土地所享有的直接占有和控制的权利。对土地的占有是实现土地承包经营权等其他权利的前提。占有权受到侵害，承包人可以行使物上请求权。如土地承包经营合同生效后，发包人没有立即向承包人交付土地的，土地承包经营权人有权请求发包方交付土地并进行占有；如果土地仍然由第三人占有，土地承包经营权人有权请求该第三人返还占有；如果土地之上存在他人的设施等，土地承包经营权人有权请求排除妨碍。

(2) 使用权。所谓使用，是指土地承包经营权人有权利用集体土地或国家所有由集体使用的土地，从事种植业、林业、畜牧业等农业生产，也可以利用承包的土地修建必要的附属设施。农村土地承包经营权设立的目的在于，由承包人在其承包的土地上从事种植业、林业、畜牧业等农业生产。因此，承包人对其承包的土地进行合理且有效的使用是其重要权能之一。对承包土地的使用不仅仅限于传统意义上的种植粮棉、放牧等，还可以根据农业生产的需要，建造附属设施，如林地使用权人有权修建必要的引水渠。但修建附属设施必须以服务于农业生产为必要。

(3) 收益权。收益权是指承包人获取承包地上产生的收益的权利。这种收益主要是从承包地上种植的农林作物，以及畜牧中所获得的利益。如鱼塘里养殖的水产品，果树出产的果实。收益权是承包人承包土地所希望达到的目的，是承包人最重要的权利。

2. 自主经营权。自主经营权是指承包人有权以自己的意志组织农业生产经营活动和处置产品。《农村土地承包法》第16条将自主经营权与使用收益权并列规定，表明这是一项独立的权能。承包人有权自主组织农业生产经营活动，自主决定种植什么农作物、种植多少或者安排什么样的养殖项目等，发包人不得随意干涉，更不能违背承包人的意愿，强制其从事或不从事某种生产经营活动。自主经营权包括两个方面的内容：①承包人利用承包土地自主从事农业生产经营活动，他人不得干涉。②承包人对利用承包的土地所收获的产品有权自主进行处置。对于生产的农产品，农民有权自己消费，也可以对其农副产品作自由处分。

3. 续包权。土地承包经营权人在承包经营的期限届满之后，有权继续承包农村土地，享有土地承包经营权。《物权法》第126条规定："耕地的承包期为30年。草地的承包期为30年至50年。林地的承包期为30年至70年；特殊林木的林地承包期，经国务院林业行政主管部门批准可以延长。前款规定的承包期届满，由土地承包经营权人按照国家有关规定继续承包。"

4. 流转权。土地承包经营权作为一项财产权，可以依法进行流转。根据《物权法》和《农村土地承包法》的规定，土地承包经营权的流转，是指土地承包经营权人依照法律的规定，采取转包、出租、互换、转让等方式将土地承包经营权转让给他人的行为。

5. 拒绝非法调整承包地的权利。在承包期内，发包人不得调整承包地。如须调整，必须符合法定条件并依法定程序进行。《物权法》第130条和《农村土地承包法》第27条第2款对发包人在承包期内调整承包土地规定了严格的条件和程序，包括：

（1）调整的前提是因自然灾害严重毁损承包地等特殊情形。对于这里的"特殊情形"，应当从严把握，谨慎解释。

（2）调整的对象仅限于个别农户的耕地和草地，并不是针对所有承包经营权人的土地进行普遍调整，林地以及其他用于农业生产的土地也不在调整之列。

（3）必须经过严格的法定程序，即必须经本集体经济组织成员的村民会议2/3以上成员或者2/3以上村民代表的同意，并报乡（镇）人民政府和县级人民政府农业主管部门等行政主管部门批准。

（4）承包合同中约定不得调整的，应尊重其约定，不得进行任何调整。

6. 拒绝非法收回承包地的权利。《物权法》第131条及《农村土地承包法》第26条第1款均规定："承包期内，发包方不得收回承包地。"但在下列特殊情况下，发包人可以在承包期内收回承包地。

（1）承包方全家迁入设区的市，转为非农业户口的。《农村土地承包法》第26条第3款规定："承包期内，承包方全家迁入设区的市，转为非农业户口的，应当将承包的耕地和草地交回发包方。承包方不交回的，发包方可以收回承包的耕地和草地。"应当注意的是，在这种情况下收回的土地仅限于耕地和草地，而不包括林地。因为林业生产经营周期和承包期比较长，投入大，收益慢，风险大。稳定林地承包经营权，有利于调动承包人植树造林的积极性，防止乱砍滥伐，保护生态环境。[1]

（2）土地承包经营权人连续2年弃耕抛荒的。《土地管理法》第37条第3款规定："承包经营耕地的单位或者个人连续2年弃耕抛荒的，原发包单位应当终止承包合同，收回发包的耕地。"

7. 征收补偿权。《物权法》第132条规定，承包地被征收的，土地承包经营权人有权获得相应的补偿，补偿范围依照《物权法》第42条的规定确定。对被征收地的补偿标准，上述两个条文没有作出规定。在补偿标准和计算方法上，可按《土地管理法》的规定执行。《土地管理法》第47条除规定按照被征收土地

---

[1] 胡康生主编：《中华人民共和国物权法释义》，法律出版社2007年版，第300页。

的原用途给予补偿外，还具体规定了补偿的标准和计算方法，具有很强的可操作性。

（二）承包人的义务

《物权法》没有具体规定农村承包人的义务，结合《农村土地承包法》、《土地管理法》和其他相关规定，农村土地承包经营权人所承担的义务主要有：

1. 维持土地的农业用途的义务。《农村土地承包法》第17条第1款规定，承包方应维持土地的农业用途，不得用于非农建设。我国实行土地用途管制制度，严格限制农用地转为建设用地，土地承包经营权人应当维持土地的农业用途，未经依法批准，不得将承包地用于非农建设。《土地管理法》对农用地转为建设用地，规定了须经有关人民政府或者有关行政主管部门批准的严格的转用审批程序。承包人违法将承包地用于非农建设的，发包人有权予以制止。《农村土地承包法》第60条第1款规定："承包方违法将承包地用于非农建设的，由县级以上地方人民政府有关行政主管部门依法予以处罚。"

2. 不得给土地造成永久性损害的义务。所谓给土地造成永久性损害，是指由于对土地的不合理耕作、掠夺式经营等不合理使用土地的行为，造成土地荒漠化、盐渍化、破坏耕作层等严重破坏耕种条件的情况。[1] 承包人应当依法保护和合理利用土地，保护承包地的生态及其环境的良好性能和质量，在合理利用土地、提高土地生产能力的同时，注意采取相应的措施，保护土地的质量和生态环境，保护和提高土地生产力。《农村土地承包法》第60条第2款规定："承包方给承包地造成永久性损害的，发包方有权制止，并有权要求承包方赔偿由此造成的损失。"

3. 不得抛荒耕地的义务。农村土地是农村最重要的生产资料，也是一种稀缺资源，为充分发挥耕地的效用，避免耕地的闲置和浪费，法律禁止承包人抛荒土地的行为。《土地管理法》第37条第3款规定："承包经营耕地的单位或者个人连续2年弃耕抛荒的，原发包单位应当终止承包合同，收回发包的耕地。"

4. 缴纳承包费。是否缴纳承包费以及缴纳多少承包费，由发包人与承包人在土地承包合同中约定，或通过竞价等方式确定。承包经营合同约定承包费的，承包人必须按约定缴纳。

二、发包人的权利和义务

与土地承包经营权人的权利义务相对应，发包方也有自己的权利和义务。

（一）发包人的权利

根据《农村土地承包法》第13条的规定，发包人主要有以下权利：

---

[1] 温世扬：《物权法要义》，法律出版社2007年版，第169页。

1. 发包权。发包人除有权将本集体所有的土地发包给本集体经济组织的成员以外,还可以将国家所有由本集体使用的土地发包给本集体经济组织的成员。

2. 监督权。发包人有权监督承包人依照合同约定的用途,合理利用和保护土地。基于土地承包经营权的特殊性,承包人负有依照合同约定的用途合理利用和保护土地的义务,发包人对此享有监督权。但实施监督应当合理,不得进行粗暴干涉,侵犯承包人的自主经营权。

3. 制止权。承包人应根据土地的农业用途使用土地,不能给承包地造成永久损害。对承包人损害承包地和农业资源的行为,发包人有权制止。

4. 同意权。《农村土地承包法》第41条规定,承包人转让土地承包经营权,应征得发包人的同意。

5. 承包地收回权。一般情况下,发包人在土地承包期限内不得收回土地,但在出现《农村土地承包法》第26条第3款以及《土地管理法》第37条第3款规定的情形时,发包人有权依据法律规定的条件和程序撤销土地承包经营权,收回承包地。

6. 承包地调整权。发包人原则上不得在承包期内调整承包地,但在特定情况下,发包方可以依法定程序对承包地进行调整。根据《物权法》第130条和《农村土地承包法》第27条第2款的规定,在承包期内,因出现自然灾害毁损承包地等情形时,发包人可以按照法律规定的条件和程序调整承包地。

7. 承包费收取权。土地承包经营权合同约定了承包费的,发包人有权收取承包费。

(二) 发包人的义务

根据《农村土地承包法》第14条的规定,发包人负有如下义务:

(1) 维护承包人的土地承包经营权,不得非法变更、解除承包合同,不得擅自收回、调整承包地。

(2) 尊重承包人的生产经营自主权,不得干涉承包人依法进行正常的生产经营活动。

(3) 依照承包合同约定为承包方提供生产、技术、信息等服务。

(4) 执行县、乡(镇)土地利用总体规划,组织本集体经济组织内的农业基础设施建设。

(5) 合同约定的义务以及法律、行政法规规定的其他义务。

第四节 土地承包经营权的流转与消灭

一、土地承包经营权的流转

土地承包经营权的流转，是指承包人依照法律的规定，采取转包、出租、互换、转让等方式将土地承包经营权的全部或部分权利流转给他人的行为。土地承包经营权作为一种用益物权，具有财产权的性质，具备流转的法律基础。但农村土地是农村最重要的生产资料，是农民最基本的生活保障，土地承包经营权的流转可能会导致部分农民无地可耕，危及其生存。因此，允许土地承包经营权的合理流转，必须在稳定家庭承包经营的基础上，遵循一定的原则，按照法定的条件和程序进行。

（一）土地承包经营权流转的原则

《农村土地承包法》规定了土地承包经营权流转所应遵循的原则，根据该法第33条的规定，土地承包经营权的流转应遵循以下原则：

1. 平等、自愿、有偿的原则。土地承包经营权的流转是平等主体的当事人之间的民事法律行为。因而，应遵循民法平等自愿、公平有偿的基本原则。与土地承包经营权的设立以无偿为原则不同，土地承包经营权的流转以有偿为原则。任何组织和个人不得强迫或者阻碍承包方进行土地承包经营权流转。

2. 不得改变土地所有权的性质及用途的原则。我国实行土地公有制，农村土地依法属于农村集体经济组织所有和国家所有。土地承包经营权的客体是农村集体经济组织所有或国家所有由农民集体使用的土地，土地承包经营权流转的对象是承包人依法享有的土地承包经营权而不是土地所有权。当事人不得借土地承包经营权的流转擅自改变土地的所有权性质，损害土地所有权人的权益。

此外，土地承包经营权的流转不得改变土地的农业用途。《农村土地承包法》规定，土地承包经营权人应当维持土地的农业用途，未经依法批准不得将承包地用于非农建设。承包方违法将承包地用于非农建设的，由县级以上地方人民政府有关行政主管部门依法予以处罚。

3. 在剩余期限内流转的原则。土地承包经营权的流转期限不得超过承包期的剩余期限，超过的部分无效。

4. 受让人须有农业经营能力的原则。法律规定，土地承包经营权设立时的承包人属于本集体经济组织的成员，或者本集体经济组织以外的单位和个人，而在土地承包经营权的流转中，对受让人的范围并未做出类似的限制，仅需具有农业经营能力即可。但是，我国人多地少，土地不仅是农民的主要生产资料，更是其基本生活来源。为了避免土地承包经营权的流转造成土地兼并，使农民成为新的雇农或无业者，我国不提倡工商业长时间、大面积经营农户的承包地，也不提倡地方政府动员和组织城市居民到农村租赁经营农户的承包地。[1]

5. 本集体经济组织成员享有优先承包权的原则。出于保护本集体经济组织成员土地承包经营权的考虑，《农村土地承包法》规定，在土地承包经营权流转中，在同等条件下本集体经济组织的成员享有优先受让的权利。

（二）土地承包经营权流转的方式和条件

《农村土地承包法》对通过家庭承包取得的土地承包经营权和通过招标、拍卖、公开协商等其他方式取得的土地承包经营权的流转方式和条件的规定不尽一致。通过家庭承包取得的土地承包经营权可以采取转包、出租、互换、转让或者其他方式流转。这里的其他方式主要是指入股。通过招标、拍卖、公开协商等其他方式取得土地承包经营权的，可以依法采取转让、出租、入股、抵押或者其他方式流转。可以看出，两者最大的区别在于：通过家庭承包方式取得的土地承包经营权不得以抵押方式流转；而通过招标、拍卖、公开协商等其他方式取得的土地承包经营权可以通过抵押方式流转。

1. 通过家庭承包取得的土地承包经营权的流转方式。

（1）转包、出租。转包是指土地承包经营权人把承包期内自己承包的土地，在一定期限内全部或者部分交给本集体经济组织内部的其他农户耕种。转包一般是有偿的，受转包人通常要向土地承包经营权人支付转包费。

出租是指土地承包经营权人作为出租人，将承包期内自己承包的土地，在一定期限内全部或部分租赁给本集体经济组织以外的单位或者个人耕种，并收取租金的行为。

土地承包经营权转包和出租后，土地虽然不再由土地承包经营权人耕种，但土地承包经营权的主体仍然是原承包人，土地承包关系并没有因此而发生变化。应当注意的是，转包只能在本集体经济组织内部进行；而出租的承租人则是本集体经济组织以外的单位或个人。

转包和出租承包地必须具备一定的条件：①按照《农村土地承包法》第37条的规定，应按程序报发包人备案；②承包人应当与受转包人或者承租人签订书面转包或者租赁合同。但是，《农村土地承包法》第39条第2款规定，承包人将土地交由他人代耕不超过一年的，可以不签订书面合同。

（2）互换。土地承包经营权的互换，是指土地承包经营权人将自己的土地承包经营权交换给他人行使，自己行使从他人处换来的土地承包经营权。土地承

---

[1] 黄松有主编：《〈中华人民共和国物权法〉条文理解与适用》，人民法院出版社2007年版，第385页。

包经营权的互换是由交换承包的土地而引起的原承包人的权利本身的交换，存在于土地上的权利义务并没有发生变化。权利交换后，原有的发包人与承包人的关系，变为发包人与互换后的承包人的关系，双方的权利义务同时做出相应的调整。

土地承包经营权的互换必须符合下列条件：①互换只能在同一集体经济组织的农户之间进行，不能打乱不同农民集体的土地权属；②应当报发包人备案。

（3）转让。土地承包经营权的转让是指土地承包经营权人将其拥有的未到期的土地承包经营权移转给他人的行为。在土地承包经营权转让后，发包人与转让人之间的承包关系即行终止，转让人退出承包经营关系，不再享有该土地的承包经营权，由受让方与发包方确立新的承包关系。

根据《农村土地承包法》第41条的规定，转让土地承包经营权应当符合以下条件：①转让人有稳定的非农职业或者稳定的收入来源；②经发包方同意；③受让方是从事农业生产经营的农户；④部分转让的，对于未转让部分，原承包人与发包人应重新调整承包关系，变更原来的承包合同。

（4）入股从事农业合作生产。《农村土地承包法》规定，承包人之间为发展农业经济，可以自愿将土地经营权入股，从事农业合作生产。

2. 通过其他方式取得的土地承包经营权的流转方式。对于通过其他方式取得的土地承包经营权的流转方式，除可通过上述转包、出租、转让、互换等方式流转外，还可通过入股和抵押等方式流转。入股主要是指承包人将土地承包经营权量化为股份，投入到从事农业生产的公司，或者作为投资成立农业经营公司，以股份作为赚取经营回报的投资。所谓抵押，是指为担保债务的履行，债务人或者第三人不转移财产的占有，将该财产抵押给债权人，债务人不履行到期债务或者发生当事人约定的实现抵押权的情形时，债权人有权就该财产优先受偿。这里主要是指承包人将承包经营权抵押给银行等金融机构，以作为偿还贷款的担保。[1]

须注意的是，通过招标、拍卖、公开协商等其他方式取得的土地承包经营权的流转，必须以依法登记取得土地承包经营权证和林权证为前提。

（三）土地承包经营权流转合同

《农村土地承包法》第37条第2款规定，土地承包经营权采取转包、出租、互换、转让或者其他方式流转，当事人双方应当签订书面合同。土地承包经营权流转合同一般包括以下条款：①双方当事人的姓名、住所；②流转土地的名称、

---

[1] 胡康生主编：《中华人民共和国物权法释义》，法律出版社2007年版，第304页。

坐落、面积、质量等级；③流转的期限和起止日期；④流转土地的用途；⑤双方当事人的权利和义务；⑥流转价款及支付方式；⑦违约责任。

（四）土地承包经营权流转的公示

我国《物权法》对土地承包经营权的设立采取意思主义模式，而未采取登记要件主义模式，即土地承包经营权自土地承包合同生效时设立，不需要进行登记，登记不是土地承包经营权设立的公示方法。县级以上地方人民政府负有向土地承包经营权人发放土地承包经营权证、林权证、草原使用权证，并登记造册的义务，但登记造册和发放相关权证并非土地承包经营权设立的必要条件。土地承包经营权证、林权证、草原使用证是土地承包经营权人享有土地承包经营权的证明文件，其发放只具有证权作用而不产生设权效果。

土地承包经营权流转的公示，因土地承包经营权的取得方式不同而相异。对通过家庭承包方式取得的土地承包经营权，如其流转方式采取转包与出租，则因发包人与承包人之间的承包关系并未发生变化，不存在公示的问题。如土地承包经营权的流转采取互换与转让的方式，发包人与原承包人之间的承包关系则发生了变化，必须以一定的方式将其变动的事实公诸于众，以保护善意第三人。《农村土地承包法》第38条规定："土地承包经营权采取互换、转让方式流转，当事人要求登记的，应当向县级以上地方人民政府申请登记。未经登记，不得对抗善意第三人。"《物权法》第129条规定："土地承包经营权人将土地承包经营权互换、转让，当事人要求登记的，应当向县级以上地方人民政府申请土地承包经营权变更登记；未经登记，不得对抗善意第三人。"可见，土地承包经营权的互换与转让采取"登记对抗主义"，未经登记的，不得对抗善意第三人。

通过招标、拍卖、公开协商等其他方式取得的土地承包经营权，其流转则采取物权变动的"登记要件主义"模式。《物权法》第133条规定："通过招标、拍卖、公开协商等方式承包荒地等农村土地，依照农村土地承包法等法律和国务院的有关规定，其土地承包经营权可以转让、入股、抵押或者以其他方式流转。"另根据《农村土地承包法》第49条规定："通过招标、拍卖、公开协商等方式承包农村土地，经依法登记取得土地承包经营权证或者林权证等证书的，其土地承包经营权可以依法采取转让、出租、入股、抵押或者其他方式流转。"因而，对通过招标、拍卖、公开协商等其他方式取得的土地承包经营权，无论采取转让、出租、入股、抵押或者其他方式流转，都必须以依法登记取得土地承包经营权证或者林权证等证书为前提。

二、土地承包经营权的消灭

土地承包经营权的消灭，是指土地承包经营权人基于法律规定或者合同的约定，丧失土地承包经营权。[1]根据《物权法》和《农村土地承包法》以及其他相关法律的规定，土地承包经营权因下列原因而消灭：

（一）土地承包经营权期限届满承包人又不愿续包的

土地承包经营权是一种有期限物权，在期限届满时归于消灭。《农村土地承包法》和《物权法》都规定了土地承包经营权的期限，但《农村土地承包法》没有关于续包的规定。《物权法》第126条规定，承包期届满，由土地承包经营权人按照国家有关规定继续承包。土地承包经营权期限届满，土地承包经营权人不续包的，土地承包经营权归于消灭，应当将承包地交回土地所有人。土地承包经营权人有权在交回土地时取回其附属设施，并承担恢复土地的原状的义务。如果保留附属设施对土地的经营有益，土地承包经营权人又不取回的，土地所有人应当给予相应的补偿。

（二）土地承包经营权的提前收回

在土地承包经营合同约定的承包期限之内，发生《农村土地承包法》和《土地管理法》规定的特定事由时，发包人可以将承包地提前收回，使土地承包经营权归于消灭。《农村土地承包法》第26条第3款和《土地管理法》第37条第3款对土地承包经营权提前收回的条件作了具体规定。

（三）土地承包经营权的提前交回

土地承包经营权的提前交回，是指在土地承包经营合同约定的承包期限届满前，土地承包经营权人将承包地交回土地所有人，使土地承包经营权归于消灭的行为。土地承包经营权的提前交回有两种情况：①根据《农村土地承包法》第26条第3款的规定，承包期内，承包方全家迁入设区的市，转为非农业户口的，应当将承包地交回发包人；②根据《农村土地承包法》第29条的规定，承包期内，承包方可以自愿将承包地交回发包方，但需提前半年以书面形式通知发包方，且承包方在承包期内不得再要求承包土地。

（四）承包地被依法征收

国家基于社会公共利益的需要而征收集体所有的农村土地时，在该土地上设立的土地承包经营权当然消灭。国家征收集体所有的农村土地必须依照法定程序并给予合理的补偿，《土地管理法》第47条对征地的补偿标准、安置办法以及土地补偿费用的使用、分配办法等作了详细而具体的规定。

（五）土地承包经营权人死亡又无继承人或继承人放弃继承

《继承法》第3条规定的遗产范围中没有土地承包经营权，《农村土地承包

---

[1] 王利明：《物权法论》，中国政法大学出版社2007年版，第240页。

法》认可对土地承包经营权人应得的承包收益的继承，而对土地承包经营权的继承只是有限的认可。根据《农村土地承包法》的规定，可以继承的土地承包经营权有两类：①以家庭承包方式取得的林地承包经营权，承包人死亡的，其继承人可以在承包期内继续承包；②以招标、拍卖、公开协商等方式设立的承包经营权，承包人死亡的，其继承人可以在承包期内继续承包。在这两种情况下，如果承包经营权人死亡而又无继承人的，土地承包经营权即归于消灭。继承人放弃继承也会导致土地承包经营权的消灭。

引例解析：

本案涉及土地承包经营权的流转方式及其公示的效力问题。《物权法》和《农村土地承包法》对土地承包经营权转让和互换公示的效力采取登记对抗主义，未经登记，并不影响合同的效力，仅仅只是不得对抗善意第三人。梁某、肖某和谢某三人虽然没有向有关机关申请登记，但这并不影响他们之间的土地承包经营权互换协议的效力，其互换土地承包经营权的协议合法有效，只是不具有对抗第三人的效力。

案例思考：

谭洪承包了村里的耕地、林地、草地各一块，现在想全家进城经商，但农民离土，最关心的就是和土地的关系有什么变化，他想弄清以下几个问题：

（1）他全家迁入县城经商，能不能保留承包地？
（2）他长远的目标是在长沙市买房子、上户口，那时还能不能保留承包地？
（3）如收回他的承包地，他在地里的投资（如筑坝修塘）是不是白投了？

谭洪到县城做生意后，把耕地、草地都租给了村里的谭利军，条件是谭利军每年给他500斤谷。5年后，谭洪生意做发了，在县城买了房，决心不再务农，就和谭利军签了合同，以3000元的价格，把耕地、草地转让给了他。转让的第二年，村长给谭洪打来电话，说他向村里的上缴任务没完成，要补交。谭洪感到很奇怪：村长为什么不向谭利军去要？

又一年，谭洪实现了自己的第二步跨越，在长沙买了房，立了业。这时，他突然悟到，多亏村长向他要过债，不然的话，他前脚进长沙，后脚就要出麻烦。这是什么意思？

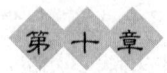

第十章 建设用地使用权

◆ 引例：

广厦房地产开发有限公司刚成立，新手较多，想对员工进行法律培训。下面的问题，您能讲解一下吗？

1. 公司第一个开发项目是一座十二层大厦，有裙楼四层，下三层是商场，上一层是写字楼；裙楼之上是八层住宅。请问，大厦的用地是向谁取得的，怎样取得的？公司对这块用地享有什么权利，享有多长时间的权利？
2. 如果在享有权利的期间，政府突然不准使用土地了，怎么办？
3. 公司的建设用地使用权在哪几种情况下要登记？

☞ 要点：

1. 建设用地使用权的概念和特征
2. 建设用地使用权的变动
3. 建设用地使用权的效力

第一节 建设用地使用权概述

一、建设用地使用权的概念和特征

（一）建设用地使用权的概念

建设用地使用权，是指自然人、法人或其他组织依法享有的，在国有土地上建造、保有建筑物、构筑物及其附属设施的用益物权。建设用地使用权人依法享有对国家所有的土地占有、使用和收益的权利，有权自主利用该土地建造并经营建筑物、构筑物及其附属设施。建设用地使用权虽然基于所有权而产生，但它是一种独立的权利，不依附其他权利而存在。《物权法》第135条规定："建设用地使用权人依法对国家所有的土地享有占有、使用和收益的权利，有权利用该土地建造建筑物、构筑物及其附属设施。"

（二）建设用地使用权的特征

建设用地使用权概念有以下几个方面的特征：

1. 建设用地使用权的客体为国家所有的土地。建设用地使用权的标的物是国家所有的土地，不包括集体所有的土地。如果在集体所有的土地上设立建设用地使用权，需要对集体的土地先进行征收，变为国有土地之后，才可以设立建设用地使用权。国家严格限制农用地转为建设用地，控制建设用地总量，对耕地实行特殊保护，禁止违反法律规定的权限和程序出让土地。

2. 建设用地使用权的内容为建造和保有建筑物、构筑物及其附属设施。建设用地使用权作为用益物权，自然以对土地的使用价值的支配为内容。但是，我国《土地管理法》第 4 条明确规定："建设用地是指建造建筑物、构筑物的土地，包括城乡住宅和公共设施用地、工矿用地、交通水利设施用地、旅游用地、军事设施用地等。"因此，建设用地使用权的权利人对土地的支配，并非对土地使用价值的概括性支配，而是在建设用地特定用途内的支配。另外需要指出的是，建造只是建设用地使用权的权利内容之一，并非所有的建设用地使用权都必须具备建造这一内容。在因建筑物等的所有权发生变动而导致其占用的建设用地使用权一并转移时，土地上现存的建筑物能够满足建设用地使用权人的需要，故而其无须另行建造，权利内容仅为保有。当然，对已经存在建筑物的土地，权利人也不妨根据自己的需要，在不违反土地使用目的的前提下拆除现有的房屋而另行建造。而且，此项权利在法律规定的特定情况下为建设用地使用权人的义务，例如依据我国现行行政法规的强制性规定，在国有建设用地使用权以出让方式设定后，建设用地使用权人必须在合同约定的期限内开始进行建造行为。

3. 建设用地使用权的行使期限具有限制性。建设用地使用权作为一种用益物权，性质上为限制物权。一方面，其对作为权利客体的土地的支配并非全面、无期限的支配，受到法律和土地出让合同的限制。具体来说，建设用地使用权作为一种用益物权，其对标的物土地的支配不仅在范围上限于对土地使用价值的支配，而且这种支配也是有期限的。《城市房地产管理法》第 3 条规定："国家依法实行国有土地有偿、有限期使用制度。但是，国家在本法规定的范围内划拨国有土地使用权的除外。"根据国务院颁布的《城镇国有土地使用权出让和转让暂行条例》第 12 条的规定："土地使用权出让最高年限按下列用途确定：①居住用地 70 年；②工业用地 50 年；③教育、科技、文化、卫生、体育用地 50 年；④商业、旅游、娱乐用地 40 年；⑤综合或其他用地 50 年。"可见，建设用地使用权原则上是有期限的。

对于国家划拨而设定的建设用地使用权，其主要是为了满足国家利益或者社会公共利益的需要而设定，故而不宜采用市场方式设定固定的期限并据此确定相应的土地使用权出让金。因此，《城市房地产管理法》将划拨国有土地使用权作为国有土地有偿、有期限使用制度的一种例外和补充方式作了规定，并对其使用期限除法律、行政法规另有规定外未作限制。但划拨土地使用权在设定条件上有着严格的限制，没有期限限制并不意味着此种权利就是永续存在的权利，一旦划拨的法定条件不复存在，划拨土地使用权则可能因国家收回而消灭，或者转化为普通的建设用地使用权而受到期限限制。

二、建设用地使用权的体系

建设用地使用权是我国国有土地使用制度改革的产物，它实现了我国土地利用从无偿使用到有偿使用的转变。我国自20世纪80年代中期以来实行国有土地使用制度的改革，使建设用地使用权进入市场交易。这样的改革增加了国家的财政收入，改变了因无偿使用土地所造成的土地盲目占有、大量浪费、使用效率低下等现象。1988年《宪法修正案》第2条规定，土地使用权可以依照法律规定转让。1988年修改的《土地管理法》和1998年修改的《土地管理法》都规定，国家实行国有土地有偿使用制度。但是，国家在法律规定的范围内划拨国有建设用地使用权的除外。1990年国务院颁布的《城镇国有土地使用权出让和转让暂行条例》较为全面地规定了建设用地使用权出让、转让、出租、抵押、终止以及划拨等问题。1994年颁布、2007年修订的《城市房地产管理法》对建设用地使用权的出让、划拨等问题作了更为详细的规定。这些法律规定确立了我国建设用地使用权制度的体系。

第二节 建设用地使用权的变动

一、建设用地使用权的取得

建设用地使用权的取得，是指建设用地使用权的设立或发生。从权利取得的一般原理分析，建设用地使用权有原始取得，也有继受取得。而从具体法律规定来看，我国的建设用地使用权主要通过划拨、出让等方式取得。《物权法》第137条第1款对此进行了明确规定："设立建设用地使用权，可以采取出让或者划拨等方式。"下面对建设用地使用权取得的两种方式进行分析：

（一）划拨

根据《城市房地产管理法》第23条第1款的规定："土地使用权划拨，是指县级以上人民政府依法批准，在土地使用者缴纳补偿、安置等费用后将该幅土地交付其使用，或者将土地使用权无偿交付给土地使用者使用的行为。"建设用地使用权的划拨是国家为了维护国家利益和社会公共利益的需要，依照严格的法律程序授予权利人的土地使用权，是一种非市场化的建设用地使用权设定与取得方式。正如我国《物权法》第137条第3款规定："严格限制以划拨方式设立建设用地使用权。采取划拨方式的，应当遵守法律、行政法规关于土地用途的规定。"

具体来说，土地使用权的划拨具有以下特点：

1. 目的上具有公共利益性。《土地管理法》第 54 条和《城市房地产管理法》第 24 条规定内容相同，采用划拨方式获得的建设用地，必须是用于以下目的："①国家机关用地和军事用地；②城市基础设施用地和公益事业用地；③国家重点扶持的能源、交通、水利等项目用地；④法律、行政法规规定的其他用地。"

2. 无固定期限。《城市房地产管理法》第 23 条第 2 款规定："依照本法规定以划拨方式取得土地使用权的，除法律、行政法规另有规定外，没有使用期限的限制。"这是由以划拨方式设立建设用地使用权的公共目的性所决定的。

3. 无偿性。《土地管理法》第 2 条规定："国家依法实行国有土地有偿使用制度。但是，国家在法律规定的范围内划拨国有土地使用权的除外。"国家将土地划拨给土地使用人，土地使用人无须向国家支付土地出让金。但是需要注意，这里的无偿性是建设用地使用权人相对国家而言的，并不意味着建设用地使用权人不支付任何费用。有些情况下，土地使用权人仍然需要向国家以外的其他法律关系主体支付补偿费、安置费，但是这种费用在性质上并非合同法上的"对价"。

4. 流通受到严格限制。以划拨方式设立的建设用地使用权，原则上不得进入市场交易。以划拨方式设立建设用地使用权的，转让房地产时，应当按照国务院的有关规定，报有审批权的人民政府审批。有审批权的人民政府准予转让的，应当由受让方办理建设用地使用权出让手续，并依照国家有关规定缴纳土地出让金。以划拨方式设立建设用地使用权的，转让房地产报批时，有批准权的人民政府按照国务院的规定决定可以不办理建设用地使用权出让手续的，转让方应当按照国务院规定将转让房地产所获收益中的土地收益上缴国家或者作其他处理。

（二）出让

建设用地使用权的出让，是指国家以土地所有人的身份将建设用地使用权在一定期限内出让给土地使用人，由土地使用人向国家支付土地使用金的行为。《土地管理法实施条例》第 29 条规定："国有土地有偿使用的方式包括：①国有土地使用权出让；②国有土地租赁；③国有土地使用权作价出资或者入股。"《城市房地产管理法》第 13 条规定："土地使用权出让，可以采取拍卖、招标或者双方协议的方式。商业、旅游、娱乐和豪华住宅用地，有条件的，必须采取拍卖、招标方式；没有条件，不能采取拍卖、招标方式的，可以采取双方协议的方式。采取双方协议方式出让土地使用权的出让金不得低于按国家规定所确定的最低价。"

与划拨相比，建设用地使用权的出让具有以下特点：①交易性。与划拨带有行政性的特征不同，出让是国家作为土地所有权人与土地使用权人之间的交易行为，必须以书面形式完成。②有偿性。交易性决定了出让的有偿性，土地使用权人取得建设用地使用权均须缴纳土地出让金。③期限性。以出让取得建设用地使用权都有一定的期限限制。《物权法》第137条第2款规定："工业、商业、旅游、娱乐和商品住宅等经营性用地以及同一土地有两个以上意向用地者的，应当采取招标、拍卖等公开竞价的方式出让。"

建设用地使用权的出让方式，按照现行法律规定，主要有四种：

（1）协议出让。协议出让，是指即国家以协议方式将建设用地使用权在一定年限内出让给土地使用者，由土地使用者向国家支付土地出让金的行为。协议出让意味着在建设用地使用权出让合同的订立过程中，只有作为出让人的国家和作为受让人的特定土地使用者双方参与。为了防止协议出让方式的弊端，我国现行法律严格限制了以协议方式出让的土地范围，禁止对经营性用地通过协议方式出让。对其他用地，如果同一地块有两个或两个以上意向用地者的，也不得采取协议方式出让。此外，以协议方式出让的，出让金不得低于国家规定的最低价。

（2）拍卖出让。拍卖出让，是指出让人发布拍卖公告，由出让人在指定时间、地点以公开竞价的形式将建设用地使用权出让给最高应价者的行为。

（3）招标出让。招标出让，是指出让人发布招标公告，邀请特定或者不特定的自然人、法人或者其他组织参加建设用地使用权投标，根据投标结果确定建设用地使用权人的行为。

（4）挂牌出让。挂牌出让，是指出让人发布挂牌公告，按公告规定的期限将拟出让土地的交易条件在指定的土地交易场所挂牌公布，接收竞买人的报价申请并更新挂牌价格，根据挂牌期限截止时的出价结果确定建设用地使用权人的行为。

上述四种方式中，协议出让属于非公开竞价的方式，其他三种属于公开竞价的方式。考虑到公开竞价更能保证建设用地使用权出让的公开、公平、公正，《物权法》第137条第2款规定："工业、商业、旅游、娱乐和商品住宅等经营性用地以及同一土地有两个以上意向用地者的，应当采取招标、拍卖等公开竞价的方式出让。"

二、建设用地使用权的流转

建设用地使用权的流转，是指土地使用人将建设用地使用权再转移给他人，如转让、互换、出资、赠与等。建设用地使用权转让、互换、出资或者赠与的，应当向登记机构申请变更登记。基于土地使用权流转的法律事实，新建设用地使用权人即取得原建设用地使用权人的建设用地使用权。

我国法律对于出让的建设用地和划拨的建设用地的转让，规定是不同的。《城市房地产管理法》第39条规定："以出让方式取得土地使用权的，转让房地产时，应当符合下列条件：①按照出让合同约定已经支付全部土地使用权出让金，并取得土地使用权证书；②按照出让合同约定进行投资开发，属于房屋建设工程的，完成开发投资总额的 25% 以上，属于成片开发土地的，形成工业用地或者其他建设用地条件。转让房地产时房屋已经建成的，还应当持有房屋所有权证书。"《城市房地产管理法》第 40 条规定："以划拨方式取得土地使用权的，转让房地产时，应当按照国务院规定，报有批准权的人民政府审批。有批准权的人民政府准予转让的，应当由受让方办理土地使用权出让手续，并依照国家有关规定缴纳土地使用权出让金。"另外，《城市房地产管理法》第 38 条还规定："下列房地产，不得转让：①以出让方式取得土地使用权的，不符合本法第 39 条规定的条件的；②司法机关和行政机关依法裁定、决定查封或者以其他形式限制房地产权利的；③依法收回土地使用权的；④共有房地产，未经其他共有人书面同意的；⑤权属有争议的；⑥未依法登记领取权属证书的；⑦法律、行政法规规定禁止转让的其他情形。"

三、建设用地使用权的消灭

（一）使用期限届满而未续期

因为划拨的建设用地使用权，除法律或者行政法规另有规定外，一般没有期限的限制，所以不存在期限届满而灭失的情形，因此建设用地使用权期限届满主要是指出让的建设用地使用权。建设用地使用权因期限届满而灭失，是指当法律规定或者当事人约定的使用权期限届满时，建设用地使用权归于消灭。根据我国《城镇国有土地使用权出让和转让暂行条例》的规定，出让土地使用权的有续期间因土地用途的不同而不同：居住用地 70 年；工业用地 50 年；教育、科技、文化、卫生、体育用地 50 年；商业、旅游、娱乐用地 40 年；综合用地 50 年。这些期限是建设用地使用权的最高期限，其时间的起算点从建设用地使用权出让合同生效之日起开始计算。需要注意的是，根据《物权法》第 149 条的规定："住宅建设用地使用权期间届满的，自动续期。"

（二）土地被征收

《物权法》第 148 条规定："建设用地使用权期间届满前，因公共利益需要提前收回该土地的，应当依照本法第 42 条的规定对该土地上的房屋及其他不动产给予补偿，并退还相应的出让金。"对于划拨的建设用地使用权，市、县人民政府根据城市建设发展和城市规划的要求，如对旧城区进行改建，需要调整土地的，即可将其收回，但应当对建设用地使用权人给予适当补偿。对于出让的建设用地使用权，在期间届满前国家一般不得提前收回。但在特殊情况下，如为了公共利益，国家可以提前收回建设用地使用权的，需依照法律规定对该土地之上的房屋及其他不动产给予补偿，并退还相应的土地出让金。

（三）建设用地被国家依法收回

在以下两种情况下，建设用地使用权会被土地所有权人收回：①建设用地使用权人违反按照约定用途使用土地的义务，经所有权人请求停止而仍未停止，或已经造成土地永久性损害的，土地所有权人可以收回建设用地使用权；②建设用地使用权人未按合同约定开发土地满2年的，国家可以无偿收回建设用地使用权。《物权法》第148条规定："建设用地使用权期间届满前，因公共利益需要提前收回该土地的，应当依照本法第42条的规定对该土地上的房屋及其他不动产给予补偿，并退还相应的出让金。"非住宅建设用地使用权期间届满后的续期，依照法律规定办理。对于划拨的建设用地使用权，因建设用地使用权人被撤销、迁移等原因，或者用于公路、铁路、机场、矿场等的建设用地使用权，经核准被报废的，国家也可以收回土地使用权。

（四）土地灭失

在土地全部灭失的情况下，建设用地使用权的标的已经不存在，权利也应当消灭；在部分灭失的情况下，建设用地使用权就剩余的部分继续存在。《物权法》第149条规定："非住宅建设用地使用权期间届满后的续期，依照法律规定办理。该土地上的房屋及其他不动产的归属，有约定的，按照约定；没有约定或者约定不明确的，依照法律、行政法规的规定办理。"第150条规定："建设用地使用权消灭的，出让人应当及时办理注销登记。登记机构应当收回建设用地使用权证书。"

建设用地使用权消灭事由不同，其法律效果也不尽相同。根据我国法律、法规的规定，国家无偿收回划拨的建设用地使用权的，对其地上建筑物和其他构筑物，市、县人民政府应当根据实际情况给予适当的补偿；国家提前收回出让的建设用地使用权的，政府应当根据建设用地使用权人已使用的年限、利用土地的实际情况给予相应的补偿。对于以出让方式取得的建设用地使用权，如果建筑物为住宅，则住宅建设用地使用权期间届满的，自动续期。对于非住宅建设用地使用权期间届满后的续期，依照法律规定办理。该土地上的房屋及其他不动产的归属，有约定的，按照约定；没有约定或者约定不明确的，依照法律、行政法规的规定办理。而现行《城镇国有土地使用权出让和转让暂行条例》第40条规定："土地使用权期满，土地使用权及其地上建筑物、其他附着物所有权由国家无偿取得。土地使用者应当交还土地使用证，并依照规定办理注销登记。"建设用地使用权消灭的，受让人应当交还建设用地使用证并及时办理注销登记，登记机构应当收回建设用地使用权证书。

四、建设用地使用权变动中登记的效力

建设用地使用权的标的主要是城市市区的土地，其生效采取登记要件主义。具体而言：通过出让方式取得建设用地使用权的，应订立书面合同，且办理建设用地使用权登记，取得使用权证书。该合同成立即生效，但建设用地使用权的生

效还要办理权属登记手续，即建设用地使用权的生效采登记要件主义。建设用地使用权的流转，如转让、互换、出资、赠与、抵押的，也应该订立书面合同，且办理权属变更登记手续，即建设用地使用权的变更采登记要件主义。相应地，建设用地使用权消灭的，也应该办理权属注销登记手续，即建设用地使用权的消灭亦采登记要件主义。

第三节 建设用地使用权的效力

一、建设用地使用权人的权利

（一）占有、使用和收益权

建设用地使用权是为保存建筑物或者构筑物及其他附属设施而使用土地的权利，因此使用土地是建设用地使用权人的最主要权利，其具体体现为有权利用土地建造建筑物、构筑物及其附属设施。建设用地使用权人对土地的使用权，应当在划拨或约定限制的范围内进行。由于建设用地使用权为使用土地的物权，为实现其权利，自然以占有土地为前提。

建设用地使用权是用益物权的一种，因此具有占有的权能。建设用地使用权的设立目的，在于对标的物的使用、收益，因此建设用地使用权人可依法对土地占有、使用和收益，但不得改变土地的用途。而且，除非有相反的证据，建设用地使用权人建造的建筑物、构筑物及其附属设施的所有权属于建设用地使用权人。另外，除法律另有规定外，建设用地使用权人可以依法将其进行出资。但建设用地使用权人在行使其权利时，不得损害已经设立的用益物权。

（二）流转权

原则上，权利人有权将建设用地使用权转让、互换、出资、赠与或者抵押，期限为原合同剩余的期限。在上述流转的场合下，权利人应将附着于该土地上的建筑物、构筑物及其附属设施一并处分，这体现了主物及于从物原则。建筑物、构筑物及其附属设施流转的，这些物占用范围内的建设用地使用权一并处分，体现了房及于地原则。《物权法》第143条规定："建设用地使用权人有权将建设用地使用权转让、互换、出资、赠与或者抵押，但法律另有规定的除外。"以上五种转移方式均为建设用地使用权主体的变更。确认建设用地使用权人有权对其权利依法进行处分，既是肯定和保护权利人合法权益的需要，也可以使土地这一重要生产要素向更能产生价值的方向流动，从而提高土地利用效率并促使土地资源市场化。

建设用地使用权人对建设用地享有处分权，从广义上看，主要包括以下三种形式：

1. 建设用地使用权的转让。建设用地使用权的转让是指建设用地使用权人将建设用地使用权以合同方式再转移的行为。关于建设用地使用权的转让方式，《城市房地产管理法》第37条列举了买卖、赠与或者其他方式。建设用地使用权转让时，土地上的建筑物或者其他附着物应当随之转让，但当事人另有约定的除外。

2. 建设用地使用权的抵押。建设用地使用权人可以将建设用地使用权设定抵押而成为抵押物。根据《物权法》第180条第1款的规定，债务人或者第三人可以将建设用地使用权设定抵押。将建设用地使用权抵押的，该土地上的建筑物一并抵押；以建筑物抵押的，该建筑物占用范围内的建设用地使用权一并抵押。需要注意的是，当事人对建设用地使用权进行转让、互换、出资或者赠与的，应当向登记机构申请变更登记。

3. 建设用地使用权的出租。建设用地使用权的出租是指建设用地使用权人作为出租人将建设用地使用权随同地上建筑物、其他附着物租赁给承租人使用，由承租人向出租人支付租金的行为。在《物权法》中并没有明确规定建设用地使用权的出租，但笔者认为建设用地使用权人可以有条件地出租建设用地使用权。理由在于：①《物权法》第8条规定："其他相关法律对物权另有特别规定的，依照其规定。"而我国《城镇国有土地使用权出让和转让暂行条例》中规定了建设用地使用权人的出租权。②转让、互换、出资、赠与、抵押等使用权的处分有可能使建设用地使用权主体发生变更，而依《合同法》规定，租赁期间不得超过20年，在此期限内，建设用地使用权人将建设用地使用权租赁给承租人使用一定年限，出租人并不因此丧失土地使用权，原使用权出让合同的权利、义务主体并不发生变更，租赁期限届满，出租人有权收回建设用地使用权。既然允许建设用地使用权人放弃自己的权利，举重以明轻，没有理由限制建设用地使用权人将土地出租并交付他人使用。③在市场经济条件下，法律关系主体行使权利的手段多种多样，只有在建设用地使用权真正作为商品进入流通领域，使土地这一生产要素的使用权在平等主体之间自由流动，与其他生产要素自由结合、合理配置，才能够真正建立起活跃的土地二级市场，以平衡土地的供求矛盾。鼓励土地使用权的充分行使，实现土地资源的有效利用，是建立和发展社会主义市场经济的客观要求。而建设用地使用权的出租正是权利主体行使其权利的一种重要方式，所以有必要承认民事法律关系主体的此项权利。

（三）从事必要的附属行为

建设用地使用权人为行使建设用地使用权，可以在依法占有使用的土地范围内，进行不以建造建筑物、构筑物及其附属设施为限的附属行为，如整理道路、种植花木等。

（四）获得补偿权

使用权期间届满前，国家只能基于公共利益原则提前收回该土地；收回土地时应就该土地上的房屋及其他不动产给予权利人相应补偿；并退还相应的土地出让金。

（五）自动续期权

住宅建设用地期满的，自动续期。非住宅建设用地使用权期间届满后的续期，依照法律办理，土地上的房屋及其不动产归属有约定从约定，无约定依照法律、行政法规办理。

二、建设用地使用权人的义务

（一）支付出让金的义务

所谓出让金，是指土地使用权人应当向土地所有人支付的土地使用费。出让金的数目，依出让方式而定。采取拍卖方式出让的，以拍卖成交协议而定；采取招标方式出让的，依定标中确定的数额；采取协议方式出让的，依其约定，但不得低于国家规定所确定的最低价。出让金一般应以金钱为限。有偿取得的建设用地使用权人应当在签订建设用地使用权出让合同后的 60 天内，一次性支付全部建设用地使用权出让金。逾期未全部支付的，出让方有权解除合同，并可以请求违约赔偿。通过划拨方式无偿取得建设用地使用权的，除应依法缴纳土地使用税外，如使原使用单位受到损失或者需要搬迁的，应当缴纳补偿、安置等费用。

（二）合理利用土地的义务

合理利用土地，是指不得擅自改变土地用途。《城市房地产管理法》第 26 条规定："以出让方式取得土地使用权进行房地产开发的，必须按照土地使用权出让合同约定的土地用途、动工开发期限开发土地。超出出让合同约定的动工开发日期满一年未动工开发的，可以征收相当于土地使用权出让金 20% 以下的土地闲置费；满二年未动工开发的，可以无偿收回土地使用权；但是，因不可抗力或者政府、政府有关部门的行为或者动工开发必需的前期工作造成动工开发迟延的除外。"

（三）返还及恢复土地原状的义务

建设用地使用权人在该权利消灭时，应当将土地返还给所有人。原则上，返还时应恢复土地的原状。

引例解析：

1. 公司的土地是按照《物权法》第 137 条第 1、2 款"设立建设用地使用权，可以采取出让或者划拨等方式。工业、商业、旅游、娱乐和商品住宅等经营性用地以及同一土地有两个以上意向用地者的，应当采取招标、拍卖等公开竞价的方式出让"的规定，通过竞拍，由政府代表国家出让的。

《物权法》第135条规定："建设用地使用权人依法对国家所有的土地享有占有、使用和收益的权利，有权利用该土地建造建筑物、构筑物及其附属设施。"第143条规定："建设用地使用权人有权将建设用地使用权转让、互换、出资、赠与或抵押，但法律另有规定的除外。"据此，公司拥有的是这幅建设用地的使用权，可在其上进行建设，通过对商场、写字楼及其所占范围的建设用地使用权的出租，通过对住宅及其所占范围的建设用地使用权的转让来赢利，当然也可以将建设用地使用权互换、出资、赠与或者抵押。

《城镇国有土地使用权出让和转让暂行条例》第12条规定："土地使用权出让最高年限按下列用途确定：①居住用地70年；②工业用地50年；③教育、科技、文化、卫生、体育用地50年；④商业、旅游、娱乐用地40年；⑤综合或者其他用地50年。"所以，本大厦第1~4层是商业用地最高50年，第5~12层是住宅用地最高70年。

2.《物权法》第148条规定："建设用地使用权期间届满前，因公共利益需要提前收回该土地的，应当依照本法第42条的规定对该土地上的房屋及其他不动产给予补偿，并退还相应的出让金。"就是说，提前收回土地，一定要有合法的理由，就是确实应是公共利益需要，而且对公司的损失要给与补偿。

3. 公司的建设用地使用权有三种登记：

（1）设立登记。《物权法》第139条规定："设立建设用地使用权的，应当向登记机构申请建设用地使用权登记。建设用地使用权自登记时设立。登记机构应当向建设用地使用权人发放建设用地使用权证书。"

（2）变更登记。《物权法》第145条规定："建设用地使用权转让、互换、出资或者赠与的，应当向登记机构申请变更登记。"

（3）注销登记。《物权法》第150条规定："建设用地使用权消灭的，出让人应当及时办理注销登记。登记机构应当收回建设用地使用权证书。"

案例思考：

湖南岳阳广利置业有限公司（以下简称广利公司）与湖南城陵矶开发区金海实业总公司（以下简称金海公司）讼争的土地位于湖南省岳阳市城陵矶经济技术开发区琵琶王新立交桥东南侧。原湖南城陵矶经济技术开发区环宇总公司（以下简称环宇公司）于1993年3月16日与岳阳市国土局签订土地使用权出让合同，办理有关手续后，取得了位于岳阳市琵琶王新立交桥东南侧土地使用权，面积为98 792平方米。

环宇公司于1993年4月28日与广利公司签订了土地使用权转让合同书,约定:环宇公司转让位于岳阳市琵琶王新立交桥东南侧13 500平方米土地(折合20.25亩),每亩地价为21万元;环宇公司于1993年7月30日前完成居民拆迁、土地的平整、地下水管道及电源线接通等工作,延误交付土地,按月利率15‰承担预付款的利息,超过一个月则按月利率20‰计息;广利公司于合同签订后,六日内预付地价款的80%,余款于7月31日付清,延误付款,一天罚款5000元。同时,合同对转让土地的四至、交付手续等均作了具体规定。由于合同中约定转让的土地有部分是岳阳市邮电局享有使用权,环宇公司遂于1993年5月6日又与广利公司签订了补充协议,约定转让土地面积为15 600平方米(折合23.4亩),预付款人民币388万元;如果7月30日交付土地时,环宇公司与其他有关部门未办妥地块调整手续,为履行合同,双方同意将土地整块西移,保持临街面积150平方米和23.4亩面积不变。同日,广利公司依照补充协议的约定付给环宇公司人民币388万元。

1993年7月30日,环宇公司因市场情况变化等因素未能履约交付土地。1993年9月,环宇公司分立,环宇公司在土地使用权转让合同和补充协议中应承担的权利和义务,由金海公司承担。1993年10月,岳阳市国土局因环宇公司未依法交足土地出让金,依法将该地使用权证收回。广利公司对此不知情,后又曾多次找金海公司协调,无果,便于同年11月8日向其发出《催地通知书》催要土地,金海公司对此未作答复。另外,补充协议对西移土地的四至亦未作具体约定,没有红线图,双方亦未到有关部门办理土地使用权变更登记手续,双方当事人对西移土地的四至指认不一,在履行中发生争议,经协议未能达成一致意见。广利公司于1993年12月18日向湖南省高级人民法院提起诉讼,请求判令金海公司返还已付本金,赔偿利息损失62万余元,并终止协议履行。请问本案应如何处理?

第十一章

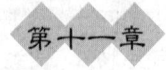
宅基地使用权

◆ 引例:

林某因家庭人口多,向其所在村委会申请宅基地,后获 48 平方米的宅基地一处。但村委会一直未将办妥的土地使用证发还给林某持有。后来,村委会以宅基地属于集体所有为由,将原安排给村民的部分宅基地作出调整,把林某的宅基地安排给郭某使用。当林某打算在该宅基地上动工建房时,郭某却声称其已向村委会购买了该宅基地的使用权,并在宅基地上堆放水泥而长期占用,拒不把占用的该宅基地交还给林某建房。林某遂向人民法院起诉,请求判令郭某停止侵权,归还占用的宅基地,判令村委会发还原告的土地使用证。

问题:该案应如何处理?

☞ 要点:

1. 宅基地使用权的概念和特征
2. 宅基地使用权的内容
3. 宅基地使用权的效力

第一节 宅基地使用权概述

一、宅基地使用权的概念

宅基地使用权指的是农村集体经济组织的成员依法享有的在农民集体所有的土地上建造个人住宅的权利。我国《物权法》第 152 条规定:"宅基地使用权人依法对集体所有的土地享有占有和使用的权利,有权依法利用该土地建造住宅及其附属设施。"此项权利是对我国农村村民长期以来将集体所有的土地用来建造住宅及其附属设施的情况的法律确认,具有十分重要的意义。

宅基地使用权是我国特有的一种用益物权,它是专为解决农民的居住问题而设的。在我国,农村土地归集体所有,即便是集体成员也不得擅自使用集体所有的土地,为了提供农民在集体所有的土地上建造住房的权利依据,我国设置了宅基地使用权这一用益物权。

宅基地使用权关系到九亿农民的"安居"问题,《物权法》以专章对其进行规定是十分必要的。但考虑到我国农村地区的发展很不平衡，各地区之间在宅基地问题上存在很大差别，试图对宅基地使用权的各种问题作整齐划一、详尽细致的规定不切实际，因此《物权法》"宅基地使用权"一章的规定比较简略（只有四个条文），一些具体事项还有待于国家或地方通过专门立法加以解决。[1]

二、宅基地使用权的特征

关于宅基地使用权的特征，可从以下几个方面分析：

（一）权利主体的特定性

特定的宅基地仅限于本集体经济组织内部的成员享有使用权。宅基地使用权是专为解决农民的住房问题而设，是农村居民特有的权利，因而不得为城镇居民设置宅基地使用权，除非城镇居民依法将户口迁入该集体经济组织，否则禁止城镇居民在农村购置宅基地。不仅如此，宅基地使用权的主体还往往限于本集体内部的成员，本集体之外的农户无权取得宅基地使用权。

不过，本集体经济组织之外的人也并非绝对不可能成为宅基地使用权的主体，当本集体之外的自然人继承位于本集体经济组织的房屋时，他也相应地取得该房屋占用范围内的宅基地使用权。

（二）权利客体的特定性

宅基地使用权的客体是本集体所有的土地。从字面上来分析，宅基地使用权应当是指城、乡居民依法对批划给自己建造住宅的土地享有的建造房屋以供使用、居住的权利。[2] 除了农民可能对集体所有的土地拥有宅基地使用权外，城镇居民也可能对国有土地享有宅基地使用权，但在《物权法》中，城镇居民享有的利用国有土地建造住房的权利属于建设用地使用权的范畴，《物权法》所规定的宅基地使用权实为"农村宅基地使用权"，其客体仅限于集体所有的土地，于国有土地上不得设立宅基地使用权。

另外，所谓"集体所有的土地"，其范围应作广义理解，即包括土地的地表、空中和地下，亦即集体经济组织成员可以在集体所有土地的地表、空中和地下建构房屋及其他附属设施。

（三）目的的特定性

宅基地使用权的目的是依法在土地上建造住宅及其附属设施（仓库、厕所、沼气池、庭院、猪圈、牛棚等）。如果是利用集体土地从事农业生产，则不属于

---

[1] 我国不少地方对宅基地使用权都有专门的立法，例如1992年河南省人民政府发布的《河南省农村宅基地管理办法》、2001年宁波市人民政府发布的《宁波市农村宅基地管理办法》、2002年河北省人民政府发布的《河北省农村宅基地管理办法》。

[2] 屈茂辉：《用益物权制度研究》，法律出版社2005年版，第324页。

宅基地使用权，而是土地承包经营权。另外，与宅基地使用权形成鲜明对照的是，建设用地使用权的目的具有多样性，可以用作居住用地、工业用地、教育、科技、文化、卫生、体育、商业、旅游、娱乐等用地。

(四) 宅基地使用权的无期限性

宅基地使用权是无期限的用益物权，即具有永久性。宅基地使用权不发生因期限届满而消灭的问题，权利人得永久享有此项权利并得依法继承。

第二节 宅基地使用权的变动

一、宅基地使用权的取得

用益物权的设立通常是由土地的所有人与土地的使用人签订合同，例如土地承包经营权合同、建设用地使用权出让合同均是如此。但宅基地使用权的设立明显与众不同，它是一个行政审批过程。根据我国现行法律的规定，农村村民建住宅，应符合乡（镇）土地利用总体规划，并尽量使用原有的宅基地和村内空闲地。《土地管理法》第62条第3款规定："农村村民住宅用地，经乡（镇）人民政府审核，由县级人民政府批准。"但如果涉及占用农用地的，应依照《土地管理法》的有关规定办理审批手续。农村村民出卖、出租住房后，再申请宅基地的，不予批准。这一过程其实是把宅基地使用权的取得与建房的许可结合在一起，突出了有关行政主管部门的地位，但作为土地所有人的农村集体组织，在宅基地使用权的设立这一问题上并没有最终的决定权。

(一) 宅基地使用权设立的原则

1. "一户一宅"原则。《物权法》第153条规定："宅基地使用权的取得、行使和转让，适用土地管理法等法律和国家有关规定。"根据《土地管理法》的规定，农村村民一户只能拥有一处宅基地，并且其面积不得超过省、自治区、直辖市规定的标准。[1] 农村因建造新房、继承房产等原因依法取得两处以上宅基地的，应当在规定的期限内将多余的宅基地使用权连同住房一并转让，到期未转让的，经县级人民政府批准，由本集体收回宅基地，但应对该宅基地上的房屋等地上物给予适当补偿。农户占有的宅基地面积超过规定的标准的，应由集体将超过

---

[1] 农民宅基地面积没有国家统一的标准，而是由各地自行制定。例如2002年颁布的《河北省农村宅基地管理办法》第13条规定："本省依法实行农村村民一户一处宅基地制度。农村宅基地的面积按照下列标准执行：①人均耕地不足1000平方米的平原或者山区县（市），每处宅基地不得超过200平方米；②人均耕地1000平方米以上的平原或者山区县（市），每处宅基地不得超过233平方米；③坝上地区，每处宅基地不得超过467平方米。县（市）人民政府可以根据当地实际情况，在前款规定的限额内规定农村宅基地的具体标准。"

的部分收回，并要求农户限期拆除在超过的部分非法建造的住宅及其他设施。

2. 无偿原则。宅基地使用权具有较强的福利性质，本集体的农户取得宅基地使用权无须向土地所有人支付地租。我国曾经从 1990 年开始开展过农村宅基地有偿使用的试点工作，但 1993 年 7 月，为了减轻农民负担，中共中央办公厅、国务院办公厅在《关于涉及农民负担项目审核处理意见的通知》（中发 [1993] 10 号）中明令取消收取农村宅基地有偿使用费和农村宅基地超占费。

3. 内部原则。宅基地使用权应在本集体内部进行分配，本集体以外的农户以及城镇居民一般无权分得宅基地使用权。换言之，分得宅基地是作为集体经济组织成员的一项权利，集体以外的单位、个人则不享有该项权利。

（二）宅基地使用权申请的条件

目前，农户申请宅基地使用权应具备的条件由各地根据实际情况自行制定，并没有全国统一的标准。根据各省制定的农村宅基地管理办法，一般来说，农村村民有下列情形之一的，可以申请宅基地使用权：①因子女结婚等原因确需分户，缺少宅基地的；②外来人口落户成为本集体成员，没有宅基地的；③因发生或者防御自然灾害、实施村庄和集体规划以及进行乡村公共设施和公益事业建设，需要搬迁的。

农村村民有下列情形之一的，通常不予批准使用宅基地：

（1）非本集体的农村村民。

（2）已拥有一处达到规定标准面积的宅基地。

（3）农村村民转让住房后，再申请宅基地的。

（三）宅基地使用权设立的程序

通常，宅基地使用权的设立按照下列程序进行：①农户申请。准备建房的农户向所在地的农村集体经济组织提出用地申请。②农村集体经济组织讨论。农村集体经济组织对农户的申请进行讨论，如果同意，则将其申请递交给乡（镇）人民政府。③乡（镇）人民政府审核。乡（镇）人民政府应对农户的申请进行审核，提出审核意见，报送县级人民政府批准。④县级人民政府批准。县级人民政府依法对农户的申请进行审批，经审查符合条件的，予以批准。⑤行政主管部门发证。农户的申请被批准后，应由土地管理部门颁发建设用地许可证。房屋建好后，由土地管理部门和房屋管理部门核发宅基地使用权证和房屋所有权证。

二、宅基地使用权的流转

宅基地是农村村民的安身立命之所，对农村村民具有十分重大的意义。为了保障村民的宅基地，我国《物权法》、《土地管理法》、《担保法》及国家有关政策实际上是禁止宅基地使用权流转的，亦即宅基地使用权的买卖、赠与、投资入股、抵押等均不允许。例外情形是宅基地使用权可以继承，以及宅基地使用权随宅基地上的房屋所有权的转让而流转。对于第二种流转，即转让农村房屋所有权而导致的宅基地使用权的转移，亦应加以限制：①受让人只能是本集体经济组织的成员，如果要转让给本集体经济组织以外人员，该人员必须首先在本集体经济组织中落户并符合申请宅基地的条件。②农村村民一户只能拥有一处宅基地。农村村民出卖住房后再申请宅基地的，不予批准，以此防止新的农村耕地流失。③受让方的宅基地的面积不得超过省、自治区、直辖市规定的标准，否则不得受让。[1]

宅基地使用权可否抵押是《物权法》立法过程中较有争议的一个问题。一种意见认为，宅基地使用权是农民安身立命的基本生活保障，规定宅基地使用权可以抵押，在实现抵押权时就面临要么使农民失去自己的住所，要么让抵押权落空的两难境地。另一种意见认为，农民可抵押的财产有限，在保障农民基本居住条件的前提下，应当允许宅基地使用权抵押以缓解农民贷款困难。为了防范因此而出现的风险，可以有条件地适当放开。还有一种意见认为，宅基地使用权抵押的问题比较复杂，不宜一概而论。物权法对这一问题应暂不作具体规定，待各方面的认识进一步统一，有一些经验时，再根据实际情况，通过土地管理法等其他法律解决。[2] 最后正式通过的《物权法》采纳了第三种意见，即不作明文规定，而是仍然沿袭《土地管理法》的规定，即不得抵押。应当说这是正确之举。目前，我国农村社会保障体系尚未全面建立，宅基地使用权是农民基本生活保障和安身立命之本。从全国范围看，放开宅基地使用权抵押的条件尚不成熟。特别是农民一户只有一处宅基地，这一点与城市居民是不同的。农民一旦失去住房及其宅基地，将会丧失基本生存条件，成为无容身之处的"流民"，影响社会稳定。所以，对不允许宅基地使用权抵押应当给予肯定性评价。[3]

三、宅基地使用权的消灭

（一）宅基地使用权消灭的原因

1. 宅基地因自然原因灭失。如由于洪水等自然灾害导致宅基地灭失，宅基地使用权也应随之消灭。根据《物权法》第154条的规定："宅基地因自然灾害等原因灭失的，宅基地使用权消灭。"但是，如果只是宅基地上的房屋灭失，则不会影响宅基地使用权的继续存在，宅基地使用权人有权在宅基地上重新建造房屋，以供居住。

---

[1] 江平主编：《中国物权法教程》，知识产权出版社2007年版，第359页。
[2] 王胜明主编：《中华人民共和国物权法解读》，中国法制出版社2007年版，第331页。
[3] 王胜明主编：《中华人民共和国物权法解读》，中国法制出版社2007年版，第332页。

2. 收回宅基地。在某些情况下，农民集体组织可以收回宅基地。[1] 根据各地的有关规定，宅基地长期闲置的，农民集体组织也可依照法定的程序收回宅基地。例如《河北省农村宅基地管理办法》第12条规定："下列宅基地的使用权，由村民委员会向乡（镇）土地管理机构提出申请，县（市）土地行政主管部门审查、县（市）人民政府批准后，可以收回：……⑤自依法批准之日起连续两年未按照批准的用途使用的宅基地；……"

3. 宅基地的征收。国家为了社会公共利益的需要，可以征收宅基地。宅基地被征收的，应对宅基地上的建筑物给予补偿，且应当对被征收的农户重新分配宅基地。

4. 宅基地无人继承。如果宅基地使用权人的家庭成员全部死亡，又无其他继承人的，宅基地使用权也归于消灭。

（二）宅基地使用权消灭的法律后果

1. 宅基地使用权作为一种在集体土地上设立的无偿取得的用益物权，具有社会保障、社会福利性质。因此《物权法》第154条规定，在宅基地使用权消灭时，"对失去宅基地的村民，应重新分配宅基地"。

2. 登记注销。囿于我国广大农村地区落后的宅基地登记制度的现实，《物权法》对宅基地的登记没有采用一刀切的规定，作为权宜之策，第155条只规定："已经登记的宅基地使用权转让或者消灭的，应当及时办理变更登记或者注销登记。"依此规定，在宅基地使用权消灭的法律事实发生后，已经登记的宅基地使用权应当及时办理注销登记。

第三节 宅基地使用权的效力

一、宅基地使用权人的权利

宅基地使用权人的权利主要包括以下方面：

（一）对土地的占有、使用权

宅基地使用权是一种用益物权，占有、使用宅基地是该项权利的基本内容。宅基地使用权人有权占有宅基地，并在宅基地上建造个人住宅以及与居住生活相关的附属设施，但应严格按照规定的宅基地面积、设计层数、高度及质量标准进行施工。宅基地使用权人对宅基地上建造的房屋和附属设施享有所有权。

---

[1]《物权法（草案）》（六审稿）曾设有以下条文："因乡村公共设施和公益事业建设的需要，经县级人民政府批准，本集体收回宅基地的，应当对宅基地被占用的农户重新分配宅基地；造成宅基地使用权人损失的，应当给予补偿。"

《物权法》规定土地承包经营权人、建设用地使用权人对土地享有占有、使用和收益的权利（《物权法》第125、135条），但在规定宅基地使用权时，只提到权利人对土地享有占有和使用的权利（《物权法》第152条），由此推断，宅基地使用权人对土地并不享有收益权。应当说，《物权法》的这一规定与宅基地使用权的自身特点是相吻合的。农户取得宅基地是用来建造自己的住房，一不用于生产经营，二不可能收取天然孳息、法定孳息（宅基地使用权人不得单独将宅基地使用权出租），因而不涉及收益的问题。

基于对宅基地的占有、使用，宅基地使用权人相应地享有物权请求权，并且宅基地使用权人与相邻不动产的权利人之间也适用相邻关系的规定。

（二）对宅基地使用权得进行有限的处分

宅基地使用权本身不可以单独转让，亦不得单独成为抵押权的标的，但可以随着宅基地使用权上的房屋所有权一同转让，也可以在房屋所有权上设立抵押时将宅基地使用权一并抵押。房屋可以继承，所以宅基地使用权实际上也可以继承。此外，村民将房屋出典、赠与他人时，宅基地使用权也应当一并转移给新的房屋所有人。[1] 所有这些均体现了对宅基地使用权的有限的处分。

（三）宅基地使用权人的权利无期限限制

宅基地使用权本身无期限限制，权利人得永久享有此项权利并得依法继承。宅基地上的建筑物或者其他附属物灭失的，不影响宅基地使用权的效力。宅基地使用权人有权在宅基地上重新建造房屋，以供居住。[2]

二、宅基地使用权人的义务

（一）必须按照批准的用途使用宅基地

根据宅基地使用权的目的，宅基地使用权人必须在批划的宅基地上建造房屋，不得擅自改变宅基地的用途，如将宅基地改为鱼塘、利用宅基地建设厂房、旅馆、酒店等。另外，宅基地使用权人必须在规定的期限内在宅基地上建造住宅及其他附属设施，否则土地所有权人有权收回宅基地使用权。

（二）必须按照批准的面积建造住宅

宅基地使用权人不能采取任何非法手段多占土地作为宅基地，应按批准的面积建造住宅及其附属设施。如果宅基地使用权人多占土地的，将按照非法占用土地追究法律责任。

（三）不得非法转让宅基地使用权

宅基地使用权人不得将宅基地使用权单独转让或单独抵押，也不得以土地入

---

〔1〕 江平主编：《中国物权法教程》，知识产权出版社2007年版，第364页。
〔2〕 江平主编：《中国物权法教程》，知识产权出版社2007年版，第364页。

股等方式变相买卖宅基地使用权。非法转让宅基地的，该转让协议无效。因出卖房屋转让宅基地的，不得再申请宅基地。居民迁居并拆除房屋以后，腾出宅基地的，应当由集体组织收回宅基地。村民长期闲置或抛弃的宅基地，集体组织有权收回。[1]

（四）要服从国家、集体统一规划

因国家、集体统一规划需要变更宅基地时，宅基地使用权人不得阻挠，但是因变更宅基地给使用权人造成困难或损失时，应依法给予补偿。

引例解析：

根据《物权法》、《土地管理法》等相关法律的规定，本案讼争宅基地使用权的设立符合法定程序：原告林某作为本村村民向所在地的村委会提出了宅基地申请，得到村委会的同意及相关主管机关的审批，最后取得土地管理部门颁发的土地使用证。因此本案原告已经取得宅基地使用权，原告作为宅基地使用权的主体，其权利应受到法律的保护，任何人不得非法干涉。既然土地管理部门向原告颁发了土地使用权证，即对原告享有的宅基地使用权的登记确权，村委会扣发已办妥的土地使用证属于违法行为，应当将土地使用证交还原告。

村民依法取得的宅基地使用权受到法律的保护，即便是集体土地所有人也不得擅自收回宅基地。村委会要收回村民的宅基地，必须符合法定的条件，通过法定的程序。本案中，村委会仅仅以宅基地属于集体所有为由便擅自将原告的土地安排给郭某，已经构成了对原告宅基地使用权的侵害，应当予以纠正。郭某在原告的宅基地上堆放水泥而长期占用，妨害了原告的宅基地使用权，应停止侵害，将该土地交还原告。

案例思考：

李某是某农村集体经济组织的成员之一，经过批准获得了一处土地的宅基地使用权。在其建房之前，李某因在某城市打工而定居下来。李某考虑到自己可能不再继续在农村居住，遂打算将其手中的宅基地使用权转让给他人。李某是否有权转让其宅基地使用权？

---

[1] 江平主编：《中国物权法教程》，知识产权出版社2007年版，第364~365页。

第十二章 地役权

◆ **引例：**

某甲房地产开发公司从他人手中购得位于市中心城市花园广场附近一块土地，以"观景"为理念设计并建造了一幢高层观景商品住宅楼。该地前边有一学校乙，双方协议约定：乙在 20 年内不得在该处兴建高层建筑，为此甲每年向乙支付 10 万元作为补偿。一年后学校迁址，将房屋全部转让给了丙房地产开发公司，乙未向丙提及其与甲之间的协议约定。丙购得该房屋后要拆除，然后建设高层住宅。甲得知这一情况后，要求丙立即停止兴建，遭到拒绝后便向法院提起诉讼，请求法院确认乙与丙之间转让房屋合同无效，并要求赔偿损失。

本案中某甲房地产公司到底有没有权利要求丙公司不建高层住宅？如果有此权利，那么这种权利是一种什么性质的权利？

☞ **要点：**

1. 地役权的概念与法律特征
2. 役权的变动
3. 地役权的效力

第一节 地役权概述

一、地役权的概念

地役权是一项古老的用益物权，是指土地所有人或使用权人为了使用自己土地的便利而利用他人土地的权利。在地役权法律关系中，为了自己土地的便利而使用他人土地的一方为地役权人或称需役地人，将自己土地供他人使用的一方为供役地人；因使用他人土地而获取便利的土地称为需役地，为他人土地便利而供使用的土地为供役地。

《物权法》颁布之前，我国法律中并没有地役权的规定，只规定了相邻关系。相邻关系（相邻权）只是对土地的合理利用进行最低限度的调整，其适用范围以相邻土地为限。而地役权的目的在于扩大土地利用的调节，提高自己土地的价值，其设定范围并不以邻地为限。

地役权制度的确立，其法律意义是显而易见的。地役权在一定程度上缓和了物权的排他效力，最大限度满足了需役地人通过对供役地附加负担而实现需役地效能发挥的目的。

二、地役权的法律特征

地役权是一项独立的物权，在性质上属于用益物权的范畴，是需役地人所享有的一项物权，其法律特征如下：

（一）地役权的主体具有广泛性

在我国土地公有制条件下，地役权的主体具有广泛性，除了土地所有权人之外，建设用地使用权人、土地承包经营权人、宅基地使用权人等他物权人都可以成为地役权法律关系的主体。《物权法》第162条规定："土地所有权人享有地役权或者负担地役权的，设立土地承包经营权、宅基地使用权时，该土地承包经营权人、宅基地使用权人继续享有或者负担已设立的地役权。"

（二）地役权的客体是他人的土地

地役权是存在于他人土地之上的物权，这里"他人的土地"，既包括他人所有的土地，也包括他人享有用益物权（主要是土地使用权）的土地。地役权主要是在土地之上设立的，但也不排斥在房屋和其他附属物之上设立地役权。因此对地役权中"地"的含义应作扩大理解。

（三）地役权的内容是利用他人的土地

地役权的内容是利用他人的土地，从中获取便利，这种利用可以有多种方式，包括在供役地上通行、取水、排水、铺设管线、眺望等，以及其他需要供役地人负容忍或者不作为义务的便利，包括不动产的将来便利。可见，便利的内容，既可以是有财产价值的利益，如通行地役权中的通行利益，也可以是非财产的利益，如眺望地役权的美观舒适利益；既可以是为需役地提高现实利用土地的利益，也可以是为需役地提供将来利用土地的利益；既可以是为需役地的直接便利，也可以是为需役地的间接利益。

（四）地役权的从属性

地役权的从属性，是指需役地所有权或用益物权与地役权具有主从关系，地役权依附于需役地的所有权或用益物权而存在。具体表现为：地役权不得与需役地分离而单独保留或让与他人；地役权不得与需役地分离而单独成为其他权利的标的，如地役权不能单独成为抵押权的标的。

需要说明的是，地役权虽依附于需役地的所有权或用益物权而存在，但其是一项独立的物权，取得需役地的所有权或用益物权并不必然产生取得地役权的法律效果。在这一点上与相邻权存在重大区别。

（五）地役权的不可分性

地役权的不可分性，是指地役权存在于需役地与供役地的全部，不能被分割为各个部分或仅仅一部分存在。具体表现为地役权发生和消灭的不可分性，以及地役权享有或者负担上的不可分性。例如，在设定地役权时，需役地为多人共有的，各共有人不得仅就自己的应有部分取得地役权；供役地为多人共有的，各共有人也不得就自己的应有部分为他人设定地役权。

（六）地役权类型的法定性、内容的意定性

地役权是一种宏观法定、微观意定的物权。[1] 地役权是一种法定物权，受物权法定原则的限制，但法律对其内容并不作具体规定。这就是说，双方通过协商、谈判，就地役权的设定或者说土地的利用形成一种交易，通过这种交易，一方提供便利、另一方支付对价，就使得不动产得到最有效的利用。因此，地役权的内容几乎完全可以由当事人约定。正是由于地役权具有这样的特点，这使地役权成为一种缓和物权法定主义的僵硬性，兼顾私法自治和交易安全，有效利用财产的重要形式。

三、地役权与相邻权的关系

地役权和相邻权在外观上有很大的相似之处，如两者都表现为以相邻人的土地为自己的土地提供便利，但两者的区别不容忽视。

（一）立法目的不同

相邻权是一方为了使自己的权利得到正常的行使或者使自己能够维护正常的生活生产，对相邻的另一方提出的提供最低限度便利的要求。这是一种法律上的强制性规定，目的在于维护社会最基本的生产生活秩序。而地役权的设定是为了一方的权利得到更好的行使，而对对方提出更高的提供便利的要求。

（二）权利的性质、产生的方式不同

相邻权主要是一种是法定权利，当事人依法取得。而地役权主要是一种约定权利，由当事人双方合意设立。

（三）权利内容不同

相邻权的内容包括自然流水的利用、排水、危害和危险的防治和排除、道路或桥梁的通行、采光、通风、噪音和震动的防止及减低等多方面；而地役权的内容较为单一，主要是为了需役地的利益而利用供役地。

（四）权利设定是否公示不同

从根本上说，相邻权依附于不动产本身，在性质上，是所有权的延伸或限

---

[1] 屈茂辉主编：《物权法：原理精要与实务指南》，人民法院出版社2008年版，第524页。

制,不是一种独立的物权,不能转让或者对抗第三人,无须特定的公示方式。而地役权是一种独立的用益物权,可能因为相对人的意思而发生变动(转让),在变动过程中会产生对抗第三人的问题,涉及第三人的利益。地役权自地役权合同生效时设立,未经登记不得对抗善意第三人。

(五)权利取得是否有偿及权利是否受到期限限制不同

相邻权一般是无偿的、无固定期限的。除非相邻权的行使损害了相邻方的合法利益,否则提供便利的一方不得要求对方支付费用。而地役权一般是有偿的,有固定期限限制,对价的多少、期限的长短,由当事人通过合同加以确定。

四、地役权的制度价值

地役权作为一种意定权利,其不确定性在宏观上起到了无孔不入的补缺作用,我国《物权法》第十四章将地役权单独列出作为一个专门章节加以阐述也体现了我国对地役权制度的重视,另外还可在现有物权法律框架下对一些强制性规定的适用起到一个很好的缓冲和协调作用。

(一)*兼顾私法自治与交易安全,缓和物权法定之僵硬*

物权法定原则要求法律对物权的名称、内容及公示方法加以明确规定。与其他用益物权形态不同,地役权具有意定性,民事主体间可根据自己的利益需要自由处理关于利用相互间不动产的关系,对地役权的内容尤其是对供役地的利用的具体方式,法律并不进行具体规定,而只是泛泛地要求其须为满足需役地的便利而设定。此种便利,如前所述,只要不违反法律的强制性规定和公序良俗,几可任意解释,从而实际上将权利内容完全委诸当事人自由设定。因此,物权法定主义在地役权中可谓"宏观法定、微观意定",法律对地役权内容的限制几乎是完全空白的,允许当事人通过约定而随意涂抹。

地役权制度实际上在物权法定的名义下,为当事人自由创设物权预留了空间。地役权可以有效缓解物权法定原则的僵硬性,不动产权利人就其不动产的利用加以自由约定,从而避免了可能存在的权利行使过程中的冲突和矛盾。

(二)*对相邻权的排除适用、填补其局限性的作用*

相邻权是一种法定权利,是不动产所有权或使用权的自动延伸,其产生不需当事人的设定,只要自己的不动产和他人的不动产相毗邻,他人的相邻权便自动成为自己不动产上的负担。但是,在某些情况下,相邻权的存在和行使可能会给相邻人带来更大的不利益。如果不允许毗邻人通过其他方式加以处理、排除,那么相邻权的存在便会违背其设立的初衷。地役权制度的创立,使当事人可以设定地役权来排除相邻关系的适用。

(三)*地役权规范环境保护的功效*

环境保护地役权是借鉴民事地役权而设立的一种为实现生态公益和环境资源

保护目的的新型权利，也是环境法与物权法的协调与沟通，其指为某种环境利益而利用他人土地的权利。环境保护地役权的设立可以使双方通过协商的方式明确各自的权利义务关系，并将其纳入物权法的保护体系，运用生态效益补偿或减免税收等经济手段弥补物权权利人的物权损失，以达到最终实现生态公益和环境资源保护的目的。此项用益物权的建立既可以满足环境资源的经济价值又可以实现其生态价值，是环境法和物权法的一种很好对接，也是我们解决环境问题推进生态建设的一个有效途径。[1] 在环境保护问题日益凸显的时代，环境地役权是对传统地役权的拓展与升华。对物权而言，是物权生态化的集中体现；对环境权而言，为环境权的实施提供了物权法的保障和"契约自治"的法律空间，是实现环境保护新的途径，是环境保护公众参与的新的形式。[2] 由此可见，地役权制度不仅为新出现的权利预留了一席之地，更为其他部门法的发展与创新提供了可借鉴的方法。

五、地役权的种类

地役权的内容具有较大的任意性，故而通过不同的标准对之加以分类，便于理解和把握相关的制度规则。通常认为，下列几种分类在对地役权的研究和适用中较有实际意义：

（一）积极地役权与消极地役权

这是根据地役权的内容而做的分类。积极地役权，也称作为地役权，是指权利人有权为了需役地的便利而直接利用供役地，或者说在供役地上进行积极行为的地役权。例如，取水地役权、通行地役权。消极地役权，也称不作为地役权，是指权利人为了需役地的便利而限制供役地所有人或使用人在供役地上进行一定方式的利用的地役权。此种情况下，地役权人并不直接使用供役地，其对供役地的支配是通过消极的、不作为的方式来进行的。例如以不在供役地上建造超过一定高度的房屋为内容的眺望地役权。

（二）持续的地役权与不持续的地役权

这是依据地役权行使的方法是否持续而进行的分类。持续的地役权是指供役地一旦具备适当状态，适于地役权行使后，即无须地役权人的行为就可持续行使的地役权。例如，眺望地役权，只要供役地人不建造超出约定高度的房屋，地役权即已实现。不持续的地役权则是指地役权的每一次行使都需要地役权人的行为。例如，汲水地役权。此种分类的意义在于持续的地役权才有可能时效取得。

---

〔1〕 诸江、蒋兰香："环境保护地役权探究"，载《求索》2008年第5期。
〔2〕 曹树青："环境地役权探究"，载《科技与法律》2006年第4期。

（三）表见地役权和不表见地役权

这是根据地役权的行使是否表现于外部而进行的分类。表见地役权是指权利的行使能够通过一定的事实表现于外部而为第三人所知悉的地役权。反之，则为不表见地役权。前者如开设了通道的通行地役权；后者如没有开设通道的通行地役权、在地下埋藏水管的排水地役权、采光地役权、眺望地役权。此种分类的意义在于，表见地役权才有可能时效取得。

第二节 地役权的取得

地役权既可依法律行为而取得，也可基于法律行为以外的事实而取得。

一、依法律行为而取得

基于法律行为而取得地役权是指当事人通过订立地役权设立合同而取得，这是地役权的主要取得方式，即当事人之间通过订立地役权合同来取得地役权。

（一）地役权设立合同的概念及特征

地役权设立合同是指需役地人与供役地人之间达成的以设立地役权为目的的合同。我国《物权法》第157条第1款规定："设立地役权，当事人应当采取书面形式订立地役权合同。"该合同的当事人应当为需役地的所有人和使用人，以及供役地的所有人和使用人。它具有以下法律特征：

（1）地役权设立合同是以设立地役权为目的的合同。当事人签订合同的目的就是需役地人在供役地上取得地役权。

（2）地役权合同是双务合同。地役权人在取得地役权的同时，也需承担相应的义务。

（3）地役权合同既可以是有偿的，也可以是无偿的，具体内容由当事人双方约定。

（4）地役权合同是要式合同，必须采取书面形式。

（二）地役权合同的内容

地役权的内容，法律允许当事人自由约定。故而，地役权合同应当采书面形式，其内容应当包括供役地和需役地的位置、利用目的和方法、期限等必要条款。《物权法》第157条规定：设立地役权，当事人应当采取书面形式订立地役权合同。地役权合同一般包括下列条款：

1. 当事人的姓名或者名称和住所。这是对双方主体资格的约定，一旦发生纠纷，可以准确地确定原告和被告。

2. 供役地和需役地的位置。这是地役权所有的权利和义务的载体，有必要在合同中加以明确。当然，供役地和需役地可以相邻，也可以不相邻，而地役权与相邻关系的区别之一也在于此。

3. 利用目的和方法。不同的利用目的和方法会对供役地造成不同的后果。如果利用不当，就会对供役地带来损害，所以地役权人应当按照双方所约定的方式和目的利用需役地，尽可能地减少对他人物权的限制。《物权法》第159条规定："供役地权利人应当按照合同约定，允许地役权人利用其土地，不得妨害地役权人行使权利。"第160条规定："地役权人应当按照合同约定的利用目的和方法利用供役地，尽量减少对供役地权利人物权的限制。"

4. 利用期限。既然地役权是利用供役地改善需役地的土地利用价值，因此，地役权的存续期间就要受到供役地和需役地本身物权的限制。如果供役地和需役地都是有期限的土地承办经营权和建设用地使用权，那么当事人约定的地役权存续期间应不超过土地承办经营权和建设用地使用权的剩余期限。《物权法》第161条规定："地役权的期限由当事人约定，但不得超过土地承包经营权、建设用地使用权等用益物权的剩余期限。"

5. 费用及其支付方式。地役权既可以是有偿的，也可以是无偿的。在有偿的情况下，双方还可以约定支付费用的方式，可以分期付款，亦可一次性付清。

6. 解决争议的方法。关于地役权的纠纷可以约定由法院管辖，可以约定提交共同指定的仲裁机构。但是应注意，地役权纠纷属于不动产纠纷，应由不动产所在地法院管辖。

（三）设立地役权应遵循的原则

地役权是为需役地便利而在供役地上设定的负担，因此设立地役权应遵循以下原则：①设立地役权应遵循对供役地人损害最小的原则，对供役地所施加的负担，以能够满足需役地的便利为已足；②不得违背公共秩序和善良风俗的原则；③宅基地使用权人或农地使用权人设立地役权，不得违反其权利设立时规定的土地用途，并不得给土地所有人造成损害。

（四）地役权登记的效力

地役权合同一经设立，即发生债法上的效力，需役地所有人或使用人有权按照合同约定的方式来利用供役地。

1. 地役权的设立采登记对抗主义。地役权的设立不以登记为要件，《物权法》第158条规定："地役权自地役权合同生效时设立。当事人要求登记的，可以向登记机构申请地役权登记；未经登记，不得对抗善意第三人。"可见，《物权法》并不强制要求地役权进行登记，而只是通过赋予登记以对抗第三人的效力来鼓励当事人进行登记。

2. 登记对于地役权变更、转让或者消灭的效力。《物权法》第158条仅规定了地役权自地役权合同生效时设立，当事人要求登记的，可以向登记机构申请地役权登记；未经登记不得对抗善意第三人。而对地役权变更、转让或者消灭的效力没有规定，仅在《物权法》第169条中规定："已经登记的地役权变更、转让或者消灭的，应当及时办理变更登记或者注销登记。"我们认为，对于地役权变更、转让和消灭中登记的效力而言，应与地役权的设立适用统一规则，即地役权变更、转让或者消灭自变更或者转让合同生效或者解除时生效，但是未经登记，不得对抗善意第三人。

二、依法律行为以外的事实行为而取得

（一）时效取得

地役权作为一种物权，且具有可转让性，理论上应当可以时效取得，并为各国民法普遍承认。我国司法实践中，事实上也承认时效取得地役权的情形，《最高人民法院关于贯彻执行〈中华人民共和国民法通则〉若干问题意见》第101条规定："对于一方所有的或者使用的建筑物范围内历史形成的必经通道，所有人或使用权人不得堵塞。"该规定虽然名义上是对相邻关系的规定，但实际上是对地役权的规定，是对时效取得地役权事实上的承认。我国《物权法》没有规定取得时效，但依法理，地役权也应当为取得时效的客体。

地役权的时效取得一般应具备以下条件：

1. 需役地人须持续、公开、和平且积极地使用供役地。持续、公开、和平和积极这四个条件，均须具备。持续是指需役地人连续不断地使用供役地，否则无法满足时效取得时持续法定期间的要求。所以，对于非继续地役权，如偶尔之通行，不论年数长短，不能认为成立地役权，以保护不动产所有人之利益不受非预想之损失。[1] 公开是指需役地人须毫不隐瞒地、公然地使用供役地；和平是指不依暴力使用；积极是指需役地人的使用须能够被外界识别。

2. 需役地人使用供役地须达到一定期间。该期间应该与法律所规定的取得时效的期间一致。一般立法例为10年，只要需役地人持续、公开、和平且积极地使用供役地达到10年，且期间没有时效中断或中止事由，需役地人可依时效取得地役权。当然各国依其本国实际可另有其他规定。根据我国的实际情况，可以考虑为10年，从需役地人对供役地开始公开、和平使用之日起计算，持续且不间断地使用满10年，始发生取得地役权的效力。当然，需役地人有权申请地役权登记，但因时效而取得地役权应与前述依法律行为取得地役权一样，采登记对抗主义。

但应注意的是，并非所有类型的地役权均可因时效而取得，依传统民法，仅

---

[1] 参见谢在全：《民法物权论》（上），中国政法大学出版社1999年版，第434页。

适用于继续的和表现的地役权；对于非继续的和非表现的地役权则不能因时效而取得。

（二）因他物权设立或分割而取得地役权

在国有或集体所有的土地上，已有供整块土地使用的设施，如果在该土地的一部分设立土地使用权，而新设立的土地使用权人有继续使用该设施的必要的，新设立的土地使用权人理应取得以使用该设施为内容的地役权。

土地使用权因分割而由不同主体享有时，若在原土地使用权的标的——整块土地上存有地役权的，而受让的土地使用权人有继续行使地役权的必要的，则受让人取得该地役权，此为用益物权的分割而取得地役权。

因他物权设立或分割而取得的地没权，非基于当事人合意，而是基于法律的直接规定而取得，属于法定地役权，因此，无须当事人订立地役权设立合同，也无须进行地役权设立登记。[1]

（三）因继承而取得

地役权为财产权，故地役权可以成为继承权的客体。

第三节 地役权的效力

地役权的效力，即地役权人和供役地人的权利和义务。地役权一经设立，在双方当事人之间产生如下权利与义务：

一、地役权人的权利与义务

（一）地役权人的权利

1. 利用供役地。地役权设定的目的在于以供役地供需役地的便利使用。地役权人在其权利范围内，可以使用供役地。地役权人对供役地进行利用的方式，既包括以积极的行为对供役地加以使用，也包括以消极不作为的方式而仅仅限制供役地所有人和使用人对供役地进行某种利用，如禁止供役地人在供役地上修建高层建筑。至于地役权的具体内容，如利用目的、方法及范围等，法律并不作具体规定，而由当事人自由约定。

2. 为必要的附随行为，设置并保有必要的附属设施。地役权人为实现地役权的设定目的，有权在供役地上为必要的附随行为。所谓必要的附随行为，是指为了达到地役权的目的，而不得不实施的行为。例如，为达到排水目的而开挖沟渠。当然，此种行为应当采取对供役地损害最小的方式为之。

---

〔1〕 张义华：《物权法论》，中国人民公安大学出版社 2003 年版，第 317 页。

地役权人为行使权利,可以在供役地上修建必要的附属设施,如引水地役权设定后,为引水而在供役地下层铺设管道。在地役权消灭后,原地役权人应收回在供役地上所设置的附属设施,恢复土地原状。但供役地人愿以时价购买,原地役权人不得拒绝。

3. 物上请求权。地役权性质上为物权,因此,地役权人享有物权请求权。尽管地役权不以占有为条件,但当有行为妨害地役权的行使时,地役权人可以行使停止侵害、排除妨害或者消除危险请求权。[1]

(二) 地役权人的义务

1. 支付对价的义务。地役权的设定,可以是有偿的,也可以是无偿的。如果地役权的设定是有偿的,则地役权人负有支付对价的义务。

2. 维护附属设施及允许供役地人使用的义务。地役权人因行使地役权而在供役地上设置的附属设施,应当注意维护。因未尽保养维护义务致供役地人受到损害的,地役权人应当负担赔偿责任。同时,在不影响地役权人的地役权行使的前提下,地役权人应当允许供役地人在一定范围内使用附属设施。[2]

3. 合理使用供役地的义务。基于权利不得滥用原则,地役权人对供役地的使用应当选择损害最小的方式进行。地役权人因行使地役权对供役地造成合理范围之外的损害或变动的,应当事后予以相应的补偿并恢复原状。

二、供役地人的权利与义务

(一) 供役地人的权利

1. 对价请求权。地役权的设定,可以是有偿的,也可以是无偿的。如果地役权的设定是有偿的,则供役地人享有请求支付对价的权利。若地役权人不按期支付对价,则应承担违约责任,地役权人长期拖欠对价的,供役地人可依法终止地役权设定合同。

2. 请求变更利用场所及方法的权利。如果变更行使权利的场所及方法对地役权人并无不利,而对于供役地人有利,则供役地人有请求地役权人予以变更的权利,地役权人不得拒绝。此种做法为国外所普遍接受,但我国《物权法》并没有此类规定。

3. 附属设施使用权。基于经济上的考虑,对于地役权人在供役地上所为的设置,供役地人在不影响地役权行使的范围内有权使用,以节省供役地人再行设置的费用。

---

[1] 史尚宽主编:《物权法论》,中国政法大学出版社 2000 年版,第 240 页。

[2] 屈茂辉主编:《用益物权论:源流分析·制度比较·立法思考》,湖南出版社 1999 年版,第 165 页。

（二）供役地人的义务

1. 容忍的义务。供役地人的义务主要为容忍或者不作为的义务。地役权存在的目的和价值，就在于以供役地提供需役地便利之用，一旦地役权设立，供役地权利人便有义务向需役地权利人提供便利。供役地权利人的容忍义务，在积极地役权中，表现为供役地所有人或使用人负有容忍地役权人在其土地上从事一定行为的义务。例如，在饮水地役权中，供役地人负有容许地役权人在自己土地上设置水渠或水管的义务。在消极地役权中，供役地人则负有不在其土地上进行一定利用行为的义务。例如，在眺望地役权中，供役地人不得在供役地上建造超过一定高度的房屋。

2. 附属设施费用分担义务。附属设施的维持费用，原则上应当是由附属设施的所有权人即地役权人承担，但是供役地所有权人或使用人使用附属设施且获利益的情况下，应当由其与地役权人根据收益程度共同分担。分担的比例，当事人可以自由约定。

三、地役权与其他用益物权的效力关系

地役权作为一种用益物权与其他用益物权发生权利冲突时，应当区分不同情形而决定各自权利的优先性。

（一）地役权设立在先，用益物权设立在后时

《物权法》第162条规定："土地所有权人享有地役权或者负担地役权的，设立土地承包经营权、宅基地使用权时，该土地承包经营权人、宅基地使用权人继续享有或者负担已设立的地役权。"对该条的理解主要可从以下几个方面展开：

1. 享有地役权的土地涉及承包经营权或者宅基地使用权。例如，甲地和乙地分别属于两个不同的农村集体经济组织甲村和乙村所有，虽然两地相邻，但是因受地势的影响，甲地缺水干旱，乙地有一片湖泽。甲村为了给自己的土地灌溉，早在五年前就与乙村在乙地上设立了10年的取水权，约定在乙地挖较深的渠道引水，并约定每年交付一定的费用。现在甲村将甲地承包给了乙，那么，依据《物权法》第162条的规定，乙作为土地承包经营权人，自然取得通过乙村取得的地役权。

2. 负担地役权的土地涉及承包经营权或者宅基地使用权。如果供役地所有人将其设置了地役权的土地承包给了他人，此时土地承包经营权人还应将该土地作为供役地来供原地役权人使用。

3. 该条规定仅对已经享有地役权或者负担地役权的土地上设定土地承包经营权和宅基地使用权两种用益物权时，先设定的地役权为用益物权自然继承。但是对于在土地上设立建设用地使用权的，该建设用地使用权人能否继续享有或者负担已设立的地役权，《物权法》没有作出明确规定。但是我们认为，设立建设

用地使用权与设立土地承包经营权、宅基地使用权同为在土地所有权上设立的用益物权，其主体的不同不应影响在其上设立的用益物权的权利享有或者义务承担，故该条对建设用地使用权应同样适用。

（二）用益物权设立在先，所有权人设立地役权在后的情形

《物权法》第163条规定："土地上已设立土地承包经营权、建设用地使用权、宅基地使用权等权利的，未经用益物权人同意，土地所有权人不得设立地役权。"该条设立的目的在于保护土地承包经营权人、建设用地使用权人、宅基地使用权人等用益物权人的合法权益，土地所有权人设立地役权时应服从在先设立的用益物权。

此外，用益物权属于定限物权，定限物权是在他人的物上设置的物权，一般通过合同的方式由双方自愿设立。用益物权一旦设立，所有权人就应当受到自己与用益物权人之间合意的约束。

第四节 地役权的消灭

地役权消灭主要有以下几种原因：

一、期限届满

地役权的期限是由当事人约定的，但不得为永久期限的约定。如需役地或供役地上的权利本身有期限限制，则地役权不得超过该权利的剩余期限。地役权期限届满时，地役权消灭。

二、供役地人依法解除地役权合同

在地役权设定后，如果地役权人严重违约，如长期不交付合同约定的费用、严重超越土地利用范围等，供役地人可以解除地役权合同，从而消灭地役权。《物权法》第168条规定："地役权人有下列情形之一的，供役地权利人有权解除地役权合同，地役权消灭：①违反法律规定或者合同约定，滥用地役权；②有偿利用供役地，约定的付款期间届满后在合理期限内经两次催告未支付费用。"

三、目的不能实现

因供役地的自然属性发生变化而不能实现地役权的目的时，地役权已无存续的必要，地役权消灭。例如，饮水地役权因其水源枯竭，而导致饮水地役权的存在没有实际意义，饮水地役权当然消灭。

四、混同

他物权和所有权混同的情况下，他物权原则上应当消灭。但就地役权而言，其混同的法律后果略有不同。地役权因混同而消灭，包括如下情形：①当地役权为供役地所有人设定时，地役权人必须取得供役地所有权且供役地上无其他使用

权,地役权因混同而消灭;②当地役权为供役地使用人设定时,地役权人取得了供役地的使用权,从而地役权因混同而消灭。

五、约定消灭事由的出现

在地役权合同中,双方当事人可以约定地役权消灭的具体事由,在约定的消灭事由出现时,地役权归于消灭。

六、需役地用益物权的消灭

地役权依附于需役地而存在,需役地上存在的用益物权因国家征收、土地所有权人收回、土地灭失等原因消灭时,地役权随之消灭。地役权消灭后,地役权人应当及时清除土地上的各种设施和附属物,恢复土地的原状。[1]

七、地役权的抛弃

地役权人抛弃其权利,地役权消灭。地役权如果是有偿取得,地役权人可以抛弃地役权,但必须向供役地人支付地役权剩余期间的费用;如果是无偿取得,则地役权人可以随时抛弃。如果需役地上的地役权已与需役地一同抵押,因涉及抵押权人的利益,地役权人在获得抵押权人的同意后方可抛弃。

引例解析:

本案涉及的焦点是:某甲与某丙之间到底是相邻关系纠纷还是地役关系纠纷。

本案中,甲、乙之间协议约定,乙不得拆除房屋兴建高楼是在自己的土地上设定了负担,是对自己权利的行使设置了限制,而使甲的权利得到了扩张和甲的不动产得到增值。再有,双方约定的 10 万元并不是甲侵害了乙的相邻权而给予乙的补偿,而应为地役权向乙支付的对价。

因此,综合来看,甲、乙双方约定的协议具有设立地役权的内容和意图,那么甲是否取得了可以对抗某丙的地役权呢?由于地役权是一项独立的物权即用益物权,因而按照物权公示、公信原则,该权利在设定时必须进行登记,如此才可取得对抗第三人的物权效力,否则只是对合同当事人某乙有效。根据我国《物权法》第 158 条的规定:"地役权自地役权合同生效时设立。当事人要求登记的,可以向登记机构申请地役权登记;未经登记,不得对抗善意第三人。"因此,本案中甲、乙双方虽然订立了具有地役权内容的合同,但因为未登记,甲取得的只是不能对抗第三人的地役权,不能对抗某丙。甲只能基于合同要求乙承担违约责任,而无权要求丙停止兴建高楼和承担侵权责任。

---

[1] 王利明主编:《物权法教程》,中国人民大学出版社 2007 年版,第 297 页。

案例思考：

甲与乙约定，甲可以在乙的土地上通行运送货物的汽车。后来甲与乙之间由于小事发生争吵，乙便在自家道路上堆放了很多垃圾和石块等杂物，严重影响汽车的通行。为此，甲便要求乙清除路上的东西，保障道路畅通，乙表示地是自己的，他有权堆放东西，况且汽车并非不能通行，只是有些麻烦而已，这并没有根本违反合同约定。双方就此事争执不下，甲起诉到法院。本案应如何处理？

第十三章 担保物权

◆ 引例：

甲为了筹款向乙借了20万元，并提供自己的一间价值8万元的房屋和一辆价值15万元的汽车做抵押，并办理了抵押登记。不料，在办完抵押登记回来的路上，甲驾驶汽车被一辆违规行驶的汽车撞伤，汽车也被撞坏，经估价，该车还值3万元，根据保险合同保险公司赔偿甲10万元。那么，根据民法原理和相关法律：甲、乙之间的汽车抵押的效力如何？对保险赔偿金10万元应当如何处理？

☞ 要点：

1. 担保物权的概念和特征
2. 担保物权的分类
3. 担保物权的效力

第一节 担保物权概述

一、担保物权的概念

当事人之间发生债权债务关系时，债权人的债权能否受偿，完全取决于债务人是否履行债务，当债务人不履行债务时，债权人将遭受重大损失，尽管民事法律还规定了债的保全制度，赋予债权人为保全债权可以行使代位权和撤销权，但债权人仍面临极高的债权不能受偿的风险。为了确保债权受偿，促进资金融通，更好地发挥物的效用，担保物权制度应运而生。值得一提的是，担保物权制度是一项具有悠久发展历史的民事制度，中国古代很早就产生了质与押的担保方式，在西方的罗马法时期也已出现担保物权制度的雏形。[1] 1804年的《法国民法

---

〔1〕 罗马法的担保物权经历了一个由信托质到占有质，再演进到抵押权的漫长发展过程，当时的担保物权并不发达，典权及留置权尚未形成独立的制度。

典》和 1896 年的《德国民法典》则对其作了比较详尽的规定。[1] 现如今，担保物权制度已经发展成为各国民法的重要组成部分。我国于 1987 年 1 月 1 日施行的《民法通则》第 89 条规定了抵押和留置的担保方式，1995 年 10 月 1 日施行的《担保法》则对抵押、质押和留置均作了规定，《物权法》第四编则是用四章共计 71 个条文更为详尽地对担保物权的一般规定、抵押权、质权和留置权作了规定。由此可见，我国对担保物权的相关立法在不断修补中正日趋完善。

为了更好地理解担保物权的概念，有必要先对担保制度做些了解。通常所说的担保，是指为了保障债权的实现，确保债务的履行而设立的各种法律措施的总称。当债务人不履行债务时，债权人得依所设立的担保途径实现其债权，这就大大增加了债权实现的可能性，在市场经济条件下可以更有效地保障民事交易行为的安全性。通常人们习惯于依照担保标的的不同，将担保分为人的担保、物的担保和金钱担保三种分别进行研究。

人的担保又称信用担保，是指在债务人的全部财产之外，增加第三人的一般财产作为担保债权实现的担保制度。保证担保是人的担保的典型，其是指保证人和债权人约定，当债务人不履行到期债务时，保证人按照约定履行债务或者承担责任的行为。具有代为清偿债务能力的法人、其他组织或者公民，都可以作保证人，但法律一般规定国家机关、学校、幼儿园、医院等以公益为目的的事业单位、社会团体以及企业法人的分支机构、职能部门等不得为保证人。

狭义的物的担保即担保物权，是指为确保债务的履行，在债务人或第三人的特定财产上设立的一种优先受偿的他物权，主要包括抵押权、质权、留置权三种类型。在担保物权制度下，债权人同时也就是担保物权人，而担保财产则可以由债务人或第三人提供，提供担保财产的债务人或第三人就是担保债务人或简称担保人，以区别于主债务人。当债务人提供担保财产时，债务人与担保债务人为同一人；当第三人提供担保财产时，该作为担保债务人的第三人通常又被称为物上保证人。

物的担保，有广义和狭义之分。狭义的物的担保也就是担保物权，广义的物

---

[1] 1804 年的《法国民法典》是世界上第一部民法典，也开创了近代民法确立担保物权制度的先河，该法典在其第三卷"取得财产的各种方式"的第十七编规定了质押、第十八编规定了优先权与抵押权总共三种担保物权。参见《法国民法典》，罗结珍译，法律出版社 2005 年版。

1896 年制定的《德国民法典》则最早将担保物权与债的其他担保方式区分开来，并将之置于第三编物权编中，分别规定了不动产担保物权（第 8 章）和动产担保物权（第 9 章）。其中不动产担保物权包括抵押权、土地债务与定期土地债务，并在抵押权中首创了最高额抵押；动产担保包括动产质权与权利质权。至于留置权，该法认为属于债权关系，不作担保物权的规定，优先权也被认为是债权所具有的效力之一，同样不作为担保物权对待。参见《德国民法典》，杜景林、卢谌译，中国政法大学出版社 1999 年版。

的担保，还应该包括所有权保留。所谓的所有权保留，是指在买卖交易中，标的物的所有权不因交付而转移，而是直至买受人付清全部价款时才发生转移的一种担保制度，常见于分期付款买卖交易，例如分期付款购买家用电器。

金钱担保，是指在债务标的以外支付一定数额的金钱，该笔金钱的得与失同债务的履行与否联系起来，从而促使当事人双方积极履行各自债务，保障债权实现的制度。定金担保是金钱担保的主要方式，其仅具有债权效力，我国《民法通则》第89条第3款规定："当事人一方在法律规定的范围内可以向对方给付定金。债务人履行债务后，定金应当抵作价款或者收回。给付定金的一方不履行债务的，无权要求返还定金；接受定金的一方不履行债务的，应当双倍返还定金。"定金担保的担保作用主要就体现在定金罚则对双方当事人履行合同的促进作用上，支付的定金数额越高，这种促进作用自然越明显，但为了体现法律的公平正义，维护正常的民事交易秩序，《担保法》第91条对定金的数额作了限制性规定："定金的数额由当事人约定，但不得超过主合同标的额的20%"。

二、担保物权的特征

担保物权的特征，也称担保物权的共性，担保物权是物权的一种类型，它和一般物权相比较，除具有一般物权所共同具有的支配性、优先性、排他性等特性之外，还具有如下特征：

(一) 从属性

所谓从属性，是指在一般情况下，担保物权是从属于主债权的从权利，其在效力上必须依附于被担保的主债权。不过，担保物权作为从权利，并不影响其作为物权的独立存在。担保物权的从属性主要表现在三个方面：

1. 成立上的从属性。在一般情况下，担保物权的成立应当以已经成立并生效的债权的存在为前提。如果债权根本不成立或者未生效，则担保物权即使成立也是不生效的。也就是说，担保物权的生效从属于主债权的生效。如果债权在成立以后，被宣告无效或撤销，则担保物权也应相应无效。

2. 移转上的从属性。如果债权发生转让，则担保物权也应当相应地转让。因为担保物权不得与债权相分离。担保物权人不得单独将担保物权转让给他人而自己保留债权，否则该转让无效。担保物权人也不得将债权转让给他人而自己保留担保物权，更不得将债权和担保物权区别开而分别转让给不同的受让人。如果当事人在设定担保物权时同时约定，债权转让时担保物权不随同移转，则此种约定能否生效？一般认为，此种约定应当视为担保物权的约定消灭事由。编者认为，从原则上说，当事人不能约定与从属性规则相违背的条款。因为担保物权移转上的从属性关系到债权受让人的利益，如果允许担保人和担保物权人之间有此约定，则将使债权受让人的利益得不到保障，所以，这种约定只具有债权效力，只在担保人和担保物权人之间产生效力，不得对抗善意的债权受让人。

（3）消灭上的从属性。这就是说，担保物权所担保的债权因各种原因而全部消灭时，担保物权也应当随之消灭。一方面，如果债权已经因为全部履行而消灭，担保物权应该相应地消灭。当然，如果被担保的债权只发生部分消灭，担保物仍然应当全部用于担保剩余的债权。债权因混同、提存等原因消灭，担保物权原则上也应当消灭。另一方面，担保物权所担保的债权，因为主合同的解除或者撤销而不存在时，担保物权也随之消灭。因为解除或撤销主合同而产生的恢复原状义务，属于法律规定的特殊义务，已经不属于担保物权的担保范围了。当然，如果因主债务不履行而造成债权人损害时，此项损害赔偿之债属于原来主债务的变形，应当属于担保物权担保的范围。[1]

应当看到，由于所有权人抵押、抵押权证券化等的发展，担保物权已开始显现出一些独立化的倾向。一些学者甚至认为担保物权的独立性代表了担保物权的未来发展趋势。编者认为，现在断言担保物权应当独立于主债权而存在，未免依据不足。担保物权如果真的脱离主债权而独立存在，其担保功能将大为减弱，这也不利于保障交易的安全。

在实务中，我们经常碰到以下的问题：

（1）对《物权法》第170条"法律另有规定的除外"的理解。《物权法》第170条对担保物权的含义和特征作了一般性的规定，但其但书的规定："法律另有规定的除外。"这是指担保物权人就担保物权享有优先受偿的例外情况。纵观我国现行法律，归纳而言，有以下几种情形先于担保物权优先受偿：①国家税收的支付优先于担保物权的清偿；②特定情形下未清偿的职工债权优先于担保物权。根据2006年公布的《企业破产法》第132条，在《企业破产法》公布前形成的未清偿的职工债权，在按照正常清偿顺序清偿后不足以清偿的部分优先受偿权先于担保物权。③承包人就建筑工程的工程款享有的优先偿权优先于担保物权。

（2）担保财产的范围和条件。在实务中，应当注意把握担保财产的范围和条件。担保财产不仅限于动产和不动产，还包括权利等其他财产。能够成为担保物权客体的财产应当具备以下条件：①具有可转让性。当债务人不履行债务时，担保财产必须能够转让。②担保人享有处分权。即债务人或第三人只能以自己所有或享有处分权的财产为债权人提供担保，否则将构成无权处分。③在该财产上设定担保物权不违反公共利益和法律的强制性规定。

---

[1] 杨立新：《物权法》，中国人民大学出版社2004年版，第253页。

(3) 我国《物权法》并没有规定"按揭"担保方式。"按揭"一词是我国香港学者对英美法系"mortgage"概念的汉译,狭义的按揭实质上就是英美法系的以担保财产权的转让为特征的担保形式,是指为了确保债权的实现,债务人或第三人将标的物的所有权转移给担保权人,但担保权人将该权利返还给担保人的担保方式。我国法律并没有规定"按揭制度",司法解释、行政法规、地方性法规、部门规章等规范性法律文件中也很少使用"按揭"一词,而是使用"商品房抵押"的概念。我国事实上并没有真正的按揭制度,所谓的现房或期房按揭实际上是以抵押为主导的、保证与回购等多种综合而成的担保方式。《物权法》担保物权编只规定了抵押权、质权和留置权这三种担保方式,没有规定"按揭"制度。[1]

(二) 不可分性

担保物权的不可分性,是指被担保的债权在未受全部清偿前,物权人可以就担保物权的全部行使权利。被担保的债权存在,担保物即使经过分割或者一部分消失,各个部分或余存的担保物担保全部债权而存在。确定担保物权的不可分性,宗旨在于确保担保物权的效力。在实践中,当事人可以通过特别的约定加以排除或限制,这种特别约定因为改变了担保物权的通常性质,所以只有经过登记才能对抗第三人。

(三) 物上代位性

担保物权的物上代位权,是指担保物因灭失、毁损而获得赔偿金、补偿金或保险金的,该赔偿金、补偿金或保险金成为担保物的代位物,权利人有权就其行使担保物权。法律确定担保物权的物上代位性,是因为设立担保物权就是为了通过对标的物的交换价值加以直接支配以保障债权,所以只要标的物的交换价值依然存在,则无论其附着在何种载体之上,仍应继续为担保物权的效力所及。[2]

在实务中,有以下几个要关注的问题:

(1) 如果代位物已经为担保人所取得,并与担保人的其他财产混同而无法区分,或者已经转让给第三人发生善意取得,则此时担保物权的代位物由于失去特定性,担保物权消灭。担保物权人可以向担保人在代位物的价值范围内进行追偿,此时担保物权人享有的不是物权而是债权。

(2) 抵押权人是否可以基于抵押权,直接以自己名义起诉侵害抵押权的第三人,主张损害赔偿请求权?我们认为,抵押权人可以自己的名义起诉,这是因为抵押权为抵押人享有的一种物权,该物权因侵害人的行为而受到损害,抵押权

---

[1] 屈茂辉主编:《物权法:原理精要与实务指南》,人民法院出版社 2008 年版,第 557～559 页。
[2] 杨立新:《物权法》,中国人民大学出版社 2004 年版,第 253 页。

人当然可以对损害人提起侵权之诉。

三、担保物权的性质

对于担保物权的性质，长期以来在理论上存在着争议，在我国《物权法》制定过程中，学界就担保物权的立法定位也存在着很大的分歧。有的学者主张将担保物权制度纳入债权体系之中，主张从担保物权的债权属性着眼，因债的保全而生的担保物权制度应当由债法来规定，我国《民法通则》就是将抵押和留置的担保方式规定在"债法"部分的，[1] 因此《物权法》不应规定担保物权的内容；更多的学者则倾向于从担保物权的物权根本属性着眼，认为将担保物权制度纳入《物权法》体系之中才符合物权逻辑结构。《物权法》最终采纳了大多数人的意见，对担保物权加以规定也算得上顺理成章，但争议的存在也说明担保物权的性质认定确实十分复杂，弄清楚担保物权的性质对于学习和实践均具有十分重要的意义。

就担保物权的性质而言，长期以来形成了三种主要的观点学说。①第一种观点"债权说"认为，担保物权不具备物权的基本特征，担保物权人不能实际支配担保财产，只能支配担保财产最后变现的价值，而且担保物权的设定依靠当事人的合意，表现为合同的形式。②第二种观点"物权说"认为，担保物权具有对世性这一物权属性，担保物权人可以排除所有损害担保物权担保力的行为，并以将担保财产变现清偿债权为目的，并非以请求担保财产所有人给付为内容。③第三种观点"中间说"认为，担保物权既非债权亦非物权，而是介于债权与物权之间的一种财产权利。

以上学说是从不同的角度审视担保物权而形成的不同观点，笔者认为，担保物权是物权，不是债权更不是介于物权与债权之间的中间权利。具体表现为：①从权利的性质判断，担保物权是支配权，而非请求权。担保物权人虽不能直接支配担保财产本身，但是却可以在到期债务未受清偿时直接处分担保财产将其变现并获得优先受偿，而无须请求担保财产所有人同意或积极辅助。②从义务主体判断，担保物权是绝对权，而非相对权。担保物权人可以排除一切损害担保物权担保力的行为，其义务主体是不特定的，即担保物权人以外的一切人，而并非只能向担保财产所有人主张权利。③从权利客体判断，担保物权的客体是特定的

---

[1]《民法通则》将"抵押和留置"规定在第五章民事权利的第二节债权部分，即该法第89条规定："依照法律的规定或者按照当事人的约定，可以采用下列方式担保债务的履行：……②债务人或者第三人可以提供一定的财产作为抵押物。债务人不履行债务的，债权人有权依照法律的规定以抵押物折价或者以变卖抵押物的价款优先得到偿还。……④按照合同约定一方占有对方的财产，对方不按照合同给付应付款项超过约定期限的，占有人有权留置该财产，依照法律的规定以留置财产折价或者以变卖该财产的价款优先得到偿还。"

物，即担保财产，而非给付行为。可以成为担保财产的特定物除了动产和不动产等实体物，法律还规定可以包括特定的财产权利，但这并不足以否定担保物权的物权性质。④从权利的设定判断，担保物权的设定应当遵循物权法定原则，当事人必须在法律规定的担保物权类型中选择设定，不得任意自由创设新的担保物权类型。而债权的设定以意定为原则，以法定为例外，除不当得利之债、无因管理之债等法定之债受法律限制外，其余均允许当事人自由任意创设。

第二节　担保物权的分类

一、意定担保物权与法定担保物权

以担保物权发生的原因为标准可将担保物权分为意定担保物权与法定担保物权。意定担保物权是指依据当事人的合意而发生的担保物权，抵押权、质权都属于意定担保物权。法定担保物权是指依据法律的直接规定而当然发生的担保物权，我国《物权法》所规定的留置权、《合同法》规定的建设工程承包人工程价款优先权以及《海商法》所规定的船舶优先权等都是典型的法定担保物权。

相比意定担保物权，法定担保物权具有以下几点特征：①法定担保物权直接依据法律的规定产生，无须当事人合意设定；②法定担保物权的作用在于担保特定债权的受偿，较意定担保物权从属性更强；③法定担保物权的效力优于意定担保物权，如我国《物权法》第239条就规定了"同一动产上已设立抵押权或者质权，该动产又被留置的，留置权人优先受偿"。

二、典型担保物权与非典型担保物权

以是否由法律明文规定为标准可将担保物权分为典型担保物权与非典型担保物权。典型担保物权是指由民事立法明文加以规定的担保物权，我国《物权法》规定的抵押权、质权和留置权就属于典型担保物权。非典型担保物权是指民事立法没有明文规定，而在社会实践中实际存在着的担保物权，如所有权的保留和让与担保。我国《合同法》第134条规定："当事人可以在买卖合同中约定买受人未履行支付价款或者其他义务的，标的物的所有权属于出卖人。"这一规定被普遍认为是对所有权保留制度的立法确认。让与担保是指债务人或者第三人为担保债务的履行而将特定的财产权利移转给债权人，在债权受偿后由债权人将该财产权利返还给债务人或者第三人，而在债权到期未受清偿时，债权人得就该财产权利优先受偿的担保制度。我国《物权法》在制定过程中对是否设立让与担保制度争议颇多，最终立法未予规定。

三、动产担保物权、不动产担保物权与权利担保物权

以设立担保物权的特定财产的性质为标准可将担保物权分为动产担保物权、

不动产担保物权与权利担保物权。动产担保物权是指以动产为担保财产设立的担保物权，如动产抵押权、动产质权和留置权等。不动产担保物权是指以不动产为担保财产设立的担保物权，如不动产抵押权，其客体主要是土地与房屋等不动产。

动产担保物权与不动产担保物权是传统民法理论中典型的担保物权分类，但是随着社会经济的发展，担保物权的客体呈现逐渐扩大的趋势，不再仅仅局限于动产与不动产，特定的财产权利也逐渐演变成为担保物权的客体。这些可以成为担保物权客体的财产权利也可分为动产性质的财产权利和不动产性质的财产权利，如汇票、支票、本票、债券、存款单、仓单、提单、可以转让的基金份额、股权、可以转让的注册商标专用权、专利权与著作权等知识产权中的财产权以及应收账款等均为动产性质的财产权利，而我国《物权法》第180条规定的"建设用地使用权；以招标、拍卖、公开协商等方式取得的荒地等土地承包经营权"则属于不动产性质的财产权利。故而，以特定的财产权利为担保财产设立的担保物权，就是权利担保物权。权利担保物权的出现与不断发展，使得担保物权在促进物质融通方面的社会作用进一步增强。

四、占有担保物权与非占有担保物权

以是否移转担保财产的占有为标准可将担保物权分为占有担保物权与非占有担保物权。占有担保物权是指以债权人实际占有担保财产为担保物权成立及存续必备要件的担保物权，动产质权、留置权都是典型的占有担保物权。非占有担保物权是指不以债权人实际占有担保财产为担保物权成立及存续必备要件的担保物权，其最典型的表现为抵押权。

在占有担保物权存续期间，债权人实际占有着担保财产，具有公示担保物权成立及存续的效果。而非占有担保物权因为债权人不占有担保财产，无法达到公示于外的效果，往往需要履行特定的登记程序。非经登记，非占有担保物权便不能设立，或者即使能够设立，也无法产生对抗第三人的法律效果。

占有担保物权人占有担保财产，就需对担保财产负妥善保管的义务，因保管不善致使担保财产毁损、灭失的，应当承担赔偿责任，这就无疑加重了占有担保物权人的负担。占有担保物权人占有担保财产也就意味着担保财产所有人难以对担保财产行使使用和收益的权利。鉴于占有担保物权存在的局限性，因而人们在生活实践中运用得并不广泛。非占有担保物权的优越性就在于无须移转担保财产的占有，使得担保财产所有人可以继续对担保财产行使使用和收益的权利，既充分发挥了担保财产的使用价值，又免除了担保物权人不必要的保管负担，因此在生活实践中被广泛运用。

五、本担保物权与反担保物权

以担保的标的的不同为标准可将担保物权分为本担保物权与反担保物权。所谓反担保物权，是指由第三人为债务人向债权人提供担保的，第三人为保障自己对债务人的追偿权而要求债务人提供的物的担保。设立反担保物权的，由第三人为债务人向债权人提供的物的担保就是本担保物权。为了保障第三人的合法权益，提供物的担保的第三人在承担担保责任后，享有对债务人的追偿权，该追偿权便是反担保物权担保的标的，以区别于本担保物权的担保标的，即主债权。

本担保物权与反担保物权形成主从关系，本担保物权是主权利，反担保物权是从权利。设立本担保物权的合同为主合同，设立反担保物权的合同为从合同，主合同无效则设立反担保物权合同也无效。当发生本担保物权合同无效的情形时，债权人就不得要求提供物的担保的第三人承担担保责任，该第三人没有承担担保责任也就无法享有对债务人的追偿权，作为反担保物权担保标的的追偿权不存在，自然反担保物权合同亦应无效。

《物权法》第171条第2款规定："第三人为债务人向债权人提供担保的，可以要求债务人提供反担保。反担保适用本法和其他法律的规定。"可见，反担保物权的设立必须是本担保物权的担保财产由第三人为债务人向债权人提供，第三人才能要求债务人提供物的担保。如果是由债务人自己提供的担保财产设定的担保物权，由于不存在追偿权的问题，自然无法成立。反担保物权的设立应当以第三人提出设立的要求为条件，是由第三人与债务人合意而发生的担保物权，因而法定担保物权之上不会出现反担保物权的问题。反担保物权只能由第三人提供抵押财产、质押财产设定担保物权后才能约定设立，其他方面与本担保物权无异。

第三节 担保物权的一般规则

一、担保物权的设立

鉴于法定担保物权直接依据法律的规定产生，无须当事人进行合意设立，如留置权仅需满足法律规定的条件即可成立生效，故本节主要围绕抵押权、质权等意定担保物权的设立展开叙述。《物权法》第172条规定："设立担保物权，应当依照本法和其他法律的规定订立担保合同。担保合同是主债权债务合同的从合同。主债权债务合同无效，担保合同无效，但法律另有规定的除外。担保合同被确认无效后，债务人、担保人、债权人有过错的，应当根据其过错各自承担相应的民事责任。"这表明设立担保物权必须订立书面形式的担保合同，担保合同是主债权债务合同的从合同。为了更好地把握担保物权的设立问题，以下从与订立担保合同相关联的担保债务人和担保财产两方面展开。

（一）担保债务人

提供担保财产的担保债务人可以是自然人、法人和其他组织，但应当具备以下条件：

1. 担保债务人须具备相应的民事行为能力。担保债务人为自然人时，该自然人应当具备相应的民事行为能力。无民事行为能力人不能订立担保合同，限制民事行为能力人订立担保合同的也应当与其行为能力相符。无民事行为能力人或限制民事行为能力人的法定代理人不得代理为其订立担保合同，因为担保债务人在担保合同中并不能享受利益，有的只是风险。担保债务人为法人或其他组织时，只要法律没有限制性规定禁止其对外提供担保的，该法人或其他组织就具有订立担保合同的资格。

2. 担保债务人须对担保财产享有处分权。担保债务人对担保财产是否享有处分权并不影响担保合同的成立，但担保合同的生效却是以担保债务人对担保财产享有处分权为前提的。担保债务人对担保财产享有处分权，并非要求其对担保财产享有所有权，在他人之物上享有的处分权也可设立担保物权。

（二）担保财产

动产、不动产以及财产权利均可以作为担保财产设立担保物权，但并非任意财产均可成为担保财产，必须是法律规定的可以设立担保物权的财产。我国《担保法》与《物权法》对担保财产范围规定的十分详尽，除了列举性规定了可以抵押和质押的财产范围外，还对不得抵押的财产范围也作了规定，本书后面章节将做细述，在此略过。

二、担保物权的效力

（一）担保物权的担保范围

担保物权的担保范围，是指担保物权人行使担保物权时，可得优先受偿之范围。鉴于担保物权的担保范围对担保物权人、担保债务人及其他利害关系人影响重大，各国立法大都加以明确规定。我国《物权法》第173条在原《担保法》的相关规定基础上整合规定为："担保物权的担保范围包括主债权及其利息、违约金、损害赔偿金、保管担保财产和实现担保物权的费用。当事人另有约定的，按照约定。"

（二）担保物权竞合及其处理

如果在该担保财产上同时存在着数个同种类的担保物权，如同时存在数个抵押权、同时存在数个留置权，则属于广义的担保物权的竞合，以下所讨论的担保物权的竞合仅就狭义的担保物权竞合展开。狭义的担保物权竞合，是指在同一担保财产上同时存在着数个不同种类的担保物权分别担保不同的债权。担保物权竞合须满足以下两个条件：

(1) 必须在同一担保财产上同时存在着数个不同种类的担保物权。如果在同一担保财产上先后存在着数个不同种类的担保物权，而不是在行使担保物权时同时存在着数个不同种类的担保物权，就不会发生担保物权竞合的情形。

(2) 必须是各个担保物权人不为同一人。担保物权的竞合不仅要求在同一担保财产上同时存在数个不同种类的担保物权，而且还要求不同种类的担保物权人须不为同一人。如果同一担保物权人享有数个不同种类的担保物权，则属于数个担保物权担保同一债权，而不是不同的担保物权担保不同的债权。实践中存在的同一担保物权人在同一担保财产上享有数个担保物权，如债务人将某担保财产先抵押后又质押给同一债权人时，并不发生担保物权竞合的法律效果，而是发生担保债权人的同一债权的法律效果。

出现担保物权竞合时，数人同时享有担保物权，各个担保物权人均就同一担保财产行使担保物权，这就需要创设一组规则来确定谁可以优先行使权利、何种担保物权的效力优先，我国《担保法》和《物权法》中均没有对此加以规定，但社会实践中早已孕育出了比较完备的规则。

(1) 当担保物权的客体为动产时，抵押权与质权可能会发生竞合。先设立的抵押权如果经过法定登记，则抵押权优先于质权，即最高人民法院2000年颁行的《关于适用担保法若干问题的解释》（以下简称《担保法解释》）第79条第1款确认的"同一财产法定登记的抵押权与质权并存时，抵押权人优先于质权人受偿"；先设立的抵押权如果未经法定登记，则质权人优先于抵押权人受偿。先设立质权而后设立抵押权的，因为出质人设定质权后，担保财产移转质权人占有，若要在该担保财产上设定抵押权，就须征得质权人的同意，否则不可再设定抵押权。经质权人同意设立抵押权的，质权人应优先于抵押权人受偿而不管该抵押权是否办理了抵押权登记，以有效保障质权人的合法权益。

(2) 当担保物权的客体为动产时，抵押权还可能与留置权发生竞合。《担保法解释》第79条第2款规定："同一财产抵押权与留置权并存时，留置权人优先于抵押权人受偿。"具体而言，设立抵押权后的担保财产因为不移转占有，在符合留置权成立的法定条件时便可再成立留置权，又因留置权人实际占有着留置物，所以留置权人优先于抵押权人受偿。生活实践中也可能出现先成立留置权后再设立抵押权的情形，若由留置物所有人将留置物抵押的，因留置权成立在先且留置权人实际占有着留置物，所以留置权人优先于抵押权人受偿；若将留置物抵押的是留置权人，则该抵押行为无效，不发生抵押权与留置权的竞合。

(3) 质权与留置权的竞合。动产质权人将质物交由第三人占有，如交由第三人保管或修理时，第三人基于法定事由设立留置权的，该质权与留置权发生竞合，留置权的效力应优先于质权，留置权人可基于对物的实际直接占有而优先受偿。留置权人将留置物交由第三人占有再行设定质权的，第三人可基于善意取得原则取得质权，该留置权与质权发生竞合，质权的效力应优先于留置权，质权人可基于对物的实际直接占有而优先受偿。

（三）人的担保与物的担保竞合及其处理

本章前文已简要介绍了人的担保、物的担保和金钱担保共同构筑起了债的担保制度。同一债权上既有人的担保又有物的担保时，理论上称之为"混合共同担保"。对人的担保与物的担保竞合如何处理，我国《担保法》第28条就已作了规定："同一债权既有保证又有物的担保的，保证人对物的担保以外的债权承担保证责任。债权人放弃物的担保的，保证人在债权人放弃权利的范围内免除保证责任。"《担保法解释》第38条作了更详尽的规定："同一债权既有保证又有第三人提供物的担保的，债权人可以请求保证人或者物的担保人承担担保责任。当事人对保证担保的范围或者物的担保的范围没有约定或者约定不明的，承担了担保责任的担保人，可以向债务人追偿，也可以要求其他担保人清偿其应当分担的份额。同一债权既有保证又有物的担保的，物的担保合同被确认无效或者被撤销，或者担保物因不可抗力的原因灭失而没有代位物的，保证人仍应当按合同的约定或者法律的规定承担保证责任。债权人在主合同履行期届满后怠于行使担保物权，致使担保物的价值减少或者毁损、灭失的，视为债权人放弃部分或者全部物的担保。保证人在债权人放弃权利的范围内减轻或者免除保证责任。"

《物权法》在《担保法》及其司法解释的基础上，在第176条规定："被担保的债权既有物的担保又有人的担保的，债务人不履行到期债务或者发生当事人约定的实现担保物权的情形，债权人应当按照约定实现债权；没有约定或者约定不明确，债务人自己提供物的担保的，债权人应当先就该物的担保实现债权；第三人提供物的担保的，债权人可以就物的担保实现债权，也可以要求保证人承担保证责任。提供担保的第三人承担担保责任后，有权向债务人追偿。"对该条的规定我们可以从如下三个方面解读：

（1）被担保的债权既有物的担保又有人的担保，当事人对选择物的担保或者人的担保以实现债权有约定的依约定。债务人不履行到期债务或者发生当事人约定的实现担保物权的情形时，债权人应当按照约定实现债权。诚然，这也是民事私法强调当事人意思自治的充分体现。

（2）被担保的债权既有物的担保又有人的担保，当事人对实现债权的方式没有约定或者约定不明确，如果债务人自己提供物的担保的，债权人应当先就该物的担保实现债权。如果债务人提供的物的担保不足以清偿全部债务的，不足部分应由保证人补充承担保证责任；如果债权人放弃对债务人提供的物的担保清偿债务，保证人亦应在债权人放弃权利的范围内免除保证责任。债务人是最终的责任承担者,即使保证人承担了保证责任,事后也有权向债务人追偿,因此优先就债务人提供的物的担保实现债权可以简化交易程序,省去或简便追偿的步骤,从而达到降低交易成本、提高交易效率的效果。换言之,债务人有担保财产可供债权人实现债权或者债权人主动放弃对债务人的担保财产主张权利时还一昧要求保证人承担保证责任,这也不符合民法的公平原则。

(3) 被担保的债权既有物的担保又有人的担保,当事人对实现债权的方式没有约定或者约定不明确,如果提供物的担保的是第三人(即物上保证人),则债权人享有选择权,既可以选择就物的担保实现债权,也可以要求保证人承担保证责任。选择权的享有对于债权人而言即意味着可以选择成本最低、效率最高的方式实现债权,这也符合民法充分保障债权人实现债权的立法宗旨。物上保证人与保证人承担担保责任后,均可就自己承担的担保责任份额向债务人追偿。

(四) 担保物权的物上代位

担保物权的物上代位,是指担保财产的价值形态发生变化并不影响担保物权的存在,担保物权的效力及于代位物。物上代位性是担保物权价值性的产物,担保物权以支配担保财产的交换价值为内容,只要交换价值仍然存在,担保物权就应当存在,代位物的价值是原担保财产价值的延续。代位物物理表现形态不管发生多大变化,对担保物权的效力都不应该产生影响。担保物权的效力扩及于担保财产的替代物或代位物,增强了担保物权的效力,有利于实现当事人之间的公平正义。《物权法》第174条对此也作了规定:"担保期间,担保财产毁损、灭失或者被征收等,担保物权人可以就获得的保险金、赔偿金或者补偿金等优先受偿。被担保债权的履行期未届满的,也可以提存该保险金、赔偿金或者补偿金等。"

三、担保物权的消灭

依据《物权法》第177条的规定,担保物权一般消灭的原因有以下几种:

(一) 主债权消灭

担保物权具有从属性的特征,主债权消灭,担保物权也就因丧失了担保的对象而随之消灭。但值得注意的是,如果主债权消灭涉及第三人利益,担保物权并不必然消灭。主债权部分消灭的,担保物权不发生相应的部分消灭,担保物权人仍可对整个担保财产行使担保物权。

(二) 担保物权实现

担保物权实现是指担保物权人在债务人不履行到期债务时,依法处分担保财产将其折价或者拍卖、变卖,从所得价款中优先得到清偿。担保物权的实现也就意味着担保物权已经行使完毕,担保物权归于消灭。通过折价或者拍卖、变卖担保财产,如果价款超过债权数额,超过的部分归担保债务人所有,债权人应当返还；如果价款不足债权数额，不足的部分转变为无担保债权，债权人仍有权就债务人的其他财产追偿。

（三）债权人放弃担保物权

义务不能逃避，但权利可以放弃，担保物权人可以单方面放弃其享有的担保物权。如果涉及第三人利益时，债权人放弃担保物权的行为就应当考虑是否会损害到第三人的合法权益，如果造成损害的，该放弃行为应当认定为无效。

（四）法律规定担保物权消灭的其他情形

我国《物权法》第240条规定："留置权人对留置财产丧失占有或者留置权人接受债务人另行提供担保的，留置权消灭。"由此可见，留置权人对留置财产丧失占有或接受债务人另行提供担保都是法定担保物权消灭的情形。

引例解析：

本题涉及担保物权的物上代位性和不可分性。担保物权的物上代位权，是指担保物因灭失、毁损而获得补偿金、补偿金或保险金的，该赔偿金、补偿金或保险金成为担保物的代位物，权利人有权就其行使担保物权。《担保法解释》第80条规定："在抵押物灭失、毁损或者被征用的情况下，抵押权人可以就该抵押物的保险金、赔偿金或者补偿金优先受偿。抵押物灭失、毁损或者被征用的情况下，抵押权所担保的债权未届清偿期的，抵押权人可以请求人民法院对保险金、赔偿金或补偿金等采取保全措施。"《物权法》第174条规定："担保期间，担保财产毁损、灭失或者被征收等，担保物权人可以就获得的保险金、赔偿金或者补偿金等优先受偿。被担保债权的履行期未届满的，也可以提存该保险金、赔偿金或者补偿金等。"在本案中，汽车虽然被损坏，但是仍旧值3万元，其剩余的价值仍应用作抵押，根据担保物权的不可分性，并不影响抵押权的存在，抵押关系依然有效。汽车毁损的10万元赔偿金也应当用于担保甲对乙的债务。根据题意，两人刚刚办理完抵押登记，因此债务显然还没有到清偿期，因此甲、乙可以协商用10万元赔偿金提前清偿债务，乙也可以请求提存该10万元保险赔偿金。

案例思考：

甲公司欲向乙银行借款1000万元，双方约定以甲公司所有的建设用地使用权以及今后在该地之上建造的建筑物作为抵押。该抵押合同订立后，双方在有关部门作了登记。后来乙银行在仔细了解该土地使用权价值的情况后，仍不放心，遂要求甲公司另外提供担保。甲公司便请丙公司、丁公司提供担保，丙公司作为保证人，丙公司的负责人李某代表公司在甲公司与乙银行签订的借款合同上保证人一栏中写下了"愿与甲负连带责任",并签字盖章;丁公司以其所有的一处房产作抵押为甲公司提供担保,并进行了相关登记。甲公司在获得借款以后,因将资金挪作他用,在规定的还款期到来后,不能还款。

本案中人保与物保的关系应如何处理?

第十四章 抵押权

◆ **引例：**

甲为某市运输个体户，因经营需要向好友乙借款 10 万元，乙言明必须提供担保。经协商，甲以自己的平房三间（价值 9 万元）担保 8 万元，又以红木家具一套（价值 3 万元）担保 2 万元，双方就平房办理了抵押登记。双方约定借款的期限为 1 年。逾半年，甲因车祸给他人造成损害 15 万元，为了偿还债务，甲遂将平房三间以 5 万元出卖给丙，虽然丙知晓该平房已经抵押给乙，但是贪图价格便宜，且甲同意一起办理过户登记手续，就欣然买受；甲又将家具卖给了丁，得款 2 万元。出卖平房和家具，甲均未通知乙。1 年后，因甲无力还款，乙欲行使抵押权时才发现平房和家具都已经卖给他人，愤而诉至法院。

问题：
1. 乙是否有权就平房行使抵押权？为什么？
2. 乙是否有权就家具行使抵押权？为什么？

☞ **要点：**
1. 抵押权的概念与特征
2. 抵押权的设定及效力
3. 抵押权的实现
4. 特殊抵押权

第一节　一般抵押权

一、抵押权的概念与特征

（一）抵押权的概念

所谓抵押权，又称为抵押，是指债权人为保证债权实现，在债务人或第三人提供的财产上设定的担保权，在债务人不履行债务时，有权以抵押财产折价或变价优先受偿的权利。《物权法》第 179 条规定："为担保债务的履行，债务人或者第三人不转移财产的占有，将该财产抵押给债权人的，债务人不履行到期债务或者发生当事人约定的实现抵押权的情形，债权人有权就该财产优先受偿。前款规定的债务人或第三人为抵押人,债权人为抵押权人,提供担保的财产为抵押财产。"如某人向银行申请贷款,并以自己的住房作抵押,这时银行即为抵押权人,申请人为抵押人,该住房为抵押财产。抵押权是最重要、最有效力的担保物权,这是因为债务人或第三人以其抵押物的交换价值作为担保,既最有力地保障债权人的债权实现,又能满足债务人筹集资金的需要,增强债务清偿能力,充分发挥财产的使用价值,所以被誉称为"担保之王"。

(二) 抵押权的特征

1. 抵押权是针对财产的交换价值而设定的一种担保物权。抵押权本质上是价值权,其目的在于以担保财产的交换价值确保债权得以清偿。故从抵押权的性质和目的的角度来看,抵押权是一种担保物权。

2. 抵押权是在债务人或第三人的特定财产上设定的担保物权。债权人无须为了自己债权的清偿而在自己的财产上设定抵押权,抵押权是为担保债权的清偿而设定的,它只能存在于债权人以外的债务人或者愿意提供财产为债务人履行债务作担保的第三人的特定财产上。

3. 抵押权属约定担保物权而非法定担保物权。根据《物权法》第181、185条以及《担保法》第33、38~43条规定,抵押权系由当事人的抵押合意而设定。当事人可以自由地就抵押财产、抵押期限、抵押担保范围以及当事人认为需要约定的其他事项进行约定,并在抵押合同或者主债权合同中的抵押条款中予以明确。

4. 抵押权是不转移标的物占有的物权。抵押权的公示方式主要是登记,抵押权的成立与存续只需登记即可,不必转移标的物的占有。

5. 抵押权的内容是变价处分权和优先受偿权。抵押权的内容有两项:一是抵押财产的变价处分权;二是就抵押财产卖得价金的优先受偿权。对抵押财产的变价处分权是指当债务人届期不履行债务时,抵押权人有权以合法方式拍卖、变卖抵押财产或者与抵押人协议以抵押财产折价抵充债务。就抵押财产卖得价金的优先受偿权系指:①有抵押权担保的债权,债权人能就抵押财产卖得的价金优先于债务人的普通债权人而受清偿;②就抵押财产卖得价金的优先受偿权还表现在两物权之间,即如果同一抵押物上设定两个以上的抵押权,先次序抵押权人优先于后次序抵押权人而受清偿;③抵押权人在债务人破产等程序中享有别除权,即抵押财产应从债务人的破产财产中除去,抵押权人对此别除出来的抵押财产卖得的价金有优先受偿权。

二、抵押权的种类

抵押权的分类在各国立法上是不同的,而且随着时代的发展,新的抵押方式还在不断出现。因此就抵押权而言,根据不同的标准,从不同的角度,可以有不同的分类，各种分类之间也有交叉。

（一）不动产抵押权、动产抵押权和权利抵押权

这是根据抵押标的物类别的不同而对抵押权进行的划分。不动产抵押权是指以不动产为抵押标的物而设立的抵押权。这是抵押权中最为普遍的表现形式，很多国家甚至直接视不动产抵押权为抵押权。所谓的不动产是指在空间上占有固定的位置，移动后会影响其价值的物，如土地、建筑物、地上定着物等。由于不动产的特殊性，即使抵押权人不对其转移占有，仍可在一定条件下径直行使抵押权，故备受社会欢迎，适用较为普遍。动产抵押权是指以动产为抵押标的物而形成的抵押权。动产是指凡能在空间上移动而不会损害其经济价值的物，如生产设备、交通工具等。动产抵押权通常对动产本身有所限制，我国担保法规定可供抵押的动产，原则是生产设备等重要动产。但动产抵押仍以不转移占有为要件，否则不属于抵押权。权利抵押是以特定的财产权利作为抵押标的物而设立的抵押权。我国《担保法》对此规定是明确具体的，表明了权利本身是具有财产价值的无形财产的法律价值观。可供抵押的权利在我国法律中也有一个大致的范畴，一般为土地使用权。

（二）一般抵押权和特殊抵押权

根据适用范围的大小，抵押权可以分为一般抵押权和特殊抵押权。一般抵押权是法律上无特别规定的抵押权；而特殊抵押权则是法律上有特别规定的抵押权。

特殊抵押权的种类在各国法律上有不同的规定，归纳起来有最高额抵押、财团抵押、共同抵押等。最高额抵押较为特殊，它主要是比照债权额的量为其标准进行的定位，即"指抵押人与抵押权人协议，在最高债权额限度内，以抵押物对一定期间内连续发生的债权作担保"（《担保法》第59条）。最高额抵押是一种特殊的新型抵押，与现代经济发展相适应，其制度本身的先进性、优越性，对我国正在进行的市场经济有较大的益处，我国《物权法》对此作出了规定。财团抵押也是现代市场经济发展中出现的一种新的抵押类型，又称为企业抵押，指抵押人（企业）以其所有的动产、不动产和权利一体共同作为抵押权的客体而设置的抵押，这种抵押使企业担保能力集中，以显示出较大的财力来获得相应的资金融通。我国《担保法》第34条第2款规定了抵押人可以用合法的财产一并抵押，说明了法律在实际上给财团抵押提供了一定依据。共同抵押又称总括抵押，是指为了同一债权的担保，而在数个不同的财产上设置抵押。共同抵押不同于财团抵押，共同抵押在每一个抵押物上成立一个抵押权，抵押权为复数，其中一个抵押权实现，其他财产上的抵押权则全部消灭。而在财团抵押中，财产有多项多类，但却视为一个集合的整体，在此整体财产上仅成立一个抵押权。共同抵押实

际上可视为普通抵押的变种,与其无实质差别,我国《担保法》虽未有明文规定,但因其与担保法律并无冲突和不存在对当事人之不利,所以于数个财产上设定共同抵押权,实践中应当允许。

(三) 法定抵押权和约定抵押权

这是根据抵押权产生原因的不同而进行的分类。法定抵押权依据法律的直接规定产生,不须当事人设定;约定抵押权则是根据当事人的约定而产生。通常意义上的抵押权,均指约定抵押权,应当由当事人设定。但法律也可以根据某些需要,规定当存在某种关系时发生抵押权。无须当事人的设定而依法当然发生抵押权,是法定抵押权与约定抵押权相区别的根本特点。关于法定抵押权,以法国法上的规定最多,我国现行法上未规定法定抵押权。

第二节 抵押权的取得和登记

一、抵押权的取得

通过法律行为设定抵押权,是抵押权取得的基本方式。

(一) 抵押权法律关系的当事人

抵押权法律关系的主体包括抵押人和抵押权人。抵押权人也就是被担保债权的债权人。抵押人又称为设抵人或出抵人,是指以自己所有的或享有处分权的财产为他人的债权设定抵押担保的人,抵押人可以是债务人本人,也可以是债务人以外的第三人;可以是法人,也可以是自然人、其他组织,但自然人作为抵押人,必须是完全民事行为能力人。另外,抵押人须对抵押物享有所有权或处分权,否则,其所设定的抵押权原则上应为无效。

(二) 抵押权的标的

抵押权的标的,是指抵押人用以设定抵押权的财产。抵押权的标的应符合下列条件:①具有特定性;②具有交换价值和可让与性;③须为非消耗物,不因抵押人继续占有、使用该物而灭失或毁损;④须为依法未被禁止抵押的财产。

《物权法》第 180 条规定:"债务人或者第三人有权处分的下列财产可以抵押:①建筑物和其他土地附着物;②建设用地使用权;③以招标、拍卖、公开协商等方式取得的荒地等土地承包经营权;④生产设备、原材料、半成品、产品;⑤正在建造的建筑物、船舶、航空器;⑥交通运输工具;⑦法律、行政法规未禁止抵押的其他财产。抵押人可以将前款所列财产一并抵押。"《物权法》第 182 条规定:"以建筑物抵押的,该建筑物占用范围内的建设用地使用权一并抵押。以建设用地使用权抵押的,该土地上的建筑物一并抵押。抵押人未依照前款规定一并抵押的,未抵押的财产视为一并抵押。"《物权法》第 183 条规定:"乡镇、村企业的建设用地使用权不得单独抵押。以乡镇、村企业的厂房等建筑物抵押的，其占用范围内的建设用地使用权一并抵押。"

根据《物权法》第184条规定，下列财产不得抵押：①土地所有权；②耕地、宅基地、自留地、自留山等集体所有的土地使用权，但法律规定可以抵押的除外；③学校、幼儿园、医院等以公益为目的的事业单位、社会团体的教育设施、医疗卫生设施和其他社会公益设施；④所有权、使用权不明或者有争议的财产；⑤依法被查封、扣押、监管的财产；⑥法律、行政法规规定不得抵押的其他财产。

另外根据《担保法解释》及其他有关规定，在抵押财产的问题上还应注意以下问题：①依法定程序确认为违法、违章的建筑物抵押的，抵押无效；②以尚未办理权属证书的财产抵押的，在第一审法庭辩论终结前能够提供权利证书或者补办登记手续的，可以认定抵押有效，但当事人未办理抵押物登记手续的，不得对抗第三人；③以法律规定中所列的数项财产一并抵押的，抵押财产的范围应当以登记的财产为准，抵押财产的价值在抵押权实现时予以确定；④当事人以农作物和与其尚未分离的土地使用权同时抵押的，土地使用权部分的抵押无效；⑤学校、幼儿园、医院等以公益为目的的事业单位、社会团体，以其教育设施、医疗卫生设施和其他社会公益设施以外的财产为自身的债务设定抵押的，可以认定抵押有效；⑥按份共有人以其在共有财产中享有的份额设定抵押的，抵押有效；共同共有人以其共有财产设定抵押，未经其他共有人的同意，抵押无效，但其他共有人知道或应当知道而未提出异议的，应当视为同意，抵押有效；⑦已经设定抵押的财产被采取查封、扣押等财产保全措施或执行措施的，不影响抵押权的效力；⑧抵押人以其不享有所有权或处分权的财产设定抵押的，如事后取得处分权或经权利人追认的，该抵押权的设定应当认为有效。对于抵押人以其不享有所有权或处分权的他人不动产或动产设定抵押时，债权人能否依善意取得的规则取得抵押权的问题，《物权法》、《担保法》及司法解释中未予明确，理论上也有不同的看法。根据《物权法》第106条第3款规定的精神，我们认为债权人已设定的抵押权应保护。

（三）抵押合同

依《物权法》和《担保法》的规定，设立抵押权，当事人应当以书面的形式订立抵押合同。抵押合同一般包括下列条款：①被担保债权的种类和数额；②债务人履行债务的期限；③抵押财产的名称、数量、质量、状况、所在地、所有权或者使用权归属；④担保的范围；⑤当事人认为需要约定的其他事项。抵押合同不完全具备上列规定内容的，可以补正，不影响抵押合同的效力。但抵押合同对被担保的主债权种类、抵押财产没有约定或者约定不明，根据主合同和抵押合同不能补正或者无法推定的，抵押权不成立。

当事人在订立抵押合同时，不得在合同中约定"在债务履行期满抵押权人未受清偿时，抵押物的所有权转移为债权人所有"。抵押合同中有上述约定的内容无效，但该内容的无效不影响抵押合同其他部分的效力。

二、抵押权登记

抵押权登记又称抵押登记，是指经当事人申请，主管机关依法在登记簿上就抵押物上的抵押权状态予以登录记载的行为，这是抵押权设立的公示要求。准确地说，抵押权登记属于权利登记，而不属于财产登记。

依《担保法》第42、43条和《物权法》第10条的规定，办理抵押登记的部门如下：①以不动产或不动产权利抵押的，由不动产所在地的登记机构办理，国家对不动产实行统一登记制度；②以林木抵押的，为县级以上林木主管部门；③以航空器、船舶、车辆抵押的，为运输工具登记部门；④以企业的设备和其他动产抵押的，为财产所在地的工商行政管理部门；⑤当事人以其他普通动产抵押的，为抵押人所在地的公证部门。

关于抵押权登记的效力，《物权法》第187条规定："以本法第180条第1款第1项至第3项规定的财产或者第5项规定的正在建造的建筑物抵押的，应当办理抵押登记。抵押权自登记时设立。"第188条规定："以本法第180条第1款第4项、第6项规定的财产或者第5项规定的正在建造的船舶、航空器抵押的，抵押权自抵押合同生效时设立；未经登记，不得对抗善意第三人。"据此可知，关于抵押登记的效力问题，我国《物权法》中兼采了登记要件主义和登记对抗主义。例如，甲向乙借款20万元，由丙提供价值15万元的房屋抵押并订立了抵押合同书。甲因办理登记手续费过高，经乙同意未办理登记手续。甲又以一辆价值6万元的"夏利"车抵押给乙并订立了抵押合同书，但未来得及办理登记。一年后，甲因亏损无力还债，乙诉至法院要求行使抵押权。根据《物权法》的规定中对抵押权登记的效力采取登记要件主义和登记对抗主义，本案中房屋抵押无效，汽车抵押有效。

第三节　抵押权的效力

一、抵押权对担保债权的效力

抵押权对担保债权的效力即抵押权所担保债权的范围，是指抵押权人实行抵押权时，能够优先清偿的债权的范围。根据《物权法》第173条和《担保法》第46条的规定，抵押权担保的范围包括主债权及其利息、违约金、损害赔偿金和实现抵押权的费用。

(一) 主债权

主债权又称原债权,是抵押权设定时约定予以担保的原本债权。该原本债权应在抵押权设定时予以登记,以使其确定和明确。

(二) 利息

利息是指由原本债权所生之孳息。在通常情况下,无论是法定利息还是约定利息、期内利息或迟延利息,均属抵押权担保的范围。利息原则上应依法定利率计算,当事人约定的利率较高时,从其约定,但约定利率应受最高法定利率限制,超过部分不受法律保护。另外,对于约定的高于法定利率标准的利息,一般认为也须在抵押权设立时予以登记,否则不得对抗第三人。

(三) 违约金与损害赔偿金

违约金是债务人不履行债务时依法律规定或合同约定应当向债权人一方支付的一定数额的款项;损害赔偿金是债务人不履行债务或为加害给付时应向受到损害的债权人支付的赔偿款项。此两种款项在抵押权担保的债权范围之内,是否以办理登记为必要,各国立法体例有所不同,我国法律对此未作明确规定。我们认为,除法定的违约金与损害赔偿金不以登记为要件,约定的违约金应当登记,否则不得对抗第三人。

(四) 实现抵押权的费用和保全抵押权的费用

这是指抵押人因保全和实行抵押权而支出的费用,如申请强制执行的费用、评估费用、拍卖费用等。由于此项费用完全系因债务人之不履行债务而生,故理应在抵押权所担保债权的范围内,而且无须当事人事先约定,也无须登记。

二、抵押权对抵押财产的效力

抵押权的效力所及的标的物,首先是当事人设定抵押的财产。除此之外,学界一般认为抵押权的效力还及于抵押财产的从物、从权利、孳息、代位物和附合物。

(一) 抵押财产的从物

依照从物随主物处分的原则,抵押权的效力应当及于抵押财产的从物。但这一规则并非是强行性的,有以下例外:①当事人约定抵押权的效力不能及于从物的,应遵从其约定;②在抵押权设定之前,第三人已就从物取得物权或具有物权性效力的权利时,第三人就从物取得的权利不受抵押权的影响。

《物权法》第 200 条规定:"建设用地使用权抵押后,该土地上新增的建筑物不属于抵押财产。该建设用地使用权实现抵押权时,应当将该土地上新增的建筑物与建设用地使用权一并处分,但新增建筑物所得的价款,抵押权人无权优先受偿。"《担保法解释》第 63 条规定:"抵押权设定前为抵押物的从物的,抵押权的效力及于抵押物的从物。但是,抵押物与其从物为两个以上的人分别所有时，抵押权的效力不及于抵押物的从物。"例如，甲以别墅一幢为乙设定抵押，别墅旁建有一小花园，该花园属丙所有，在这种情况下，根据规定，别墅抵押权不及于小花园。

我们认为，由主物与从物的关系所决定，抵押的效力应及于从物，不论该从物是动产还是不动产，也不论该从物是于抵押权设定时既已存在还是后来增加的，均应在抵押权效力所及的范围之内。但是抵押权设定后成为抵押财产从物的物，毕竟是由抵押人的部分财产转化而来，因此抵押权人于必要时虽得将其随主物一并变价，但若法律另有规定或者抵押权人优先受偿会影响其他债权人的利益时，抵押权人对从物的变价部分无优先受偿权。[1]

（二）抵押财产的从权利

从权利与主权利的关系，如同从物与主物的关系。例如，《物权法》第165条规定，以需役地使用权设定抵押时，从属于需役地之地役权，应为抵押权效力所及。另外，虽非本质上的从权利，但该权利如为抵押物存在所不可或缺时，为保全抵押物的经济效用，也可扩充解释为属于从权利。例如，我国公民私有房屋的所有权与其宅基地使用权不可分的，如果以房屋设定抵押，则宅基地使用权作为从权利当然应为抵押权的效力所及。

（三）抵押物的附合物

由于附合物与抵押物成为一体而不可分，如分离则会降低抵押物的价值，因此附合物为抵押权效力所及，此为通说。《担保法解释》第62条规定："抵押物因附合、混合或者加工使抵押物的所有权为第三人所有的，抵押权的效力及于补偿金；抵押物所有人为附合物、混合物或者加工物的所有人的，抵押权的效力及于附合物、混合物或者加工物；第三人与抵押物所有人为附合物、混合物或者加工物的共有人的，抵押权的效力及于抵押人对共有物享有的份额。"

（四）抵押财产的孳息

根据《物权法》第197条、《担保法解释》第64条的规定，债务人不履行到期债务或者发生当事人约定的实现抵押权的情形，致使抵押财产被人民法院依法扣押的，自扣押之日起抵押权人有权收取该抵押财产的天然孳息或者法定孳息，但抵押权人未通知应当清偿法定孳息的义务人的除外。作为一般规则，所收取的孳息，应当先充抵收取孳息的费用，次充抵主债权的利息，最后才是清偿主债权。

（五）抵押财产的代位物

《物权法》第174、191条规定，在抵押期间，抵押的财产毁损、灭失或者被

---

[1] 郭明瑞等：《民商法原理》（二），中国人民大学出版社1999年版，第250页。

征收等，抵押权人可以就获得的保险金、赔偿金或者补偿金等优先受偿。被担保债权的履行期未届满的，也可以提存该保险金、赔偿金或者补偿金等。抵押期间，抵押人经抵押权人同意转让抵押财产的，应当将转让所得的价款向抵押权人提前清偿债务或提存。转让的价款超过债权数额的部分归抵押人所有，不足部分由债务人清偿。抵押期间，抵押人未经抵押权人同意，不得转让抵押财产，但受让人可以代为清偿债务而消灭抵押权。《担保法解释》第80条规定，在抵押物灭失、毁损或者被征用的情况下，抵押权人可以就该抵押物的保险金、赔偿金或者补偿金优先受偿；如果抵押权所担保的债权未届清偿期的，抵押权人可以请求人民法院对保险金、赔偿金或者补偿金等采取保全措施。

三、抵押权对抵押权人的效力

抵押权对抵押权人的效力，也即是在抵押法律关系中抵押权人的权利，主要有以下几项：

（一）保全抵押物

根据《物权法》第193条、《担保法》第51条的规定，抵押物受到抵押人或第三人侵害，抵押权人有权要求停止侵害、恢复原状、赔偿损失。如因抵押人的行为使抵押物价值减少，抵押权人有权要求抵押人恢复抵押物的价值，或提供与减少价值相当的担保。

（二）放弃抵押权或变更抵押权的顺位

抵押权人与抵押人可以协议变更抵押权顺位及被担保的债权数额等内容，但抵押权变更，未经其他抵押权人书面同意，不得对其他抵押权人产生不利影响。债务人以自己财产设定抵押，抵押权人放弃该抵押权、抵押权顺位或变更抵押权的，其他担保人在抵押权人丧失优先受偿权益的范围内免除担保责任，但其他担保人承诺仍然提供担保的除外，即抵押权的变更以不侵犯其他抵押权人的权利为前提，如侵犯其他抵押权人权利的，应征得其他抵押权人书面同意；如以债务人财产设定抵押，则抵押权人放弃或变更抵押权的，其他担保人在丧失权益的范围内免除担保责任，除非其他担保人继续承诺承担责任。

（三）优先受偿权

在债务人不履行到期债务时，抵押权人可以与抵押人协议以抵押物折价或以拍卖、变卖后的价款受偿；协议不成的，抵押权人可以向人民法院提起诉讼。同一债权有两个以上抵押人的，债权人放弃债务人提供的抵押担保的，其他抵押人可以请求法院减轻或者免除其应当承担的担保责任。

同一财产向两个以上债权人抵押的，当事人未办理抵押物登记，行使抵押权时，各抵押权人按照债权比例受偿；同一财产向两个以上债权人抵押的，顺序在先的抵押权与该财产的所有权归属于一人时，该财产的所有权人可以以其抵押权对抗顺序在后的抵押权。同一财产向两个以上债权人抵押的,顺序在后的抵押权所担保的债权先到期的,抵押权人只能就抵押物价值超出顺序在先的抵押担保的债权的部分受偿;顺序在先的抵押权所担保的债权先到期的,抵押权实现后的剩余价款应予提存,留待清偿顺序在后的抵押担保的债权受偿。抵押物折价或拍卖、变卖后,其价款超过债权数额的部分归抵押人所有,不足部分由债务人清偿。

在抵押物灭失、毁损或者被征用的情况下,抵押权人可以就该抵押物的保险金、赔偿金或补偿金优先受偿。如果抵押物灭失、毁损或者被征用时,抵押权所担保的债权又未届清偿期的,抵押权人可以请求人民法院对保险金、赔偿金或者补偿金等采取保全措施。

四、抵押权对抵押人的效力

抵押权对抵押人的效力,也即是在抵押法律关系中抵押人的权利义务,主要有以下几项:

（一）对抵押物的占有权

除法律或合同另有规定外,抵押人有权继续占有抵押物,并有权取得抵押物的孳息。

但依据《担保法》第47条的规定,在债务履行期届满,债务人不履行债务而使抵押物被人民法院依法扣押的,自扣押之日起,由抵押物分离的天然孳息及法定孳息由抵押权人收取,也就是说抵押权效力及于抵押物所生的孳息。如果抵押权人未将扣押抵押物的事实通知应当清偿法定孳息的义务人的,抵押权效力不及于该孳息。

（二）抵押人对抵押物的处分权

因抵押设定后,抵押人不丧失对抵押物的所有权,抵押人有权将抵押物转让给他人,但抵押人处分财产的权利受如下限制:

(1) 根据《物权法》第191条的规定:"抵押期间,抵押人经抵押权人同意转让抵押财产的,应当将转让所得的价款向抵押权人提前清偿债务或提存。转让的价款超过债权数额的部分归抵押人所有,不足部分由债务人清偿。抵押期间,抵押人未经抵押权人同意,不得转让抵押财产,但受让人代为清偿债务消灭抵押权的除外。"

(2) 如果抵押物未经登记,则抵押权人不能对抗善意第三人,因此给抵押权人造成损失的,由抵押人承担赔偿责任。

(3) 抵押物依法被继承或赠与的,抵押权不受影响。

（三）抵押人对抵押物设定多项抵押权利

抵押人可以就同一抵押物设定多个抵押权,但不得超出余额部分。在同一抵押物上有数个抵押权时,各个抵押权人应按照法律规定的顺序行使抵押权。

(四)抵押人对抵押物的收益权

由于抵押物仍由抵押人占有,抵押人有权将抵押物出租,但抵押物出租又分两种情况:①如果抵押权设定在先,出租在后,抵押权实现后,租赁合同对受让人不具有约束力;抵押人将已抵押的财产出租时,如抵押人未书面告知承租人该财产已抵押的,抵押人对出租抵押物造成承租人的损失承担赔偿责任;如果已书面告知的,抵押权实现造成承租人损失,由承租人自己承担。②如出租在先,抵押在后,租赁合同在有效期内对抵押物的受让人继续有效。

(五)抵押人的主要义务是妥善保管抵押物

《物权法》第193条规定:"抵押人的行为足以使抵押财产价值减少的,抵押权人有权要求抵押人停止其行为。抵押财产价值减少的,抵押权人有权要求恢复抵押财产的价值,或者提供与减少的价值相应的担保。抵押人不恢复抵押财产的价值也不提供担保的,抵押权人有权要求债务人提前清偿债务。"

五、抵押权对其他权利的效力

(一)抵押权与执行权的关系

民事执行权又称执行权,是指人民法院的执行机构为实现当事人的债权,运用国家强制力,强制债务人履行生效法律文书所确定义务的权力,其具有司法权和行政权双重属性,是一种相对独立的国家公权力。根据《担保法解释》第55条的规定:"已经设定抵押的财产被采取查封、扣押等财产保全或者执行措施的,不影响抵押权的效力。"也就是说抵押权的效力优先于执行权。例如,甲欠乙债务1000万元,约定9月1日前还债,甲于6月1日以一幢楼房抵押并登记。8月1日,甲因欠丁债务1000万,败诉而被丁申请执行,人民法院予以查封,后拍卖得款1200万。根据上述的规定,对于这1200万元,乙的抵押权优先受偿,余额再用于偿还丁的债务。

(二)抵押权与承租权的关系

抵押权为物权,承租权应为债权,物权优先于债权是法律原则,但允许有例外。抵押人将其已出租的财产抵押的,根据《物权法》第190条的规定,订立抵押合同前抵押财产已出租的,原租赁关系不受该抵押权的影响。此时为保护承租人的利益,抵押人须将抵押的情况书面告知承租人,并且原租赁合同继续有效。这实际上是确认了"买卖不破租赁"的原则。应当注意,只有租赁合同成立在先,抵押权成立后才适用上述原则,承租人的利益才可以得到实现和维护。例如,甲有楼房一幢,3月1日租给丁,租期15年。同年6月1日,甲将楼房抵押给乙并办理登记,也书面告知了丁。一年后,乙请求拍卖楼房以实现抵押权,丙竞买成功,购得楼房。几天后,丙要求丁搬出,遭其拒绝,双方遂发生纠纷。在这个案例中，根据上述的法律规定，丙的这种要求于法无据，因为原租赁合同对丙继续有效。

同时《物权法》第 190 条还规定，抵押权设立后抵押财产出租的，该租赁关系不得对抗已登记的抵押权。例如，甲有楼房一幢，3 月 1 日抵押给乙并办理的登记，同年 6 月 1 日，甲将楼房租给丁，租期为 15 年。一年后，乙请求拍卖楼房以实现抵押权，丙竞买成功，购得楼房。几天后，丙要求丁搬出，遭其拒绝，双方遂发生纠纷。在这个案例中，根据上述的法律规定，丙的这种要求于法有据，因为原租赁合同对受让人丙无拘束力。那么在这种情况下，承租人的损失如何承担，又分两种情况：①若订立租赁合同时抵押人已将抵押事实告知承租人的，则承租人自己承担损失；②若未告知承租人的，抵押人承担承租人的损失。

(三) 抵押权与所有权的关系

所有权是指所有人依法对自己的财产享有占有、使用、收益和处分的权利。依据《担保法解释》第 68 条的规定，抵押期间，抵押物依法被继承、赠与的，抵押权不受影响。例如，甲欠乙债 1000 万元，甲以楼房抵押并登记。甲死后，楼房被其子丙继承，根据法律的规定，乙还是可以向丙主张楼房抵押权的。

第四节　特殊抵押

一、共同抵押

共同抵押是为同一债权就数个物设定的抵押。在共同抵押中，数个物并不是本身结合而视为一物，而是在担保同一债权的目的上互相结合以担保同一债权。所以，共同抵押与一般抵押不同，是一种特殊的抵押。

共同抵押所担保的债权已届清偿期而未受清偿时，债权人可以就供担保的不动产进行清偿。债权人的这种受清偿的权利因是否限定各个抵押物的负担金额而有所不同：

1. 如果限定了各个抵押物的负担金额，则应当按照当事人的约定，就各个抵押物的卖得价款分别就其负担金额进行清偿。例如甲对乙享有债权 20 万元，在乙的房屋上设定了抵押权，约定负担 12 万元，同时在丙的房屋上也设定了抵押权，约定负担 8 万元。在行使抵押权时，尽管拍卖乙的抵押房屋就能清偿债权，但也不能仅拍卖乙的房屋，而应将乙抵押的房屋和丙抵押的房屋一同拍卖，甲就乙的房屋拍卖价金受偿 12 万元，而就丙的房屋拍卖价金受偿 8 万元。之所以要这样，不仅在于要保护当事人之间的约定，更在于保护抵押物上后次序抵押权人的利益。例如，上例中乙的房屋上还有后次序的抵押权人，甲如果仅就乙的房屋价金受偿，后次序的抵押权人就可能不能受偿或不能完全受偿。

这种限定各个抵押物负担金额的抵押，严格来讲，不是真正的共同抵押，因为各个抵押物间没有连带关系，各个抵押物对于同一债权是分别担保，与可分之债相似。

2. 如果未限定各个抵押物的负担金额，抵押权人原则上可以任意就设定共同抵押的某个抵押物的卖得价金受偿。如上例中，甲既可拍卖乙抵押的房屋清偿全部债权，也可拍卖丙抵押的房屋清偿全部债权。如果乙抵押的房屋的卖得价金不足以清偿全部债权时，甲还得拍卖丙的房屋进行清偿，反之亦然。可见这种抵押，每个不动产都担保债权的全部，这才是真正的共同抵押，亦称为连带抵押。

共同抵押加强了抵押权的效力，对抵押权人有利。但如果在不动产上有后次序的抵押权人时，就会发生不公平的结果，因为如果共同抵押权人选定了某一不动产受偿时，该不动产的后次序抵押权就可能不能受偿或不能完全受偿。在我国的司法实践中，同一债权有两个以上抵押人的，当事人对其提供的抵押财产所担保的债权份额没有约定或者约定不明的，抵押权人可以就其中任一或者各个抵押物行使抵押权。抵押人承担担保责任后，可以向债务人追偿，也可以要求其他抵押人清偿其应当承担的份额。

二、浮动抵押

（一）浮动抵押的概念及意义

浮动抵押是指以企业的并不固定的全部财产或部分财产为标的的抵押。浮动抵押的标的既非单纯的不动产或动产，也非单纯的权利，而通常是企业所有的不动产、动产及权利之总体。

浮动抵押是近代以来资本主义企业发展而要求方便地融通大额资金的产物。在现代市场经济条件下具有十分重要的意义：①通过这种抵押，企业可以融通到较多的资金，进而促进企业进一步扩大再生产，而且更能发挥企业财产的整体效用；②就抵押人而言，由于抵押标的具有集合的经济效益，其整体拍卖价值往往高于其个别财产价值的总和，因此对于抵押权人债权的实现也较可靠。浮动抵押主要为英美法系国家所采，以英国的浮动担保为代表。

（二）浮动抵押的特征

浮动担保主要有以下三项特征：①列入抵押标的的财产一般为企业的全部财产，包括固定资产与流动资产，现有财产与将来取得的财产；②设定抵押后，作为抵押人的企业，仍得利用企业的整体财产继续进行生产经营活动；③浮动抵押为支配继续流动中的企业财产全体的担保制度，即从抵押权设定当时起至抵押权实行前，供作担保的标的物的集合财产浮动不定，于担保债权实行时，始获确定。换言之，抵押权人就抵押权实行之时构成企业财产的财产，优先受偿。于抵押权实行之前，各个构成财产不受抵押权的支配。

(三) 我国《物权法》的浮动抵押制度

我国《物权法》制定中，斟酌利弊得失和我国的现实需要，选择规定了动产之上的浮动抵押制度。《物权法》第181条规定："经当事人书面协议，企业、个体工商户、农业生产经营者可以将现有的以及将有的生产设备、原材料、半成品、产品抵押，债务人不履行到期债务或者发生当事人约定的实现抵押权的情形，债权人有权就实现抵押权时的动产优先受偿。"第189条规定："企业、个体工商户、农业生产经营者以本法第181条规定的动产抵押的，应当向抵押人住所地的工商行政管理部门办理登记。抵押权自抵押合同生效时设立；未经登记，不得对抗善意第三人。依照本法第181条规定抵押的，不得对抗正常经营活动中已支付合理价款并取得抵押财产的买受人。"第196条规定："依照本法第181条规定设定抵押，抵押财产自下列情形之一发生时确定：①债务履行期届满，债权未实现；②抵押人被宣告破产或者被撤销；③当事人约定的实现抵押权的情形；④严重影响债权实现的其他情形。"

浮动抵押制度建立后，无可避免会遇到某一抵押财产上的单独抵押权与浮动抵押权并存的情形。我们认为，发生此种情形时，应以登记的先后确定其顺序，即单独抵押登记在先的，就该特定抵押财产优先于浮动抵押权人受偿；反之，浮动抵押登记在先，则其优先于在某一特定财产上的单独抵押权，至于后顺序的单独抵押权人利益保护，准用共同抵押的规则。

三、最高额抵押

(一) 最高额抵押的概念

所谓最高额抵押权，是指抵押人与抵押权人协议，在最高债权额限度内，以抵押财产对一定期间内连续发生的债权所作的担保。《物权法》第203条规定："为担保债务的履行，债务人或者第三人对一定期间内将要连续发生的债权提供担保财产的，债务人不履行到期债务或者发生当事人约定实现抵押权的情形，抵押权人有权在最高债权额限度内就该担保财产优先受偿。最高额抵押权设立前已经存在的债权，经当事人同意，可以转入最高额抵押担保的债权范围。"

(二) 最高额抵押权的特征

最高额抵押权是一种特别抵押权，与一般抵押权相比，具有以下的特征：

1. 最高额抵押权具有相对独立性。一般抵押权具有典型的从属性，随主债权存在、消灭而设立和消灭；而最高额抵押权的设立不以主债权存在为前提，也可能主债权尚未发生，更不因某一主债权消灭而消灭，故而明显具有相对独立性的特征。

2. 最高额抵押权具有不确定性。一般抵押权的抵押物和所担保的债权都是确定的，而最高额抵押权所担保的是特定数额范围内和特定期限内的债权，在订立抵押合同时尚处于不确定性状态，属于连续交易关系中将来可能发生的不特定债权。

3. 最高额抵押权在担保债权额度上具有限定性。最高额抵押权是抵押人与抵押权人预先约定，允许债务人于一定期限内在最高额债权范围内提供担保，因此，享有优先受偿权的最高额债权是有限定的，并附有实际发生债权数额的决算期，以约定最后期限为决算期，决算期到来时连续发生的债权确定实际债权额，如超过最高限额时，超过部分为普通债权，不享有优先受偿权。

4. 最高额抵押权在适用范围上具有连续性。最高额抵押权人仅适用于一定期限内连续发生的债权担保，为的是避免在连续交易中设定抵押担保的繁琐手续，因此凡在一定期限内的连续交易关系均可采用最高额抵押担保。

（三）最高额抵押权的设立、转让和变更

1. 最高额抵押权的设立。除抵押人和抵押权人订立书面的最高额抵押合同和按照法律规定办理抵押物登记外，在订立合同时，特别要注意明确规定最高额抵押担保债权的范围、最高担保限额和抵押担保一定期间的最后决算期，以免发生争议难以确定双方的权利义务关系。

2. 最高额抵押权的转让和变更。《物权法》第205、206条规定，最高额抵押担保的债权确定前，部分债权转让的，最高额抵押权不得转让，但当事人另有约定的除外。最高额抵押担保的债权确定前，抵押权人和抵押人可以协议确定债权的期限、债权范围以及最高债权额。但变更的内容不得对其他抵押权人产生不利影响。

（四）最高额抵押权的确定和行使

1. 最高额抵押担保的债权的确定。最高额抵押合同订立后，其抵押担保的最高额债权尚未确定，如何合理地确定，《物权法》第206条规定："有下列情形之一的，抵押权人的债权确定：①约定的债权确定期间届满；②没有约定债权确定期间或者约定不明确，抵押权人或者抵押人自最高额抵押权设立之日起满二年后请求确定债权；③新的债权不可能发生；④抵押财产被查封、扣押；⑤债务人、抵押人被宣告破产或者被撤销；⑥法律规定债权确定的其他情形。"在以上六种情况下所发生的实际数额的债权可以确定为最高额抵押担保的债权。该确定的期间，即为最后决算期。

2. 最高额抵押权的行使。最高额抵押担保的债权确定后，抵押权人可以行使抵押权。确定的债权数额超过约定的最高限额的，超过部分不具有优先受偿的效力；确定的债权数额低于约定的最高限额的，抵押权人就确定的债权数额优先受偿。例如，甲企业与乙银行达成协议，未来3年内乙银行每月贷给甲企业1000万元，总额不得超过3.6亿元。丙企业以高级大酒店一座提供抵押并登记。3年后，甲企业欠乙银行的贷款余额为2.8亿元，到期不能清偿。乙银行申请拍卖大酒店，得款3.5亿元。根据规定，乙银行只可从拍卖所得的3.5亿元中的2.8亿元中实现优先受偿。

第五节 抵押权的实现

一、抵押权的实现的概念与程序

抵押权的实现是在债权已届清偿期而没有清偿时，抵押权人就抵押物受偿的行为。抵押权的作用在于担保债权受偿。《物权法》第195条规定："债务人不履行到期债务或者发生当事人约定的实现抵押权的情形，抵押权人可以与抵押人协议以抵押财产折价或者以拍卖、变卖该抵押财产所得的价款优先受偿。协议损害其他债权人利益的，其他债权人可以在知道或应当知道撤销事由之日起一年内请求人民法院撤销该协议。抵押权人与抵押人未就抵押权实现方式达成协议的，抵押权人可以请求人民法院拍卖、变卖抵押财产。抵押财产折价或者变卖的，应当参照市场价格。"第198条规定："抵押财产折价或者拍卖、变卖后，其价款超过债权数额的部分归抵押人所有，不足的部分由债务人清偿。"

二、实现抵押权须具备的条件

抵押权的实现，必须具备以下要件：

（一）须抵押权有效存在

抵押权的实现，必须抵押权有效存在。如果抵押权无效，例如法律规定应登记设立的抵押权未经登记，或抵押权已经消灭，或抵押人已经抛弃抵押权，则不能实现。

（二）须债务人已届清偿期

抵押权只是担保债务履行的方法，在债务清偿期未到，债务人还不必履行债务时，抵押权人自然没有实现其抵押权的权利。如果债务已届清偿期，债务人已如期履行债务时，抵押权所担保的债权消灭，抵押权自应随之消灭。只有在债务已届清偿期，债务人不履行债务时，抵押权人才可以实现其抵押权。

三、抵押权实现的原则

《担保法解释》第78条规定："同一财产向两个以上债权人抵押的，顺序在后的抵押权所担保的债权先到期的，抵押权人只能就抵押物价值超出顺序在先的抵押担保债权的部分受偿。顺序在先的抵押权所担保的债权先到期的，抵押权实现后的剩余价款应予提存，留待清偿顺序在后的抵押担保债权。"这里确立的规则是：顺序在后的抵押权虽可先实行其抵押权，但未必可以先实现债权的受偿。

四、抵押权实现的方法

根据《物权法》的规定和实践做法，抵押权的实现方法有：

（一）以抵押财产折价

即抵押权人与抵押人协商以转移抵押财产的所有权或使用权归抵押权人的方式抵偿债务。这种方法的优点是程序简便，省时、省钱，但因这种方法的公开性不足，可能有失公平而损害到抵押人或其他债权人的利益，故立法多有限制，主要涉及两个方面：

1. 以抵押财产折价的协议须在债务清偿期届满后订立。此前订立的协议属于"流质契约"，法律上不承认其效力。流质契约是指物的担保当事人于设定抵押权或质权的合同中或于债务履行期届满之前，约定债权届期未获得清偿时担保财产即归债权人所有的条款。由于这种约定极易损害担保人的利益和他人的正当权益，自罗马法以来，各国法律大都明文禁止。我国《物权法》第186条规定："抵押权人在债务履行期届满前，不得与抵押人约定债务人不履行到期债务时抵押财产归债权人所有。"第211条也同样规定："质权人在债务履行期届满前，不得与出质人约定债务人不履行到期债务时质押财产归债权人所有。"

2. 协议以抵押财产折价的，作价应当公平，不能损害其他债权人的利益。依《物权法》的规定，抵押财产的折价以及变卖等，均应当参照市场价格，公平作价。否则，在损害到顺序在后的抵押权人或者其他债权人的利益时，其他权利人都可主张撤销该折价协议，以各方都认可的价格打折，或者评估机构评估后作价。

（二）拍卖抵押财产

拍卖是指公开竞价的形式，将特定物品或者财产权利转让给最高应价者的买卖方式。拍卖可分为任意拍卖和强制拍卖两种。前者是出卖人与拍卖人订立委托合同，委托拍卖机构拍卖；后者是债务人的财产基于某些法定的原因而由司法机关强制拍卖。抵押权人与抵押人协议以抵押物拍卖来实现债权的方式属于前者，只要双方当事人达成协议，即可选择拍卖机构拍卖。以拍卖方式实现抵押权有很大的优点，因为拍卖是以公开竞价的方式来出卖标的物，所得的价款能够最大限度地体现出拍卖物的价值，并以其所具有的价值来满足债权，最充分地实现抵押权。当拍卖完成后，抵押物拍卖价金扣除拍卖费用后即由抵押权人受偿，如有剩余再返还于抵押人；如卖得价金不足以清偿抵押权人的债权，抵押权人有权请求债务人以其他财产清偿。正因为拍卖的这种优点，所以各国立法都把拍卖作为实现抵押权的重要方式。有关拍卖的程序和效果等，具体应适用《拍卖法》的有关规定。

(三) 变卖抵押财产或以其他方式处分抵押财产

变卖是指以公开拍卖之外的方式将抵押财产卖给第三人，并以变卖所得价金优先偿还抵押权人的债权。此种方式在法律上的限制与抵押财产折价类似。除折价、拍卖、变卖方式以外，理论上与实践中一般还承认抵押权人可与抵押人协商以其他方式实现抵押权，如金融部门与抵押人协商出租抵押财产，以房租抵还贷款，或由银行使用抵押财产，以房租抵还贷款。

需要注意的是，根据《物权法》第201条的规定："依照本法第180条第1款第3项规定的土地承包经营权抵押的，或者依照本法第183条规定以乡镇、村企业的厂房等建筑物占用范围内的建设用地使用权一并抵押的，实现抵押权后，未经法定程序，不得改变土地所有权的性质和土地用途。"

引例解析：

1. 有权。经过登记的抵押权成立并生效，具有对抗第三人的效力。依《物权法》第191条第2款的规定，抵押期间，抵押人未经抵押权人同意，不得转让抵押财产，但受让人代为清偿债务消灭抵押权的除外。本案中，平房抵押已经登记，甲作为抵押人在与买受人丙签订合同时未告知抵押人，受让人丙已知晓该平房已设定抵押，但贪图价格便宜，仍签订买卖合同，办理房屋过户的手续，损害抵押权人乙之权益，因此，抵押权人乙可以追及受让人丙而对该平房行使抵押权。对于丙因该房屋被乙行使抵押权而遭受的损失，其只能向甲追偿，当然，丙可以先行偿还乙之债务，以使乙的抵押权消灭，而维持对平房的所有权。

2. 无权。未经登记的抵押权不具有对抗善意第三人的效力。依《物权法》第188条的规定："以本法第180条第1款第4项、第6项规定的财产或者第5项规定的正在建造的船舶、航空器抵押的，抵押权自抵押合同生效时设立；未经登记，不得对抗善意第三人。"本案中，甲在将家具抵押给乙以后，又将该家具出让于丁，乙对该家具享有抵押权，丁对该家具已取得所有权，由此，发生抵押权与所有权的冲突，但因乙对家具的抵押未办理登记，乙所享有的抵押权不得对抗受让人丁所享有的所有权，故乙无权就家具主张抵押权。

案例思考：

甲公司为某一项目的开发，拟斥资5000万元购买专利、采购设备、兴建厂房等，为此需要向银行贷款1000万元，于是与乙银行达成协议，由该银行提供贷款，借款期限为1年，甲公司以一栋办公楼（价值900万元）和两辆加长奔驰轿车（价值200万元）设定抵押，均办理了抵押登记，1年后，由于市场竞争激烈，开发产品市场需求冷淡而损失惨重，无力偿还乙银行的贷款。乙银行拟行使抵押权，经查该办公楼有一层已经于半年前出租给丙公司，租期2年；轿车之一已经准备出卖给丁，双方签订了买卖合同，尚未办理过户登记手续，但车已经交付丁使用；轿车之二因某次董事长驾车外出，被违章驾驶的戊的卡车撞击损毁，正在索赔之中，估计可获保险金60万元。

问题：（1）本案中，甲公司与乙银行间的抵押是否有效？为什么？
（2）本案应如何处理？为什么？

第十五章 质　权

◆ 引例：

甲急需5000元进货，就把9000多元新买的摩托车交给乙，借到了6000元，约定半年内还清本息赎车。乙看着这崭新的摩托车，煞是喜欢，就说："可跟你说好了，你要半年内来不了，这车就归我了。"这样的做法合法吗？甲不久就发现，乙多次骑着他的摩托飙车，这样新车很快就会变旧车，他想赶快去制止。这样做有法律根据吗？很快半年就到了，不幸得很，甲买卖不顺，无力赎车。因他还与别人签有一个借贷合同，不按时还贷，得交1000元的违约金，所以，很希望摩托车拍卖后还乙本利而有余，但乙就是拖着不办。

如何解答以上问题？

☞ 要点：

1. 质权的概念与特征
2. 动产质权
3. 权利质押

第一节　质权概述

一、质权的概念与特征

（一）质权的概念

质权亦称质押权，是指为了担保债务的履行，债务人或第三人将其动产或权利移交债权人占有，当债务人不履行到期债务或者发生当事人约定的实现质权的情形时，债权人有权以该财产折价或拍卖、变卖所得价款优先受偿的权利。在质权法律关系中，债务人或者第三人交由债权人占有的特定财产，称为质押财产或质物；债权人称为质权人；提供特定财产作为质物的债务人或第三人称为出质人。

（二）质权的特征

1. 质权是一种担保物权。质权是质权人直接对物享有的权利，可以对抗物的所有人和第三人。质权的实质内容是占有质押财产并取得质押财产的交换价值。在债务人不履行债务时，质权人可以就质押财产优先受偿。可见，质权为担保债权的履行而设定，是从属于主债权的担保物权。

2. 质权的标的是动产或者财产权利。质权的标的在各国法律规定中不一样。例如在法国法上，质权的标的包括动产和不动产，财产权利被视为无体动产；在德国法上，质权的标的包括动产和财产权利；在日本法上，质权的标的包括动产、不动产和财产权利。根据我国《物权法》和《担保法》的规定，质权是在债务人或者第三人提供的特定财产上设定，质权的标的物只能是动产或者可让与的财产权利，不能是不动产或者不动产用益物权。

3. 质权须移转质押财产的占有。质权以占有为公示手段，出质人须将质押财产或者权利凭证交付质权人占有，否则，质权关系不生效力。同时在质权关系成立后，质权人要维持自己的权利，也必须持续占有质押财产。

4. 质权是优先受偿的权利。作为一种担保物权，质权具有优先受偿性。在债务人届期不能清偿债务或者发生当事人约定的情形时，质权人有权就质押财产折价或者变卖、拍卖该质押财产的价款优先受偿。与抵押权不同的是，质权还具有留置效力。在质权人实现质权前，可以留置质押财产，给债务人造成心理压力，间接促使其尽早清偿债务。

二、质权的分类

（一）动产质权、不动产质权与权利质权

这是以质权标的物的类别为标准所作的分类。动产质权是指以动产为标的物的质权。动产质权是质权最一般、最主要的形态，各国法律皆有规定，它以占有为公示条件。不动产质权是指以不动产为标的物的质权。它曾是农业经济社会中一种重要的物权担保方式，但现代社会中除日本等少数国家采用外，多数国家已废弃这一制度，我国也不例外。权利质权是指以可让与的财产权利为标的物的质权。在民法典上规定权利质权，为现代各国物权立法的普遍做法。[1] 我国质权制度以动产质权为主要形态，同时也规定了权利质权。

（二）民事质权、商事质权与营业质权

这是以质权所适用的法规为标准所作的分类。民事质权是适用民法规定的质权，动产质权与权利质权都属于民事质权。商事质权是适用商法规定的质权。在采取民商分立主义的国家，质权分为民事质权与商事质权；而在采取民商合一主义的国家，质权并无民事质权与商事质权的区分。我国采取民商合一主义，故不存在民事质权与商事质权之分。营业质权是指适用当铺业管理规则的特殊质权。

---

〔1〕 陈华彬：《物权法》，法律出版社2003年版，第553页。

它是债务人以一定的财物（当物）交付于债权人（当铺）作担保，向债权人（当铺）借贷一定数额的金钱，于一定期限（回赎期限）内，债务人清偿债务后即取回（赎回）担保物；期限届满后，债务人不能清偿时，担保物（当物）即归债权人所有或由债权人以其价值优先受偿。营业质权与民事质权的主要区别在于，民事质权禁止当事人约定于履行期满后债权未受清偿时，质押财产归质权人所有的规定，而营业质权不受此限制。

（三）占有质权、收益质权与归属质权

这是以质权的内容为标准所作的分类。占有质权是指质权人对质押财产只能占有，而不得使用、收益的质权，一般适用于消耗物。收益质权是指质权人不仅占有质押财产，而且可以对质押财产使用、收益的质权，一般适用于非消耗物尤其是不动产。归属质权是指质权人通过取得质权标的物的所有权，以充抵其债权的质权。该质权为多数国家所禁止，我国亦是如此。我国《担保法》第66条规定："出质人和质权人在合同中不得约定在债务履行期届满质权人未受清偿时，质物的所有权转移为质权人所有。"

（四）意定质权与法定质权

这是以质权成立的原因为标准所作的分类。意定质权是指以法律行为设定的质权，我国《物权法》中的质权是通过质权合同设定的质权。法定质权是指依法律规定而当然发生的质权，我国现行法中尚不存在法定质权。

各国在质权立法上多以质权标的物的类别为分类标准，我国亦然。但我国没有承认不动产质权，所以以下仅就动产质权与权利质权加以论述。

三、质权的属性

（一）从属性

质权的从属性，是指质权是以担保债权的实现为目的的权利，其与所担保的债权形成主从权利关系。质权的产生、移转或者消灭均从属于主债权的产生、移转或者消灭。

质权的从属性具体体现在以下几方面：①存在上的从属性。当主债权不存在或者无效时，质权也不存在或者无效。主债权尚未存在但有存在的可能性时，可以设定质权，但是在权利人行使质权时，须存在被担保的债权且数额确定。②移转上的从属性。主债权移转时，质权也随之移转。质权不得与主债权发生分离而单独转让或者作为其他债权的担保。③消灭上的从属性。主债权因清偿、提存、抵销、免除、混同等原因消灭时，质权也当然消灭。对此，我国《担保法》第74条规定："质权与其担保的债权同时存在，债权消灭的，质权也消灭。"

（二）不可分性

质权的不可分性，是指质押财产的全部担保债权的各部，质押财产的各部分担保债权的全部。具体而言，质权不因质押财产的分割、部分灭失或让与而受影响，也不因被担保债权的分割、部分清偿或让与而受影响，质权人仍可以就质押财产的全部担保债权的全部。

（三）物上代位性

质权的物上代位性，是指质押财产因灭失、毁损、征用而获得保险金、赔偿金、补偿金时，该保险金、赔偿金、补偿金成为质押财产的代位物，质权人有权对其行使质权。《担保法》第73条规定："质权因质物灭失而消灭。因灭失所得的赔偿金，应当作为出质财产。"

第二节 动产质权

一、动产质权的概念与特征

（一）动产质权的概念

根据《物权法》第208条和《担保法》第63条的规定，动产质权是指为了担保债务的履行，债务人或者第三人将其动产移交给债权人占有，当债务人不履行到期债务或者发生当事人约定的实现质权的情形时，债权人有权就该动产折价或拍卖、变卖所得价款优先受偿的权利。

（二）动产质权的特征

1. 动产质权是以他人的动产为标的物的质权。动产质权的标的仅限于动产，这是动产质权与权利质权、抵押权相区别的一个重要标志。至于动产的范围，《物权法》第209条仅仅规定"法律、行政法规禁止转让的动产不得出质"，我们认为，作为质权标的物的动产必须符合以下几项条件：①该动产须为特定物；②该动产须为独立物；③该动产必须是法律上允许流通或者让与的动产。以法律、法规禁止流通的动产或者禁止转让的动产设定质权担保的，依据《担保法解释》第5条第1款的规定，质权合同无效；以法律、法规限制流通的动产设定质权的，依据《担保法解释》第5条第2款，在实现债权时，人民法院应当按照有关法律、法规的规定对该财产进行处理。[1] 此外，动产质权的标的物应属于他人即债务人或第三人所有，债权人不得在自己所有的动产上为担保自己的债权而设定动产质权。

2. 动产质权以移交标的物的占有为公示方法。动产质权的设立和存在，以质权人占有由债务人或第三人移交的动产为前提。质权人占有动产，即向外界展

---

[1] 杨立新等：《物权法》，中国人民大学出版社2004年版，第307页。

示动产上存在质权，以避免第三人蒙受损害，同时也有利于质权人实现质权。根据各国民法的规定，质权人占有质押财产，以继续占有为必要，质权人一旦丧失对质押财产的占有，将导致质权的消灭。

二、动产质权的取得

从各国立法看，动产质权的取得方式主要有两种：一是基于法律行为取得；二是基于法律行为以外的事实取得，分述如下：

（一）基于法律行为而取得动产质权

这是取得动产质权的最主要的方式。基于法律行为而取得动产质权在实践中主要包括动产质权的设定和动产质权的让与两种。

1. 动产质权的设定。动产质权的设定是动产质权取得的基本方式。动产质权的设定是一种双方法律行为，实践中最为常见的是质权合同。质权合同为要式合同。根据《物权法》第210条和《担保法》第64、65条的规定，设立质权，当事人应当以书面形式订立质权合同。质权合同一般包括下列条款：①被担保债权的种类和数额；②债务人履行债务的期限；③质押财产的名称、数量、质量、状况；④担保的范围；⑤质押财产交付的时间，以及当事人认为需要约定的其他事项。质权合同不完全具备上述规定内容的，可以补正。

质权合同是要物合同即实践性合同。《物权法》第212条规定："质权自出质人交付质押财产时设立。"质押财产的交付不局限于现实交付，也包括简易交付或指示交付。但是，出质人不得以占有改定的方式设定质权。《担保法解释》第87条规定："出质人代质权人占有质物的，质押合同不生效；质权人将质物返还出质人后，以其质权对抗第三人的，人民法院不予支持。"但"因不可归责于质权人的事由而丧失对质物的占有，质权人可以向不当占有人请求停止侵害、恢复原状、返还质物"。

2. 动产质权的让与。动产质权的设定是动产质权的原始取得方式，动产质权的让与则是动产质权的继受取得方式。动产质权为非专属性的担保物权，因而可依法让与。但因动产质权是为担保债权而存在，具有从属性、不可分性，所以在让与动产质权时，必须与其所担保的债权一并让与，而不得只转让质权不转让债权，也不得将债权和动产质权分别转让给两个不同的受让人。

（二）基于法律行为以外的事实而取得动产质权

1. 因时效而取得。动产质权可以因时效的完成而取得，即债权人以担保债权的意思，于一定期间内公然、和平、持续占有债务人的动产时，取得动产质权。《日本民法典》第163条规定："以自己的意思，平稳而公然行使所有权以外的财产权者，按前条区别，于20年或10年后取得该权利。"我国立法未规定取得时效制度，因而在实践中当事人能否因时效的完成而取得动产质权尚有异议。

2. 依善意取得方式而取得。我国法律对动产质权的善意取得无明文规定，仅《担保法解释》第84条规定："出质人以其不具有所有权但合法占有的动产出质的，不知出质人无处分权的质权人行使质权后，因此给动产所有人造成损失的，由出质人承担赔偿责任。"实际上，我国理论和立法均是承认动产质权善意取得的。善意取得动产质权的要件有：①标的物须为动产，但有权利凭证的动产或有权利登记机关的动产除外，例如航空器、船舶、车辆；②出质人对质押财产无处分权；③出质人合法、实际占有质押财产，出质人系质押财产的保管人、租赁人、借用人等，以恶意占有的动产出质的，相对人不能取得质权；④质权人基于法律行为设定动产质权，即必须有质权合同明确表明相对人取得的是质权；⑤质权人须为善意，即质权人不知道或者不应当知道出质人对质押财产没有处分权。

3. 因继承而取得。动产质权为财产权，质权人死亡时，其继承人可依继承取得。动产质权因继承而取得的，不以继承人是否知其事实，或是否已经占有质押财产为必要。各国立法均对此持肯定态度，我国《继承法》虽未明确指明遗产是否包括质权，但从理论上讲可以由继承人继承。

4. 因法律规定而取得。债权人因法律规定而取得动产质权，为法定质权。如我国台湾地区"民事诉讼法"规定，受担保利益人对于供担保人所提存的现金、法院认为相当的有价证券或当事人约定之物，有法定质权存在。我国立法规定质权只能基于当事人的约定产生，因而我国不存在法定质权。

三、动产质权的效力

（一）动产质权担保的债权范围

动产质权担保的债权范围，应以出质人与质权人在质权合同中约定的为准。如果当事人未在质权合同中约定或者约定不明确时，则适用法律规定。根据《物权法》第173条和《担保法》第67条的规定，动产质权担保的债权范围包括主债权及利息、违约金、损害赔偿金、质押财产保管费以及实现质权的费用。理论上还认为，因质押财产的隐蔽瑕疵而发生的损害赔偿，也属于动产质权所担保的债权范围。[1]

（二）动产质权及于标的物的范围

一般认为，动产质权的效力除及于质押财产本身外，还包括质押财产的从物、孳息、代位物等。

---

[1] 史尚宽：《物权法论》，台湾荣泰印书馆1979年版，第355页。

1. 从物。动产质权的效力及于质押财产的从物。但是，从物未随同质押财产移交质权人占有的，动产质权的效力不及于从物。

2. 孳息。《物权法》第213条规定，质权人有权收取质押财产的孳息。质权合同另有约定的，按照其约定。此处孳息不仅包括天然孳息，也包括法定孳息。

3. 代位物。质权因质押财产灭失而消灭。依据《担保法解释》第80、96条的规定，因质押财产灭失、毁损、征收所得的保险金、赔偿金、补偿金等，是质押财产的代位物，应当作为质押财产。

4. 添附物。质押财产因附合、混合或者加工使质物的所有权为第三人所有的，质权的效力及于补偿金；质押财产所有人为附合物、混合物或者加工物的所有人的，质权的效力及于附合物、混合物或者加工物；第三人与质押财产所有人为附合物、混合物或者加工物的共有人的，质权的效力及于出质人对共有物享有的份额。

（三）动产质权对出质人的效力

1. 出质人的权利。

（1）质押财产的收益权。出质人须将质押财产的占有移转给质权人，因此，原则上出质人对于质押财产没有使用、收益的权利。但依照《物权法》第213条第1款规定，质押财产的孳息由质权人收取，但当事人可以另行约定保留出质人对孳息的收取权。

（2）质押财产的处分权。出质人虽将质押财产的占有移转于质权人，但并不因此丧失对质押财产的所有权，因此在质权生效后，出质人仍然有权处分质押财产，例如将质押财产出卖、赠与等，也可以在质押财产上再行设质，但不能影响质权人的权利。出质人的处分仅指法律上的处分而非事实上的处分。

（3）质押财产的保全权。在质权人占有质押财产期间，为防止因质押财产的毁损、灭失而给出质人造成损害，出质人享有质押财产的保全权。根据《物权法》第216条规定，出质人的保全权体现在：①在质押财产本身具有腐败的危险或者价值可能发生重大减少时，出质人享有保全质押财产的权利；②在质权人侵害质押财产时，出质人可以要求质权人将质物提存，或者要求提前清偿债务而取回质物；③在第三人侵害质押财产时，出质人享有物上请求权和侵权损害赔偿请求权。

（4）物上保证人的反担保请求权与代位权。根据《物权法》第171条第2款，《担保法》第5、72条和《担保法解释》第38条的规定，第三人为债务人向债权人提供质押担保的，可以要求债务人提供反担保。该第三人因质权的实现而丧失质押财产的所有权时，对债务人以及其他应分担担保责任的人有求偿权和代位权。

2. 出质人的义务。

（1）损害赔偿义务。出质人对因质押财产存在隐蔽瑕疵所生的损害，负有赔偿义务；在质押财产的非隐蔽瑕疵致质权人损害时也应赔偿，但这种损害赔偿债权应属普通债权，不属于质权担保的范围。

（2）偿还必要费用义务。出质人对质权人保管质押财产支出的必要费用负有偿还义务。对于质权人取得出质人同意而为有益行为支出的费用，出质人也应偿还。

（四）动产质权对质权人的效力

1. 质权人的权利。

（1）质押财产的占有权。对质押财产的占有，既是动产质权的成立要件，也是动产质权的存续要件，质权人有权在债权受清偿前占有质押财产。质权人的占有受侵害的，可以根据占有制度请求排除妨害、消除危险、返还原物、损害赔偿等。

（2）质押财产的留置权。质权人在债权没有全部清偿前，有权留置质押财产。无论是出质人还是第三人请求交付质押财产的，质权人都可以拒绝。留置权是质权人占有权的进一步延续。

（3）质押财产的孳息收取权。质权人有权收取质押财产的孳息，包括天然孳息与法定孳息。但质权合同中另有约定的，从其约定。质权人收取的质押财产所生孳息，其所有权仍属出质人所有。质押财产孳息应首先充抵收取孳息的费用，其次充抵原债权利息，最后充抵原债权。

（4）质权的保全权。质押担保以质押财产的交换价值确保债权的受偿，当质押财产有损坏或价值明显减少的可能，足以危害质权人利益时，质权人可以要求出质人提供相应担保。出质人不提供的，质权人可以拍卖或变卖质押财产，并与出质人协议将拍卖或变卖所得价款用于提前清偿所担保的债权或者向与出质人约定的第三人提存。

（5）转质权。所谓转质，是指质权人为了担保自己的或者他人的债务，将质押财产向第三人再度设定新的质权。例如，甲向乙借款15万元，以其所有的一块劳力士手表为乙设定质权。此后，乙向丙借款5万元，乙以该手表为丙设定质权。因转质而取得质权的权利人，称为转质权人。质权人是否享有转质权，各国规定不一，法国和德国民法未规定转质权，但学说上承认质权人的转质权，瑞士和日本民法则对转质权有明文规定。我国《物权法》第217条规定："质权人在质权存续期间，未经出质人同意转质，造成质押财产毁损、灭失的，应当向出质人承担损害赔偿责任。"尽管没有明文规定转质，但转质是条文中应有之意。

（6）质权的处分权。动产质权属于财产权，质权人可以处分质权，包括质权的抛弃、质权的让与或供他债权担保。质权人可以任意抛弃其质权,但不得损害第三人的权利。质权也可随同主债权一并转让或供他债权担保。

（7）质权的优先受偿权。债务履行期届满,债务人不履行到期债务或者发生当事人约定的实现质权的情形,质权人可以与出质人协议以质押财产折价,也可以依法拍卖、变卖质押财产。

2. 质权人的义务。

（1）保管质押财产的义务。质权人占有质押财产,应以善良管理人的注意保管质押财产。因保管质押财产不善致使质押财产灭失或毁损的,质权人应当承担赔偿责任。质权人的行为可能使质押财产毁损、灭失的,出质人可以要求质权人将质押财产提存,或者要求提前清偿债务并返还质押财产。

（2）及时行使质权的义务。《物权法》第220条规定："出质人可以请求质权人在债务履行期届满后及时行使质权;质权人不行使的,出质人可以请求人民法院拍卖、变卖质押财产。出质人请求质权人及时行使质权,因质权人怠于行使权利造成损害的,由质权人承担赔偿责任。"

（3）返还质押财产的义务。债务人于清偿期限届满时履行了债务或者出质人提前清偿所担保的债权,质权人应当返还质押财产。不予返还时,出质人可请求损害赔偿。

四、动产质权的实现与消灭

（一）动产质权的实现

动产质权的实现,是指质权人在债权已届清偿期而未受清偿时,处分质押财产优先受偿的行为。

1. 动产质权实现的条件。依照《物权法》第219条第2款规定,动产质权的实现条件有：①动产质权有效存在；②债务人不履行到期债务,或者发生当事人约定的实现质权的情形；③债权人未受清偿。

2. 动产质权实现的方法。

（1）折价。以折价方式实现质权,应具备以下条件：①质权人与出质人订立转移质押财产所有权合同；②合同应于清偿期届满后订立,不得预先在质权合同中约定流质契约；③合同以清偿质权担保的债权为目的；④须无害于其他债权人的利益。质押财产折价的,应当参照市场价格,不得以不正当低价实现质权。

（2）拍卖、变卖。这是动产质权实现最主要的方式。拍卖与变卖大同小异,只是出卖方式不同。拍卖分一般拍卖和强制拍卖。一般拍卖是质权人与出质人协商而委托拍卖人拍卖质押财产。强制拍卖是指出质人与质权人协商不成时,质权人通过法院拍卖质押财产。质押财产经拍卖、变卖后,质权人就所得的价金优先受偿；有余额的,应返还给出质人；不足的,未受清偿部分,作为无担保的普通债权得向债务人继续求偿。

(3) 其他方式。主要指一般的买卖或登报标售的方法。因为拍卖质押财产手续繁杂、费用较高，质权人可能不愿以拍卖方式行使质权；质押财产对质权人可能没有太大的价值，质权人可能也不愿以协议取得质押财产的所有权。以其他方式实现质权，除必须双方当事人订立协议外，还不得有害于其他质权人的利益。

(二) 动产质权的消灭

动产质权的消灭，即动产质权人不再享有对特定动产的质权。动产质权消灭的原因主要有以下法律事实：

1. 因被担保的债权消灭而消灭。根据《担保法》第74条规定，动产质权从属于主债权。债权消灭时，动产质权随之消灭。但债权的消灭必须是全部消灭，债权消灭一部分的，质权并不消灭，仍然担保剩余债权。

2. 因质权的抛弃而消灭。质权人抛弃质权，则质权消灭。对此，各国法律有不同的认识，有的规定可以默示抛弃，即返还质押财产于出质人，有的认为必须有明确的抛弃表示才构成抛弃质权。我国法律认为，抛弃质权除有明确的抛弃质权意思表示之外，还需返还质押财产于出质人。

3. 因丧失对质押财产的占有而消灭。质权人丧失对质押财产的占有，应区分不同情况分别对待：质押财产因被盗窃、抢夺或遗失，质权人丧失对质押财产占有的，质权不消灭，质权人可以向不法占有者行使返还请求权；质押财产被第三人合法占有，如动产质权的善意取得，质权人、出质人对第三人均无返还请求权的，质权归于消灭。

4. 因质押财产的灭失而消灭。动产质权因质押财产的灭失而消灭。但是，动产质权为价值权，质押财产虽然灭失，但如因灭失而获得赔偿金时，质权人可以就赔偿金获得清偿，该赔偿金因此成为质押财产的代替物。

5. 因质权的实现而消灭。质权人在债权清偿期届满而未获清偿时，可以处分质押财产，实现质权，质权因实现而消灭。如有剩余债权未受清偿的，转为普通债权由债务人清偿。

五、最高额质权

根据《物权法》第222条"出质人与质权人可以协议设立最高额质权"的规定，我国《物权法》首次创设了最高额质权。

最高额质权，是指为担保债务的履行，债务人或者第三人对一定期间内将要连续发生的债权提供质押财产担保的，债务人不履行到期债务或者发生当事人约定的实现质权的情形，质权人有权在最高债权额限度内就该担保财产优先受偿。最高额质权创设的目的在于配合继续性交易形态的需要，促进社会经济的繁荣，有利于简化手续，促进资金融通，更好地发挥质权担保的功能。

最高额质权与最高额抵押权具有许多相同之处，如两者担保的债权都是不特定债权；两者均有最高担保额的限制；在实现担保物权时，均需要对担保的债权进行确定。因此，《物权法》第222条规定，最高额质权可以参照该法第十六章第二节关于最高额抵押权的规定。

第三节　权利质权

一、权利质权的概念和特征

（一）权利质权的概念

权利质权，是指为了担保债务的履行，以债务人或第三人享有的可让与的财产权利为标的而设立的物权。例如某合营公司持有一张面额为100万美元、存款期为1年的定期存款单。为了向国内供货商支付货款，遂将定期存单交给银行办理质押，银行则向合营公司提供700万元人民币贷款。根据约定，合营公司到期向银行还款时，银行即应取消质押，将存单归还合营公司。如果合营公司不能清偿银行贷款，银行就有权以该美元存款抵偿合营公司欠款。

除法律另有特殊规定外，权利质权一般准用动产质权的规定，故被称为"准质权"。动产质权与权利质权已经发展成我国质权制度中两个彼此独立的权利类型。

（二）权利质权的特征

权利质权与动产质权都是以担保债务履行和债权实现为目的，性质都是价值权、担保权，但权利质权又具有其自身独特的特征：

1. 权利质权的标的为可让与的财产权利。权利质权的标的为权利，而非有体物。但并非任何权利都可成为权利质权的标的，充任权利质权的标的必须符合以下条件：

（1）必须是财产权利。非财产权，如人格权、身份权等，不得作为权利质权的标的。

（2）必须是可让与的财产权利。财产权利不具有让与性，则质权人的质权无从实现。不可让与的财产权利主要包括两种：①依其性质不可让与的财产权利，主要是基于扶养关系、抚养关系、赡养关系、继承关系产生的给付请求权和劳动报酬、退休金、养老金、抚恤金、安置费、人寿保险、人身伤害赔偿请求权等；②法律禁止让与的财产权利，如《公司法》第147条规定，发起人持有本公司的、自公司成立之日起三年内不得转让的股权，公司董事、监事、经理应当向公司申报所持有的本公司、并在任职期间内不得转让的股权等。

（3）必须是适于设质的财产权利。不适于设质的财产权利包括：①动产所有权，由于动产质权的实质是以动产所有权作为质权的标的物，因此动产所有权不能作为权利质权的标的；②不动产用益物权，如建设用地使用权、土地承包经营权、宅基地使用权等，因为质权是动产质权，不动产原则上不能设定质权。

2. 权利质权以交付权利凭证或登记为公示方法。由于权利质权标的的特殊性，其公示方法与动产质权不同。对于已经证券化的财产权利，如汇票、支票、本票债券、存款单、仓单、提单，应将该权利凭证交付于质权人占有。对于那些尚未证券化的财产权利，如依法可以转让的商标专用权、专利权与著作权中的财产权，只能同抵押权一样，采用登记的方式公示。

二、权利质权的设定

与动产质权相同，权利质权的设定要求出质人与质权人以书面形式订立质权合同，但从《物权法》第223条可见，权利质权的标的物具有特殊性，而各类不同权利质权的设定各有其特点，对此分别加以说明。

（一）证券债权质权

1. 证券债权质权的含义。证券债权质权，是指以证券债权为质权标的的权利质权。所谓证券债权，是指以有价证券表示的债权。债权证券以其所代表债权的内容可以分为金钱证券、物品证券、服务证券、有价证券证券。服务证券有一定的特定性，有的禁止转让，不适于设质。其他证券债权原则上都可以成为质权的标的。若证券上记载有"不得转让"字样，则该证券不能质押设定证券质权。我国《物权法》中明确规定汇票、本票、支票、债券、存款单、仓单、提单可以质押。

2. 证券债权质权的设定。《物权法》第224条规定："以汇票、支票、本票、债券、存款单、仓单、提单出质的，当事人应当订立书面合同。质权自权利凭证交付质权人时设立；没有权利凭证的，质权自有关部门办理出质登记时设立。"可见，证券债权质权的设立应由出质人和质权人以书面形式订立质权合同。以无记名证券出质的，质权自该证券交由质权人占有时成立；以记名证券出质的，质权虽自证券交付时起成立，但当事人同时应将质押的事实背书于证券上或者记载于证券存根簿及债券上，否则，该质权不得对抗第三人。

（二）股权质权

1. 股权质权的含义。股权质权，是指以出资人的股权为标的的权利质权。股权质权的标的一般只为股份有限公司的股票和有限责任公司的股份。但股权也受某些特别法的限制。如公司董事、经理、监事持有的本公司股份于其在职期间不能转让；有限责任公司股东向股东以外的第三人转让出资须全体股东过半数通过等。股权即便出质后，质权人也只能享有其中的受益权等财产权利，公司重大决策权和选择管理者权等则仍由出质人行使。

2. 股权质权的设定。《物权法》第226条规定："以基金份额、股权出质的，当事人应当订立书面合同。以基金份额、证券登记结算机构登记的股权出质的，质权自证券登记结算机构办理出质登记时设立；以其他股权出质的，质权自工商行政管理部门办理出质登记时设立。"以上市公司股票出质的，须经证券登记结算机构登记后设立。目前，我国的证券登记结算机构就是中国证券登记结算有限责任公司，下设深圳分公司和上海分公司。以非上市公司的股权出质的，或者以有限责任公司的股份出质的，自工商行政管理部门办理出质登记时设立。

(三) 知识产权质权

1. 知识产权质权的含义。知识产权质权，是指以专利权、商标权和著作权中的财产权为标的的质权。著作权质权包括著作权人设定质权和著作权使用权人设定质权。著作财产权是具有财产价值的，可以转让，因而可以成为质权的标的。专利权主要为财产性权利，其财产权内容可以转让，专利权和专利申请权均可以成为权利质权的标的。商标专用权可以独立转让，因而它可以成为权利质权的标的。

2. 知识产权质权的设定。《物权法》第227条规定："以注册商标专用权、专利权、著作权等知识产权中的财产权出质的，当事人应当订立书面合同。质权自有关主管部门办理出质登记时设立。"以知识产权出质的，应当向各自的管理部门办理出质登记：国家工商行政管理局是商标专用权质权合同登记的管理机关；国家知识产权局是专利权质权合同登记的管理部门；国家版权局是著作权质权合同登记的管理机关。

(四) 不动产收益权质权

1. 不动产收益权质权的含义。不动产收益权，是指以公路桥梁、公路隧道或者公路渡口等不动产收益权为标的的质权。公路桥梁等不动产的收益权并不是以不动产使用、收益为内容的权利，而是对利用该不动产的人收取利用费的权利，即收费权，该权利尽管具有一定的物权性，但其属于债权性质。因此，依《担保法解释》第97条规定，以公路桥梁、公路隧道或者公路渡口等不动产收益权为标的设定的担保，为权利质权。

2. 不动产收益权质权的设定。《物权法》第228条规定："以应收账款出质的，当事人应当订立书面合同。质权自信贷征信机构办理出质登记时设立。"以应收账款出质的，当事人除签订书面合同外，还必须到信贷征信机构办理出质登记，质权方能设立。

三、权利质权的效力

《物权法》第229条规定，权利质权准用动产质权的有关规定，因此权利质权的效力基本上与动产质权相同。

（一）权利质权担保的债权范围

权利质权的设定或者移转权利凭证，或者办理登记，都不存在支出标的物的保管费用。因此，权利质权担保的债权范围包括主债权、主债权利息、违约金、损害赔偿金以及实现质权的费用，当事人另有约定的除外。

（二）权利质权及于标的物的范围

权利质权的标的物如果为有价证券以外的标的物，则适用动产质权的相关规定。如果为有价证券的，则权利质权的效力会及于其法定孳息，如利息、现金红利、股息、红股、转增股等。

（三）权利质权对出质人的效力

根据《物权法》的相关规定，出质人以财产权利出质后，未经质权人同意，出质人不得以法律行为变更或者转让权利。因为出质人处分权利，必将损害质权人的利益，因此法律对出质人的处分权给予必要的限制。

（四）权利质权对质权人的效力

1. 权利证书的留置权。与动产质权人占有、留置动产相同，权利质权人可以占有、留置权利证书，以作为将来实现债权的担保。

2. 质权的保全权。作为质权标的的权利，虽不像动产可能会腐败变坏，但其价值也有明显减少的可能，并足以损害质权人的权利，此时质权人可以请求出质人提供相应的担保或提前处分权利。例如，在金融危机来临之际，为防止质押的股票价值暴跌，可以提前变现质押的股票。

3. 质权的优先受偿权。债务履行期届满，债务人不履行到期债务或者发生当事人约定的实现质权的情形，质权人可以依法实现质权，并就所得的价款优先受偿。

四、权利质权的实现

权利质权的实现，是指质权人在债权已届清偿期而债务人不履行债务时，处分质押标的以优先受偿的行为。权利质权实现的条件与动产质权实现的条件大体相同。权利质权的实现方法，因质押标的不同而有区别：

（一）证券债权质权的实现

出质人以票据、债券、存款单、仓单、提单等有价证券设立质权时，如果这些有价证券可以随时兑现或提货，或者兑现日期或提货日期与主债权的清偿日期相同，则质权的实现不存在问题。但是，实践中会出现以下情形：

1. 有价证券上载明的兑现日期或者提货日期早于质权所担保的主债权的清偿日期，质权人可以在债务履行期届满前兑现或提货，并与出质人协议将兑现的价款或者提取的货物提前清偿债务或者提存。

2. 有价证券上载明的兑现日期或者提货日期晚于质权所担保的主债权的清偿日期，质权人只能在兑现或提货日期届满时兑现款项或者提取货物。

（二）股权质权的实现

以公司的股份或者股票出质的，质权人在债务人不履行债务时可以依法变价出质的股份或股票，以其变价金优先受偿，主要有三种方法：一是协议取得股份或股票；二是拍卖出质的股票或股份；三是以其他方式变卖出质的股票或股份，其方法与动产质权大体相同。

（三）知识产权质权的实现

以知识产权出质的，质权人在债务人不履行债务时，可以依法变价知识产权中的财产权，以变价金优先受偿。一般来说，在拍卖、变卖知识产权前，应当对知识产权进行评估，以确定其价值。

引例解析：

1. 根据《物权法》第212条"质权自出质人交付质押财产时设立"的规定，自甲交付摩托车，质权设立，质押合同受法律保护；该法第211条规定："质权人在债务履行期届满前，不得与出质人约定债务人不履行到期债务时质押财产归债权人所有。"所以，乙"你要半年内来不了，这车就归我了"的主张不合法。而应按第221条"质押财产折价或者拍卖、变卖后，其价款超过债权数额的部分归出质人所有，不足部分由债务人清偿"的规定去做。

2. 《物权法》第214条规定："质权人在质权存续期间，未经出质人同意，擅自使用、处分质押财产，给出质人造成损害的，应当承担赔偿责任。"所以，甲有权阻止乙飙车。车如有损害，甲有权要求乙赔偿损失。

3. 《物权法》第208条规定："为担保债务的履行，债务人或者第三人将其动产出质给债权人占有的，债务人不履行到期债务或者发生当事人约定的实现质权的情形，债权人有权就该动产优先受偿。前款规定的债务人或者第三人为出质人，债权人为质权人，交付的动产为质押财产。"该法第219条规定："债务人履行债务或者出质人提前清偿所担保的债权的，质权人应当返还质押财产。债务人不履行到期债务或者发生当事人约定的实现质权的情形，质权人可以与出质人协议以质押财产折价，也可以就拍卖、变卖质押财产所得的价款优先受偿。质押财产折价或者变卖的，应当参照市场价格。"根据上述规定，时满半年，甲无力赎车，应与乙将摩托车或协议折价，或拍卖、变卖，以所得价款偿债，多退少补。《物权法》法第220条规定："出质人可以请求质权人在债务履行期届满后及时行使质权；质权人不行使的，出质人可以请求人民法院拍卖、变卖质押财产。出质人请求质权人及时行使质权，因质权人怠于行使权利造成损害的，由质权人承担赔偿责任。"甲就可以转而请求人民法院拍卖、变卖摩托车。因乙延误，如造成甲的1000元违约金损失，该损失应由乙承担。

案例思考：

村民苗大叔急需用钱，就向邻村的张大爷借了2000元钱。苗大叔为人老实厚道，开口借钱的事情对他来说可是个大难事。这不好不容易开口借了以后，苗大叔为了表示自己到时候一定还钱，非让张大爷把自己家心爱的一匹母马牵了去，并说张大爷把马牵回去还可以帮忙干干活。张大爷拗不过苗大叔，就把母马牵回家了。谁知道母马被牵走的时候已经怀着小马驹了，到了张大爷家没两个月生了个小马。张大爷赶快想通知苗大叔，但是不巧得很，苗大叔出了远门，一时半会儿还回不来。张大爷正发愁该怎么办呢，他的外甥告诉他：张大爷作为质权人是有权收取质物的孳息的。张大爷有点半信半疑：我能收取孳息吗？这匹小马驹是不是就归我了？那样的话老苗怎么办？毕竟是他的马生的啊！

你能帮助张大爷解决心中疑问吗？

第十六章

留置权

◆ 引例：

甲是货运个体户，专跑苏南—湘中一线。一次，他把一车石膏服装模特运到株州，可取货的货主乙不肯依货运合同付运费。他说："我这次是模特厂老板代办运输。不是自己身上的肉，割出血来都不痛。哪有这么贵的，5000块！上次我自己喊车才3000。"甲说："那你事先要跟模特厂老板讲好，运费最高多少。现在生米做成了熟饭，我收不到5000，回去无法向货运站交差。"乙不由分说，把三千元甩到桌上，说："就这么多了，再多出一个子儿我也不干！"甲扣留了货主乙大约相当于2000元的模特，告诉货主乙："要协商，打我手机。"把车开远了以后，租了间民房，存放了模特。下面再谈如何就该动产优先受偿的问题。

甲刚寄放好模特，手机就响了起来。来电话的人自称姓唐，说甲错把他的货扣了，要求甲立即回转向他交货。他说，货主乙欠了他的债，他现有欠条为证，这批货本是要押给他的，不料半路杀出个程咬金。

甲先前的行为是否正确，唐某出现之后甲应如何依法处理？

☞ 要点：
1. 留置权的概念与特征
2. 留置权的成立
3. 留置权的效力
4. 留置权的实现与消灭

第一节　留置权概述

一、留置权的概念与特征

（一）留置权的概念

在我国，关于留置权的概念，民法学界有不同的定义。主要有：①"留置权是指债权人按照合同约定占有对方（债务人）的财产，当债务人不按照合同给付款项超过约定期限的，占有财产的债权人得留置该财产，依照法律的规定以留置财产折价或者以变卖该财产的价款优先得到偿还的权利"。[1] ②留置权是"债权人按照合同的约定占有债务人的财产并得在其债权未受清偿时将该财产留置并于不履行债务超过一定期限时依法得变卖财产,从价款中优先得到偿还的权利"。[2] ③留置权"即债权人按照合同约定占有债务人的财产,债务人不按照合同给付应付款项超过一定期限时,可以留置该财产,依照法律的规定以留置财产折价或者以变卖该财产的价款,优先受到清偿的担保物权"。[3] ④"留置权是指债权人占有属于其债务人的特定物,在与该物有牵连关系的债未受清偿前,得予以留置的担保物权。"[4] ⑤"留置权是指债权人占有属于他人的动产,具备一定要件时,于债权未受清偿前,得留置该动产的担保物权。"[5]

上述五种定义,前三种大体相近,后两种基本类似,但各有不同的研究侧重点。从理论上分析,后两种定义更符合留置权的性质特征,有利于充分发挥留置权担保制度的功能。前三种定义和后两种定义的主要区别在于是否将留置权的产生和适用限于担保合同债权的范围。[6] 根据以上分析及留置权的性质特征,留置权是指依照法律规定,债权人对其占有的他人财产,在与该财产有牵连关系的债未受清偿前得留置该财产,并以该财产优先受偿的权利。留置权是债权人占有属于他人的动产,具备一定要件时,于债权未受清偿前,得留置该动产的法定担保物权。债权人得留置其所占有的他人动产,以其非因侵权行为而占有他人的动产为限;债权人因为侵权行为而占有他人动产,不得行使留置权。因此,留置权是指权利人非因侵权行为而占有他人财产时,同该财产有关联的债权在获得清偿前,对该项财产享有扣留并置于其控制之下的权利。

(二) 留置权的特征

具体特征表现如下:

1. 留置权为法定担保物权。虽然从世界各国立法例来看,有债权的留置权和物权的留置权之分,但在我国学界和立法上,留置权属于物权性质的留置权。留置权是担保物权的一种,其基本作用是担保债权的实现;同时,留置权为具备一定要件时,依法律规定而当然发生的担保物权,无须当事人约定,故属于法定担保物权的范畴。关于留置权的法定性应注意的是,留置权虽只能依法产生,但可由约定而排除。留置权为债权人的权利,债权人可以预先抛弃留置权。根据当

---

[1] 王利明等主编:《民法新论》(下),中国政法大学出版社1988年版,第329页。
[2] 佟柔主编:《中国法学大辞典·民法学卷》,中国检察出版社1995年版,第431页。
[3] 杨立新、尹艳:"我国他物权制度的重新构建",载《中国社会科学》1995年第3期。
[4] 张俊浩主编:《民法学原理》,中国政法大学出版社1991年版,第469页。
[5] 梁慧星、陈华彬主编:《物权法》,法律出版社1998年版,第376页。
[6] 徐武生:《担保法理论与实践》,工商出版社1999年版,第505页。

事人意思自治原则，虽然不允许当事人任意设定留置权，却允许当事人约定排除留置权。当事人在合同中预先约定排除留置权的，债权人在留置权条件成立时也不能行使留置权，只能采取其他措施来实现债权。法律之所以允许当事人通过约定对留置权加以排除的根本原因在于：法律设置留置权的目的不过是基于公平的原则来保护债权人的利益，并未涉及公共利益或者第三人的利益，因此当事人的意思自治不应受到限制。[1]《担保法解释》第107条规定："当事人在合同中约定排除留置权，债务履行期届满，债权人行使留置权的，人民法院不予支持。"即为约定排除留置权效力的规定。2007年10月1日施行的《物权法》第232条也规定了当事人约定排除留置权。

2. 留置权是具有二次效力的担保物权。所谓留置权的二次效力，是指留置权人在其债权未受清偿前得留置标的物，留置权人就其所占有的物有继续占有的权利，可排除债务人所为的债权请求权或物权请求权的行使，这是第一次效力。当债务履行期限届满，且经过一定的期限债务人仍不履行债务时，留置权人有权以标的物折价或拍卖、变卖并就所得价款优先受偿，此种优先受偿的效力是留置权的第二次效力。而其他担保物权并无二次效力，在债务人于债务履行期限届满而未履行债务时，债权人即得实现担保权，以担保物的变价优先受偿。[2]

3. 留置权为动产担保物权，且留置权只能成立于债务人提供的财产上。

4. 留置权为占有担保物权，不具有追及效力。占有担保物权是指以标的物移转于债权人占有为要件而发生或者存续的担保物权。在留置权关系中，债权人占有动产为留置权成立与存续的要件。因为留置权是以占有为基础的担保物权，在丧失占有后消灭了权利本身，留置权人只能基于占有行使返还请求权，而不能基于留置权行使作为物上请求权的返还请求权，所以留置权不具有追及效力。从这一点上说，留置权的物权性弱于其他担保物权，如抵押权、质权。[3]

5. 留置权具有从属性。由于留置权是为担保物权的目的而存在的，因此留置权为从属于担保债权的从权利。留置权依所担保之债权的存在而存在，依所担保的主债权的消灭而消灭。留置权既具有从属性，是否也随主债权的移转而移转？对此有不同的观点。有的认为在没有特别约定的情况下，债权让与，留置权也随之移转；有的则认为主债权法定转移时，留置权不能随主债权一同转移。[4]

---

[1] 李国光等：《〈关于使用《中华人民共和国担保法》若干问题的解释〉理解与适用》，吉林人民出版社2000年版，第376页。

[2] 王利明主编：《中国民法典学者建议稿及立法理由》，法律出版社2005年版，第523页。

[3] 王利明主编：《中国民法典学者建议稿及立法理由》，法律出版社2005年版，第523页。

[4] 王利明主编：《中国民法典学者建议稿及立法理由》，法律出版社2005年版，第523页。

6. 留置权的物上代位性。担保物权具有物上代位性,即担保物权的效力及于担保物的代替物,担保物权人可以就担保物的代替物行使其权利。留置权作为担保物权之一种,其是否具有物上代位性,是具有争议的。《担保法》未规定留置权的物上代位性,但根据《担保法解释》第114、80条的规定,留置权具有物上代位性,即留置权的效力及于留置物的代位物。

7. 留置权具有不可分性。留置权作为担保物权也具有不可分性。这表现在:一方面留置权所担保的为债权全部,而不是部分;另一方面留置权的效力及于债权人所留置占有的债务人财产的全部,留置权人取得对留置物的全部行使而非仅对部分行使留置权。只要债权未受到全部清偿,留置权人就得对全部留置物行使权利,而不受债权分割或部分清偿以及留置物分割的影响。[1]

二、留置权的适用范围

(一) 我国立法对留置权适用范围的规定

《担保法》第82条规定:"本法所称留置,是指依照本法第84条的规定,债权人按照合同约定占有债务人的动产,债务人不按照合同约定的期限履行债务的,债权人有权依照本法规定留置该财产,以该财产折价或者以拍卖、变卖该财产的价款优先受偿。"

第84条规定:"因保管合同、运输合同、加工承揽合同发生的债权,债务人不履行债务的,债权人有留置权。法律规定可以留置的其他合同,适用前款规定。"

《物权法》第230条规定:"债务人不履行到期债务,债权人可以留置已经合法占有的债务人的动产,并有权就该动产优先受偿。前款规定的债权人为留置权人,占有的动产为留置财产。"该条系对留置权概念的一般规定。该条的规定和一般学理性解释相吻合。

从《物权法》第230条的规定可以看出,《物权法》对留置权的适用范围已经突破了单纯的合同之债的范围将其扩展适用到了其他债的发生原因。理由有二:

1. 综观《物权法》中第十八章"留置权"的规范文本,可以发现立法者在立法的措辞上已经完全放弃了《担保法》中对合同之债的强调,也改变了《担保法解释》中对留置权适用范围的不明确的规定。《物权法》第230条直接使用了"债务人不履行到期债务,债权人可以留置已经合法占有的债务人的动产,并有权就该动产优先受偿"这样的表述,在第十八章的其他条文中也没有再强调留

---

[1] 王利明主编:《中国民法典学者建议稿及立法理由》,法律出版社2005年版,第523页。

置权仅适用于合同之债的意思。

2. 根据我国留置权立法的历史背景可知,《担保法》之所以严格控制留置权的适用范围,主要是考虑到我国市场经济刚刚起步,有关市场经济的法律制度尚不完善,一套有序的市场经济机制还未形成,起步的时候应当尽量稳妥一些,以后随着发展再扩大范围。因此,法律规定可以留置的其他合同,运用前款规定,为逐步扩大留置权范围留下余地。但是,在我国社会主义市场经济体制已经初步建立之后,法律再如此严格地限制留置权适用范围的做法显然是不符合完善社会主义市场经济体制的需要的。[1]

综上所述,在《物权法》颁布之后,留置权适用范围应当扩展至所有的债权债务关系领域,在司法适用中不能固守于合同领域,从而将有助于充分发挥留置权制度的作用。

(二) 普通留置权

1. 合同之债中的留置权。在合同之债中,留置权的运用最为广泛和普遍。通常表现为以下几种合同。

(1) 加工承揽合同。加工承揽合同包括加工、定做、修理、复制、测试、检验、鉴定、印刷、测绘等合同。在加工承揽合同中,定做人未按照合同约定向承揽人支付报酬或者材料费等价款的,承揽人对完成的工作成果享有留置权,但该留置的工作成果必须为动产。

(2) 保管、仓储合同。保管方、仓储方依合同妥善保管存货方的货物,存货方应及时交付保管费,如果到期不交付的,则保管方、仓储方有权留置保管的货物。保管合同有有偿和无偿之分,留置权只能适用于有偿保管合同之中。在这种有偿保管关系中,保管方负有妥善保管、安置财物的义务,委托方应按照约定及时付清保管费用,否则,保管方即可就该财物享有留置权。仓储合同在本质上可视为是一种特殊类型的保管合同。它虽为一类独立的有名合同,但与一般保管合同的共性仍然很多。[2]而且,根据《合同法》第 395 条之规定,仓储合同适用保管合同的法律规定,故仓储保管人于具备一定条件时可对保管物享用留置权。

(3) 运输合同。根据《合同法》第 288 条的规定,运输合同分为客运合同和货运合同两种。在货运合同关系中,托运人应依约定及时向承运人付清运费及其他相关的费用,若托运人怠于行使此义务,承运人便可对所承运的货物在运费及相关费用的范围内行使留置权。客运合同的标的为运送乘客而非物,故没有发

---

[1] 程啸:"物权法留置权的两项制度创新",载《检察日报》2007 年 4 月 5 日。
[2] 江平主编:《中华人民共和国合同法精解》,中国政法大学出版社 1999 年版。

生留置权的可能。但承运人对乘客随身携带的财物有无留置权？笔者认为，如果是乘客托运的财物，承运人对该财物实际占有，可以准用货运合同而能够发生留置权，但对乘客随身携带的财物，应认定财物归乘客有效占有，承运人不能行使留置权。

(4) 行纪合同。行纪人按委托人的要求买进或卖出货物，若委托人不按合同约定向行纪人给付报酬，行纪人即可对受托买卖之物进行留置。以上合同之债中的留置权，我国分别在《担保法》、《合同法》中作出了规定。

2. 不当得利之债中的留置权。这种留置权多发生在物的偶然误换的情形，物的所有人产生相互返还请求权，各就对方之物享有留置权。当事人就其占有的第三人的财产支付了费用（如当事人误将他人之物认作自己之物进行管理并支付费用，或当事人误认他人之禽畜为己有而进行饲养），致使第三人不当得利的情况下，债权人可请求受益人返还其所支付的费用，未获清偿前，债权人可留置该物。

3. 无因管理之债中的留置权。在无因管理中，管理人就他人之物支出必要和有益费用，若其费用偿还请求权未获满足，对其管理物享有留置权。因此，对无因管理之物，管理人也可行使留置权，以保护其合法的债权能够顺利实现。因为无因管理行为，本身即为值得提倡和发扬的行为，而且费用偿还请求权本身就是基于管理物而产生的。如若不承认基于无因管理可发生留置权，则受益人可基于物权请求权要求管理人返还管理物，而管理人在返还占有物后仅能对其所支付的费用向受益人提起债权请求权，此时管理人的债权不能得到有力的保障，有违公平原则。

4. 侵权之债中的留置权。实践中不乏这样的案例：甲家之牛进入乙家菜地，将菜践踏，给乙家造成财产损失，在此种情形之下，乙是否可对该牛进行留置直至受偿？根据我国现行民法的规定，上述案例中，债权人对因被侵权而占有之物不能享有留置权。

民法规定留置权制度的主要目的在于贯彻公平原则，担保债权人债权的受偿。笔者认为，因侵权行为而产生的债权可以适用留置权。理由有二：①侵权之债中，债权人应该享有自我救济的权利。在合同之债中，债权人除去留置权之外，还可行使抗辩权进行自我保护，尽管合同抗辩权在效力上不如留置权强大，但毕竟是债权人的一种自我保护方式，然而现行法律却未赋予侵权之债的债权人自力救济的方式和权利。而在现实生活中，往往是侵权之债的债权人的权利更需要得到及时而有效的救济。②受害人在其损害赔偿请求权未能实现时，留置侵权人的动产，可以有效地督促侵权人进行损害赔偿，并且在侵权行为人不履行损害赔偿之义务时，被侵权人作为债权人可以通过行使对所留置的动产的权利来获得赔偿。规定受害人对侵权人的动产享有留置权，有助于平衡当事人之间的利益，保证被侵权人的损失得到及时而有效的弥补。

5. 基于遗失物之拾得所生之拾得人费用偿还请求权和报酬请求权。在拾得遗失物法律关系中，拾得人是否可以基于费用偿还请求权和报酬请求权对遗失物享有留置权？笔者认为宜区别不同的情形来对待。于费用偿还请求权，即拾得人所支出的公告费、交通费等合理费用，可以准用无因管理，能够适用留置权；而于报酬请求权，则应取决于物权立法是否采纳报酬请求权。许多国家民事立法中都有拾得人报酬请求权的规定。我国民法目前尚无此规定。目前，对于拾得人的报酬请求权，立法者和学者之间尚未达成一致认识。

（三）特殊留置权

特殊留置权包括商事留置权以及不动产出租人、营业主人的留置权。需要指出的是我国目前立法并没有特殊留置权的规定，在这一方面也应该有所突破。

商事留置权发生在合同之债中。各国立法多规定，对于合同之债，如果是发生在商人之间的，即使没有牵连关系也可进行留置。

不动产出租人的留置权是指不动产出租人就租赁契约所生之债权，对于承租人放在其不动产上的财物，在承租人不履行债务时，不动产出租人有留置权。营业主人的留置权是指旅店、饮食或提供服务的人，在客人不清偿因接受服务所产生的债务时，对于客人所携带的行李及其他财物有留置权。在这两种特殊情况下，都不要求物的占有与债权之间有上文所讲的一般牵连关系。法律作出这样的规定是为了充分保护债权人的利益，其出发点仍是当事人之间利益的平衡。在这两种情况下，承租人与客人具有很大的流动性，不动产出租人及营业主人对他们的状况不了解，事实上也不需要了解。如果他们不清偿债务就离去，债权人事后很难向其追索。在这种情况下如果不允许债权人留置债务人的物，对债权人来说是不公平的。国外立法都不同程度对这种特殊留置权作出了规定，我国认为这种留置权的适用将造成社会秩序的混乱，故无此类规定。但是，任何一种制度都有其利弊，考量这种留置权的适用，我们认为其利大于弊。故我国应在立法中规定这种特殊留置权。

三、留置权与其他权利的比较

（一）留置权与动产质权的区别

留置权与动产质权同为动产担保物权，且都以占有标的物为成立和存续要件，但二者是不同的。区别主要有：

1. 产生原因不同。留置权因法律规定而产生，为法定担保物权；而动产质权由当事人依合同设定，为意定担保物权。

2. 功能不同。留置权的作用仅在于担保债权清偿；而动产质权的作用除有确保债权受偿外，还具有融通资金的媒介作用。

3. 标的物范围不同。留置权的标的物仅以债务人所有的财产为限（债权人对非债务人所有的财产而善意取得留置权，仅为例外）；而动产质权的标的物则不以属于债务人所有者为限。

4. 取得占有的时间和目的不同。留置权的发生和存在以债权人占有留置物为必要，但债权人应当在债权发生前或者同时已经占有留置物，债权发生后取得对债务人财产的占有，不发生留置权；债权人取得对留置物的占有，不以发生留置权为目的。动产质权的标的物，应当在债权发生时或者发生后转移质物，占有的目的在于设定质权，以担保已经发生的债权之清偿。

5. 实行条件不同。留置权人于其债权届期未受偿时，只能留置留置物；只有在通知债务人于一定期限清偿债务而债务人不为清偿时，才可实行留置权，即留置权具有二次效力。而动产质权只要债权届期未受清偿便可实行。

6. 消灭原因不同。丧失占有和提供担保，为留置权消灭的法定原因。而动产质权人丧失质物的占有，需待不能返还质物时，才归于消灭；同时提供担保，也不是动产质权消灭的原因。[1]

（二）留置权与同时履行抗辩权

同时履行抗辩权，是指在没有先后履行顺序的双务合同中，一方在对方未为对待给付前，得拒绝履行自己的债务的权利。同时履行抗辩权与留置权极为相似，二者都是基于公平原则而确认的制度，并且在有的立法上，留置权也被规定为一种拒绝给付权。但二者仍有以下区别：

1. 性质不同。留置权以物的支配为内容，具有物权性质，可对任何人主张；而同时履行抗辩权是债权性质的权利，只对合同对方当事人援用。

2. 适用范围不同。留置权的适用范围并不仅仅局限于因双务合同而产生的债权；而同时履行抗辩权仅仅适用于双务合同而产生的债权。

3. 标的不同。留置权的标的以动产为限；而同时履行抗辩权的标的并不以物为限，也可以为行为。

4. 发生原因不同。留置权是基于法律的规定而产生，其目的在于担保债权；而同时履行抗辩权是基于双务合同的当然结果，其目的在于促使双方交换履行。

5. 实行方式不同。留置权在债务人经过催告后不为给付的，即可以申请实行留置权；而同时履行抗辩权则仅具有防御之力，并无积极实现自己债权的手段。

---

[1] 陈华彬：《物权法》，法律出版社 2004 年版，第 586 页。

6. 消灭原因不同。留置权因债务人提供相当担保而消灭；同时履行抗辩权不因相对人提供担保而消灭，只要相对人的债务不履行，一方同时履行抗辩权就存在。[1]

（三）留置权与抵销权的区别

抵销权，是指在双方相互负有同类债务，且均已届清偿期时，一方得以自己的债权与对方所负债务相互抵偿的权利。留置权与抵销权源于罗马法上的恶意抗辩权，是法律基于公平观念所确认的制度，目的均在于避免债务履行中的不公平现象。但二者的区别也是明显的：

1. 性质不同。留置权为担保物权；而抵销权为形成权，性质上为债权。

2. 目的不同。留置权的目的在于担保债权的清偿；而抵销权的目的则在于避免交换给付的成本。

3. 标的物不同。留置权的标的物以动产为限；而抵销权的标的物为一切适于抵销的债权债务。

4. 发生的债权基础不同。留置权是当事人之间因关于物的交付债务与基于该物所生的债务的对立而发生的，两个对立债务的性质不同；而抵销权是依双方当事人之间有同种类给付的债务而发生的，对立的两个债务的性质是相同的。

5. 效力不同。留置权仅在债务人履行其债务前，有一时的留置效力；而抵销权则有使双方债权终局消灭的效力。

6. 实行方法不同。留置权在条件具备时以折价或者拍卖、变卖留置物，优先清偿其所担保的债权；而抵销权的行使只需向对方当事人为意思表示即可。

7. 消灭原因不同。留置权可因债务人提供相当担保而消灭；抵销权则并不因债务人提供相当担保而消灭。[2]

第二节 留置权的取得

一、留置权的成立要件

留置权为法定担保物权，这就决定了留置权只能依法律规定产生，而不能由当事人约定设立。留置权的取得要件，一般分为积极要件和消极要件。

（一）留置权成立的积极要件

留置权的积极要件是指留置权成立所必须具备的要件，主要有三个：

1. 须债权人占有债务人的动产。留置权的目的是当债务人不能清偿债务时

---

[1] 郭明瑞：《担保法》，中国政法大学出版社1998年版，第244页。
[2] 谢在全：《民法物权论》（下），中国政法大学出版社1999年版。

以其财产变价或折价清偿债权人之债权,因此,债权人须占有债务人的财产才可能实现此目的。

我国在《民法通则》和《担保法》上只规定债权人占有的为"债务人的财产",但该财产是否须为债务人所有,并不明确。我国学者认为,这里"债务人的财产"应理解为基于合同关系由债务人交付债权人占有的财产,并非指债务人所有的财产。因此,在债权人善意占有第三人的财产上亦可成立留置权,例如某人将借来的手表送到表店修理,表店就可以对此表行使留置权。

对于债权人占有的财产是否仅为动产,各国立法上亦不相同。而我国《民法通则》中仅规定留置的财产为"对方的财产",未作限制。但我国《担保法》上则明确规定债权人占有的财产须为债务人之动产,不动产不得留置。

2. 须债权的发生与该动产有牵连关系。留置权的目的在于留置债务人的财产,迫使债务人履行债务,以实现债权受偿。但是,如果允许债权人任意留置债务人所有的、与债权的发生没有关系的财产,对债权人的利益保护过于绝对,对债务人的利益则限制过强,有违公平原则,与留置权制度设立本旨相悖,同时也会损害交易安全,与保护交易安全的私法原则相冲突,所以债权人占有财产应以存在牵连关系为必要条件。

债权与留置物之间是否存在牵连关系的认定主要存在以下两种学说:

(1) 单一标准说。该说认为留置权的标的物与债权发生有无牵连关系,应依"统一的单一的标准"来判定。对于该观点,亦存在以下几种说法:①认为标的物如果是构成债权发生的法律事实之一,债权与标的物即存在牵连关系;②标的物与债权之间只要存在因果关系,即可认为债权与标的物间存在牵连关系;③标的物之存在与债权发生须有相当因果关系,而且社会一般观念认为此时也有留置权存在的必要时,债权与标的物间即应认有牵连关系;④债权与标的物因某种经济关系而发生,债务人如自己不履行债务,却要债权人返还其标的物,且社会观念认为不当时,宜认为该标的物与债权间存在牵连关系。

(2) 间接原因说。该学说认为债权与标的物存在牵连关系,应当包括直接原因和间接原因,直接原因不必说,而对于间接原因则又有不同观点:①认为债权与标的物占有的取得,系因同一交易关系或同一目的而发生时,二者存在牵连关系;②认为债权由标的物而生或债权与标的物之返还请求权基于同一法律关系而生时,二者即存在牵连关系;③认为债权若是间接因标的物的关系产生的,二者亦存在牵连关系;④认为凡债权由标的物而产生或债权与标的物之返还请求权系基于同一法律或同一生活关系而生时,即有牵连关系。以上间接原因各说中的第四说为通说。该说可归纳为以下三点:①债权系因该动产本身而生;②债权与该动产的返还义务系基于同一法律关系而生;③债权与该动产的返还义务系基于同一事实关系而生。具备上述情形之一者,可认为有牵连关系。

按我国现行法规定,我国采取的是直接原因说,并且占有与债权之间也须有牵连关系,才得有留置权。我国民法上的留置权成立的牵连关系,直接体现为债权和留置权占有的取得之间的关联,即债权和标的物的占有取得因"同一合同关系"而发生。正由于债权和标的物的占有取得基于同一合同关系,留置权遂成为纯粹担保合同之债的履行的手段。

我国许多学者认为我国《民法通则》规定的留置权的适用范围应当扩大。有的认为,债权与标的物之间的牵连关系,就是债权发生的原因是某一特定物所产生的法律事实,应包括直接牵连与间接牵连。

3. 债权已届清偿期。留置权是基于公平观念,于债务人未清偿其债务前,债权人得留置债务人的动产而拒绝返还的权利,如债权未届清偿期,债权人尚无请求债务人清偿其债务的权利时,即允许债权人留置债务人动产则显失公平,也易产生债权人滥用权利的情形。所以,各国均规定债权履行期届满为留置权成立要件。

(二)留置权成立的消极要件

留置权取得的消极要件是指阻止留置权发生的情形或因素,也称留置权成立的限制。其要件有以下几项:

1. 须留置财产与对方交付财产前或交付财产时所为指示不相抵触。债务人与债权人在合同中明确表示债权人不得留置标的物时,债权人不得留置。留置权系法定担保物权,当事人不得随意设立,但可依当事人合意排除留置权的适用。

2. 须留置债务人财产不违反法律规定、公共秩序或善良风俗。《物权法》第232条规定了留置财产不得违反法律规定。此外,很多国家的立法中也规定了关于公共财产或善良风俗的要求,如《瑞士民法典》第896条规定,留置如与公共秩序有抵触时,不得行使留置权。我国台湾地区"民法"亦规定:"动产之留置,如违反公共秩序或善良风俗者,不得为之。"[1] 对此,我国法律虽未明文规定,但这是民事活动应遵循的一般原则,亦应遵守之。

3. 须留置财产与债权人所承担义务不相抵触。如果债权人在合同中的义务即是交付标的物,则债权人不得以债务人不履行义务为由行使留置权,否则与其所承担义务的本旨相违背。

二、留置权的继受取得

继受取得又称传来取得,是指通过某种法律行为从原所有人那里取得对某项

---

[1] 陈祥健主编:《担保物权研究》,中国检察出版社2004年版,第277页。

财产的所有权。这种方式是以原所有人对该项财产的所有权作为取得的前提条件的。留置权的转让属于留置权的继受取得的重要方式。对于留置权是否可以转让，学界存在不同看法。肯定说认为，留置权是一种财产权，其归属、行使均无专属性，所以具有让与性。否定说认为留置权不可转让，其主要理由有：①留置权是以占有留置物促使债务人清偿为着眼点，可知留置权人本有返还留置物的义务，在更改时，纵依当事人的合意，也不许留置权移转于新债务；②各国法律上有质权转质的规定，却无对留置权的相应规定，可见法律并不承认留置权的转移；③留置权作为法定担保物权，是基于法律的直接规定而产生，不能基于当事人的合意而转移；④留置权以占有为构成要件，留置权的转让要以留置物的移转为要件，而法律并未赋予留置权人移转留置物占有的权利。[1]

本书认为，留置权作为一种从权利，其应该可以随着主债权的转让而转让，但不可单独转让。上述否定说的理由是针对留置权单独转让而言的，虽有一定的道理，但其并不能成为否定留置权可以从属让与的理由。当然为尊重双方当事人的自由意志，债权人和债务人排除留置权让与的事先约定应当予以认可。

第三节 留置权的效力

一、留置权的一般效力范围

（一）留置权所担保债权的范围

一般而言，凡与留置权属同一法律关系的债权，均属留置权担保的范围。因此，原债权、利息、迟延利息、实行留置权的费用及债权人因保管留置物所支出的必要费用，均为留置权所担保债权的范围。对此，《物权法》中虽没有单独针对留置权而进行规定，但在第173条中概括性地规定了"担保物权的担保范围包括主债权及其利息、违约金、损害赔偿金、保管担保财产和实现担保物权的费用"。

（二）留置权标的物的范围

留置权效力所及标的物的范围，除留置物本身外，一般应包括从物、孳息、代位物。留置权人对所留置财产的从物，依"从随主"原则，可以行使留置权。但是对从物行使留置权仍以占有为条件，须符合留置权取得之要件。留置权人在留置标的物期间，可以收取留置物的孳息，该孳息应当先充抵收取孳息的费用。（参见《物权法》第235条）留置权为担保物权，具有物上代位性，因留置权灭

---

[1] 参见蔡永民：《比较担保法》，北京大学出版社2004年版，第306~307页。

失而取得的赔偿金,也应该包括在留置标的物的范围内。

二、留置权对留置权人的效力

(一) 留置权人的权利

1. 留置财产的占有权。留置权人对留置财产有占有的权利,在其债权未受清偿前得留置标的物,拒绝一切返还请求。留置权人留置留置物,是留置权人的基本权利,也是留置权的基本效力,是行使其他权利的基础。

留置权人留置财产的价值应与债务人之债务价值相当,若留置物为不可分物,则留置范围为物之全部;若留置物为可分物,则留置权人应将超过债务价值之部分返还给债务人,否则违反返还之义务,为不正当留置行为。

2. 留置物孳息收取权。留置权为担保物权而非收益使用权,因此,债权人无收益使用留置物的权利,但留置物有孳息时,无论该孳息为法定孳息还是天然孳息,债权人均有权收取。留置权人收取孳息,非基于占有的效力,而是基于留置权的效力,其只能以收取的孳息优先受偿,而不能直接取得孳息的所有权。

3. 必要费用求偿权。因留置权人对留置物无使用收益权,但却对留置物负有以善良管理人的注意予以保管的义务,其所支出的费用是为留置物所有人利益支出的,因此,留置权人可就必要费用求偿。

请求偿还的费用一般可分为有益费用和必要费用。必要费用是指维持留置物品质的费用;有益费用是指留置权人使留置物价值增加而支出的费用。对于有益费用,是否得求偿,立法与实践意见不一,但一般认为可以求偿。

4. 留置物使用权。留置权是担保物权,留置权人一般情况下不得为使用收益行为,但下列两种情况下,留置权人可以使用留置物:①为保管上所必要。因留置权人有保管留置物之义务,为此义务而必要使用,即不构成义务违反,也不构成侵权行为,此行为并非以积极地取得物的收益为目的,仅限于保存目的,若此行为有收益,则可按孳息以偿付债权。留置权人超出必要范围使用收益,且未被所有人允许,则收益为不当得利,留置权人应负赔偿责任。[1] ②经所有人同意,此系当事人之合意,为法律所允许。留置权人既可以自己使用,亦可将留置物出租、设立担保等。

5. 留置权的实行权。留置权人留置之终极目的为债权的实现。留置权的实行可分为变价权和优先受偿权,留置权人行使该权利,非于债权已届清偿时即可成立,而尚须以债务人不履行债务超过一定期限为必要。相对于留置权人的其他权利,该权利为留置权的第二次效力。

---

[1] 参见谢在全:《民法物权论》(下),三民书局1992年版,第414~415页。

(二) 留置权人的义务

1. 留置物保管义务。留置权人于债务人清偿债务时，负返还留置物的义务，因此，留置权人应以善良管理人的注意保管留置物，此义务于留置权消灭时始消灭。而且，如果留置权人违反此义务，应当负损害赔偿责任，如我国《物权法》第234条即规定："留置权人负有妥善保管留置财产的义务"。但是留置物因不可抗力或意外事故遭受风险损失，留置权人不负责任，由债务人自行承担。

2. 不得擅自使用或为其他处分行为的义务。留置权人除为保管上必要和经所有人同意，不得擅自使用或为其他处分行为，这是由留置权的性质决定的。若留置权人违反此义务而将留置物租赁或设立担保，如何处理，对此由不同的意见。一般认为，留置权人未经所有人同意而将留置物出租时，租赁合同并非无效，但留置权人无权将留置物交付承租人使用，承租人不得取得租赁物的使用权并得解除合同，请求赔偿损失。留置权人未经所有人同意以留置物设立质权的，属于处分他人之权利的行为，其设定的担保应为无效，但善意第三人依善意取得可以取得质权。于留置物所担保的债权消灭时，无论债权消灭原因为何，留置权人都有将留置物返还于债务人之义务。此外，债权虽未消灭，但债务人另行提供担保而使留置权成立原因消灭时，留置权人亦负返还之义务。

留置权人返还留置物的义务非因留置权而新产生的义务，其为原有返还义务于此场合下的继续，这与质权人返还质物的义务不同。

三、留置权对留置物所有人的效力

(一) 留置物所有人的权利

1. 损害赔偿请求权与留置物返还请求权。这是与留置权人保管和返还留置物的义务相对应。

2. 就留置物为法律上的处分权利。留置物所有人虽丧失占有，但并未丧失所有权，所以其仍可将留置物让与第三人。也就是说，留置权继续存在于留置物上，债权人留置权并不消灭，即使受让人取得留置物的所有权，留置权人与新的所有人之间也继续存在留置关系。况且，留置物所有人转让留置物，除当事人另有约定或法律另有规定，受让人也不能取得留置物所有权，因为留置权人占有留置物，转让人不能完成交付。

留置权为担保物权，虽因债权人与债务人之间的债权债务关系而产生，但并非债权人与债务人的之间的关系，而是留置权人与留置物所有人之间的关系。所以，留置物所有权让与受让人，而受让人未承担担保债务时，留置权仍存在于留置权人与新所有人之间。

留置物所有人转让留置物并未转移留置权所担保之债务。若留置物价值大于担保之债务，留置权人利益一般不会受影响；若留置物价值小于担保之债务，则留置物所有人仍负偿还之责任;若留置物所有人将留置物与债务一同转移,除转让人与受让人合意外,还应取得留置权人同意。

3. 提供相当担保而使留置权消灭的权利。留置物所有人行使该权利,须取得留置权人的同意。我国《物权法》第240条规定,留置权人对留置财产丧失占有或者留置权人接受债务人另行提供担保的,留置权消灭,亦即此意。

(二) 留置物所有人的义务

(1) 支付留置权人保管留置物花费的费用。

(2) 因留置物之隐蔽瑕疵致留置权人损害时,负有赔偿损失的义务。

此两点亦与留置权人之权利相对应。

四、留置权对其他担保物权的效力

留置权对其他担保物权的效力体现在留置权的排他效力。留置权的排他效力是指于同一标的物上,依法律行为成立留置权时,不容许于该同一标的物上再成立与之有同一内容的留置权。

讨论留置权的排他效力也要讨论其物权竞合问题,留置权与其他担保物权的竞合一般分为以下几种情况:①对于在同一标的物上已成立留置权后又成立留置权的情形,尽管比较少见,学说上也存在争议,但本着交易公平简便的原则,设立在先的留置权效力优先于设立在后的留置权效力。②对于在同一标的物上同以占有为内容而成立的担保物权,其一为留置权,另外一种物权为其他担保物权,问题就比较复杂,这要区别讨论,例如留置权与质权。③在同一标的物上,存在不同以占有为内容的担保物权,例如留置权与抵押权、所有权保留等。④留置权与其他法定担保物权的竞合,例如留置权与优先权以及留置权和法定抵押权的关系等。留置权因其法定性,在其排他效力上来说,原则上具有优先于其他担保物权的效力,但是针对具体情形,本着民法的公平、诚实信用原则,它也有例外的情形,下面就此具体进行分析。

(一) 留置权与动产质权的竞合

由于留置权和质权都是以占有标的物为其存续要件的,留置权得因其占有的丧失而消灭,质权在占有丧失而又不能回复时也消失。但因占有不以直接占有为限,因此在同一标的物上可以发生留置权与质权的竞合。留置权和动产质权存在竞合一般表现在两种情况:

1. 先成立留置权后成立质权。留置权人以其占有的留置物再设定质权的,如经所有人同意,质权成立;如未经所有人同意,则其设定行为应为无效,但因留置权与质权均以占有为公示原则,善意第三人得依善意取得原则取得质权。在第三人取得质权时,留置权与质权竞合,后设定的质权效力应优先于留置权。因此在此种情形下,标的物为质权人实际直接占有,而留置权人仅为间接占有人。

但如果在留置期间经留置权人同意，标的物所有人以留置物设定质权的，则因留置权成立在前，质权成立在后，留置权的效力应当优先于质权。

2. 先成立质权后成立留置权。在质物由质权人占有期间，质权人将质物交由第三人直接占有而自己间接占有时，第三人得基于留置权的成立事由而取得留置权。例如质权人将质物交由第三人保管时，保管人得于具备留置权条件下取得留置权。于此情形下，因质权人的质权并不消灭，发生留置权与质权的竞合。因为留置权是担保基于维护或保存标的物的价值行为而发生的债权，并且标的物由留置权人直接占有，质权人仅为间接占有人，而且我国《物权法》第239条规定："同一动产上已设立抵押权或者质权，该动产又被留置的，留置权人优先受偿。"即于此情况，留置权的效力优先于质权。

（二）留置权与留置权的竞合

如上所述，留置权并不因占有丧失而当然消灭，在非基于留置权人自己的意思丧失占有的情形，留置权仍然存续，所以可能存在数个留置权并存于一物的情形。再者，在承认留置权善意甚至恶意的前提下，则可能会出现就留置权人的债权人对留置物的留置权，比如甲将汽车交由乙修理而乙将其中一部分工作交由丙完成，若此时合同的主体仅为乙和丙，则在甲和乙届期未履行其债务时，即可成立上述的双重留置权。学界多认为留置权类似于质权，应与质权适用同样的规则，即"应以留置权成立之先后定之"。[1] 但笔者认为，此亦应该区别对待基于留置物所有人的原因而产生的竞合和由于留置权人的原因的竞合。对于基于留置物所有人的原因而出现的留置权和留置权的竞合，应当采取"成立在先，权利在先"原则；而对于上述的双重留置权的情形，则应该采取"成立在后，权利在先"原则，后成立的留置权优先于先成立的留置权而受偿。

（三）留置权与抵押权的竞合

因不动产不得成为留置权的标的物，因此留置权仅与在动产上发生的抵押权存在竞合。留置权与动产抵押权的关系在法律上经常发生竞合问题，主要是因为在动产抵押的情况下，由于抵押权不以占有的转移为要件，所以在抵押权设定以后，抵押人继续占有抵押物，那么他又可能把已经设定抵押的财产交给他人搬运、修理等，因不能支付费用而产生留置权。[2] 同一标的物上存在留置权和抵押权时，存在两种情况：一种是先设定抵押权而后成立留置权；另外一种是先成立留置权后设定抵押权。同时留置权与抵押权的竞合还因抵押权的性质不同，排他效力亦有不同。

---

[1] 史尚宽：《物权法论》，中国政法大学出版社2000年版，第512页。
[2] 王利明主编：《物权法专题研究》（下），吉林人民出版社2002年版，第1197页。

1. 先押后留。实践中，先押后留的情形会发生。如抵押人在某项动产上设定抵押权后，由于抵押物并不转移占有，当抵押人将该动产交与第三人加工、维修、保管或运送时，如果抵押人不清偿有关的加工费、维修费、保管费和运费等费用，则该第三人便可对该动产行使留置权，抵押权因此与留置权发生冲突。[1] 我国《物权法》第239条规定："同一动产上已设立抵押权或者质权，该动产又被留置的，留置权人优先受偿。"这其中的原因主要是：①法定担保物权优先于约定担保物权。抵押权是约定担保物权，留置权为法定担保物权。法定担保物权优先于约定担保物权，为物权法上的原则。[2] ②社会价值的权衡。留置权是由于留置权人就标的物提供了材料、加工或服务等劳务而未获得适当补偿而产生的，往往具有工资或者劳动报酬的获得，其已成为需要法律予以特别保护的权利。另外，留置权的产生与标的物价值的保存或增值有关，抵押权人不能就留置权人致标的物增值的价值部分优先受偿，让留置权人就标的物所创造的价值中优先取回部分利益理所当然；反之，若赋予抵押权优先效力，无异于让留置权人代替债务人向抵押权人承担责任，这显然是不合理的。因此，只有承认留置权优先于抵押权，才符合社会正义的要求。[3] 此外，根据占有优先原则，留置权也应优先于抵押权。

2. 先留后押。在同一动产上先成立留置权后设定抵押权的情形有：①动产所有人于留置权发生后又将留置物抵押设定抵押权。此种情形下，先发生的留置权优先于后设定的留置权。②经留置物所有人同意，留置权人为自己的债务履行为其债权设定抵押权，尽管留置权人对标的物没有所有权，但抵押权可为有效。此种情形下，后设定的抵押权优先于先成立的留置权。[4] ③在留置物上善意取得的抵押权。关于留置权人就该动产抵押时能否适用善意动产抵押，我国台湾地区学者有肯定与否定两种不同观点。我国现行立法没有规定抵押权的善意取得（《担保法解释》第84条规定了动产质权的善意取得，即"出质人以其不具有所有权但合法占有的动产出质的，不知出质人无处分权的质权人行使质权后，因此给动产所有人造成损失的，由出质人承担赔偿责任"。第108条规定了留置权的善意取得，即"债权人合法占有债务人交付的动产时，不知债务人无处分该动产

---

[1] 苏号朋主编：《担保法及其司法解释的应用与例解》，中国民主法制出版社2001年版，第201页。

[2] 李国光等：《〈关于适用《中华人民共和国担保法》若干问题的解释〉理解与适用》，吉林人民出版社2000年版，第284页。

[3] 苏号朋主编：《担保法及其司法解释的应用与例解》，中国民主法制出版社2001年版，第203、204页；徐洁：《抵押权论》，法律出版社2003年版，第194页。

[4] 郭明瑞：《担保法》，中国政法大学出版社1998年版，第313页。

的权利，债权人可以按照担保法第 82 条的规定行使留置权"。惟独没有规定抵押权的善意取得）。在理论上，我国大陆有学者认为，从保护交易安全的立场出发，抵押权可以适用善意取得。[1] 留置物上善意取得的抵押权优先于留置权。

（四）留置权与所有权保留的竞合

所有权保留是一种非典型的担保物权。它一般是指在双务合同中尤其是分期付款买卖的交易中，一方当事人为确保交易价金的全部清偿，向另一方当事人移转标的物的占有时，依照特约仍然保留标的物的所有权，直至另一方当事人付清全部交易价金。以一方当事人保留交易标的物的所有权以担保另一方当事人价金债务之履行的行为。

在现实中，留置权与所有权保留的竞合主要有两种情形：

1. 在所有权保留的标的物上成立留置权，如买受人将所有权保留的标的物送到修理店修理，因未付修理费而被留置。于此情形下，留置权的效力优先于所有权保留的效力，其理由主要有两点：①因留置权以占有为成立要件与存续要件。动产的变动以占有为公示。留置权人占有标的物，即使债务人没有标的物的所有权，但为了保证交易公平、稳定的原则，应该保护留置权人的留置权。若保留所有权的债权人取回标的物，则留置权不能存在，不利于交易稳定，所以对于动产的变动应以占有优先为原则（善意占有），这样才利于交易公平。②留置权担保的债权是与标的物有牵连关系的，并且一般是为维护标的物的价值而发生的，对于留置动产标的物的所有权隶属关系，留置权人没有任何负担义务。留置权的成立与保留所有权的债权人没有任何直接联系，若允许保留所有权的债权人取回标的物，则留置权人既不能向原买受人主张债权，也不能向保留所有权的债权人主张债权，其债权利益无法受到保护。

2. 以留置物为标的进行所有物保留买卖，如上例中，修理店将留置物附条件卖于第三人。由于留置权人对标的物并无处分权，从理论上讲，其订立的所有权保留买卖合同无效。但由于善意取得制度的存在，如果所有权保留未登记，则第三人仍可取得标的物的所有权。标的物原所有人的利益只能通过向第一买受人主张赔偿请求权来获得赔偿，二者不发生竞合问题。[2]

（五）留置权与让与担保的竞合

让与担保是指债务人或者第三人以移转担保物的权利担保债务履行的非典型担保。债务人或者第三人为担保债务的履行，将担保物的权利移转于担保权人，

---

[1] 徐洁：《抵押权论》，法律出版社 2003 年版，第 190 页。

[2] 陈本寒：《担保物权法比较研究》，武汉大学出版社 2003 年版，第 424～427 页；王轶："所有权保留制度研究"，载梁慧星主编：《民商法论丛》（第 6 卷），法律出版社 1997 年版，第 656～666 页。

在债务清偿后，担保物返还于债务人或者第三人，在债务不履行时，担保权人可以就担保物受偿。在我国现行法律中，并不存在以担保物所有权"让与"担保债权受偿的制度。但是，让与担保物的所有权以担保债权的受偿，作为一种担保方法，与抵押权、质权和留置权等担保方法具有类似的作用，甚至在担保权人行使权利方面具有更多的优越性。

担保标的为动产的情况下，存在让与担保与留置权竞合的可能性，具体情形为：①让与担保设定在先，留置权成立在后，即设定人设定让与担保后，因特定的债的关系，而由第三人占有担保标的物，如债权已届清偿期，则发生让与担保与留置权竞合。关于这种竞合情形，我国台湾地区学者认为，可类推适用"动产担保交易法"的有关规定，即让与担保人行使让与担保权时，不得对抗依法留置标的物的善意第三人，也就是说，善意第三人可基于留置权而优先受偿。这种主张的立论基础是，让与担保属于意定担保，留置权为法定担保。法定担保因具备法定条件而发生，由此产生的担保物权属法定物权。当意定担保物权与法定担保发生竞合时，应以保护法定物权为优先，因此设定在先的让与担保不能对抗设定在后的留置权。[1] ②另一种情形是留置权设定在先，让与担保设定在后。留置权人留置担保物后，又伪称为担保物的所有人，将留置物再向第三人设定让与担保。这在留置物为动产的情况下极有可能发生，对此情况，如符合善意取得之规定，则让与担保可有效成立。让与担保虽设定在后，但为留置权人的债务而设，留置权人自无优先受偿之理，因而，让与担保应优先于留置权。[2]

第四节 留置权的实现

一、留置权实现的含义

留置权实现，又称留置权的实行，是指留置权人行使留置权，以使其债权得以优先受偿的行为。即留置权的第二次效力的实现。留置权的第二次效力为留置权的根本效力、最终效力，其作用在于确保债权人的债权受偿。留置权的第二次效力一经实现，留置权因其最终目的的达到也就消灭。留置权人留置财产后，经过一定期限，债务人仍不给付应付款项时，依照法律规定以留置财产折价或以变卖该财产的价款优先受清偿的行为。

---

[1] 杨红：《担保物权专论》，人民出版社2006年版，第338页。
[2] 陈本寒：《担保物权法比较研究》，武汉大学出版社2003年版，第420~423页。

二、留置权实现的条件与程序

（一）留置权实现的条件

留置权实现的条件是指留置权人于何情形下可行使留置权，大体有以下三个条件：

1. 须债务人不履行债务超过一定期限。此期限可由当事人自行约定，但不得少于法定期限。未约定的，具体期限由债权人决定，但亦不能低于法定期限。我国《物权法》第236条规定，当对宽限的履行期限未约定或约定不明时，留置权人应当给债务人两个月以上履行债务的期间，但"鲜活易腐等不易保管的动产除外"。

2. 通知债务人于确定期限内履行其义务。债权人未为此项通知，不得实行其留置权。如果债权人无法通知债务人，债权人可以不用通知，但必须要等到债务人两个月内仍不履行义务时，才可以实现留置权。在债权人能够通知债务人，又有必要通知债务人的，债权人若未经事前通知债务人于确定的宽限期内履行债务，则不能实现留置权。

3. 债务人于确定期限内仍未履行义务，且未提供其他担保。若债务人于宽限期内履行了义务或另行提供了担保，留置权即可以消灭，债权人当然不用也不能实现留置权。只有在债务人于宽限期限届满仍不履行义务，又不提供另外担保的情况下，留置权人才能实现留置权。

（二）留置权实现的程序

债权人与债务人应当在合同中约定，债权人留置财产后，债务人应当在不少于两个月的期限内履行债务。债权人与债务人在合同中未约定的，债权人留置债务人财产后，应当确定两个月以上的期限，通知债务人在该期限内履行债务。债权人未通知债务人履行义务，直接变价处分留置物的，应当对由此造成的损失承担赔偿责任。

债务人逾期仍不履行的，债权人可以与债务人协议以留置物折价清偿债务，也可以依法拍卖、变卖留置物清偿债务。

债权人未确定两个月以上的宽限期并通知债务人履行义务，而直接变价处分留置物的，应当对此造成的损失承担责任。债权人与债务人在合同中约定了两个月以上的宽限期的，期限届满后，债权人可以不经通知，直接行使留置权。

三、留置权实现的方式

留置权实现的方式也就是实现方法，是指依何手段实现留置权。依《物权法》第238条的规定，主要有折价与出卖两种。折价一般由留置权人与留置物所有人商定留置物价格，由留置权人取得留置物所有权，以冲抵债务；出卖是指将留置物的所有权有偿出让给第三人，一般包括拍卖和变卖两种方式。留置权人实行留置权应与债务人协商，协商不成的，留置权人一般应当采取拍卖方式处置留置物，这样有利于维护留置物所有权人的利益。

留置权人处分留置物所得价款，若偿还债务后有余额的，应将其返还给留置物所有人；若无法返还，应当予以提存，其提存费用应由债务人承担。若不足以偿还债务的，留置权人可就未受偿部分向债务人要求继续清偿，不过此时债权变为普通债权，并无优先权。

特别指出的是，较之《担保法》，《物权法》中增加了一条规定，即"债务人可以请求留置权人在债务履行期届满后行使留置权；留置权人不行使的，债务人可以请求人民法院拍卖、变卖留置财产"（第237条）。这是因为如果留置权人长期持续地占有留置财产而不实现留置权，不符合"物尽其用"的原则，而且在有些情况下，留置财产还会发生自然损耗或贬值，对债务人不利。[1] 因此，不能允许留置权人无限期地留置财产，《物权法》即通过制定该条规定来避免这种情况。

第五节　留置权的消灭

一、留置权消灭的一般原因

留置权具有物权性和担保性，因此，物权的一般消灭原因如标的物灭失、混同、抛弃，以及担保物权的一般消灭原因如主债权消灭、担保物权的实行，对留置权均适用。

（一）物权消灭的共同原因

物权消灭的共同原因，主要有三种：①标的物的灭失或被征用、征收。在标的物灭失或被征用、征收时，留置权因标的物消灭而消灭。但在标的物灭失或被征用、征收有赔偿金或补偿金时，留置权存在于代位物上。②混同。在留置权与所有权混同，留置权人与留置物所有人为同一人时，因不能在自己财产上存在留置权，留置权消灭。③抛弃。留置权人得抛弃留置权。只要留置权人向留置物所有人为放弃留置权的意思表示，即可发生抛弃留置权的效力，留置权即因抛弃而消灭。

（二）担保物权消灭的共同原因

担保物权消灭的共同原因包括两种：①被担保债权的消灭。因留置权作为担保物权是为担保债权存在的，被担保的债权消灭，不论其消灭的原因为何，留置

---

[1] 王胜明主编：《中华人民共和国物权法解读》，中国法制出版社2007年版，第506页。

权也就消灭。②担保物权的实现。留置权实现的，留置权当然也消灭。

二、留置权消灭的特别原因

这类消灭原因是其他担保物权不存在的，是留置权特有的消灭原因，主要包括担保的另行提出、留置物占有的丧失和债权清偿期延缓三种。

（一）担保的另行提出

由于留置权成立后，留置权人须留置标的物，债务人无法使用留置物，留置权人除必要的使用外也不能使用留置物，这不利于发挥物的效益，不利于发挥物的使用价值。如债务人为其债务的清偿提出另外的担保时，留置权应消灭。因担保的另行提出而消灭留置权的，须具备以下两个条件：

1. 须另行提供担保并与留置物之价值相当。我国现行法律上没有规定债务人另提出的担保应为何种形式，但一般认为债务人另提供的担保，既可以是物的担保，也可以是人的担保。

2. 须另提的担保为留置权人接受。债务人提出的担保虽然没有人的担保或物的担保种类的限制，但须为留置权人所接受，才能使留置权消灭。

一般说来，因另行提供的担保为留置物的代替，所以另行提出的担保数额应当与留置物的价值相当。在判断是否相当的标准上，不论债务人所另提供的担保是否与留置物的价值或与担保的债权额相当，只要债权人接受，就为相当。如果债权人认为债务人另提出的担保不相当而不接受时，债务人可以提请法院裁决。债务人提供的担保不论价值是否相当，只要债权人不接受，担保的效力就无从发生，留置权不能因为担保之提出而消灭。[1]

（二）留置物占有的丧失

由于留置权是以留置物的占有为成立条件和存续条件的，因此留置物占有的丧失，当然也就成为留置权消灭的原因。留置权占有的丧失，既包括基于留置权人自己意愿的丧失，也包括非基于留置权人自己意愿的丧失。前者如留置权人自愿放弃对留置物的占有，后者如留置物的占有被侵夺。留置权非依留置权人自己的意思丧失占有，则留置权亦应消灭。[2] 若留置物为其所有人不法夺回，则留置权人不得依留置权及所有人不法行为而请求返还；若留置物为第三人非法侵夺，则留置权人不得依留置权请求不法侵占人返还，但可依关于保护占有的规定请求第三人返还，若其请求得以满足而恢复占有，则标的物返还得再生留置权。

（三）债权清偿期的延缓

由于留置权于其成立同时行使，以促使债务人履行其义务，而留置权的成立

---

[1] 梁慧星主编：《中国物权法研究》（下），法律出版社1998年版，第1055页。
[2] 郑玉波：《民法物权》，三民书局1980年版，第58页。

又以债务人届期不履行债务为要件。若留置权人同意延缓债权的清偿期，则留置权人不能请求债务人履行债务，不能认为债务人超过约定的期限不履行义务，从而也就欠缺留置权成立的要件，因此，在债权清偿期延缓时，留置权消灭。当债务人未请求返还留置物以前，延缓的清偿期又已届至时，债权人仍可以行使新的留置权。[1] 此与前一个留置权并无关系。

留置权消灭时，留置权人对因债的关系而占有的债务人财产，负有返还的义务，在留置权效力期间，债务人对债权人占有的物，享有物的返还请求权，但因留置权人对该物行使权利而阻止了物的返还请求权的行使。留置权消灭，债务人对留置物享有的返还请求权恢复到原有状态，债权人应当返还所留置的债务人的财产。

留置权因为留置物的灭失、混同、第三人侵夺等原因消灭的，债权人不能返还留置物，不论债务人是否已履行其债务，债权人对因可归责于自己的原因造成债务人损害的，应当承担赔偿责任。

引例解析：

对合同有争议，协商不成，即使真的显失公平，也只能请求法院裁判，或申请仲裁。甲此时对付违约的最好办法就是行使留置权。《物权法》第 230 条第 1 款规定："债务人不履行到期债务，债权人可以留置已经合法占有的债务人的动产，并有权就该动产优先受偿。"甲的做法是正确的。

《物权法》第 239 条规定："同一动产上已设立抵押权或者质权，该动产又被留置的，留置权人优先受偿。"就是说，即使唐老板的质权是真实的，这批货还是要先清偿甲的债权。

案例思考：

刘老汉的一头公羊、一头母羊（已怀胎）病了，老汉没钱看就拖着。眼看着不行了，才急忙送进兽医站。赵丽红医生仔细调治，两只羊半个月就好了，老汉没来领羊；又过了半个月，母羊下了一只小羊羔，老汉还没来领羊。原来老汉没钱，并不指望领回羊；送兽医站只是因为可怜这两个小畜牲。又过了半个来月，一天早上，赵医生突然发现公羊不见了。站长不由得催促起来："小赵啊，快把那只母羊处置了吧，再拖下去会丢光的。"小赵医生问："怎么处置？"站长说："怎么处置，依法处置呗。"

小赵该如何依法处置呢？

---

[1] 参见谢在全：《民法物权论》（下），三民书局 1992 年版，第 425 页。

第十七章

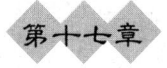
占　有

◆ **引例：**

村民张老汉到儿子张乙处暂住，委托邻居李老汉帮忙照看其房屋。张老汉进城后不久，李老汉因突发脑溢血去世了。李老汉去世后，其子李甲便主动承担了照看张老汉房屋的责任。

村民王某早就得知张老汉家有一祖传砚台，便向李甲提出购买张老汉家的祖传砚台。李甲以2000元的价格将砚台卖给了王某。王某购得该砚台后，谎称该砚台系其祖传珍品，并以10 000元的价格卖给了沈某。沈某购得该砚台后，到城里寻找买家，恰逢张老汉的儿子张乙。张乙见该砚台与自家的祖传砚台十分相似，便起了疑心。沈某便吹嘘该砚台原有公母两个，公的早已失传，其出售的正是母砚台。张乙信以为真，便花了20 000元购得该砚台。

张乙到家后便将该砚台交给其父张老汉，张老汉对该砚台有公母之分的说法将信将疑，特意将该砚台带回老家，准备与自己的砚台作一番比较。回家后张老汉发现自家的砚台不见了，立即找李甲询问。在得知事情的原委后，张老汉要求李甲赔偿张乙为购买该砚台支付的20 000元。李甲认为自己卖砚台时只收取了王某2000元，故只同意返还张老汉2000元。张老汉于是要求王某赔偿剩余的18 000元，王某认为该砚台系其从李甲处购买的，不同意赔偿张老汉的损失。张老汉遂诉诸法院。

本案该如何依法处理？

☞ **要点：**

1. 占有的概念与特征
2. 占有的成立与分类
3. 占有的取得与消灭
4. 占有的效力和保护

第一节　占有概述

占有制度作为保护民事法律关系中实际占有人权益的一种法律制度，可追溯至闻名于世的古罗马十二表法。我国《物权法》第五编第 241~245 条主要就占有的范围、无权占有情形下的损害赔偿责任、原物及孳息的返还以及占有保护等问题分别作了相关规定。

一、占有的概念、特征

（一）占有的概念

我国《物权法》没有把占有认定为权利，但是规定对这种事实状态予以保护。因此，立法上倾向于将占有视为事实。我国民法学界亦倾向于将占有定义为人对物在事实上的管领、控制。

（二）占有的特征

占有具有以下的特征：

1. 占有以物为对象。占有是一种事实，体现了人对物在事实上的管控，所以占有需以物为对象，无论是动产还是不动产，均可援引占有制度加以维护。因此，对于那些不以物的占有而成立的财产权只能成立"准占有"，而不是占有。

2. 占有是对物事实上的支配控制。占有的本质就体现在人对物的事实上的管控。首先，对物的支配应是现实的，而不是虚幻的。这种现实性体现在主体的支配力正及于物，或者说物正处于主体的支配力量范围之内。其次，对物的支配还须有一定的外在表现，为外人所察觉认同。

人对物事实上的管领力主要可通过以下几种途径表现出来：①物在空间上所处的位置，如某物处于主体的房宅内或不动产之上。②物被占有在时间的持续性，即对物的占有并非转瞬即逝的，而是较为稳定、确定的。当然这种持续时间应该是有限度的，因为对占有持续时间要求过长将不利于对物的保护。比如物被盗之后，若对盗贼占有物的保护需要其现实占有一年以上，那么为防止所有权人的追回，他将毫不犹豫地去损毁财物。③法律上所处的地位，如不动产虽被承租人现实占有，但是通过双方的租赁合同或者不动产所有人的产权证书可以在法律上证明物是被所有人间接占有，即此时基于某种法律关系的占有不以直接为必要。

二、占有与相关概念的比较

为了进一步明晰占有的内涵，有必要将其与相关概念作一比较。

（一）占有与持有

我们认为，占有和持有二者都是对于物有事实上的管领力，但不同的是：

(1) 占有是民法上的一项重要制度，而持有仅是对事实状态的简单描述，不发生法律效力；持有为刑法上的概念。

(2) 占有可以形成双重占有，即直接占有和间接占有，而持有只是一种实际控制状态，形式单一化，不存在双重状态。

(3) 占有的客体为流通物，不包括禁止流通物、绝对之违禁物，例如鸦片不得为占有之标的物，但却得为持有之标的物。其他如枪炮、弹药、管制刀具等也如此。

（4）占有发生权利推定的效力，即法律，推定其合法有此权利，占有人对占有物行使之权利为其适法享有之权利，因占有之持续而发生时效取得以及善意取得等效力，而持有则不发生此类效力。

（5）占有依法定事实可以继续，能够发生让与和继承，即使被转让人和继承人不知情，并且也未形成对物的事实控制之时，仍能取得对物的占有。另外，占有还可以通过现实交付、简易交付或者占有改定等方式发生占有的让与，而持有人一旦不能实际控制其物时，就丧失持有，故持有是不可转让的。

（二）占有与所有权

所有权是指在法律的限制范围内，权利人对于所有物为全面的支配的物权。罗马法中，在所有权与各种具体的他物权之上并无一个上位的"物权"概念对物权法体系进行统摄，而他物权又是派生和依附于所有权的，以所有权存在为前提。后来随着所有权概念的明确化和所有权制度的逐步完善，所有权领域中事实和权利分离的现象才导致了所有权与占有的区分。占有在罗马法中是指一种使人可以充分处分物的、同物的事实关系，换言之，占有是所有权的外部形象，或者说是所有权的事实状态，而所有权只不过是具备了真正法律保障的占有。[1] 也就是说，占有是所有权的原初状态，两者除了法律保护的不同，在内容上完全一致。

由此我们可以理解罗马人视所有权及其所派生的其他物权为人与物之间关系的根据。因此占有作为一个事实，只是由于社会赋予实际占有以法律的规定，实际占有才具有合法占有的性质，才具有私有财产的性质。占有从所有权中分离出来的目的在于保护社会和平，减轻所有权人行使权利时的举证责任。

保护占有即是保护所有权等权利，因此占有与所有权是一对具有紧密联系的概念。但二者的区别也十分明显：①所有权的权能之一即为占有，但此处的占有为合法占有，所有权权能中的占有无法包含善意占有、恶意占有、无权占有、非法占有等占有种类，也无法解释这些类占有的性质与效力。②在所有权制度和各种他物权制度中，各种物权的概念是其逻辑的起点。法律在这里总是先为各种物权定名称下定义，然后再对它们的主体、客体、内容及取得方式、消灭原因等进行规定。而占有制度的逻辑起点正好相反，不是各种物权的概念，而是民事主体对物的现实支配，即占有它从推定一切现实的占有为适法占有出发，首先宣布给

---

〔1〕［意］彼德罗·彭梵得：《罗马法教科书》，黄风译，中国政法大学出版社1992年版，第270页。

占有以普遍的法律保护，然后再根据占有的不同样态，对缺乏本权的占有加以适当的调整。③所有权为占有的本权之一，当占有与所有权分离之后，占有就不再仅仅是与所有权相对称的概念，而成为与整个物权关系相对应的事实关系领域，占有成为对抗所有权与他物权的一个强有力的抗辩理由。

（三）占有与占有权

民法理论上对于占有性质的争论，导致了对占有命名的差异，事实论者名之为"占有"，权利论者则名之为"占有权"，前者如法、德、瑞士诸国，后者如日本、我国。但国内学者间亦存在分歧。有观点认为，占有权是所有权的权能之一，它并不是独立于所有权之外的一项制度，占有权是所有权权能分离的结果。当占有权与所有人分离以后，所有物也与所有人发生了分离，分离出去的占有权便形成对所有权的一种限制。因此占有权仅仅是对物进行占有的权利，而不可包括对物的使用、收益与处分的权利。[1] 也有观点认为，占有权为行为人依法享有的对他人财产或者财产权利所行使的管领、控制、支配和收益之权。占有不仅为状态，更是重要的民事权利之一。

占有与占有权具有不同的属性，我们可通过以下几点加以辨析：

（1）性质不同。占有是一种事实状态，法律根据占有状态保护占有；占有权是所有权或他物权的一项权能，物权人可以通过行使该项权能而体现其物权。

（2）产生和消灭依据不同。占有随对占有物的管领而产生，随占有物的丧失而消灭；占有权随物权的产生而产生，随物权的消灭而消灭。

（3）内容不同。占有的内容依其效力表现为多方面，而且按占有的原因不同而有所不同。善意占有人的占有在一定条件下可以对抗所有权，恶意占有人的占有则不能对抗所有权。占有权是所有权人以所有物进行控制、支配的一个方面，是所有权的一项权能，其内容是确定的。

三、占有的法律性质

伴随民法中占有制度2000年的发展历史，关于占有法律性质的学说纷争也未曾间断过，历史上主要的两派观点分为"权利说"和"事实说"，各国立法实践显示"事实说"成为通说。其中法国、德国、中国台湾地区以及瑞士民法都明确规定占有是为"事实"的性质，唯有日本民法典将占有界定为"占有权"。

（一）"事实说"

在事实说中，又有主观说和客观说之分：

1. 主观说。占有法律性质的主观说源于罗马法。占有（possessio）一词由

---

[1] 王利明："关于占有、占有权和所有权问题"，载《法学评论》1986年第1期。

"*posse*"（权力、掌握）和"*sedere*"（设立、保持）组成。其中"*possessio*"是指法律保护的常态，是一种事实而不是一种权利。占有在罗马法中是指"真正的掌握"，是一种使人可以充分处分物的事实关系。在一种更准确、更能反映其意蕴的意义上，占有的确可以说是所有权的外部形象，是所有权的事实状态。由于事实与权利的分离非常容易且经常发生，罗马法仅对占有的事实状态受到特定的和严重的侵扰或侵犯的情况下，才予以充分的法律保护，但保护的不是权利而是事实。[1]

罗马法认为占有只表明物的事实状态而不决定物的归属，其功能不在于保护权利而在于保护社会平和。这种意义上的占有包括两个构成要件：一是对物的实际控制，即占有体素；二是将物据为己有的主观占有心素。前者以事实状态的时空特征为标准；后者在罗马法中没有规定，但依据古罗马法学家保罗的学说，占有心素必须以占有的意思表示为必要条件。包含了这两个要素的占有才会被赋予法律的内涵。这就将占有排除在权利之外。

2. 客观说。占有法律性质的客观说起源于日耳曼法。日耳曼之占有（Gewere）是指人对物支配的外表，对占有人有无支配占有物的意思表示则在所不问。这种性质的占有不仅解决占有的事实状态，也明确了物的权利归属。占有与物权合为一体，占有是物权的表现形式，物权是占有的深刻内涵。"由占有的一面视之乃占有，就另一面视之为本权。"德国学者耶林受此学说影响，认为占有的构成需具备两个条件，但反对将其中的"心素"理解为"据为自己所有的意图"，主张应该是"占有的意思"。

（二）"权利说"

占有法律性质的"权利说"可以追溯到日耳曼法上的占有，当时的占有是一种与其他物权交叉在一块的复合体，占有中包含有权利因素，因而后世学者称这样的占有为"权利的外衣"。权利说即主张占有本身并不是事实，而是一项权利。占有人对物的占有本身就是表明他享有对该物的某项权利。

权利说以《日本民法典》为代表。《日本民法典》第180条规定："占有权，因以为自己的意思，事实上支配物而取得。"[2]《意大利民法典》第1140条第1款规定："占有是一种以行使所有权或其他物权的形式表现出的对物的权利。"[3]可见，日本和意大利的占有是一种权利而不是事实状态。

---

[1] [意]彼得罗·彭梵得：《罗马法教科书》，黄风译，中国政法大学出版社1992年版，第270~271页。

[2]《日本民法典》，王书江译，中国法制出版社2000年版，第180条。

[3]《意大利民法典》，费安玲等译，中国政法大学出版社2004年版，第281页。

我国台湾地区的法律师承大陆法系国家，其"民法"深受德、日两国民法的影响，因此其占有制度也兼具了二者的特点。我国台湾地区实务界和学界通说认为，占有是事实而非权利。我国台湾地区"民法"物权编第十章只称占有，不称占有权，并在第 940 条规定："对于物有事实上管领之力者，为占有人。"史尚宽先生指出："占有为保护物的事实上支配之外形的制度，然其用意①在即时取得为公信力之保护；②在占有诉权为社会和平之保护；③在权利之推定，为社会和平及交易安全之保护；④在孳息之取得及费用之偿还请求，则为占有人之保护。"[1] 王泽鉴先生认为，占有缺乏物权的本质特征，"物权的本质在于排他性及支配性。占有亦享有排他性，但欠缺权益归属的支配性。"[2] 由此可见，我国台湾学者也把占有视为事实而非权利。

（三）"事实说"与"权利说"之利弊分析

占有性质的"事实说"和"权利说"是存续至今的两种主流的观点，双方争议不断。两者均有其自身的理论基础，从两种学说的历史渊源看，也有各自的合理性。而在现代社会为了维护社会的平和与秩序，必须承认和保存占有的现状，防止私力的侵害。从某种程度上可以说，占有不是"法律秩序制度"而是"平和秩序制度"。史尚宽先生也曾指出，"占有为保护物的事实上支配之外形的制度。"

而对物享有权利，则须以合法为前提。凡通过非法手段或途径取得的占有，占有人就不得享有权利，其占有将得不到法律保护。如果认为占有是一种权利，当占有物即享有权利，如果通过不法手段或途径取得的占有就不会得到法律的保护，而会遭到随意的侵害与妨害。显然，这势必影响财产关系的稳定，造成对财富的你争我夺。

综上所述，将占有认定为事实更有利于其价值目标的实现。当然，鉴于更有利地保护占有，弥补占有作为事实在法律上保护手段的不足，可在设定占有的效力方面适当借鉴一些权利效力的内容。

第二节　占有的构成与分类

一、占有的构成

关于占有的构成问题，罗马法学家保罗曾经指出，"我们通过握有和意旨取得占有，而不是单凭意旨或握有取得占有。"即占有必须包含两个要素，即"体

---

[1] 史尚宽：《物权法论》，台湾荣泰印书馆 1957 年版，第 478 页。
[2] 王泽鉴：《民法物权》（一），中国政法大学出版社 2001 年版，第 37 页。

素"和"心素",一个是客观要件,一个是主观要件。

我国民法界对于"体素"这一要件也是达成共识的,而对于"心素"这一要件通说采用客观说。他们认为,成立占有的意思,是指占有人意识到自己正在占有某物,如果对自己占有某物毫无意识或者意识到或者应当意识到是在为他人占有某物,则不具有占有的意思。因此,无意识地占有及占有辅助人的占有都不构成占有。[1]

对于占有的具体构成要件,通说认为具有四要件:

(一)占有的主体

在占有关系中,对物事实上管控的人称为占有人。因占有是一种事实行为而非法律行为,所以占有人的主体资格不限,任何民事主体都可成为占有的主体,不限于完全民事行为能力人。

(二)占有的客体

占有以物为对象,且以有体物为限。依我国《物权法》有关占有的规定,占有的对象包括动产和不动产。无论是公物还是私物,无论是物的整体或部分,无论是遗失物还是违法所得之物,均可成为占有的对象。

(三)占有的客观方面

占有的客观方面,即占有的体素,是对物事实上的管领力,可以从以下几个方面来判断:

1. 空间关系。在空间关系上,人与物存在某种场所上的结合关系。如承租人实际居住着房屋,小偷实际使用着赃物。

2. 时间关系。在时间关系方面,行为人与物的结合应具有持续性或以后将具有持续性。如购买家具,从家具交付之时起,购买人便形成对家具的事实上的管领;承租人在一定时期内居住房屋,则形成对该房屋的事实上的管领;而对于游人偶尔坐一下公园的长椅,则不会形成对该椅子的事实上的管领。

3. 法律关系。有些情况下,占有人并未在空间上与某物有实际的接触,但其仍能控制、管领该物。这一点主要体现在间接占有上。如房屋出租人对出租的房屋虽无直接接触,但仍可控制、管领,并不因房屋的出租而丧失占有。成立间接占有的原因就是直接占有人与间接占有人之间存在着某种法律关系。上例中二者存在着房屋租赁合同关系,所以出租人与承租人对房屋均成立占有。

(四)占有的主观方面

占有的主观方面,即占有的心素。占有仅是一种事实,是否成立占有并不考

---

[1] 王利明:《物权法论》,中国政法大学出版社2004年版,第796页。

虑其来源。在实践中，有所有人以所有的意思占有，也有保管人以为寄托人保管的意思占有，同时也有承租人以使用承租物的意思占有，还有窃贼以据为己有的意思对赃物的占有，但都有一个最基本的意思——占有。占有制度仅仅是保护占有本身，所以没有必要去追究占有人的根本意思、最终目的，而只要占有人具有占有的意图即可。

二、占有的分类

占有依其状态的不同，可划分为不同的类型。由于占有的不同分类对物权法乃至整个民法中若干制度都有至关重要的影响，所以把握占有的分类有着重要的意义。

（一）有权占有与无权占有

根据占有是否具有法律上的原因（具有本权），可将占有分为有权占有与无权占有。有权占有，又称为正权源占有，是指具有法律上原因的占有，或称具有权源的占有，该法律上的原因或权源被称为本权。本权不仅包括物权法所生之权利，如所有权人对其物的占有，也包括其他法律关系所生之权利，如债权、亲属权等亦可成为占有的权源。所谓无权占有，是指无本权的占有，如盗贼对赃物的占有。

无论有权占有或无权占有，占有人皆得行使占有保护请求权，但将两者区分仍有如下实益：①在有权占有，占有人得因占有具有法律上原因，拒绝他人为本权的行使。而在无权占有，享有本权的人可向占有人行使权利，占有人不得向该本权人行使占有保护请求权。②这种区分为占有的进一步细分奠定了基础。如善意占有与恶意占有、和平占有与强暴占有、无瑕疵占有与有瑕疵占有等，均是在无权占有类型下的再分类。③因侵权行为占有他人之物，不生留置权之效果。换言之，留置权的发生，须以有权占有为成立要件。

（二）善意占有与恶意占有

善意占有与恶意占有是在无权占有之类型下，以无权占有人是否误信有占有的权源为标准而作的划分。所谓善意占有，指误信为有占有的权利且无怀疑而为的占有。与民法其他制度中的善意相比，其标准较为严格。反之，所谓恶意占有，是指明知无占有的权利，或对有无占有的权利有怀疑而仍占有。

两者区分的实益大抵有三：①时效取得期间之不同。依我国台湾地区"民法"，不动产时效取得的期间为 20 年，但占有之始为善意且无过失的，期间为 10 年；②动产善意取得，以善意受让占有为要件，受让人恶意受让占有动产的，不生善意取得的效果；③占有人对于回复请求人的权利义务，因善意占有与恶意占有而有所不同。[1] 依我国《物权法》第 242～244 条的规定，占有人因使用占有的不动产或者动产，致使该不动产或者动产受到损害的，恶意占有人应当承担赔偿责任；不动产或者动产被占有人占有的，权利人可以请求返还原物及其孳息，但应当支付善意占有人因维护该不动产或者动产支出的必要费用；占有的不动产或者动产毁损、灭失，该不动产或者动产的权利人请求赔偿的，占有人应当将因毁损、灭失取得的保险金、赔偿金或者补偿金等返还给权利人；权利人的损害未得到足够弥补的，恶意占有人还应当赔偿损失。

（三）无过失占有与有过失占有

依善意占有人就其善意是否有过失，可以将善意占有分为无过失占有与有过失占有。无过失占有，指占有人就其善意并无过失；反之，则为有过失占有。两者区分的实益在于时效取得期间有所不同，在占有之始为善意且无过失的，时效取得的期间较短，反之则较长。

（四）有瑕疵占有与无瑕疵占有

根据无权占有是否具有瑕疵为标准，可将其分为无瑕疵占有与有瑕疵占有。所谓无瑕疵占有，是指对于物以善意且无过失、和平（非以强暴手段）、公然（不以隐藏的方法）并持续（时间上继续无间断）的占有。反之，所谓有瑕疵的占有，是指对于物以恶意、有过失、强暴、隐秘或不继续占有中任何一种的占有。

两者区分的实益在于：①凡主张占有的合并的，应承继前一占有人的瑕疵；②在取得时效与善意取得的要件上尚有作用。

（五）自主占有与他主占有

根据占有人是否以所有的意思对标的物加以占有，占有可分为自主占有与他主占有。

以所有的意思对标的物而为的占有，为自主占有。而不以所有的意思而为的占有，为他主占有。所谓所有的意思，通说认为，只要具有认为其物是自己的物而排斥他人占有的意思即可，无须是依法律行为取得所有权意思表示的意思。至于占有人是否为真正占有人或误信为占有人或明知非所有人，仅会影响其是否为有权占有或无权占有，不会影响其是否为自主占有。因此，窃贼对赃物的占有，侵夺人对侵占物的占有也是自主占有。同时，各国立法为保护占有人的利益，并减少占有人举证责任，一般推定占有人的占有为自主占有。而如承租人、受寄人、借用人、地上权人、质权人、留置权人等，均是他主占有人，他们的占有大

---

[1] 王泽鉴：《民法物权》（二），中国政法大学出版社 2001 年版，第 178 页。

多是基于占有媒介关系而成立。

自主占有与他主占有区分的实益在于：①在基于时效而取得动产所有权或基于先占而取得所有权的情形，均以自主占有为成立要件；②占有人的赔偿责任，因系自主占有或他主占有而有所不同；③关于占有人的保护，不因占有人为自主占有或他主占有而有所不同，法律上对占有保护的规定，对两者均适用；④自主占有具有权利推定的效力，而他主占有则否。

（六）直接占有与间接占有

以占有人是否直接占有其物为标准，可将占有分为直接占有与间接占有。所谓直接占有，是指对于物有事实上的支配力（管领力）的占有。所谓间接占有，是指自己不直接占有其物，而对直接占有人基于一定法律关系而享有返还请求权，因而间接对物有事实上管领力的占有。如质权人、承租人、受寄人为直接占有人，而出质人、出租人、寄托人为间接占有人。

直接占有和间接占有区分的实益在于：①间接占有的承认，使法律有关占有的规定对其同样适用。如间接占有人可基于直接占有的关系完成取得时效，或在第三人侵夺直接占有人的占有物时，享有占有人的占有保护请求权。②间接占有概念的承认，使占有趋于观念化，此从占有人的物上请求权而言，具有扩大维持社会秩序范围的意义；从以占有为动产物权变动的公示方法而言，使观念交付（尤其是占有改定）成为可能，因而便利物的交易、促成交易的便捷。[1]

（七）自己占有与占有辅助

根据对物的占有，是占有人亲自占有，还是基于他人的指示而为的占有，可分为自己占有与占有辅助。

所谓自己占有，是指占有人亲自对物为事实上的管领和控制。而基于特定的从属关系，受他人的指示而对物为事实上的管领和控制，为占有辅助。就受雇人而言，其是受雇主的指示而为占有，故其仅为占有辅助人。

理解占有辅助，须注意以下方面：①占有辅助关系的成立要件之一是在占有辅助人与占有人之间必须存在某种从属关系。此种关系并非请求权关系，而是命令和服从的社会从属关系，可为私法关系如雇佣关系，可为公法关系如军人管领武器等。②占有人经由占有辅助人而取得占有，也因占有辅助人而丧失占有，占有辅助人本身非占有人。之所以如此，因为占有辅助人是基于占有人的指示而对物进行事实上的控制，非基于自己的意思。③占有辅助具有代理的功能，但不同于民法上的代理。代理适用于法律行为，而占有辅助适用于事实行为。

---

[1] 谢在全：《民法物权论》（下），中国政法大学出版社1999年版，第946页。

两者区分的实益在于：占有辅助人虽事实上管领某物，但不因此而取得占有，系以他人为占有人。占有辅助人既非占有人，自不享有或负担基于占有而生的权利义务。如公司的收款员掉落支票，只有该公司（占有人）而非收款员（占有辅助人）可申请公示催告。[1]

第三节　占有的取得与消灭

一、占有的取得

占有可基于法律行为、事实行为及自然事件而发生。法律行为如买卖、借贷、租赁等；事实行为如建造房屋、无主物先占等；自然事件如洪水将邻居所养的鱼冲入自家所养鱼池内。就占有是否为直接取得，可以将其分为原始取得和继受取得。

（一）原始取得

占有的原始取得，指非基于他人既存之占有而取得之占有。占有的原始取得纯为事实行为，而非法律行为，故无行为能力人也可依其行为直接取得对物的占有，但占有的取得须有占有的一般意思，即要求行为人具有行使管领力的意思能力。至于占有的方法并不一定是要求对物直接施加自己的力量，一般认为只要将物置于自己的控制范围内，即可认为取得了对物的占有。占有原始取得的标的物包括动产与不动产，已登记之不动产亦包括在内，且无论标的物是否有人占有，或占有之取得是否合法。

1. 先占。先占是依自己的单方事实行为，先于他人取得无主物的占有。先占是取得所有权的基础，其要件是：①先占的客体是无主物；②先占人须有先占该物的意思；③先占人须事实上取得该物的实际占有。

2. 侵占。侵占是指不经原占有人许可而占有他人之物。侵占取得的方式可以是秘密窃取，亦可是强力取得，总之均不依原有人转移占有的意思，因而属于占有的原始取得。

3. 遗失物拾得。遗失物拾得是指因原占有人的疏忽大意而使其占有物脱离自己的占有，后为他人发现并拾得而取得占有。拾得是事实行为，是由发现和拾得两个行为结合，即使是无民事行为能力人依然可为拾得。

4. 其他。占有原始取得的方式很多，还有如天然孳息的获取等，在此不一一列举。

---

[1] 王泽鉴：《民法物权》（二），中国政法大学出版社2001年版，第191页。

(二) 继受取得

占有的继受取得,指基于他人既存的占有而取得之占有,此于直接占有与间接占有均适用。占有的继受取得,可分为占有的移转继受取得(简称移转取得)与创设继受取得(简称创设取得或设定取得)。

1. 继受取得的原因。占有继受取得之发生,不外两种原因,即占有之移转与占有之继承。试分述如下:

(1) 占有之移转。占有之移转指占有人以法律行为将其占有物交付他人,该他人因而取得占有的情形。由于占有之移转一般须依法律行为为之,因此称为占有之让与。依各国法及解释,占有之移转,须有下列要件始生效力:

第一,须有移转占有的意思表示。占有之移转既然系依法律行为而为移转,因此自以有移转占有的意思表示为必要,此种意思与占有原始取得时要求之"行使管领力之意思"不同。占有的移转既然须以有意思表示为必要,因此占有之移转如非因当事人之意思表示而发生,如遗失之动物,自拾得人处自动返回遗失人之住所的,即不得谓为占有之移转。

第二,须有占有物之交付。因占有乃对于物有事实上之管领力,故占有之移转,仅有移转占有的意思表示,尚不发生效力。而只在将占有物交付后,始生占有移转的效力。在直接占有之移转,不问动产或不动产,一律因占有物之交付而生效力。至于交付的方法,不以现实交付为必要,即使简易交付、占有改定及指示交付(返还请求权之让与)等,也并无不可。在间接占有让与场合,一般认为,间接占有人可依指示交付将其间接占有让与他人。

(2) 占有之概括继承。占有虽为一种事实,但若认为占有人一旦死亡,其占有的意思即不存在,同时亦割断其与物的管领关系使之当然消灭而不得继承,显然不利于保护继承人。所以各国法上都对占有的继承作了规定。如《德国民法典》第857条、《法国民法典》第724条及《瑞士民法典》第560条等,无不设有明文规定。依各国法及解释,因继承而取得占有,既不以知悉继承事实之发生为必要,也无须事实上已管领其物或有交付之行为,更无须为继承之意思表示。

2. 继受取得的效力。占有于本质上并非权利,而为事实。故在占有之继受,因继受人一面系继续与前占有人为同一性质占有,一面系开始自己新的占有。故法律允许继受人或单独主张自己之新占有,或与前占有人之占有合并而为主张。但如为占有的继承,则以被继承人死亡时占有某物为必要条件。其占有悉依被继承人死亡时的占有状态(有权占有或无权占有、有瑕疵占有或无瑕疵占有、自主占有或他主占有、直接占有或间接占有等)移转于继承人,而无论继承人知悉与否。

(1) 占有之合并。占有之合并指占有之继承人或受让人,得就自己之占有与其前占有人之占有合并而为主张。

关于占有之合并,须注意下列三点:①得主张占有之合并的,仅限于占有的继承人或受让人。换言之,仅占有之继受取得人可主张占有之合并,至于占有之原始取得人则无主张占有合并之余地。②所谓前占有人之占有,不限于直接前占有人之占有,只须前占有人之占有系继受取得,即得辗转合并所有前手之占有而为主张。③合并前占有人之占有而为主张的,并应继承其瑕疵。因占有之继受人既已主张占有之合并,则依一般继受取得法理,自应按占有的原有状态(有权占有或无权占有、有瑕疵占有或无瑕疵占有、自主占有或他主占有、直接占有或间接占有等)加以继受。关于合并占有之实益,主要见于取得时效。

(2) 占有之分离。占有之分离,即占有之继受人得将自己之占有与前占有人之占有分离,而仅就自己之占有而为主张。因占有之继受人合并前占有人之占有而为主张时,须承继其瑕疵,对己未必有利。况继受人已取得标的物之占有,对物已有事实上之管领力,足以成立新占有。因此,法律一般允许占有之继受人,得将自己之占有与前手之占有分离而为主张。

二、占有的消灭

(一) 直接占有的消灭

占有的消灭就是占有人丧失对物之事实上之管领力。丧失管领力须就具体事实,依法律规定及一般社会观念予以认定。但仅因一时而不能行使管领力,以一般社会观念,不能谓之占有管领力丧失,从而也就不能为占有消灭的原因。另外,占有物之物质的灭失,包括毁灭(如玻璃杯破碎)、消耗(如燃烧煤块)或添附(如以漆刷地板)等,亦可作为占有消灭的原因。

(二) 间接占有的消灭

就间接占有而言,因其成立主要赖于其与直接占有的关系,所以其消灭的主要原因大致关联于直接占有,主要包括三种情形:直接占有人丧失占有、直接占有人拒绝承认间接占有及返还请求权的消灭。

第四节 占有的效力与保护

一、占有的效力

占有的效力并非占有事实本身就具有效力,而是法律对占有进行规范和调整的结果。占有的效力是占有制度的核心问题,各国民法均对占有的效力设有详细的规定。纵观各国民法对占有效力的规定,主要包括:占有的权利推定效力、占有人的权利和义务等。

(一) 权利推定

占有的权利推定效力是占有最主要的效力之一，是指占有人在占有物上行使的权利，法律推定其享有合法的权利。

1. 权利推定效力设立的理由。

(1) 保护本权的需要。本权通常经由占有而实现，占有某物通常多基于本权而产生，占有具有本权之"外衣"。因此，确立占有的权利推定效力有利于保护本权。各国民法明确规定了占有具有权利推定效力，使本权的保护更加简易，以保护财产静的安全，并且以占有为动产的公示方法，承认占有的公信力，建立善意取得制度，以保护动的安全。

(2) 维护财产利用秩序、促进社会和平之需要。占有代表的是一种财产利用的秩序，占有的权利推定规则可以很好地维护这种财产利用秩序。

(3) 维护交易安全与效率的需要。这是现代民法确立占有权利推定效力最主要的理论依据之一，是法律为了交易安全与效率而不得已暂时牺牲原权利人的利益而作出的选择，这与古代日耳曼法中确立的占有权利推定效力功能是有很大区别的。占有的权利推定效力可以使占有产生公信力，在占有人对其占有的财产进行处分时，受让该物的受让人可以借助占有的外观，产生对出让人的信赖而得到保护，从而有利于交易安全，这是善意取得制度的理论基础。

同时，要求物的受让人对占有人是否享有真实的权利进行切实的审核是不可行的，一是依一般的社会观念占有即表明占有人有权利，无须受让人尽太多的调查义务；二是要求受让人调查核实的成本非常高，如果让每一个想进行交易的人都要对占有人是否享有真实的权利进行调查，是不经济的，不仅有违法的效率目标，同时也有损交易的效率，从而降低整个社会的效率。此外，占有的权利推定不仅免除了占有人的举证困难，而且法院因此也不必查明占有人是否享有真实的权利，仅基于占有人占有物这一事实即可确认占有人具有占有权（除非权利争议人提出有利证据推翻现存占有），从而能够及时解决纠纷，为法院判案节约诉讼成本，提高审判效率，符合诉讼经济的原则。

2. 权利推定效力的适用范围。关于占有权利推定的适用范围，主要包括三个方面的问题：一是占有权利推定范围是否仅限于动产；二是被推定的权利范围；三是权利推定的效力。

(1) 占有的权利推定范围是否仅限于动产。该问题比较特殊，各国家或地区的立法上的规定存在着差异。我国《物权法》对此未作规定，学界认识不一。在我国，因目前的不动产登记制度还很不完备，除土地、城市房地产等实行登记制度外，还有相当多的不动产并未实行登记制度，占有的权利推定效力在不动产上还有较大的适用范围。因此，我国的物权立法应适应现实情况的需要，建立起与上述观点相适应的占有权利推定规则。

（2）占有权利推定的权利范围。我国物权立法对于占有的权利推定范围未作限制，应理解为包括所有权、债权或其他物权的推定。

（二）占有人的权利与义务

占有人的权利和义务，仅指无权占有人的权利和义务。无权占有人的权利义务包括无权占有人于占有物上发生的权利义务和无权占有人与回复请求权人之间的权利义务。在回复请求权人不为回复的请求时，或不能请求回复占有时，不发生无权占有人与回复请求权人之间的权利义务关系。依照近代的各国民法，占有人的权利和义务主要包括：占有物的使用、收益权，占有人的费用偿还权，占有人返还占有物的义务以及占有人赔偿损失的义务。

1. 占有人的权利。

（1）使用权。在回复请求权人未请求回复时，善意占有人和恶意占有人均有使用权。这是因为占有具有权利推定的效力，即推定占有人享有"合法"占有权及占有人即为所有权人。因此，在真正权利人未推翻现实占有之前，现实占有人（包括善意和恶意占有）行使对占有物的使用、收益权，这是占有权利推定效力的必然结果。

（2）收益权。财产占有人使用物的目的在于发挥物的效用，创造新的价值，以增加自己的财富，所以收益权是占有人的一项重要权利。

值得一提的是，关于使用、收益权，更深层次的分析值得我们关注。如将使用、收益权划分为占有人对占有物的独立使用收益权及回复请求人在回复占有物时的占有人对占有物的使用收益权，这对于司法实践中处理占有权益纠纷及理论研究都具有很大的参考价值。[1]

（3）费用返还请求权。占有人的费用返还请求权是指占有人在回复请求人请求返还原物时，向回复请求人请求偿还其自行支出的一定费用的权利。占有人对占有物支出费用，甚为常见，如何一方面不使支出者受到损害，他方面又不能使回复请求人增加负担，设合理的规范，实费斟酌。现代各国或地区多以占有人的善意与恶意为标准，根据其支出费用的不同而赋予占有人不同的费用返还请求权。

2. 占有人的义务。无论是善意占有还是恶意占有，占有人都负有返还占有物的义务。这里就牵涉占有人对占有物所付出的必要费用和有益费用未被清偿前是否享有留置权的问题。对此，《德国民法典》第 273 条、《日本民法典》第 295

---

[1] 齐瑞花："论占有的效力"，中国政法大学 2006 年硕士学位论文。

条、我国台湾地区"民法"第928条对此等都有具体的规定。从上述国家或地区关于留置权的规定来看，对于善意占有人，在回复请求人未清偿其费用前享有占有物的留置权，对于因侵权行为而发生的占有，占有人不享有留置权，但是对于恶意的非因侵权行为而占有的情形，法律未作规定。

另外，无权占有人对于回复请求人负有返还占有物的义务，如果占有物在占有期间毁损或灭失的，占有人应负赔偿责任。这里的灭失，既包括物理上的灭失，也包括法律上的灭失。一般认为，因可归责于占有人的原因而发生占有物毁损或灭失的，占有人应负赔偿责任；因不可归责于占有人的原因而发生占有物毁损或灭失的，占有人不负赔偿责任。占有人的赔偿责任还因善意占有、恶意占有、自主占有、他主占有而有所不同。

二、占有的保护

占有的保护是指在他人以法律禁止的私力侵害占有时，给占有人的法律救济。[1] 无论是古代的罗马法和日耳曼法，还是近现代世界各国或地区的民事立法，都承认无论是合法占有还是非法占有，也无论是善意占有还是恶意占有，均受到法律强制力的保护，此为占有的保护效力。占有的保护效力是占有发挥其制度价值的关键。我国《物权法》第245规定："占有的不动产或者动产被侵占的，占有人有权请求返还原物；对妨害占有的行为，占有人有权请求排除妨害或者清除危险；因侵占或者妨害造成损害的，占有人有权请求损害赔偿。占有人返还原物的请求权，自侵占发生之日起1年内未行使的，该请求权消灭。"依此规定，对占有的保护，可分为物权法上的保护与债权法上的保护，前者包括占有人的自力救济权和占有保护请求权（或称占有诉权）；后者包括不当得利请求权和侵权行为的损害赔偿请求权。

（一）占有保护的物权救济

针对占有的侵害，占有人可采取私力救济和公力救济两种方式来保护自己的权利。而占有人唯在特殊情况下被赋予采取私力救济的方式。

1. 私力救济。关于占有人是否可以以私力救济来保护其占有，各国或地区的立法不一致。占有人的私力救济权包括私力防御权和私力取回权。

（1）私力防御权。私力防御权是指占有人针对他人侵夺或妨害其占有的行为以自己的力量进行防御的权利。它主要针对正在进行的侵夺或妨害占有的行为而实施，如果侵夺或妨害行为已经结束，则自然无防御的必要。法律之所以承认占有人侵夺或妨害其占有的行为享有自力救济权，是由于占有现状的急需保持，

---

[1] 梁慧星：《中国物权法研究》（下），法律出版社1998年版，第1132页。

难以从容请求公力救济所致。[1] 故防御行为在客观上应是必要的，有多种措施可以采取的，应选择对加害人影响最小的。

（2）私力取回权。私力取回权是指当占有人的占有被他人非法侵夺后，占有人享有的以自己的私力取回占有物的权利。当侵夺行为已经结束后，占有人已不能行使私力防御权，因此法律进一步确认了占有人的私力取回权。占有人行使占有物的取回权也是一种自助，因而需要符合一定的条件：时间紧迫来不及请求有关国家机关援助；占有人需在合理的时间内行使取回权；行使占有取回权仅限于直接占有人。[2]

占有人的取回权还因占有物是动产或不动产而有所区别。若被侵夺的占有物是不动产，占有人可于被侵夺后即时排除加害人而取回之。若被侵夺之占有物为动产，占有人有权就地或追踪向加害人取回之。"就地或追踪"实际上相当于"即时"。所谓就地，指侵夺时占有人事实上支配能及的空间范围；所谓追踪，指加害人虽已离开占有人事实上支配所能及的空间范围，但仍在占有人的追蹑跟踪中而言。[3]

2. 占有保护请求权。占有保护请求权又称为占有人的物上请求权、占有人的请求权、占有物上请求权、基于占有而发生的请求权。即请求国家权力机关通过运用国家权力来保护其占有的权利，简单地说就是占有人对占有的公力救济。主要有以下几个方面：

（1）占有物返还请求权。占有物返还请求权是指当占有人的占有物被侵夺时，占有人有向侵害人请求返还其占有物的权利，以收回其丧失的占有。该请求权存在的前提条件是占有受到他人不正当的侵夺。此外须说明的是，侵占人的行为必须是造成占有人丧失占有的直接原因，同时享有该请求权的主体也须是直接占有人，占有辅助人只能以占有人的名义行使占有物返还请求权。此种请求权的相对人不仅限于最初的侵夺者，还应包括侵夺者的继受人，即侵夺者的概括继受人（如继承人）及恶意的特定承继人。

（2）排除妨害请求权。占有排除妨害请求权指占有人在其占有受到妨害时可请求停止或除去妨害，其目的是保持现存的占有。该请求权是针对占有的不正当妨害行为，多发生于不动产上。占有人在请求妨害人排除妨害时，也有权请求妨害人负担排除妨害的费用。

---

〔1〕 姚瑞光：《民法物权论》，台北作者1998年增订版，第420页，转引自杨立新：《物权法》，中国人民大学出版社2007年版，第376页。

〔2〕 王利明："论占有"，载王利明《民商法研究》（第4辑），法律出版社2001年版，第456页。

〔3〕 王泽鉴：《民法物权》（二），中国政法大学出版社2001年版，第350页。

(3) 消除危险请求权。占有消除危险请求权是指占有人在其占有发生被妨害的危险时，有权请求预防妨碍或提供损害赔偿的担保。所谓占有被妨害的危险，是指占有物虽然没有遭到现实的妨害，但将来有可能发生妨害。占有人行使请求权以占有在客观存在被妨害的可能，这种可能必须根据一般的社会观念和当时周围环境加以判断，而不能仅凭占有人的主观臆断决定。

以上几项权利体现在我国《物权法》中，我国《物权法》第245条规定："占有的不动产或者动产被侵占的，占有人有权请求返还原物；对妨害占有的行为，占有人有权请求排除妨害或者消除危险；因侵占或者妨害造成损害的，占有人有权请求损害赔偿。"占有保护请求权起源于古罗马法上的占有令状，在不同的情况下发挥着不同的作用，近代大陆法系国家多在民法典中规定这一内容。

另外，占有保护请求权应在一定期间内行使，各国或地区的民法一般规定为1年。我国《物权法》亦作出了1年保护时间的规定，原因在于法律之所以保护占有，在于维护一定的财产利用秩序，如果时间久远，则新的财产占有秩序业已形成，对此新的秩序也应加以保护，因此排除原占有人的请求权。

（二）占有保护的债权救济

1. 损害赔偿请求权救济。占有受到侵夺或者妨害，如果已经造成占有人财产权益的损失，则占有人产生损害赔偿请求权，此即对占有保护的债权救济途径之一。我国《物权法》第245条规定："因侵占或者妨害造成损害的，占有人有权请求损害赔偿。"

关于占有是否可以成为侵权行为的客体，学界有肯定说和否定说两种不同观点。否定说以占有是一种事实状态而不是权利作为立论根据，认为侵权行为的客体只能是合法的权利，占有既然是一种事实状态，因而不能成为侵权行为的客体。肯定说则肯定占有可以成为侵权行为的客体，认为占有之侵害，亦成立侵权行为，盖因民法上之占有并非权利，但亦为法律所保护之实时状态也。[1]

承认占有是侵权行为的客体，那么侵害占有构成侵权行为，可通过损害赔偿请求权加以救济。

2. 不当得利请求权救济。占有是一种事实利益，可以成为不当得利的客体。因侵夺占有而取得利益，侵夺人构成不当得利，对此占有人可请求返还不当得利。

---

[1] 杨立新：《物权法》，中国人民大学出版社2007年版，第378页。

第五节 准占有

一、准占有概述

我国《物权法》没有规定准占有，但是基于准占有在理论及实践中都不乏存在，在此稍加阐释。占有的对象仅限于物，因此当某人对于某种财产权利具有事实上的管领力时，不属于占有的范围，但是因为这种对财产权利事实上的管领力与对物的事实上的管领力并没有本质的区别，因而法律也应相应地赋予其与占有同等的保护。学理上将这种对于财产权利的占有称为准占有。

二、准占有的构成要件

准占有的构成要件包括以下几个方面：

（一）标的物为财产权

准占有必须以实际占有财产权为要件。但是对财产权的范围，各国立法与理论界争议较大。为了促进经济发展与交易安全，在某种程度上我们支持适当地扩大准占有的标的物范围。

（二）准占有标的物之财产权须系不因物之占有而成立者

行使财产权，有的须占有其物，如所有权、地上权、永佃权、典权、质权、留置权、租赁权等，有的不须占有标的物，如地役权、抵押权、债权、著作权（无体财产权）等，准占有的标的物仅以后者为限。

（三）须事实上行使财产权

所谓行使财产权，系指为实现其财产权内容之行为。是否在事实上行使财产权，应就财产权之种类、性质以及外观等各种行为加以确定。通常依照一般的社会观念，外观上有使人相信其为真正的权利人即可。依照现代学者的观点，即使财产权因一次行使即为消灭，也可认为在事实上行使财产权。

三、准占有的效力和消灭

（一）准占有的效力

一般而言，基于占有所产生的各种效力，在性质上与准占有不相抵触时，准占有制度均可以适用。例如占有状态、占有事实之推定、占有权利之推定及占有保护等，都在适用之列。但因为准占有的标的与占有的标的是不同的，因此可能有些情况准占有制度不得适用占有的规定，如作为准占有的标的的权利无追及第三人的效力，则准占有人也无占有物返还请求权。

（二）准占有的消灭

由于准占有以行使财产权为要件，故权利行使的事实一旦丧失，准占有即消灭。而权利行使事实的丧失，有基于准占有人意思的，如窃贼将盗窃到的存折及图章返还于债权人，也有基于其他事实的，如因抵押权被注销登记而消灭等。

引例解析：

本案中，张老汉委托李老汉照看房屋，李老汉基于该委托关系占有张老汉的房屋及家中的部分财物，这是一种有权占有。李老汉去世后，其子李甲占有张老汉的房屋并无张老汉的授权，故是一种无权占有，其照看张老汉房屋的行为可视为一种无因管理行为，但其照看房屋的行为使之对房屋内的财产都取得了一种事实上的占有状态，但这种占有是无权占有。李甲借其照看张老汉房屋的机会，将张老汉家中珍藏的砚台翻出来并出售给王某的行为，是一种无权处分行为，损害了张老汉的权益。在张老汉明确否认该无权处分的情况下，该无权处分行为侵犯了张老汉对砚台的所有权。王某明知李甲无权出售该砚台仍收购，其主观恶意至为明显，与李某构成共同侵权行为。由于王某恶意从李甲处收购砚台，故其不能取得砚台的所有权，其对该砚台的占有也是一种无权占有，其将砚台出售给沈某的行为是一种无权处分行为，由于未得到权利人张老汉的认可，王某该无权处分行为侵犯了张老汉对砚台的所有权。沈某并不知道王某无权处分的事实，而是在轻信了王某的谎言后购买了该砚台，其在购买该砚台时主观上为善意，故应适用《物权法》规定的善意取得规则，沈某取得了该砚台的所有权。沈某以 20 000 元的价格将该砚台出售给张乙时虽然有虚假陈述的行为，但其并不影响该出售行为的效力。

案例思考：

2004 年 4 月 16 日，甲正在家中耕田，被林山县公安局传唤。公安局认为，甲的耕牛是赃物，应予扣押。甲申辩耕牛是买来的。公安局调查后证实，此牛原为乙所有，2003 年 12 月 25 日被丙偷走。丙当天就把牛卖给了丁。因为丁知道牛是赃物，因此只花了 500 元。此牛在丁家饲养了不到一个月，便再次丢失。戊拾得此牛，饲养了 12 天，后又将此牛卖给了甲。

依据《物权法》的规定回答下列问题：

(1) 若乙要求返还耕牛，甲是否应当返还？为什么？
(2) 丁饲养耕牛的费用能够要求补偿吗？为什么？
(3) 请根据占有的几种分类，分析丙对耕牛的占有属于哪一类？

附录

中华人民共和国物权法

2007年3月16日第十届全国人民代表大会第五次会议通过 2007年3月16日中华人民共和国主席令第62号公布 自2007年10月1日起施行

第一编 总 则

第一章 基本原则

第一条 为了维护国家基本经济制度,维护社会主义市场经济秩序,明确物的归属,发挥物的效用,保护权利人的物权,根据宪法,制定本法。

第二条 因物的归属和利用而产生的民事关系,适用本法。

本法所称物,包括不动产和动产。法律规定权利作为物权客体的,依照其规定。

本法所称物权,是指权利人依法对特定的物享有直接支配和排他的权利,包括所有权、用益物权和担保物权。

第三条 国家在社会主义初级阶段,坚持公有制为主体、多种所有制经济共同发展的基本经济制度。

国家巩固和发展公有制经济,鼓励、支持和引导非公有制经济的发展。

国家实行社会主义市场经济,保障一切市场主体的平等法律地位和发展权利。

第四条 国家、集体、私人的物权和其他权利人的物权受法律保护,任何单位和个人不得侵犯。

第五条 物权的种类和内容,由法律规定。

第六条 不动产物权的设立、变更、转让和消灭,应当依照法律规定登记。动产物权的设立和转让,应当依照法律规定交付。

第七条 物权的取得和行使,应当遵守法律,尊重社会公德,不得损害公共利益和他人合法权益。

第八条 其他相关法律对物权另有特别规定的,依照其规定。

第二章 物权的设立、变更、转让和消灭

第一节 不动产登记

第九条 不动产物权的设立、变更、转让和消灭，经依法登记，发生效力；未经登记，不发生效力，但法律另有规定的除外。

依法属于国家所有的自然资源，所有权可以不登记。

第十条 不动产登记，由不动产所在地的登记机构办理。

国家对不动产实行统一登记制度。统一登记的范围、登记机构和登记办法，由法律、行政法规规定。

第十一条 当事人申请登记，应当根据不同登记事项提供权属证明和不动产界址、面积等必要材料。

第十二条 登记机构应当履行下列职责：

（一）查验申请人提供的权属证明和其他必要材料；

（二）就有关登记事项询问申请人；

（三）如实、及时登记有关事项；

（四）法律、行政法规规定的其他职责。

申请登记的不动产的有关情况需要进一步证明的，登记机构可以要求申请人补充材料，必要时可以实地查看。

第十三条 登记机构不得有下列行为：

（一）要求对不动产进行评估；

（二）以年检等名义进行重复登记；

（三）超出登记职责范围的其他行为。

第十四条 不动产物权的设立、变更、转让和消灭，依照法律规定应当登记的，自记载于不动产登记簿时发生效力。

第十五条 当事人之间订立有关设立、变更、转让和消灭不动产物权的合同，除法律另有规定或者合同另有约定外，自合同成立时生效；未办理物权登记的，不影响合同效力。

第十六条 不动产登记簿是物权归属和内容的根据。不动产登记簿由登记机构管理。

第十七条 不动产权属证书是权利人享有该不动产物权的证明。不动产权属证书记载的事项，应当与不动产登记簿一致；记载不一致的，除有证据证明不动产登记簿确有错误外，以不动产登记簿为准。

第十八条 权利人、利害关系人可以申请查询、复制登记资料,登记机构应当提供。

第十九条 权利人、利害关系人认为不动产登记簿记载的事项错误的,可以申请更正登记。不动产登记簿记载的权利人书面同意更正或者有证据证明登记确有错误的,登记机构应当予以更正。

不动产登记簿记载的权利人不同意更正的,利害关系人可以申请异议登记。登记机构予以异议登记的,申请人在异议登记之日起十五日内不起诉,异议登记失效。异议登记不当,造成权利人损害的,权利人可以向申请人请求损害赔偿。

第二十条 当事人签订买卖房屋或者其他不动产物权的协议,为保障将来实现物权,按照约定可以向登记机构申请预告登记。预告登记后,未经预告登记的权利人同意,处分该不动产的,不发生物权效力。

预告登记后,债权消灭或者自能够进行不动产登记之日起三个月内未申请登记的,预告登记失效。

第二十一条 当事人提供虚假材料申请登记,给他人造成损害的,应当承担赔偿责任。

因登记错误,给他人造成损害的,登记机构应当承担赔偿责任。登记机构赔偿后,可以向造成登记错误的人追偿。

第二十二条 不动产登记费按件收取,不得按照不动产的面积、体积或者价款的比例收取。具体收费标准由国务院有关部门会同价格主管部门规定。

第二节 动产交付

第二十三条 动产物权的设立和转让,自交付时发生效力,但法律另有规定的除外。

第二十四条 船舶、航空器和机动车等物权的设立、变更、转让和消灭,未经登记,不得对抗善意第三人。

第二十五条 动产物权设立和转让前,权利人已经依法占有该动产的,物权自法律行为生效时发生效力。

第二十六条 动产物权设立和转让前,第三人依法占有该动产的,负有交付义务的人可以通过转让请求第三人返还原物的权利代替交付。

第二十七条 动产物权转让时,双方又约定由出让人继续占有该动产的,物权自该约定生效时发生效力。

第三节 其他规定

第二十八条 因人民法院、仲裁委员会的法律文书或者人民政府的征收决定等,导致物权设立、变更、转让或者消灭的,自法律文书或者人民政府的征收决定等生效时发生效力。

第二十九条 因继承或者受遗赠取得物权的,自继承或者受遗赠开始时发生效力。

第三十条 因合法建造、拆除房屋等事实行为设立或者消灭物权的,自事实行为成就时发生效力。

第三十一条 依照本法第二十八条至第三十条规定享有不动产物权的,处分该物权时,依照法律规定需要办理登记的,未经登记,不发生物权效力。

第三章 物权的保护

第三十二条 物权受到侵害的,权利人可以通过和解、调解、仲裁、诉讼等途径解决。

第三十三条 因物权的归属、内容发生争议的,利害关系人可以请求确认权利。

第三十四条 无权占有不动产或者动产的,权利人可以请求返还原物。

第三十五条 妨害物权或者可能妨害物权的,权利人可以请求排除妨害或者消除危险。

第三十六条 造成不动产或者动产毁损的,权利人可以请求修理、重作、更换或者恢复原状。

第三十七条 侵害物权,造成权利人损害的,权利人可以请求损害赔偿,也可以请求承担其他民事责任。

第三十八条 本章规定的物权保护方式,可以单独适用,也可以根据权利被侵害的情形合并适用。

侵害物权,除承担民事责任外,违反行政管理规定的,依法承担行政责任;构成犯罪的,依法追究刑事责任。

第二编 所 有 权

第四章 一般规定

第三十九条 所有权人对自己的不动产或者动产,依法享有占有、使用、收益和处分的权利。

第四十条　所有权人有权在自己的不动产或者动产上设立用益物权和担保物权。用益物权人、担保物权人行使权利，不得损害所有权人的权益。

第四十一条　法律规定专属于国家所有的不动产和动产，任何单位和个人不能取得所有权。

第四十二条　为了公共利益的需要，依照法律规定的权限和程序可以征收集体所有的土地和单位、个人的房屋及其他不动产。

征收集体所有的土地，应当依法足额支付土地补偿费、安置补助费、地上附着物和青苗的补偿费等费用，安排被征地农民的社会保障费用，保障被征地农民的生活，维护被征地农民的合法权益。

征收单位、个人的房屋及其他不动产，应当依法给予拆迁补偿，维护被征收人的合法权益；征收个人住宅的，还应当保障被征收人的居住条件。

任何单位和个人不得贪污、挪用、私分、截留、拖欠征收补偿费等费用。

第四十三条　国家对耕地实行特殊保护，严格限制农用地转为建设用地，控制建设用地总量。不得违反法律规定的权限和程序征收集体所有的土地。

第四十四条　因抢险、救灾等紧急需要，依照法律规定的权限和程序可以征用单位、个人的不动产或者动产。被征用的不动产或者动产使用后，应当返还被征用人。单位、个人的不动产或者动产被征用或者征用后毁损、灭失的，应当给予补偿。

第五章　国家所有权和集体所有权、私人所有权

第四十五条　法律规定属于国家所有的财产，属于国家所有即全民所有。

国有财产由国务院代表国家行使所有权；法律另有规定的，依照其规定。

第四十六条　矿藏、水流、海域属于国家所有。

第四十七条　城市的土地，属于国家所有。法律规定属于国家所有的农村和城市郊区的土地，属于国家所有。

第四十八条　森林、山岭、草原、荒地、滩涂等自然资源，属于国家所有，但法律规定属于集体所有的除外。

第四十九条　法律规定属于国家所有的野生动植物资源，属于国家所有。

第五十条　无线电频谱资源属于国家所有。

第五十一条　法律规定属于国家所有的文物，属于国家所有。

第五十二条　国防资产属于国家所有。

铁路、公路、电力设施、电信设施和油气管道等基础设施，依照法律规定为国家所有的，属于国家所有。

第五十三条 国家机关对其直接支配的不动产和动产，享有占有、使用以及依照法律和国务院的有关规定处分的权利。

第五十四条 国家举办的事业单位对其直接支配的不动产和动产，享有占有、使用以及依照法律和国务院的有关规定收益、处分的权利。

第五十五条 国家出资的企业，由国务院、地方人民政府依照法律、行政法规规定分别代表国家履行出资人职责，享有出资人权益。

第五十六条 国家所有的财产受法律保护，禁止任何单位和个人侵占、哄抢、私分、截留、破坏。

第五十七条 履行国有财产管理、监督职责的机构及其工作人员，应当依法加强对国有财产的管理、监督，促进国有财产保值增值，防止国有财产损失；滥用职权，玩忽职守，造成国有财产损失的，应当依法承担法律责任。

违反国有财产管理规定，在企业改制、合并分立、关联交易等过程中，低价转让、合谋私分、擅自担保或者以其他方式造成国有财产损失的，应当依法承担法律责任。

第五十八条 集体所有的不动产和动产包括：

（一）法律规定属于集体所有的土地和森林、山岭、草原、荒地、滩涂；

（二）集体所有的建筑物、生产设施、农田水利设施；

（三）集体所有的教育、科学、文化、卫生、体育等设施；

（四）集体所有的其他不动产和动产。

第五十九条 农民集体所有的不动产和动产，属于本集体成员集体所有。

下列事项应当依照法定程序经本集体成员决定：

（一）土地承包方案以及将土地发包给本集体以外的单位或者个人承包；

（二）个别土地承包经营权人之间承包地的调整；

（三）土地补偿费等费用的使用、分配办法；

（四）集体出资的企业的所有权变动等事项；

（五）法律规定的其他事项。

第六十条 对于集体所有的土地和森林、山岭、草原、荒地、滩涂等，依照下列规定行使所有权：

（一）属于村农民集体所有的，由村集体经济组织或者村民委员会代表集体行使所有权；

（二）分别属于村内两个以上农民集体所有的，由村内各该集体经济组织或者村民小组代表集体行使所有权；

（三）属于乡镇农民集体所有的，由乡镇集体经济组织代表集体行使所有权。

第六十一条 城镇集体所有的不动产和动产，依照法律、行政法规的规定由本集体享有占有、使用、收益和处分的权利。

第六十二条 集体经济组织或者村民委员会、村民小组应当依照法律、行政法规以及章程、村规民约向本集体成员公布集体财产的状况。

第六十三条 集体所有的财产受法律保护，禁止任何单位和个人侵占、哄抢、私分、破坏。

集体经济组织、村民委员会或者其负责人作出的决定侵害集体成员合法权益的，受侵害的集体成员可以请求人民法院予以撤销。

第六十四条 私人对其合法的收入、房屋、生活用品、生产工具、原材料等不动产和动产享有所有权。

第六十五条 私人合法的储蓄、投资及其收益受法律保护。

国家依照法律规定保护私人的继承权及其他合法权益。

第六十六条 私人的合法财产受法律保护，禁止任何单位和个人侵占、哄抢、破坏。

第六十七条 国家、集体和私人依法可以出资设立有限责任公司、股份有限公司或者其他企业。国家、集体和私人所有的不动产或者动产，投到企业的，由出资人按照约定或者出资比例享有资产收益、重大决策以及选择经营管理者等权利并履行义务。

第六十八条 企业法人对其不动产和动产依照法律、行政法规以及章程享有占有、使用、收益和处分的权利。

企业法人以外的法人，对其不动产和动产的权利，适用有关法律、行政法规以及章程的规定。

第六十九条 社会团体依法所有的不动产和动产，受法律保护。

第六章 业主的建筑物区分所有权

第七十条 业主对建筑物内的住宅、经营性用房等专有部分享有所有权，对专有部分以外的共有部分享有共有和共同管理的权利。

第七十一条 业主对其建筑物专有部分享有占有、使用、收益和处分的权利。业主行使权利不得危及建筑物的安全，不得损害其他业主的合法权益。

第七十二条 业主对建筑物专有部分以外的共有部分，享有权利，承担义务；不得以放弃权利不履行义务。

业主转让建筑物内的住宅、经营性用房，其对共有部分享有的共有和共同管理的权利一并转让。

第七十三条 建筑区划内的道路，属于业主共有，但属于城镇公共道路的除外。建筑区划内的绿地，属于业主共有，但属于城镇公共绿地或者明示属于个人的除外。建筑区划内的其他公共场所、公用设施和物业服务用房，属于业主共有。

第七十四条 建筑区划内,规划用于停放汽车的车位、车库应当首先满足业主的需要。

建筑区划内,规划用于停放汽车的车位、车库的归属,由当事人通过出售、附赠或者出租等方式约定。

占用业主共有的道路或者其他场地用于停放汽车的车位,属于业主共有。

第七十五条 业主可以设立业主大会,选举业主委员会。

地方人民政府有关部门应当对设立业主大会和选举业主委员会给予指导和协助。

第七十六条 下列事项由业主共同决定:

(一)制定和修改业主大会议事规则;

(二)制定和修改建筑物及其附属设施的管理规约;

(三)选举业主委员会或者更换业主委员会成员;

(四)选聘和解聘物业服务企业或者其他管理人;

(五)筹集和使用建筑物及其附属设施的维修资金;

(六)改建、重建建筑物及其附属设施;

(七)有关共有和共同管理权利的其他重大事项。

决定前款第五项和第六项规定的事项,应当经专有部分占建筑物总面积三分之二以上的业主且占总人数三分之二以上的业主同意。决定前款其他事项,应当经专有部分占建筑物总面积过半数的业主且占总人数过半数的业主同意。

第七十七条 业主不得违反法律、法规以及管理规约,将住宅改变为经营性用房。业主将住宅改变为经营性用房的,除遵守法律、法规以及管理规约外,应当经有利害关系的业主同意。

第七十八条 业主大会或者业主委员会的决定,对业主具有约束力。

业主大会或者业主委员会作出的决定侵害业主合法权益的,受侵害的业主可以请求人民法院予以撤销。

第七十九条 建筑物及其附属设施的维修资金,属于业主共有。经业主共同决定,可以用于电梯、水箱等共有部分的维修。维修资金的筹集、使用情况应当公布。

第八十条 建筑物及其附属设施的费用分摊、收益分配等事项,有约定的,按照约定;没有约定或者约定不明确的,按照业主专有部分占建筑物总面积的比例确定。

第八十一条 业主可以自行管理建筑物及其附属设施,也可以委托物业服务企业或者其他管理人管理。

对建设单位聘请的物业服务企业或者其他管理人,业主有权依法更换。

第八十二条 物业服务企业或者其他管理人根据业主的委托管理建筑区划内的建筑物及其附属设施,并接受业主的监督。

第八十三条 业主应当遵守法律、法规以及管理规约。

业主大会和业主委员会，对任意弃置垃圾、排放污染物或者噪声、违反规定饲养动物、违章搭建、侵占通道、拒付物业费等损害他人合法权益的行为，有权依照法律、法规以及管理规约，要求行为人停止侵害、消除危险、排除妨害、赔偿损失。业主对侵害自己合法权益的行为，可以依法向人民法院提起诉讼。

第七章 相邻关系

第八十四条 不动产的相邻权利人应当按照有利生产、方便生活、团结互助、公平合理的原则，正确处理相邻关系。

第八十五条 法律、法规对处理相邻关系有规定的，依照其规定；法律、法规没有规定的，可以按照当地习惯。

第八十六条 不动产权利人应当为相邻权利人用水、排水提供必要的便利。

对自然流水的利用，应当在不动产的相邻权利人之间合理分配。对自然流水的排放，应当尊重自然流向。

第八十七条 不动产权利人对相邻权利人因通行等必须利用其土地的，应当提供必要的便利。

第八十八条 不动产权利人因建造、修缮建筑物以及铺设电线、电缆、水管、暖气和燃气管线等必须利用相邻土地、建筑物的，该土地、建筑物的权利人应当提供必要的便利。

第八十九条 建造建筑物，不得违反国家有关工程建设标准，妨碍相邻建筑物的通风、采光和日照。

第九十条 不动产权利人不得违反国家规定弃置固体废物，排放大气污染物、水污染物、噪声、光、电磁波辐射等有害物质。

第九十一条 不动产权利人挖掘土地、建造建筑物、铺设管线以及安装设备等，不得危及相邻不动产的安全。

第九十二条 不动产权利人因用水、排水、通行、铺设管线等利用相邻不动产的，应当尽量避免对相邻的不动产权利人造成损害；造成损害的，应当给予赔偿。

第八章 共 有

第九十三条 不动产或者动产可以由两个以上单位、个人共有。共有包括按份共有和共同共有。

第九十四条 按份共有人对共有的不动产或者动产按照其份额享有所有权。

第九十五条 共同共有人对共有的不动产或者动产共同享有所有权。

第九十六条 共有人按照约定管理共有的不动产或者动产；没有约定或者约定不明确的，各共有人都有管理的权利和义务。

第九十七条 处分共有的不动产或者动产以及对共有的不动产或者动产作重大修缮的，应当经占份额三分之二以上的按份共有人或者全体共同共有人同意，但共有人之间另有约定的除外。

第九十八条 对共有物的管理费用以及其他负担，有约定的，按照约定；没有约定或者约定不明确的，按份共有人按照其份额负担，共同共有人共同负担。

第九十九条 共有人约定不得分割共有的不动产或者动产，以维持共有关系的，应当按照约定，但共有人有重大理由需要分割的，可以请求分割；没有约定或者约定不明确的，按份共有人可以随时请求分割，共同共有人在共有的基础丧失或者有重大理由需要分割时可以请求分割。因分割对其他共有人造成损害的，应当给予赔偿。

第一百条 共有人可以协商确定分割方式。达不成协议，共有的不动产或者动产可以分割并且不会因分割减损价值的，应当对实物予以分割；难以分割或者因分割会减损价值的，应当对折价或者拍卖、变卖取得的价款予以分割。

共有人分割所得的不动产或者动产有瑕疵的，其他共有人应当分担损失。

第一百零一条 按份共有人可以转让其享有的共有的不动产或者动产份额。其他共有人在同等条件下享有优先购买的权利。

第一百零二条 因共有的不动产或者动产产生的债权债务，在对外关系上，共有人享有连带债权、承担连带债务，但法律另有规定或者第三人知道共有人不具有连带债权债务关系的除外；在共有人内部关系上，除共有人另有约定外，按份共有人按照份额享有债权、承担债务，共同共有人共同享有债权、承担债务。偿还债务超过自己应当承担份额的按份共有人，有权向其他共有人追偿。

第一百零三条 共有人对共有的不动产或者动产没有约定为按份共有或者共同共有，或者约定不明确的，除共有人具有家庭关系等外，视为按份共有。

第一百零四条 按份共有人对共有的不动产或者动产享有的份额，没有约定或者约定不明确的，按照出资额确定；不能确定出资额的，视为等额享有。

第一百零五条 两个以上单位、个人共同享有用益物权、担保物权的，参照本章规定。

第九章　所有权取得的特别规定

第一百零六条 无处分权人将不动产或者动产转让给受让人的，所有权人有权追回；除法律另有规定外，符合下列情形的，受让人取得该不动产或者动产的所有权：

（一）受让人受让该不动产或者动产时是善意的；

（二）以合理的价格转让；

（三）转让的不动产或者动产依照法律规定应当登记的已经登记，不需要登记的已经交付给受让人。

受让人依照前款规定取得不动产或者动产的所有权的，原所有权人有权向无处分权人请求赔偿损失。

当事人善意取得其他物权的，参照前两款规定。

第一百零七条 所有权人或者其他权利人有权追回遗失物。该遗失物通过转让被他人占有的，权利人有权向无处分权人请求损害赔偿，或者自知道或者应当知道受让人之日起二年内向受让人请求返还原物，但受让人通过拍卖或者向具有经营资格的经营者购得该遗失物的，权利人请求返还原物时应当支付受让人所付的费用。权利人向受让人支付所付费用后，有权向无处分权人追偿。

第一百零八条 善意受让人取得动产后，该动产上的原有权利消灭，但善意受让人在受让时知道或者应当知道该权利的除外。

第一百零九条 拾得遗失物，应当返还权利人。拾得人应当及时通知权利人领取，或者送交公安等有关部门。

第一百一十条 有关部门收到遗失物，知道权利人的，应当及时通知其领取；不知道的，应当及时发布招领公告。

第一百一十一条 拾得人在遗失物送交有关部门前，有关部门在遗失物被领取前，应当妥善保管遗失物。因故意或者重大过失致使遗失物毁损、灭失的，应当承担民事责任。

第一百一十二条 权利人领取遗失物时，应当向拾得人或者有关部门支付保管遗失物等支出的必要费用。

权利人悬赏寻找遗失物的，领取遗失物时应当按照承诺履行义务。

拾得人侵占遗失物的，无权请求保管遗失物等支出的费用，也无权请求权利人按照承诺履行义务。

第一百一十三条 遗失物自发布招领公告之日起六个月内无人认领的，归国家所有。

第一百一十四条 拾得漂流物、发现埋藏物或者隐藏物的，参照拾得遗失物的有关规定。文物保护法等法律另有规定的，依照其规定。

第一百一十五条 主物转让的，从物随主物转让，但当事人另有约定的除外。

第一百一十六条 天然孳息，由所有权人取得；既有所有权人又有用益物权人的，由用益物权人取得。当事人另有约定的，按照约定。

法定孳息，当事人有约定的，按照约定取得；没有约定或者约定不明确的，按照交易习惯取得。

第三编 用益物权

第十章 一般规定

第一百一十七条 用益物权人对他人所有的不动产或者动产，依法享有占有、使用和收益的权利。

第一百一十八条 国家所有或者国家所有由集体使用以及法律规定属于集体所有的自然资源，单位、个人依法可以占有、使用和收益。

第一百一十九条 国家实行自然资源有偿使用制度，但法律另有规定的除外。

第一百二十条 用益物权人行使权利，应当遵守法律有关保护和合理开发利用资源的规定。所有权人不得干涉用益物权人行使权利。

第一百二十一条 因不动产或者动产被征收、征用致使用益物权消灭或者影响用益物权行使的，用益物权人有权依照本法第四十二条、第四十四条的规定获得相应补偿。

第一百二十二条 依法取得的海域使用权受法律保护。

第一百二十三条 依法取得的探矿权、采矿权、取水权和使用水域、滩涂从事养殖、捕捞的权利受法律保护。

第十一章 土地承包经营权

第一百二十四条 农村集体经济组织实行家庭承包经营为基础、统分结合的双层经营体制。

农民集体所有和国家所有由农民集体使用的耕地、林地、草地以及其他用于农业的土地，依法实行土地承包经营制度。

第一百二十五条 土地承包经营权人依法对其承包经营的耕地、林地、草地等享有占有、使用和收益的权利，有权从事种植业、林业、畜牧业等农业生产。

第一百二十六条 耕地的承包期为三十年。草地的承包期为三十年至五十年。林地的承包期为三十年至七十年；特殊林木的林地承包期，经国务院林业行政主管部门批准可以延长。

前款规定的承包期届满，由土地承包经营权人按照国家有关规定继续承包。

第一百二十七条 土地承包经营权自土地承包经营权合同生效时设立。

县级以上地方人民政府应当向土地承包经营权人发放土地承包经营权证、林权证、草原使用权证，并登记造册，确认土地承包经营权。

第一百二十八条　土地承包经营权人依照农村土地承包法的规定，有权将土地承包经营权采取转包、互换、转让等方式流转。流转的期限不得超过承包期的剩余期限。未经依法批准，不得将承包地用于非农建设。

第一百二十九条　土地承包经营权人将土地承包经营权互换、转让，当事人要求登记的，应当向县级以上地方人民政府申请土地承包经营权变更登记；未经登记，不得对抗善意第三人。

第一百三十条　承包期内发包人不得调整承包地。

因自然灾害严重毁损承包地等特殊情形，需要适当调整承包的耕地和草地的，应当依照农村土地承包法等法律规定办理。

第一百三十一条　承包期内发包人不得收回承包地。农村土地承包法等法律另有规定的，依照其规定。

第一百三十二条　承包地被征收的，土地承包经营权人有权依照本法第四十二条第二款的规定获得相应补偿。

第一百三十三条　通过招标、拍卖、公开协商等方式承包荒地等农村土地，依照农村土地承包法等法律和国务院的有关规定，其土地承包经营权可以转让、入股、抵押或者以其他方式流转。

第一百三十四条　国家所有的农用地实行承包经营的，参照本法的有关规定。

第十二章　建设用地使用权

第一百三十五条　建设用地使用权人依法对国家所有的土地享有占有、使用和收益的权利，有权利用该土地建造建筑物、构筑物及其附属设施。

第一百三十六条　建设用地使用权可以在土地的地表、地上或者地下分别设立。新设立的建设用地使用权，不得损害已设立的用益物权。

第一百三十七条　设立建设用地使用权，可以采取出让或者划拨等方式。

工业、商业、旅游、娱乐和商品住宅等经营性用地以及同一土地有两个以上意向用地者的，应当采取招标、拍卖等公开竞价的方式出让。

严格限制以划拨方式设立建设用地使用权。采取划拨方式的，应当遵守法律、行政法规关于土地用途的规定。

第一百三十八条　采取招标、拍卖、协议等出让方式设立建设用地使用权的，当事人应当采取书面形式订立建设用地使用权出让合同。

建设用地使用权出让合同一般包括下列条款：

（一）当事人的名称和住所；

（二）土地界址、面积等；

（三）建筑物、构筑物及其附属设施占用的空间；

（四）土地用途；

（五）使用期限；

（六）出让金等费用及其支付方式；

（七）解决争议的方法。

第一百三十九条 设立建设用地使用权的，应当向登记机构申请建设用地使用权登记。建设用地使用权自登记时设立。登记机构应当向建设用地使用权人发放建设用地使用权证书。

第一百四十条 建设用地使用权人应当合理利用土地，不得改变土地用途；需要改变土地用途的，应当依法经有关行政主管部门批准。

第一百四十一条 建设用地使用权人应当依照法律规定以及合同约定支付出让金等费用。

第一百四十二条 建设用地使用权人建造的建筑物、构筑物及其附属设施的所有权属于建设用地使用权人，但有相反证据证明的除外。

第一百四十三条 建设用地使用权人有权将建设用地使用权转让、互换、出资、赠与或者抵押，但法律另有规定的除外。

第一百四十四条 建设用地使用权转让、互换、出资、赠与或者抵押的，当事人应当采取书面形式订立相应的合同。使用期限由当事人约定，但不得超过建设用地使用权的剩余期限。

第一百四十五条 建设用地使用权转让、互换、出资或者赠与的，应当向登记机构申请变更登记。

第一百四十六条 建设用地使用权转让、互换、出资或者赠与的，附着于该土地上的建筑物、构筑物及其附属设施一并处分。

第一百四十七条 建筑物、构筑物及其附属设施转让、互换、出资或者赠与的，该建筑物、构筑物及其附属设施占用范围内的建设用地使用权一并处分。

第一百四十八条 建设用地使用权期间届满前，因公共利益需要提前收回该土地的，应当依照本法第四十二条的规定对该土地上的房屋及其他不动产给予补偿，并退还相应的出让金。

第一百四十九条 住宅建设用地使用权期间届满的，自动续期。

非住宅建设用地使用权期间届满后的续期，依照法律规定办理。该土地上的房屋及其他不动产的归属，有约定的，按照约定；没有约定或者约定不明确的，依照法律、行政法规的规定办理。

第一百五十条 建设用地使用权消灭的，出让人应当及时办理注销登记。登记机构应当收回建设用地使用权证书。

第一百五十一条　集体所有的土地作为建设用地的，应当依照土地管理法等法律规定办理。

第十三章　宅基地使用权

第一百五十二条　宅基地使用权人依法对集体所有的土地享有占有和使用的权利，有权依法利用该土地建造住宅及其附属设施。

第一百五十三条　宅基地使用权的取得、行使和转让，适用土地管理法等法律和国家有关规定。

第一百五十四条　宅基地因自然灾害等原因灭失的，宅基地使用权消灭。对失去宅基地的村民，应当重新分配宅基地。

第一百五十五条　已经登记的宅基地使用权转让或者消灭的，应当及时办理变更登记或者注销登记。

第十四章　地　役　权

第一百五十六条　地役权人有权按照合同约定，利用他人的不动产，以提高自己的不动产的效益。

前款所称他人的不动产为供役地，自己的不动产为需役地。

第一百五十七条　设立地役权，当事人应当采取书面形式订立地役权合同。

地役权合同一般包括下列条款：

（一）当事人的姓名或者名称和住所；

（二）供役地和需役地的位置；

（三）利用目的和方法；

（四）利用期限；

（五）费用及其支付方式；

（六）解决争议的方法。

第一百五十八条　地役权自地役权合同生效时设立。当事人要求登记的，可以向登记机构申请地役权登记；未经登记，不得对抗善意第三人。

第一百五十九条　供役地权利人应当按照合同约定，允许地役权人利用其土地，不得妨害地役权人行使权利。

第一百六十条　地役权人应当按照合同约定的利用目的和方法利用供役地，尽量减少对供役地权利人物权的限制。

第一百六十一条　地役权的期限由当事人约定，但不得超过土地承包经营权、建设用地使用权等用益物权的剩余期限。

第一百六十二条 土地所有权人享有地役权或者负担地役权的,设立土地承包经营权、宅基地使用权时,该土地承包经营权人、宅基地使用权人继续享有或者负担已设立的地役权。

第一百六十三条 土地上已设立土地承包经营权、建设用地使用权、宅基地使用权等权利的,未经用益物权人同意,土地所有权人不得设立地役权。

第一百六十四条 地役权不得单独转让。土地承包经营权、建设用地使用权等转让的,地役权一并转让,但合同另有约定的除外。

第一百六十五条 地役权不得单独抵押。土地承包经营权、建设用地使用权等抵押的,在实现抵押权时,地役权一并转让。

第一百六十六条 需役地以及需役地上的土地承包经营权、建设用地使用权部分转让时,转让部分涉及地役权的,受让人同时享有地役权。

第一百六十七条 供役地以及供役地上的土地承包经营权、建设用地使用权部分转让时,转让部分涉及地役权的,地役权对受让人具有约束力。

第一百六十八条 地役权人有下列情形之一的,供役地权利人有权解除地役权合同,地役权消灭:

(一)违反法律规定或者合同约定,滥用地役权;

(二)有偿利用供役地,约定的付款期间届满后在合理期限内经两次催告未支付费用。

第一百六十九条 已经登记的地役权变更、转让或者消灭的,应当及时办理变更登记或者注销登记。

第四编 担保物权

第十五章 一般规定

第一百七十条 担保物权人在债务人不履行到期债务或者发生当事人约定的实现担保物权的情形,依法享有就担保财产优先受偿的权利,但法律另有规定的除外。

第一百七十一条 债权人在借贷、买卖等民事活动中,为保障实现其债权,需要担保的,可以依照本法和其他法律的规定设立担保物权。

第三人为债务人向债权人提供担保的,可以要求债务人提供反担保。反担保适用本法和其他法律的规定。

第一百七十二条 设立担保物权,应当依照本法和其他法律的规定订立担保合同。担保合同是主债权债务合同的从合同。主债权债务合同无效,担保合同无效,但法律另有规定的除外。

担保合同被确认无效后,债务人、担保人、债权人有过错的,应当根据其过错各自承担相应的民事责任。

第一百七十三条 担保物权的担保范围包括主债权及其利息、违约金、损害赔偿金、保管担保财产和实现担保物权的费用。当事人另有约定的,按照约定。

第一百七十四条 担保期间,担保财产毁损、灭失或者被征收等,担保物权人可以就获得的保险金、赔偿金或者补偿金等优先受偿。被担保债权的履行期未届满的,也可以提存该保险金、赔偿金或者补偿金等。

第一百七十五条 第三人提供担保,未经其书面同意,债权人允许债务人转移全部或者部分债务的,担保人不再承担相应的担保责任。

第一百七十六条 被担保的债权既有物的担保又有人的担保的,债务人不履行到期债务或者发生当事人约定的实现担保物权的情形,债权人应当按照约定实现债权;没有约定或者约定不明确,债务人自己提供物的担保的,债权人应当先就该物的担保实现债权;第三人提供物的担保的,债权人可以就物的担保实现债权,也可以要求保证人承担保证责任。提供担保的第三人承担担保责任后,有权向债务人追偿。

第一百七十七条 有下列情形之一的,担保物权消灭:

(一)主债权消灭;

(二)担保物权实现;

(三)债权人放弃担保物权;

(四)法律规定担保物权消灭的其他情形。

第一百七十八条 担保法与本法的规定不一致的,适用本法。

第十六章 抵 押 权

第一节 一般抵押权

第一百七十九条 为担保债务的履行,债务人或者第三人不转移财产的占有,将该财产抵押给债权人的,债务人不履行到期债务或者发生当事人约定的实现抵押权的情形,债权人有权就该财产优先受偿。

前款规定的债务人或者第三人为抵押人,债权人为抵押权人,提供担保的财产为抵押财产。

第一百八十条 债务人或者第三人有权处分的下列财产可以抵押:

(一)建筑物和其他土地附着物;

（二）建设用地使用权；

（三）以招标、拍卖、公开协商等方式取得的荒地等土地承包经营权；

（四）生产设备、原材料、半成品、产品；

（五）正在建造的建筑物、船舶、航空器；

（六）交通运输工具；

（七）法律、行政法规未禁止抵押的其他财产。

抵押人可以将前款所列财产一并抵押。

第一百八十一条 经当事人书面协议，企业、个体工商户、农业生产经营者可以将现有的以及将有的生产设备、原材料、半成品、产品抵押，债务人不履行到期债务或者发生当事人约定的实现抵押权的情形，债权人有权就实现抵押权时的动产优先受偿。

第一百八十二条 以建筑物抵押的，该建筑物占用范围内的建设用地使用权一并抵押。以建设用地使用权抵押的，该土地上的建筑物一并抵押。

抵押人未依照前款规定一并抵押的，未抵押的财产视为一并抵押。

第一百八十三条 乡镇、村企业的建设用地使用权不得单独抵押。以乡镇、村企业的厂房等建筑物抵押的，其占用范围内的建设用地使用权一并抵押。

第一百八十四条 下列财产不得抵押：

（一）土地所有权；

（二）耕地、宅基地、自留地、自留山等集体所有的土地使用权，但法律规定可以抵押的除外；

（三）学校、幼儿园、医院等以公益为目的的事业单位、社会团体的教育设施、医疗卫生设施和其他社会公益设施；

（四）所有权、使用权不明或者有争议的财产；

（五）依法被查封、扣押、监管的财产；

（六）法律、行政法规规定不得抵押的其他财产。

第一百八十五条 设立抵押权，当事人应当采取书面形式订立抵押合同。

抵押合同一般包括下列条款：

（一）被担保债权的种类和数额；

（二）债务人履行债务的期限；

（三）抵押财产的名称、数量、质量、状况、所在地、所有权归属或者使用权归属；

（四）担保的范围。

第一百八十六条 抵押权人在债务履行期届满前，不得与抵押人约定债务人不履行到期债务时抵押财产归债权人所有。

第一百八十七条 以本法第一百八十条第一款第一项至第三项规定的财产或者

第五项规定的正在建造的建筑物抵押的，应当办理抵押登记。抵押权自登记时设立。

第一百八十八条 以本法第一百八十条第一款第四项、第六项规定的财产或者第五项规定的正在建造的船舶、航空器抵押的，抵押权自抵押合同生效时设立；未经登记，不得对抗善意第三人。

第一百八十九条 企业、个体工商户、农业生产经营者以本法第一百八十一条规定的动产抵押的，应当向抵押人住所地的工商行政管理部门办理登记。抵押权自抵押合同生效时设立；未经登记，不得对抗善意第三人。

依照本法第一百八十一条规定抵押的，不得对抗正常经营活动中已支付合理价款并取得抵押财产的买受人。

第一百九十条 订立抵押合同前抵押财产已出租的，原租赁关系不受该抵押权的影响。抵押权设立后抵押财产出租的，该租赁关系不得对抗已登记的抵押权。

第一百九十一条 抵押期间，抵押人经抵押权人同意转让抵押财产的，应当将转让所得的价款向抵押权人提前清偿债务或者提存。转让的价款超过债权数额的部分归抵押人所有，不足部分由债务人清偿。

抵押期间，抵押人未经抵押权人同意，不得转让抵押财产，但受让人代为清偿债务消灭抵押权的除外。

第一百九十二条 抵押权不得与债权分离而单独转让或者作为其他债权的担保。债权转让的，担保该债权的抵押权一并转让，但法律另有规定或者当事人另有约定的除外。

第一百九十三条 抵押人的行为足以使抵押财产价值减少的，抵押权人有权要求抵押人停止其行为。抵押财产价值减少的，抵押权人有权要求恢复抵押财产的价值，或者提供与减少的价值相应的担保。抵押人不恢复抵押财产的价值也不提供担保的，抵押权人有权要求债务人提前清偿债务。

第一百九十四条 抵押权人可以放弃抵押权或者抵押权的顺位。抵押权人与抵押人可以协议变更抵押权顺位以及被担保的债权数额等内容，但抵押权的变更，未经其他抵押权人书面同意，不得对其他抵押权人产生不利影响。

债务人以自己的财产设定抵押，抵押权人放弃该抵押权、抵押权顺位或者变更抵押权的，其他担保人在抵押权人丧失优先受偿权益的范围内免除担保责任，但其他担保人承诺仍然提供担保的除外。

第一百九十五条 债务人不履行到期债务或者发生当事人约定的实现抵押权的情形，抵押权人可以与抵押人协议以抵押财产折价或者以拍卖、变卖该抵押财产所得的价款优先受偿。协议损害其他债权人利益的，其他债权人可以在知道或者应当知道撤销事由之日起一年内请求人民法院撤销该协议。

抵押权人与抵押人未就抵押权实现方式达成协议的，抵押权人可以请求人民法院拍卖、变卖抵押财产。

抵押财产折价或者变卖的，应当参照市场价格。

第一百九十六条 依照本法第一百八十一条规定设定抵押的，抵押财产自下列情形之一发生时确定：

（一）债务履行期届满，债权未实现；

（二）抵押人被宣告破产或者被撤销；

（三）当事人约定的实现抵押权的情形；

（四）严重影响债权实现的其他情形。

第一百九十七条 债务人不履行到期债务或者发生当事人约定的实现抵押权的情形，致使抵押财产被人民法院依法扣押的，自扣押之日起抵押权人有权收取该抵押财产的天然孳息或者法定孳息，但抵押权人未通知应当清偿法定孳息的义务人的除外。

前款规定的孳息应当先充抵收取孳息的费用。

第一百九十八条 抵押财产折价或者拍卖、变卖后，其价款超过债权数额的部分归抵押人所有，不足部分由债务人清偿。

第一百九十九条 同一财产向两个以上债权人抵押的，拍卖、变卖抵押财产所得的价款依照下列规定清偿：

（一）抵押权已登记的，按照登记的先后顺序清偿；顺序相同的，按照债权比例清偿；

（二）抵押权已登记的先于未登记的受偿；

（三）抵押权未登记的，按照债权比例清偿。

第二百条 建设用地使用权抵押后，该土地上新增的建筑物不属于抵押财产。该建设用地使用权实现抵押权时，应当将该土地上新增的建筑物与建设用地使用权一并处分，但新增建筑物所得的价款，抵押权人无权优先受偿。

第二百零一条 依照本法第一百八十条第一款第三项规定的土地承包经营权抵押的，或者依照本法第一百八十三条规定以乡镇、村企业的厂房等建筑物占用范围内的建设用地使用权一并抵押的，实现抵押权后，未经法定程序，不得改变土地所有权的性质和土地用途。

第二百零二条 抵押权人应当在主债权诉讼时效期间行使抵押权；未行使的，人民法院不予保护。

第二节 最高额抵押权

第二百零三条 为担保债务的履行，债务人或者第三人对一定期间内将要连续发生的债权提供担保财产的，债务人不履行到期债务或者发生当事人约定的实现抵押权的情形，抵押权人有权在最高债权额限度内就该担保财产优先受偿。

最高额抵押权设立前已经存在的债权,经当事人同意,可以转入最高额抵押担保的债权范围。

第二百零四条 最高额抵押担保的债权确定前,部分债权转让的,最高额抵押权不得转让,但当事人另有约定的除外。

第二百零五条 最高额抵押担保的债权确定前,抵押权人与抵押人可以通过协议变更债权确定的期间、债权范围以及最高债权额,但变更的内容不得对其他抵押权人产生不利影响。

第二百零六条 有下列情形之一的,抵押权人的债权确定:

(一)约定的债权确定期间届满;

(二)没有约定债权确定期间或者约定不明确,抵押权人或者抵押人自最高额抵押权设立之日起满二年后请求确定债权;

(三)新的债权不可能发生;

(四)抵押财产被查封、扣押;

(五)债务人、抵押人被宣告破产或者被撤销;

(六)法律规定债权确定的其他情形。

第二百零七条 最高额抵押权除适用本节规定外,适用本章第一节一般抵押权的规定。

第十七章 质 权

第一节 动产质权

第二百零八条 为担保债务的履行,债务人或者第三人将其动产出质给债权人占有的,债务人不履行到期债务或者发生当事人约定的实现质权的情形,债权人有权就该动产优先受偿。

前款规定的债务人或者第三人为出质人,债权人为质权人,交付的动产为质押财产。

第二百零九条 法律、行政法规禁止转让的动产不得出质。

第二百一十条 设立质权,当事人应当采取书面形式订立质权合同。

质权合同一般包括下列条款:

(一)被担保债权的种类和数额;

(二)债务人履行债务的期限;

(三)质押财产的名称、数量、质量、状况;

(四)担保的范围;

（五）质押财产交付的时间。

第二百一十一条 质权人在债务履行期届满前，不得与出质人约定债务人不履行到期债务时质押财产归债权人所有。

第二百一十二条 质权自出质人交付质押财产时设立。

第二百一十三条 质权人有权收取质押财产的孳息，但合同另有约定的除外。

前款规定的孳息应当先充抵收取孳息的费用。

第二百一十四条 质权人在质权存续期间，未经出质人同意，擅自使用、处分质押财产，给出质人造成损害的，应当承担赔偿责任。

第二百一十五条 质权人负有妥善保管质押财产的义务；因保管不善致使质押财产毁损、灭失的，应当承担赔偿责任。

质权人的行为可能使质押财产毁损、灭失的，出质人可以要求质权人将质押财产提存，或者要求提前清偿债务并返还质押财产。

第二百一十六条 因不能归责于质权人的事由可能使质押财产毁损或者价值明显减少，足以危害质权人权利的，质权人有权要求出质人提供相应的担保；出质人不提供的，质权人可以拍卖、变卖质押财产，并与出质人通过协议将拍卖、变卖所得的价款提前清偿债务或者提存。

第二百一十七条 质权人在质权存续期间，未经出质人同意转质，造成质押财产毁损、灭失的，应当向出质人承担赔偿责任。

第二百一十八条 质权人可以放弃质权。债务人以自己的财产出质，质权人放弃该质权的，其他担保人在质权人丧失优先受偿权益的范围内免除担保责任，但其他担保人承诺仍然提供担保的除外。

第二百一十九条 债务人履行债务或者出质人提前清偿所担保的债权的，质权人应当返还质押财产。

债务人不履行到期债务或者发生当事人约定的实现质权的情形，质权人可以与出质人协议以质押财产折价，也可以就拍卖、变卖质押财产所得的价款优先受偿。

质押财产折价或者变卖的，应当参照市场价格。

第二百二十条 出质人可以请求质权人在债务履行期届满后及时行使质权；质权人不行使的，出质人可以请求人民法院拍卖、变卖质押财产。

出质人请求质权人及时行使质权，因质权人怠于行使权利造成损害的，由质权人承担赔偿责任。

第二百二十一条 质押财产折价或者拍卖、变卖后，其价款超过债权数额的部分归出质人所有，不足部分由债务人清偿。

第二百二十二条 出质人与质权人可以协议设立最高额质权。

最高额质权除适用本节有关规定外，参照本法第十六章第二节最高额抵押权的规定。

第二节 权利质权

第二百二十三条 债务人或者第三人有权处分的下列权利可以出质：
（一）汇票、支票、本票；
（二）债券、存款单；
（三）仓单、提单；
（四）可以转让的基金份额、股权；
（五）可以转让的注册商标专用权、专利权、著作权等知识产权中的财产权；
（六）应收账款；
（七）法律、行政法规规定可以出质的其他财产权利。

第二百二十四条 以汇票、支票、本票、债券、存款单、仓单、提单出质的，当事人应当订立书面合同。质权自权利凭证交付质权人时设立；没有权利凭证的，质权自有关部门办理出质登记时设立。

第二百二十五条 汇票、支票、本票、债券、存款单、仓单、提单的兑现日期或者提货日期先于主债权到期的，质权人可以兑现或者提货，并与出质人协议将兑现的价款或者提取的货物提前清偿债务或者提存。

第二百二十六条 以基金份额、股权出质的，当事人应当订立书面合同。以基金份额、证券登记结算机构登记的股权出质的，质权自证券登记结算机构办理出质登记时设立；以其他股权出质的，质权自工商行政管理部门办理出质登记时设立。

基金份额、股权出质后，不得转让，但经出质人与质权人协商同意的除外。出质人转让基金份额、股权所得的价款，应当向质权人提前清偿债务或者提存。

第二百二十七条 以注册商标专用权、专利权、著作权等知识产权中的财产权出质的，当事人应当订立书面合同。质权自有关主管部门办理出质登记时设立。

知识产权中的财产权出质后，出质人不得转让或者许可他人使用，但经出质人与质权人协商同意的除外。出质人转让或者许可他人使用出质的知识产权中的财产权所得的价款，应当向质权人提前清偿债务或者提存。

第二百二十八条 以应收账款出质的，当事人应当订立书面合同。质权自信贷征信机构办理出质登记时设立。

应收账款出质后，不得转让，但经出质人与质权人协商同意的除外。出质人转让应收账款所得的价款，应当向质权人提前清偿债务或者提存。

第二百二十九条 权利质权除适用本节规定外，适用本章第一节动产质权的规定。

第十八章 留　置　权

第二百三十条　债务人不履行到期债务，债权人可以留置已经合法占有的债务人的动产，并有权就该动产优先受偿。

前款规定的债权人为留置权人，占有的动产为留置财产。

第二百三十一条　债权人留置的动产，应当与债权属于同一法律关系，但企业之间留置的除外。

第二百三十二条　法律规定或者当事人约定不得留置的动产，不得留置。

第二百三十三条　留置财产为可分物的，留置财产的价值应当相当于债务的金额。

第二百三十四条　留置权人负有妥善保管留置财产的义务；因保管不善致使留置财产毁损、灭失的，应当承担赔偿责任。

第二百三十五条　留置权人有权收取留置财产的孳息。

前款规定的孳息应当先充抵收取孳息的费用。

第二百三十六条　留置权人与债务人应当约定留置财产后的债务履行期间；没有约定或者约定不明确的，留置权人应当给债务人两个月以上履行债务的期间，但鲜活易腐等不易保管的动产除外。债务人逾期未履行的，留置权人可以与债务人协议以留置财产折价，也可以就拍卖、变卖留置财产所得的价款优先受偿。

留置财产折价或者变卖的，应当参照市场价格。

第二百三十七条　债务人可以请求留置权人在债务履行期届满后行使留置权；留置权人不行使的，债务人可以请求人民法院拍卖、变卖留置财产。

第二百三十八条　留置财产折价或者拍卖、变卖后，其价款超过债权数额的部分归债务人所有，不足部分由债务人清偿。

第二百三十九条　同一动产上已设立抵押权或者质权，该动产又被留置的，留置权人优先受偿。

第二百四十条　留置权人对留置财产丧失占有或者留置权人接受债务人另行提供担保的，留置权消灭。

第五编　占　有

第十九章　占　有

第二百四十一条　基于合同关系等产生的占有，有关不动产或者动产的使用、收益、违约责任等,按照合同约定;合同没有约定或者约定不明确的,依照有关法律规定。

第二百四十二条 占有人因使用占有的不动产或者动产,致使该不动产或者动产受到损害的,恶意占有人应当承担赔偿责任。

第二百四十三条 不动产或者动产被占有人占有的,权利人可以请求返还原物及其孳息,但应当支付善意占有人因维护该不动产或者动产支出的必要费用。

第二百四十四条 占有的不动产或者动产毁损、灭失,该不动产或者动产的权利人请求赔偿的,占有人应当将因毁损、灭失取得的保险金、赔偿金或者补偿金等返还给权利人;权利人的损害未得到足够弥补的,恶意占有人还应当赔偿损失。

第二百四十五条 占有的不动产或者动产被侵占的,占有人有权请求返还原物;对妨害占有的行为,占有人有权请求排除妨害或者消除危险;因侵占或者妨害造成损害的,占有人有权请求损害赔偿。

占有人返还原物的请求权,自侵占发生之日起一年内未行使的,该请求权消灭。

附 则

第二百四十六条 法律、行政法规对不动产统一登记的范围、登记机构和登记办法作出规定前,地方性法规可以依照本法有关规定作出规定。

第二百四十七条 本法自二〇〇七年十月一日起施行。

最高人民法院
关于审理建筑物区分所有权纠纷案件具体应用法律
若干问题的解释

法释〔2009〕7号 2009年3月23日最高人民法院审判委员会第1464次会议通过

为正确审理建筑物区分所有权纠纷案件,依法保护当事人的合法权益,根据《中华人民共和国物权法》等法律的规定,结合民事审判实践,制定本解释。

第一条 依法登记取得或者根据物权法第二章第三节规定取得建筑物专有部分所有权的人,应当认定为物权法第六章所称的业主。

基于与建设单位之间的商品房买卖民事法律行为,已经合法占有建筑物专有部分,但尚未依法办理所有权登记的人,可以认定为物权法第六章所称的业主。

第二条 建筑区划内符合下列条件的房屋,以及车位、摊位等特定空间,应当认定为物权法第六章所称的专有部分：

（一）具有构造上的独立性，能够明确区分；

（二）具有利用上的独立性，可以排他使用；

（三）能够登记成为特定业主所有权的客体。

规划上专属于特定房屋，且建设单位销售时已经根据规划列入该特定房屋买卖合同中的露台等，应当认定为物权法第六章所称专有部分的组成部分。

本条第一款所称房屋，包括整栋建筑物。

第三条 除法律、行政法规规定的共有部分外，建筑区划内的以下部分，也应当认定为物权法第六章所称的共有部分：

（一）建筑物的基础、承重结构、外墙、屋顶等基本结构部分，通道、楼梯、大堂等公共通行部分，消防、公共照明等附属设施、设备、避难层、设备层或者设备间等结构部分；

（二）其他不属于业主专有部分，也不属于市政公用部分或者其他权利人所有的场所及设施等。

建筑区划内的土地，依法由业主共同享有建设用地使用权，但属于业主专有的整栋建筑物的规划占地或者城镇公共道路、绿地占地除外。

第四条 业主基于对住宅、经营性用房等专有部分特定使用功能的合理需要，无偿利用屋顶以及与其专有部分相对应的外墙面等共有部分的，不应认定为侵权。但违反法律、法规、管理规约，损害他人合法权益的除外。

第五条 建设单位按照配置比例将车位、车库，以出售、附赠或者出租等方式处分给业主的，应当认定其行为符合物权法第七十四条第一款有关"应当首先满足业主的需要"的规定。

前款所称配置比例是指规划确定的建筑区划内规划用于停放汽车的车位、车库与房屋套数的比例。

第六条 建筑区划内在规划用于停放汽车的车位之外，占用业主共有道路或者其他场地增设的车位，应当认定为物权法第七十四条第三款所称的车位。

第七条 改变共有部分的用途、利用共有部分从事经营性活动、处分共有部分，以及业主大会依法决定或者管理规约依法确定应由业主共同决定的事项，应当认定为物权法第七十六条第一款第（七）项规定的有关共有和共同管理权利的"其他重大事项"。

第八条 物权法第七十六条第二款和第八十条规定的专有部分面积和建筑物总面积，可以按照下列方法认定：

（一）专有部分面积，按照不动产登记簿记载的面积计算；尚未进行物权登记的，暂按测绘机构的实测面积计算；尚未进行实测的，暂按房屋买卖合同记载的面积计算；

（二）建筑物总面积，按照前项的统计总和计算。

第九条 物权法第七十六条第二款规定的业主人数和总人数，可以按照下列方法认定：

（一）业主人数，按照专有部分的数量计算，一个专有部分按一人计算。但建设单位尚未出售和虽已出售但尚未交付的部分，以及同一买受人拥有一个以上专有部分的，按一人计算；

（二）总人数，按照前项的统计总和计算。

第十条 业主将住宅改变为经营性用房，未按照物权法第七十七条的规定经有利害关系的业主同意，有利害关系的业主请求排除妨害、消除危险、恢复原状或者赔偿损失的，人民法院应予支持。

将住宅改变为经营性用房的业主以多数有利害关系的业主同意其行为进行抗辩的，人民法院不予支持。

第十一条 业主将住宅改变为经营性用房，本栋建筑物内的其他业主，应当认定为物权法第七十七条所称"有利害关系的业主"。建筑区划内，本栋建筑物之外的业主，主张与自己有利害关系的，应证明其房屋价值、生活质量受到或者可能受到不利影响。

第十二条 业主以业主大会或者业主委员会作出的决定侵害其合法权益或者违反了法律规定的程序为由，依据物权法第七十八条第二款的规定请求人民法院撤销该决定的，应当在知道或者应当知道业主大会或者业主委员会作出决定之日起一年内行使。

第十三条 业主请求公布、查阅下列应当向业主公开的情况和资料的，人民法院应予支持：

（一）建筑物及其附属设施的维修资金的筹集、使用情况；

（二）管理规约、业主大会议事规则，以及业主大会或者业主委员会的决定及会议记录；

（三）物业服务合同、共有部分的使用和收益情况；

（四）建筑区划内规划用于停放汽车的车位、车库的处分情况；

（五）其他应当向业主公开的情况和资料。

第十四条 建设单位或者其他行为人擅自占用、处分业主共有部分、改变其使用功能或者进行经营性活动，权利人请求排除妨害、恢复原状、确认处分行为无效或者赔偿损失的，人民法院应予支持。

属于前款所称擅自进行经营性活动的情形，权利人请求行为人将扣除合理成本之后的收益用于补充专项维修资金或者业主共同决定的其他用途的，人民法院应予支持。行为人对成本的支出及其合理性承担举证责任。

第十五条 业主或者其他行为人违反法律、法规、国家相关强制性标准、管理规约，或者违反业主大会、业主委员会依法作出的决定，实施下列行为的，可以认定为物权法第八十三条第二款所称的其他"损害他人合法权益的行为"：

（一）损害房屋承重结构，损害或者违章使用电力、燃气、消防设施，在建筑物内放置危险、放射性物品等危及建筑物安全或者妨碍建筑物正常使用；

（二）违反规定破坏、改变建筑物外墙面的形状、颜色等损害建筑物外观；

（三）违反规定进行房屋装饰装修；

（四）违章加建、改建，侵占、挖掘公共通道、道路、场地或者其他共有部分。

第十六条 建筑物区分所有权纠纷涉及专有部分的承租人、借用人等物业使用人的，参照本解释处理。

专有部分的承租人、借用人等物业使用人，根据法律、法规、管理规约、业主大会或者业主委员会依法作出的决定，以及其与业主的约定，享有相应权利，承担相应义务。

第十七条 本解释所称建设单位，包括包销期满，按照包销合同约定的包销价格购买尚未销售的物业后，以自己名义对外销售的包销人。

第十八条 人民法院审理建筑物区分所有权案件中，涉及有关物权归属争议的，应当以法律、行政法规为依据。

第十九条 本解释自2009年10月1日起施行。

因物权法施行后实施的行为引起的建筑物区分所有权纠纷案件，适用本解释。

本解释施行前已经终审，本解释施行后当事人申请再审或者按照审判监督程序决定再审的案件，不适用本解释。

最高人民法院关于
审理物业服务纠纷案件具体应用法律若干问题的解释

法释〔2009〕8号 2009年4月20日最高人民法院审判委员会第1466次会议通过

为正确审理物业服务纠纷案件，依法保护当事人的合法权益，根据《中华人民共和国民法通则》、《中华人民共和国物权法》、《中华人民共和国合同法》等法律规定，结合民事审判实践，制定本解释。

第一条 建设单位依法与物业服务企业签订的前期物业服务合同，以及业主委员会与业主大会依法选聘的物业服务企业签订的物业服务合同，对业主具有约束力。业主以其并非合同当事人为由提出抗辩的，人民法院不予支持。

第二条 符合下列情形之一，业主委员会或者业主请求确认合同或者合同相关条款无效的，人民法院应予支持：

（一）物业服务企业将物业服务区域内的全部物业服务业务一并委托他人而签订的委托合同；

（二）物业服务合同中免除物业服务企业责任、加重业主委员会或者业主责任、排除业主委员会或者业主主要权利的条款。

前款所称物业服务合同包括前期物业服务合同。

第三条 物业服务企业不履行或者不完全履行物业服务合同约定的或者法律、法规规定以及相关行业规范确定的维修、养护、管理和维护义务，业主请求物业服务企业承担继续履行、采取补救措施或者赔偿损失等违约责任的，人民法院应予支持。

物业服务企业公开作出的服务承诺及制定的服务细则，应当认定为物业服务合同的组成部分。

第四条 业主违反物业服务合同或者法律、法规、管理规约，实施妨害物业服务与管理的行为，物业服务企业请求业主承担恢复原状、停止侵害、排除妨害等相应民事责任的，人民法院应予支持。

第五条 物业服务企业违反物业服务合同约定或者法律、法规、部门规章规定，擅自扩大收费范围、提高收费标准或者重复收费，业主以违规收费为由提出抗辩的，人民法院应予支持。

业主请求物业服务企业退还其已收取的违规费用的，人民法院应予支持。

第六条 经书面催交，业主无正当理由拒绝交纳或者在催告的合理期限内仍未交纳物业费，物业服务企业请求业主支付物业费的，人民法院应予支持。物业服务企业已经按照合同约定以及相关规定提供服务，业主仅以未享受或者无须接受相关物业服务为抗辩理由的，人民法院不予支持。

第七条 业主与物业的承租人、借用人或者其他物业使用人约定由物业使用人交纳物业费，物业服务企业请求业主承担连带责任的，人民法院应予支持。

第八条 业主大会按照物权法第七十六条规定的程序作出解聘物业服务企业的决定后，业主委员会请求解除物业服务合同的，人民法院应予支持。

物业服务企业向业主委员会提出物业费主张的，人民法院应当告知其向拖欠物业费的业主另行主张权利。

第九条 物业服务合同的权利义务终止后，业主请求物业服务企业退还已经预收，但尚未提供物业服务期间的物业费的，人民法院应予支持。

物业服务企业请求业主支付拖欠的物业费的，按照本解释第六条规定处理。

第十条 物业服务合同的权利义务终止后，业主委员会请求物业服务企业退出物业服务区域、移交物业服务用房和相关设施，以及物业服务所必需的相关资料和由其代管的专项维修资金的，人民法院应予支持。

物业服务企业拒绝退出、移交，并以存在事实上的物业服务关系为由，请求业主支付物业服务合同权利义务终止后的物业费的，人民法院不予支持。

第十一条 本解释涉及物业服务企业的规定，适用于物权法第七十六条、第八十一条、第八十二条所称其他管理人。

第十二条 因物业的承租人、借用人或者其他物业使用人实施违反物业服务合同，以及法律、法规或者管理规约的行为引起的物业服务纠纷，人民法院应当参照本解释关于业主的规定处理。

第十三条 本解释自2009年10月1日起施行。

本解释施行前已经终审，本解释施行后当事人申请再审或者按照审判监督程序决定再审的案件，不适用本解释。

1. 眭鸿明、王媛:"业主的概念及其法律化",载《河北法学》2006年第8期。
2. 王利明:"论物权法中车库的归属及相关法律问题",载《现代法学》2006年第5期。
3. 曲少臣:"小区停车位、车库权属研究",载《长春工程学院学报》2008年第1期。
4. 杨立新:《物权法规则与适用》,吉林人民出版社2007年版。
5. 李显冬:《中国物权法要义与案例释解》,法律出版社2007年版。
6. 屈茂辉:《物权法原理精要与实务指南》,人民法院出版社2008年版。
7. 黄松有:《〈中华人民共和国物权法〉条文理解与适用》,人民法院出版社2007年版。
8. 胡康生:《中华人民共和国物权法释义》,法律出版社2007年版。
9. 温世扬:《物权法要义》,法律出版社2007年版。
10. 江平、李国光:《物权法典型案例评析》,人民法院出版社2008年版。
11. 郭明瑞:《民法学》,高等教育出版社、北京大学出版社2007年版。
12. 陈华彬:《物权法》,法律出版社2004年版。
13. 王宝发:《物权法要点解答》,法律出版社2007年版。
14. 梁慧星、陈华彬:《物权法》,法律出版社2007年版。
15. 李建华、申卫星、杨代雄:《物权法》,中国人民大学出版社2008年版。
16. 国家司法考试辅导用书编辑委员会:《2009年国家司法考试辅导用书》(第3卷),法律出版社2008年版。
17. 刘得宽:《民法诸问题与新展望》,中国政法大学出版社2002年版。
18. 王利明:《物权法论》,中国政法大学出版社2007年版。
19. 梁慧星:《中国物权法研究》(上),法律出版社1998年版。
20. 尹田:《物权法理论评析与思考》,中国人民大学出版社2004年版。
21. 孙宪忠:《德国当代物权法》,法律出版社1997年版。
22. 王泽鉴:《民法物权·通则·所有权》,中国政法大学出版社2001年版。
23. 马俊驹、余延满:《民法原论》,法律出版社2005年版。
24. 申卫星:《物权法原理》,中国人民大学出版社2008年版。

25. 柳经纬：《民法》，厦门大学出版社 2008 年版。
26. 杨立新：《物权法》，中国人民大学出版社 2007 年版。
27. 孙宪忠：《中国物权法总论》，法律出版社 2003 年版。
28. 孙宪忠：《中国物权法原理》，法律出版社 2004 年版。
29. 于海涌：《论不动产登记》，法律出版社 2007 年版。
30. 王利明：《物权法研究》，中国人民大学出版社 2002 年版。
31. 张玉敏：《民法》，中国人民大学出版社 2007 年版。
32. 陈华彬：《现代建筑物区分所有权制度研究》，法律出版社 1995 年版。
33. 孙志诚：《住宅经济学》，四川大学出版社 1995 年版。
34. 梅夏英、高圣平：《物权法教程》，中国人民大学出版社 2007 年版。
35. 刘艾迎：《试论住宅小区停车位产权归属》，山东大学 2007 年硕士学位论文。
36. 杨立新：《共有权研究》，高等教育出版社 2003 年版。
37. 王利明：《民法》，中国人民大学出版社 2008 年版。
38. 江平：《中华人民共和国物权法精解》，中国政法大学出版社 2007 年版。
39. 彭万林主编：《民法学》，中国政法大学出版社 1994 年版。
40. 余能斌、马俊驹主编：《现代民法学》，武汉大学出版社 1995 年版。
41. 谢在全：《分别共有内部关系之理论与实务》，1995 年版。
42. 杨立新：《民法案例分析教程》，中国人民大学出版社 2008 年版。
43. 王轶：《民法练习题集》，中国人民大学出版社 2008 年版。
44. 刘宝玉：《中国民法原理与事务》，山东大学出版社 1994 年版。
45. 江平：《物权法教程》，中国政法大学出版社 2007 年版。
46. 江平：《民法学》，中国政法大学出版社 2007 年版。
47. 曲茂辉：《用益物权制度研究》，法律出版社 2005 年版。
48. 王胜明：《中华人民共和国物权法解读》，中国法制出版社 2007 年版。
49. 江平：《中国物权法教程》，知识产权出版社 2007 年版。
50. 杨立新、程啸、梅夏英、朱呈义：《物权法》，中国人民大学出版社 2004 年版。
51. 佟柔主编：《中国法学大辞典·民法学卷》，中国检察出版社 1995 年版。
52. 徐武生：《担保法理论与实践》，工商出版社 1999 年版。
53. 王利明：《中国民法典学者建议稿及立法理由》（物权编），法律出版社 2005 年版。
54. 江平：《中华人民共和国合同法精解》，中国政法大学出版社 1999 年版。
55. 陈祥健：《担保物权研究》，中国检察出版社 2004 年版。
56. 蔡永民：《比较担保法》，北京大学出版社 2004 年版。
57. 王利明：《物权法专题研究》（下），吉林人民出版社 2002 年版。
58. 苏号朋：《担保法及其司法解释的应用理解》，中国民主法制出版社 2001 年版。

59. 李国光:《〈关于适用《中华人民共和国担保法》若干问题的解释〉理解与适用》,吉林人民出版社2000年版。
60. 郭明瑞:《担保法》,中国政法大学出版社1998年版。
61. 徐洁:《抵押权论》,法律出版社2003年版。
62. 陈本寒:《担保物权法比较研究》,武汉大学出版社2003年版。
63. 梁慧星主编:《民商法论丛》第6卷,法律出版社1997年版。
64. 杨红:《担保物权专论》人民出版社2006年版。
65. 费安玲等译:《意大利民法典》,中国政法大学出版社2004年版。
66. 王泽鉴:《民法物权》,中国政法大学出版社2001年版。
67. 王泽鉴:《民法物权》(用益物权·占有),中国政法大学出版社2001年版。
68. [意]彼得罗·彭梵得选编:《罗马法教科书》黄风译,中国政法大学出版社1992年版。
69. [日]松坂佐一:《民法提要》(物权法),有斐阁1980年版。

图书在版编目（CIP）数据

物权法 / 孙淑云主编. —北京：中国政法大学出版社，2009.8
ISBN 978-7-5620-3532-9

Ⅰ.物… Ⅱ.孙… Ⅲ.物权法 - 中国 - 高等学校 - 教材 Ⅳ.D923.2

中国版本图书馆CIP数据核字(2009)第142391号

出版发行	中国政法大学出版社
经　　销	全国各地新华书店
承　　印	固安华明印刷厂

787mm×960mm　　16开本　　20印张　　345千字
2009年9月第1版　　2011年8月第2次印刷
ISBN 978-7-5620-3532-9/D•3492
印　数：4 001-7 000　　定　价：28.00元

社　　址	北京市海淀区西土城路25号
电　　话	(010)58908435(编辑部) 58908325(发行部) 58908334(邮购部)
通信地址	北京100088信箱8034分箱　邮政编码 100088
电子信箱	fada.jc@sohu.com(编辑部)
网　　址	http://www.cuplpress.com （网络实名：中国政法大学出版社）

声　　明　1. 版权所有，侵权必究。
　　　　　2. 如有缺页、倒装问题，由印刷厂负责退换